职业院校物业管理专业“知识＋技能”系列教材

物业设备设施维护与管理

郭　冰　刘绪荒　主编

中国财富出版社

图书在版编目（CIP）数据

物业设备设施维护与管理／郭冰，刘绪荒主编．—北京：中国财富出版社，2014.6（2023.7 重印）

（职业院校物业管理专业“知识＋技能”系列教材）

ISBN 978－7－5047－5215－4

Ⅰ.①物…　Ⅱ.①郭…②刘…　Ⅲ.①物业管理－设备管理－高等职业教育－教材　Ⅳ.①F293.33

中国版本图书馆 CIP 数据核字（2014）第 100303 号

策划编辑　李　丽　　**责任印制**　尚立业

责任编辑　邢有涛　郭怡君　　**责任校对**　梁　凡

出版发行　中国财富出版社

社　　址　北京市丰台区南四环西路 188 号 5 区 20 楼　　**邮政编码**　100070

电　　话　010－52227588 转 2098（发行部）　　010－52227588 转 321（总编室）

010－52227566（24 小时读者服务）　　010－52227588 转 305（质检部）

网　　址　http://www.cfpress.com.cn

经　　销　新华书店

印　　刷　北京九州迅驰传媒文化有限公司

书　　号　ISBN 978－7－5047－5215－4/F·2151

开　　本　787mm×1092mm　1/16　　**版　　次**　2014 年 6 月第 1 版

印　　张　24.75　　**印　　次**　2023 年 7 月第 2 次印刷

字　　数　513 千字　　**定　　价**　48.00 元

职业院校物业管理专业
“知识+技能”系列教材编委会

（以姓氏笔画为序）

出版说明

本套教材贯彻“以专业知识和职业技能训练为中心任务”，探索具有物业管理专业特色的教材，搭建了企业管理人员与一线教师交流的平台。

本套教材将系统知识与技能训练有机地结合起来表述，读来轻松但不失严谨，在各个学习单元配备了实训，老师可以选择可行的实训项目与学生进行互动学习，以便使核心课程变得更加有趣。

本套教材从策划伊始到问世，都伴随着策划人详尽的调研、行业专家的认真解惑和编写老师的辛勤耕耘，它具备如下特点：

1. 通俗易读，深浅有度。理论知识广而不深，基本技能贯穿教材的始终。图文并茂、以例释理的方法得到广泛的应用，十分符合职业院校学生的学习特点。

2. 知识与能力并重的编写思路。一方面注重企业的参与，注重与相关职业资格标准相结合；另一方面使知识与能力训练互为依托，增强了可读性。

3. “套餐式”教材，电子教案请专业人士制作。现代化的手段可以帮助丰富和发展传统的教材，PPT 可以使学生的注意力更加集中，书本的附加内容可以使书本内容形象生动，适量的配套练习、详细的参考答案可以培养学生自学自测的能力……特别是本套教材的这些“套餐式”杜绝形式主义，那些不能用、不适用的课件做了还不如不做。

4. 兼顾老师授课和学生学习。不仅设置电子资料包减少老师备课的工作量，也在内容安排上兼顾了可读性，使学生能够自主学习。

本书配有的电子教学资料，包括电子教案、教学指南、课时建议、练习题答案、期末考试 A、B 试卷和答案以及其他有用的知识，能够为老师授课和学生学习提供诸多便利，起到小型“资料库”的作用，请登录 http：//www. cfpress. com. cn 进行下载。

“职业院校物业管理专业‘知识 + 技能’系列教材”符合职业教育的教学理念和发展趋势，能够成为广大教师和学生教与学的优秀教材，同时也可以作为物业管理人员、相关从业人员的自学读物。

前　言

“物业设备设施维护与管理”是一门多学科、综合性、实践性较强的课程。本书紧密围绕高职高专的培养目标，以专业能力和物业管理岗位的基本要求为主线安排教学内容，突出了实用性、技能性、应用性、针对性。

全书从物业设备设施管理的基本理论和基本工作出发，论述整个物业设备设施管理的体系和内容，整合物业设备设施系统各子系统的结构、组成、功能及主要的设备设施。运用物业设备设施管理的基础理论对相关设备设施的后期运行、维护、管理进行分析。

在现有各种物业设备管理教材的基础上，充分汲取了近年来高等职业院校在物业技能型人才培养方面的成功经验，在注重教材的系统性和全面性的基础上，对近年来推广使用的新设备、新材料、新技术、新工艺、新规范、新标准均有所体现。

各部分内容完整、精练，并附有复习思考题、实践与训练、案例分析。内容通俗易懂，图文并茂，便于自学和参考。

本书共分十一章，第一、第七、第八章由郭冰编写，第二、第十章由刘绪荒编写，第三、第九章由边玉超编写，第四、第六章由杨福深、郭冰编写，第五、第十一章由史晓来编写。全书由郭冰统稿。

“物业设备设施维护与管理”是物业管理、物业设施管理专业的核心课程，通过对本课程的学习，学生可以掌握物业设备与设施的工作原理、类型和维护管理知识，为以后工作打好基础。本书既可以作为物业专业的教材，也可作为房地产开发与经营、工程管理、土木工程等专业的选修教材和物业管理人员日常工作及职业资格考试的参考用书。

本书在编写过程中，参考了大量的规范、标准、专业书籍和文献资料，在此向有关编著者表示由衷的感谢！也得到了一些物业管理公司的大力支持和帮助，在此一并表示感谢！

物业设备设施维护与管理是一门新兴的学科，由于本书的编写时间较短，编者水平有限，书中存在不妥之处，敬请专家和读者批评指正。

编　者

2014 年 3 月

目　录

第一章　物业设备设施管理基础

动脑筋

2012年10月，市民姚女士满心欢喜地购买了新房，入住不久就发现小区不少问题：小区路灯等公共设施受损得不到及时维修；小区水管多次破裂，频繁停水；小区多次发生入户盗窃案件，安防监控系统形同虚设；不少垃圾桶开裂了；地下车库产权不明晰等。对此开发商与物业单位相互推诿。那么如果您遇到类似的问题该怎么办呢？

学习目标

1. 了解物业设备设施管理的意义和目标，组织机构设置以及相关岗位的职责。
2. 理解设备设施管理的LCC理论、可靠性理论和故障理论。
3. 理解物业设备设施管理的制度和物业设备设施管理的特点。
4. 掌握物业设备设施管理的主要内容和要求。

第一节　物业设备设施维护与管理概述

物业设备设施维护与管理是物业管理极其重要的组成部分。物业设备设施是房屋建筑的有机组成部分，其运行状况直接影响房屋的使用价值和功能。要做好物业设备设施的管理工作，物业管理人员必须了解物业设备设施基础知识。

一、物业设备设施的概念及构成

（一）物业设备设施的概念

物业是指已建成的具有特定使用功能并且投入使用的各类房屋、建筑物以及与之配套的设备、设施和附属场地等。

物业设备设施是建筑物附属设备设施的简称，包括室内设备与物业管辖范围内的室外设备与设施系统，是构成物业实体的重要组成部分。

（二）物业设备设施的构成

物业设备设施是根据用户要求和不同的物业用途而设置的，因此，不同用途的房屋有不同用途的设备设施。例如，一般住宅中的房屋设备设施由水、电、气、卫、电梯、闭路电视等设备设施系统组成，而现代化综合写字楼、商厦等还要有空调、自动报警器、电信服务等设备设施系统，如图 1－1 所示。

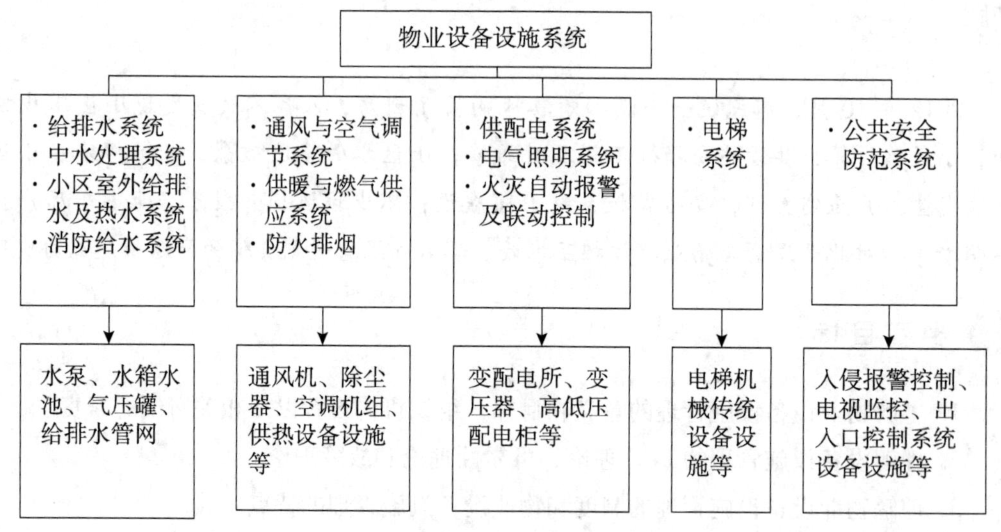

图 1－1　物业设备设施系统

物业管理小专家

设备设施管理（Facility Management，FM）是一门新的交叉学科，它综合了管理科学、建筑科学、行为科学和工程技术的基本原理。设施管理概念的产生是生产力发展、社会进步的必然趋势，是物业管理理念的外延。

我们常见的物业设备与设施包括建筑给排水、采暖、通风、空调和建筑电气，传统的物业设备管理侧重于现场管理，主要是在物业管理过程中对上述水暖电设备进行维护保养，把各种设备能够正常运行作为工作目标，着眼于有故障的设备，具有“维持”的特点。

20 世纪 60 年代末、70 年代初的能源危机，使“建筑节能”从当初单纯地抑制需求、减少耗能量逐渐发展到合理用能、提高能源利用率的理性阶段。随着第三产业的发展，4C（Computer、Control、Communication、CRT 图形显示）技术的进步和完善，智能建筑的概念于 20 世纪 70 年代在美国诞生。1984 年，第一幢智能大厦在美国哈特

福德（Hartford）市建成。自此，智能建筑在美、日、欧及世界各地蓬勃发展。

伴随智能建筑的蓬勃发展，信息化的现代建筑设备更快地进入各种建筑，使物业管理范围内的设备设施形成庞大而复杂的系统，各项传统产业的业务也由于结合了信息技术而出现了很大的变化。物业设备设施营运过程中的成本花费占物业管理成本的比重越来越大，“维持”水平上的管理已不适应物业管理智能化、信息化进程的缺点日益突出。

另外，随着人们对生活和工作环境要求的提高，室内空气质量问题、环保问题越来越被人们重视，对建筑设备的性能和对设备的运行维护水平均提出了更高的要求。传统物业管理维护、保养的业务范畴局限越来越突出，已经不能满足物业保值增值的需求。

面对社会发展对物业管理越来越高的要求，其将逐渐向两个维度发展。

其一，物业管理的再专业化过程将物业管理过程中的各项核心业务再度精深精细化，外包管理渐成趋势。随着社会服务体系发育的完整，各类专业化公司应运而生蓬勃发展，倚仗自身的专业化能力作为物业管理公司的分供方，共同服务于社区业户。物业管理公司的角色同时转换为社区管理的组织者、监督者、协调人和决策建议者。

其二，物业管理公司从劳动密集型逐渐成长为知识密集型企业，伴随房地产行业的多元化发展，从简单的外围服务商转换为内部紧密协作者。于是从单一的物业管理概念衍生出三个新的词汇：投资管理（Investment Management）、资产管理（Asset Management）和设施管理（Facility Management）。与物业管理（Property Management）模式一同服务于不同指向的物业领域市场，提供各类增值服务。

上述情况在中国可能只是初显端倪，而在发达国家和地区业已成型并活跃在房地产行业中，共同构建成为庞大的房地产服务体系。我们所探讨的设施管理即是这一服务体系中的一个重要部分。

二、物业设备设施管理

国际物业设施管理协会（International Facility Management Association，IFMA）对物业设备设施管理的定义是“以保持业务空间高品质的生活和提高投资效益为目的，以最新的技术对人类有效的生活环境进行规划、整备和维护管理的工作”。它将物质的工作场所与人和机构的工作任务结合起来，“综合了工商管理、建筑、行为科学和工程技术的基本原理”。

IFMA 认为 FM 的主要业务有：

1. 物业的长期规划；

2. 物业管理的年度计划；

3. 物业的财务预测和预算；

4. 不动产的获得及其处理；

5. 物业规划、业务房间装修标准的设定，机器、器具和备品的设置以及房间管理；

6. 建筑和设备的规划和设计；

7. 新建筑或原建筑的改造更新；

8. 维护管理和运行管理；

9. 物业的支援机能和服务。

物业设备设施管理又称物业设备设施维护与管理，是以设备设施的一生（寿命周期，包括规划、购置、安装、调试、使用、维护、修理、改造、更新到报废）为对象，以提高设备设施综合效率、追求寿命周期费用经济性和实现物业管理企业生产经营目标为目的，运用现代科学技术、管理理论和管理方法对设备设施寿命周期的全过程，从技术、经济、管理等方面进行综合研究和管理。

从物业设备设施管理的定义可知，物业设备设施管理应从技术、经济和管理三个要素以及三者之间的关系来考虑。

（一）技术层面

技术层面是对设备设施硬件所进行的技术处理，是从物的角度进行的管理控制活动。其主要组成因素有：

1. 设备设施诊断技术和状态监测维修；

2. 设备设施保养、大修、改造技术。

（二）经济层面

经济层面是对设备设施运行的经济价值的考虑，是从费用的角度进行的管理控制活动，其主要组成因素有：

1. 设备设施规划、投资和购置分析；

2. 设备设施能源成本分析；

3. 设备设施大修、改造、更新的经济分析；

4. 设备设施折旧。

其要点是设备设施寿命周期经济费用的评价。

（三）管理经营层面

管理经营层面是从管理等软件的措施方面控制，是从人的角度进行的管理控制活

动，其主要组成因素有：

1. 设备设施规划购置管理系统；

2. 设备设施使用维修系统；

3. 设备设施信息管理系统。

其要点是建立设备设施寿命周期的信息管理系统。

三、物业设备设施管理的特点

根据系统工程的观点，物业设备设施的全寿命周期，即物业设备设施的一生全过程可划分为规划决策、设计制造或选型采购、安全调试、初期管理、使用维修、改造更新、调剂报废七个阶段。

物业设备设施管理是研究设备设施全寿命周期的学科，由设备设施的规划工程、维修工程、公用工程、环境工程四大部分内容组成。设备设施管理按设备寿命周期中的运动过程可划分为规划工程和维修工程两个阶段。

实现设备设施全过程管理，就是要加强全过程中各环节之间的横向协调，克服设备设施制造单位和使用单位之间的脱节，提高设备设施的可靠性、维修性、经济性，为设备设施管理取得最佳综合效率创造条件。

其主要特点如下：

（1）把物业设备设施的寿命周期作为研究对象，其中，寿命周期费用是评价设备设施管理的主要经济指标。

（2）突破传统做法，对物业设备设施进行工程技术、组织和财务经济等方面的综合管理。

（3）强调物业设备设施的可靠性和维修性设计。

（4）引入系统论观点来研究物业设备设施的管理。

（5）重视设计、使用、维修中技术经济信息反馈的管理。

四、物业设备设施管理的目标

科学的物业设备设施管理是对设备设施从购置、安装、使用、维护保养、检查修理、更新改造直至报废的整个过程进行技术管理和经济管理，使设备设施始终可靠、安全、经济地运行，给人们的生活和工作创造舒适、方便、安全、快捷的环境，体现物业的使用价值和经济效益。物业设备设施管理的根本目标是：用好、管好、维护好、检修好、改造好现有设备设施，提高设备设施的利用率和完好率。

设备技术性能的发挥、使用寿命的长短，很大程度上取决于设备的管理质量，一般用设备的有效利用率和设备的完好率来衡量物业设备管理的质量。

（一）设备的有效利用率

设备的有效利用率是指每年度设备实际使用时间占计划用时的百分比，即设备的使用效率。它是反映设备工作状态及生产效率的技术经济指标。

（二）设备的完好率

设备是否完好是通过检查来评定的，一般的完好标准是：

1. 零部件完整齐全，符合质量要求；
2. 运转正常，性能良好且达到规定要求；
3. 设备技术资料及运转记录齐全；
4. 设备整洁，无跑、冒、滴、漏现象；
5. 防冻、保温、防腐等措施完整有效。

对于评定为不完好的设备应针对具体问题进行维护、维修，使设备恢复到完好状态。如果经过维修，设备仍不能达到完好的标准，应该加以技术改造或者作报废处理。

五、物业设备设施管理的发展趋势

随着社会的进步，物业设备设施的维修和管理总体向专业化、社会化、集中化、规范化的方向发展，具体体现在以下几个方面：

（一）早期介入

导致国内物业设备设施管理工作滞后的原因，首先是建设方、设计方、施工方和物业管理方在工作上的脱节。建设方在建设阶段较少考虑今后运营时的节约和便利，而过多地考虑如何节省一次性投资，如何节省自己的时间和精力。施工方在安装设备的过程中，较少考虑各项设备集成后的协调和匹配。在建筑物设备的施工、调试与验收过程中，设计人员又很少参与具体工作。物业服务企业通常在建设后期或建成后才接手，工程前期介入的工作几乎不做或做得很少。设备工程师的招聘还常常处于行政、清洁、保安人员之后，很少有一个系统的工程跟进和熟悉过程。

物业设备设施早期介入，指物业设备设施在设计、规划、施工过程中，物业管理人员从业主使用角度、物业管理维修角度，提出合理的意见，及时变更设计、更换材料、预留检修口等。同时，设备设施管理者的早期介入，可以使之更好地了解物业设备设施的安装、施工状况，为日后的设备设施管理打下基础。

（二）注重节能管理

在设计阶段，各项设施及设备的选型应选择能效比较高的设备。采取节能措施和

新技术通常引起一次性投资的提高。但若通过比较，增加的投资在寿命周期内能收回，且在寿命周期剩余的时间内所节省的运行费用大于所增加的投资，则值得采用。节能主要是靠提高能源的利用效率，而不是以降低对用户的服务品质来实现。随着社会整体经济水平的提高，用户对舒适度的要求逐渐提高，提供优良的水、暖、电、通信等建筑设备设施的使用环境已成为提高第三产业生产效率的重要手段，这就必须在节能和优良的工作和生活环境之间寻求平衡。因此，在保证物业环境品质的前提下，提高能源的利用效率，就意味着可以节省大量能源和减少资源开发所付出的环境代价。

（三）物业设备设施管理成本增加

物业设备设施营运过程中的成本花费占物业管理成本的比重越来越大。但至今仍有相当一部分物业管理人员认为，大楼或小区建成后，招聘一些人力成本较低的空调工、水电工、冷冻工让设备运转起来就行了。随着现代科学技术的应用和建筑智能化建设的推进，信息化、高科技含量的现代建筑设备正快速进入各种物业，自控、网络、通信及视频设备管理已成为物业设备设施管理的重要内容，这势必将加大物业设备设施的管理成本。

（四）管理专业化、社会化

物业管理是涉及面非常广、专业化程度比较高的工作。物业服务企业进行统一管理，并不等于所有的工作都必须要由物业服务企业自己来承担。为了提供高效优质服务，减少开支，创造良好的社会效益和环境效益，物业服务企业可以将物业管理区域内的一些关键设备、安全性设备及技术难度高的设备的专项服务委托给专业性服务企业，如将锅炉、电梯等特种设备委托给锅炉专业制造厂、专业电梯维修公司管理，既提高了设备的安全性，又解决了技术难度高、技术人员缺乏、自己维修成本高等问题。

（五）管理信息化、智能化、自动化

在现代物业管理工作中，对设备的运行管理已经可以完全摆脱单凭经验和手工操作的传统模式，计算机辅助运行管理系统（Computer Maintenance Management System，CMMS）成为建筑自动化系统（Building Automation，BA）的重要组成部分。目前已出现了专门的物业设施管理信息系统（Property Facilities Maintenance Management Information System，PFMMIS）。这个管理信息系统的目标是建立高质量、现代化和数字化的设备设施管理信息系统，为网络社区提供各种物业支撑，并为网上物业服务提供必要的物业设备设施信息和维护解决方案。

（六）集中化与规范化

随着物业设备设施管理的专业性、复杂性的逐步提高，社会上逐步形成各种形式的物业设备技术中心、保养中心、维修中心、备件中心、管理中心等服务性行业。这些服务中心有良好的专业技术和服务规范并逐渐形成服务网络。这种发展方向会使物业服务企业成为高效精干的智能密集型企业，如果发生较大的故障，只需一个电话，服务中心就能解决。

总的来讲，物业设备设施管理产业化和市场化是发展的必然趋势，高起点、高技术的物业设备设施管理在中国还是空白，在国外也是起步不久。中国作为世界上最大的建筑市场和设备市场，在设备设施管理领域实现科学化、规范化，发展物业设备设施管理产业是大势所趋。

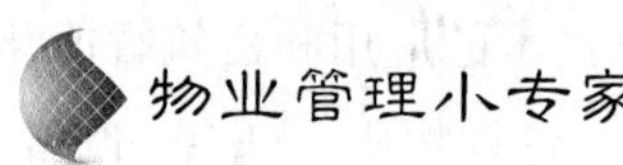

物业管理业务外包的优势

近十年来，业务外包这一经营管理方法越来越受到物业管理企业的重视，到目前为止，几乎所有的物业管理企业都不同程度地将专项服务业务委托给更加专业性的服务企业。这是物业管理发展所要面对的一个未来产业命题。

通过业务外包可以降低经营成本。其一，由于专业化分工所带来的高效率，许多专业性服务公司在其专业领域都拥有比物业管理企业更有效的资源和组织，规模经营，能够以优质低价为物业管理企业提供服务，从而使得物业管理企业节省运营的费用；其二，由于业务外包，日常工作中只需配备少数维修人员，管理开支大为减少；其三，将专项业务外包有利于物业管理企业节约固定资产投资。

业务外包可以有效地提高服务质量。专业公司通过发挥资源优势、规模优势、技术优势、专业化优势来提高其所提供的产品（服务）质量。比如，专业的电梯维修保养公司，可以科学规范地制订详细的维护保养计划，达到预想的维护保养效果；专业的保安公司，有较系统的保安员管理办法及训练方式，结合当今治安防范的需求在技防、人防上下工夫，这必将大大加强小区（大厦）的治安防患能力。

业务外包可以增加服务项目，最大限度地满足业主、物业使用人的消费需求。社会思潮的多元化和业主生活环境的差异化导致了业主需求的复杂化和差异化。多元化的服务需求对物业管理提出了更高的要求，只有通过业务外包，即资源外取才能得以解决。

业务外包可以规避一些风险，增强企业防范和抵御风险的能力。如电梯设备的维保与运行，在多数物业管理企业均采用外包的服务方式，其原因可能包括：电梯属特种设备，国家对其的管理要求极为严格，要求从业企业有专项资质许可（包括经营资质和安全许可），从业人员技术要求较高且要持证上岗，属于典型的技术含量高、管理难度大、安全责任风险大的专项外包业务。

物业管理企业实施专项服务业务转委托带来的最直接优势，是通过转委托把企业有限的内部资源集中在最具成本效益、最有价值的核心业务上，实现了“管理”职能的回归，扮演了一个服务集成商的角色。物业管理企业不是业主服务需求的生产者，不再直接向业主提供有形服务，而是通过提供间接服务、人文服务和信息服务，组织和落实社会专业服务资源，为业主提供服务。

第二节　物业设备设施维护与管理基本理论概述

一、设备设施的 LCC 理论

（一）LCC 理论

寿命周期费用（Life Cycle Cost，LCC）也称为全寿命周期成本，是评价现代设备管理的主要经济指标之一。

全寿命周期成本管理是从设备、项目的长期经济效益出发，全面考虑设备、项目或系统的规划、设计、制造、购置、安装、运行、维修、改造、更新直至报废的全过程，使 LCC 最小的一种管理理念和方法。

（二）设备设施的寿命

设备的寿命包括自然寿命、技术寿命和经济寿命。

1. 自然寿命

自然寿命通常也称作物理寿命，是指设备在规定的使用条件下，从开始使用到无法修复而报废所经历的时间。正确使用、精心维护和管理设备可以延长其自然寿命。

2. 技术寿命

技术寿命一般是指设备在技术上有存在价值的时间，即设备从开始使用到因技术落后而被淘汰的时间。设备技术寿命的长短取决于设备磨损、老化的程度以及新技术发展的速度。

3. 经济寿命

经济寿命又称为价值寿命，是指设备从开始使用到再继续使用时在经济上已经不划算为止的全部时间。

对于物业管理企业而言，物业设备设施的寿命主要是管理寿命，即物业管理企业从参与某种设备设施的管理工作开始，至放弃管理这种设备设施为止的这段时间。一般是指设备设施从安装交付使用开始，经过使用、维护、维修、改造阶段，直到最后进行报废处理为止的全过程，它可以是自然寿命，也可以是经济寿命或技术寿命。

（三）寿命周期费用的构成

物业设备设施寿命周期费用的构成主要有前期费用、购买费用、使用费用、维修费用和回收报废成本等。资料表明：前期费用占5%，购买费用占15%～25%，使用与维修费用占50%～65%，回收报废成本一般小于5%。由此可知，在全寿命周期费用中，使用与维修费用所占的比例最大。

在实际工作中，物业管理企业应对设备设施的寿命周期进行分析，逐项列出费用项目，由粗到细，只要是物业管理企业为保证设备设施正常运行所花费的人、财、物各项费用都要计入，而折旧费、各种设备设施的建设费和管理费则应分摊在各个设备上。

物业管理企业一般是接管已经建设安装好的设备设施，其LCC费用大多是设备设施的维持费用，其费用组成主要有：

1. 使用维护费

包括技术资料费、操作人员工资及培训费、日常维护材料费、维护工具仪表费、委托维护费和能源消耗费等。

2. 修理改造费

包括技术资料费，维修人员工资及培训费，维修材料、工具、备件、备品费，委托维修费和能源消耗费等。

3. 后勤保障费

包括材料保管费、管理人员工资及培训费、办公费、技术资料费、实验设备费和检测费等。

4. 报废处理费

包括拆除费和运输费等。

二、设备设施的可靠性理论

物业设备设施的可靠性是指其无故障连续运转工作的性能，分为固有可靠性和使用可靠性。固有可靠性是由设计、生产工艺和制造决定的，使用可靠性则是与使用、

环境以及可维修性有关。物业设备设施丧失规定的功能或技术性能即产生了故障。

研究物业设备设施的可靠性，就是研究如何防止、控制和消除设备出现的故障，保证物业设备设施的使用可靠性。

（一）可靠度与不可靠度

可靠度是指物业设备设施在正常使用、保养和维修的条件下，在其经济寿命周期内完成规定功能的概率。不可靠度则是指物业设备设施在上述情况下不能完成规定功能的概率。

可靠度与不可靠度均是时间的函数，随着时间的延续，可靠度逐渐下降，不可靠度逐渐增高，但两者相加之和等于1。

（二）故障率与故障密度

物业设备在 t 时间后的单位时间内发生故障的台数相对于 t 时间内还在工作的台数的百分比，称为该设备的故障率。即设备或部件在规定条件下、规定期限内发生故障的次数。

故障密度是指在单位时间内，发生故障的设备台数与总设备数之比。

毫无疑问，故障率和故障密度越低，发生故障的设备数量就越少，物业设备设施发挥的功能就越大。

（三）故障分布规律

在正常的情况下，一台设备是否发生故障呈随机性，但是，每一台设备发生的故障却有一定的规律性，而故障分布函数就反映了这种规律。常见的故障分布函数有指数分布、正态分布和威布尔分布。指数分布规律适用于具有恒定故障率的部件及比较复杂的系统，如物业社区的给排水、采暖、通风与空调、供配电及照明系统等。正态分布规律适用于磨损型部件发生的故障，如灯泡、变压器等。威布尔分布规律适用于轴承、继电器、空气开关、电动机、液压泵和齿轮等。

（四）故障率曲线

通过对设备故障进行研究，发现在其寿命周期内发生故障的情况可以用故障率曲线来表示，其形状像一个浴缸剖面，故称之为“浴槽曲线”（Bath - tub Curve），如图1 - 2所示。按照浴槽曲线，设备故障率随时间的变化可以分为初期故障期、偶发故障期和磨耗故障期。

初期故障期又叫磨合期，在此期间，开始时的故障率较高，但随着时间的推移，

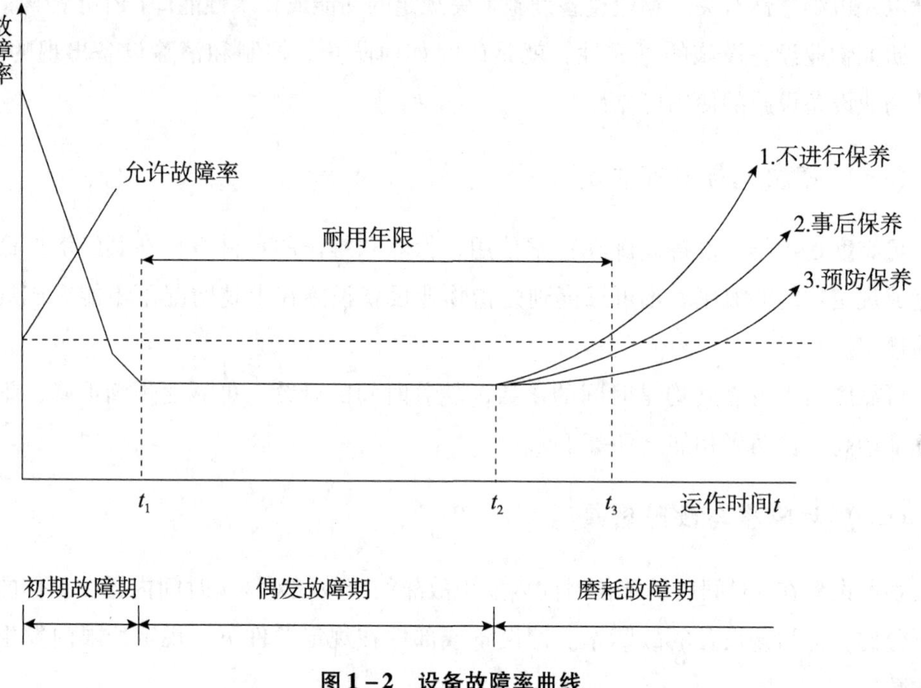

图1－2 设备故障率曲线

故障率迅速下降。此期间发生的故障主要是设计、制造上的缺陷所致，或使用不当造成。在此期间，设备管理人员要了解装置中的易损零件和部位，了解设计、施工和材料方面的具体情况，确定系统不可靠的原因并及时加以解决。

偶发故障期，设备故障率大致处于稳定状态，故障发生是随机的，其故障率最低而且稳定，这是设备的正常工作期或最佳状态期。在此期间发生的故障多因为设计、使用不当及维修不到位所产生，可以通过提高设计质量、改进管理和维护保养使故障率降到最低。在此期间，设备管理的重点是加强教育培训及备品配件管理，着重提高设备管理人员对故障的检测诊断能力和维修能力，加强保养和维护工作，延长设备的技术寿命。

磨耗故障期，由于设备零部件的磨损、疲劳、老化和腐蚀等，故障率不断上升。如果在此之前将部分零部件更新、进行技术改造，则可以降低故障率。在磨耗故障期，设备管理人员应该精心进行预防保养，定期检测，尽量延缓系统和设备磨损与老化的速度。

三、设备设施的故障理论

故障理论包括故障统计分析和故障管理分析两个方面，前者主要应用可靠性理论从宏观上定性、定量地分析故障；后者则采用具体的测试手段和理化方法，分析设备的劣化、损坏过程，从微观上研究故障机理、形态和发展规律。由于篇幅所限，这里只讨论后者。

（一）故障的概念

设备（系统）或零部件由于某种原因丧失其规定性能的状态，即设备（系统）发生了故障。但是，设备的故障状态只在设备运行时才显现出来，所以判断设备是否处于故障状态，必须有具体的判别标准，明确设备性能丧失到什么程度才算出了故障。一般地，物业设备设施处于不经济运行的状态，即为故障。设备运转异常、存在缺陷是尚未发生的故障，但是已经超出正常状态，往往不久就会发展成故障。设备设施管理的主要任务之一就是及时发现异常和缺陷，并对其进行跟踪监测和测定，预防故障的发生。

（二）常见故障的模式

设备设施发生故障时，人们接触到的是故障现象，即故障实物（现场）和故障的外部形态。故障现象是故障过程的结果，查明故障原因，便于对故障设备进行维修，杜绝事故的再次发生，为此，必须全面、准确地弄清故障现象。物业设备设施发生故障后，首先要通过文字、图形等详细记录故障现象。同时根据相关的文字记载（如设备运行记录、仪表记录等）及有关人员的回忆，弄清设备发生故障前的情况及有关数据资料，在全面掌握故障现象及其有关的环境、应力等情况后，进一步分析产生故障的原因和机理。

设备设施的每一项故障都有其主要的特征，称为故障模式，如磨损、老化、腐蚀等。

设备设施在使用过程中，由于材料、工艺、环境条件和人为因素的影响，其零部件会逐渐地磨损、变形、断裂、腐蚀等，不可避免地出现各种各样的故障，使设备的功能和精度降低，甚至整机丧失使用价值。

实际工作中常见的故障模式有异常振动、磨损、疲劳、裂纹、破裂、腐蚀、变形、剥离、渗漏、堵塞、松弛、熔融、蒸发、绝缘老化、材料老化、异常声音、油质变质等。每一种故障模式中，往往包含着由于不同原因产生的故障现象。如疲劳包含了应力集中引起的疲劳、侵蚀引起的疲劳、材料表面缺陷引起的疲劳等；磨损包含了黏着磨损、接触疲劳磨损、磨粒磨损和腐蚀磨损等；腐蚀包含了应力腐蚀、点蚀、晶间腐蚀、缝隙腐蚀、气蚀、硫化等。

（三）故障发生的原因

故障分析的核心问题是搞清发生故障的原因和机理，否则就不可能制定消除故障的有效对策。产生故障的原因有硬件方面的，也有软件方面的，或者是硬件与软件不匹配等。过去设备设施出现的故障主要是硬件故障，但是，由于现代物业越来越多地采用各种智能化自动控制系统，使用很多软件，由软件引发的故障日渐增多。

物业设备设施产生故障的主要原因可归结为运转缺陷。运转缺陷是指使用条件的影响和变化，导致设备过载、过热、腐蚀、润滑不良、漏电和操作失误、维护和修理不当等。

第三节　物业设备设施维护与管理内容

物业设备设施管理的内容主要包括物业设备设施基础资料管理、物业设备设施运行管理、物业设备设施维护管理、更新改造管理、备品配件管理、固定资产管理和工程资料管理等。

一、物业设备设施基础资料管理

物业设备设施基础资料管理，主要是建立物业设备设施系统的原始档案，妥善保管设备技术资料以及政府职能部门颁发的有关政策、法规、条例、规程和标准等文件。

（一）设备原始档案、技术资料

设备技术档案必须齐全、详细、准确，主要包括设备原始档案和设备技术资料两类。

1. 设备原始档案

设备原始档案一般包括：

（1）设备清单或装箱单。

（2）设备发票。

（3）产品质量合格证，进口设备的商品检验合格证。

（4）开箱验收报告。报告内容主要有设备名称、型号、规格、数量、外观质量、附带资料、验收人员、验收日期等。开箱验收应有购买使用单位、设计单位、负责安装设备的公司、监理公司和生产厂商等代表参加。

（5）产品技术资料。主要包括设备图纸、使用说明书、安装说明书等。

（6）安装施工、水压试验、调试、验收报告。竣工验收报告，可进行分阶段验收，每阶段验收要做详细的记录，记录上有验收工程名称、位置、验收日期、验收人员等。水压试验要记录试验的压力、持续时间及在场的工作人员。调试工作有单机调试及系统调试两种。调试时，用户（业主）、设计院、安装公司和监理公司等单位必须有相关

人员参加，设备生产厂商应参加单机调试工作。

2. 设备技术资料

设备技术资料主要包括：

(1) 设备卡片。每一台设备都必须建立设备卡片，一般可按设备的系统类型、使用部门或使用场所对设备进行编号，在设备卡片上按编号登记设备的档案资料。

(2) 设备台账。将设备卡片按编号顺序统一汇总登记，就形成了设备的台账。在设备台账中主要登记设备的大概情况，如设备编号、名称、型号、规格、生产厂商、出厂日期、价格、安装使用日期等，所有设备的概况在台账中要一清二楚，为管好、用好设备提供保证和便利。

(3) 设备技术登记簿。每一台主要设备都应设立一本技术登记簿（即设备的档案簿），对设备在使用期间进行登录和记载。其内容一般包括设备概况、设计参数、技术特性、结构简图、备品配件、设备运行及维修记录，设备大、中修记录，设备事故记录，更新改造及移动改装记录和报废记录等。

(4) 竣工图。施工结束、验收合格后，设计单位、监理单位和施工单位把已经修改完善的全部图纸进行整理后交给用户，这些图纸就是竣工图。竣工图是记载工程建筑、结构以及工艺管线、设备、电气、仪表、给排水、暖通、环保设施等建设安装工程实际情况的技术文件，是竣工验收及今后进行管理、维修、改扩建等的重要依据，要妥善加以保管。

(5) 系统资料。按系统或场所把各系统分成若干子系统，对每个子系统，一般采用示意图、文字和符号来说明，其表达方式要直观、灵活、简明，以便于查阅。

(二) 国家有关部门颁发的相关政策、法规、条例、规范、标准等文件

1. 政策、法规、条例及规范

环境保护方面有《中华人民共和国水污染防治法》《中华人民共和国大气污染防治法》《中华人民共和国固体废物污染环境防治法》《中华人民共和国环境噪声污染防治法》《中华人民共和国放射性污染防治法》和《中华人民共和国水法》等。

消防方面有《中华人民共和国消防法》《建筑设计防火规范》《高层民用建筑设计防火规范》《人民防空工程设计防火规范》等。

节能方面有《中华人民共和国节约能源法》等。

建筑方面有《中华人民共和国建筑法》《住宅装修工程施工规范》《民用建筑、室内环境污染控制规范》等，分别从建筑工艺、勘察、设计、施工、验收、检验等诸多方面对建筑工程进行规范。

电梯设备、变配电设备、燃气设备、给排水设备等都有政府部门的法规及条例进

行监督和约束。

2. 技术标准

技术标准有《生活饮用水卫生标准》《室内空气质量标准》《室内环境质量评价标准》《污水综合排放标准》《工业锅炉水质》《锅炉大气污染物排放标准》《建筑装修工程质量验收标准》《城市区域环境噪声标准》等。

国家相关部门颁发的政策、法规、条例、规范和各种技术标准是设备管理中的法律文件，指导和约束着物业设备设施的管理工作，必须分类存档，妥善保管。

二、物业设备设施运行管理

物业设备设施的运行管理包括技术运行管理和经济运行管理两部分。

物业设备设施运行管理应取得两个方面的效果：一是设备的运行在技术性能上始终处于最佳状态；二是从设备的购置、运行、维修与更新改造中，寻求以最少的投入得到最大的经济效益，即设备的全过程管理的各项费用最经济。

（一）物业设备设施技术运行管理

物业设备设施技术运行管理就是要建立合理的、切合实际的运行制度、运行操作规定和安全操作规程等运行要求或标准，建立定期检查运行情况和规范服务的制度，保证设备设施安全、正常运行。

物业设备设施技术运行管理，应落实以下几个方面的工作：

（1）针对设备的特点，制定科学、严密、切实可行的操作规程。在设备管理工作中，应根据设备特点制定切实可行的操作规程，例如空调系统的管理，必须制定空调机、制冷机、冷却塔、水处理设备和水泵等的操作规程；供配电系统的管理要制定送电、断电和安全用电的操作规程等。

（2）对操作人员要进行专业培训教育，国家规定需持证上岗的工种必须持证上岗。对特殊工种操作人员进行专业的培训教育是设备管理的一项重要工作，操作人员应积极参加政府职能部门举办的培训班，掌握专业知识和操作技能，并通过理论及实际操作考试取得相应的资格证书，如锅炉操作证、高低压电工操作证、电梯运行操作证等。

（3）加强维护保养工作。设备操作人员在使用和操作设备的同时，要认真做好维护保养工作，做到“正确使用，精心维护”，使设备始终保持良好状态。维护保养工作主要是加强日常及定期的清洁、清扫和润滑等。

（4）定期校验设备中的仪表和安全附件，确保灵敏可靠。压力表上应有红线范围。设备运行时绝对不能超越红线。安全阀前面严禁装设阀门，为了防止安全阀芯、弹簧等锈蚀而影响其灵敏度，要定期人为开启。压力表、安全阀的定期校验工作应由相关

部门负责，校验报告应妥善保管。

（5）科学地监测、诊断故障，确保设备设施安全运行。对运行中的设备设施不能只凭经验判断其运行状况和故障，而应在对故障进行技术诊断的基础上，做深入、透彻、准确的分析，从而及时、准确发现故障的潜在因素，采取有效措施防止故障的发生，确保安全运行。

（6）如果因设备故障发生事故，对事故的处理要严格执行“四不放过”原则，即事故原因不查清楚不放过、事故责任人及其相关部门未受到教育不放过、没有行之有效的改进措施不放过、没有紧急事件的预防方案和弥补救护措施不放过。事故发生后应该对事故原因及故障规律进行分析，并制定出有效的改善措施，确保类似事故不再发生。

（二）物业设备设施经济运行管理

物业设备设施经济运行管理的主要任务是在设备安全、正常运行的前提下，节约能耗费用、操作费用、维护保养费用以及检查修理等费用。其内容包括采用切实有效的节能技术措施和加强设备能耗的管理工作。

现代设备管理与传统的设备管理的不同之处，在于不仅注重设备的技术性能管理，而且还注重设备使用的经济性管理，主要内容包括初期投资费用、运行费用、能源费用及劳动力费用、维修费用和更新改造费用等支出计划的管理。物业设备设施经济运行管理的目的是从设备经济价值的变化过程中，力求以最少的投资得到最大的经济效益。

设备经济运行管理，可从以下几个方面进行：

1. 初期投资费用管理

在购置设备时，应结合实际情况综合考虑以下因素：设备的技术性能参数必须满足使用要求及其发展的需要；设备的安全可靠程度、操作难易程度以及对工作环境的要求；设备的价格及运行时能源的消耗情况；设备的寿命，即设备从开始使用到因技术落后或经济上不合算而被淘汰所经过的时间。其中，经济上不合算是指设备继续使用所需的维修费用高于该设备继续使用所能产生的效益；设备的外形尺寸、重量、连接和安装方式、噪声和振动等；采用新技术、新工艺、新材料及新型设备等。

2. 运行成本管理

运行成本管理主要包括能源消耗的经济核算、操作人员配置和维修费用管理等方面。

（1）能源消耗的经济核算

设备在运行过程中，需要消耗水、电、油、压缩空气等各类能源，节约能源就是节约能耗费用。能源消耗的经济核算工作主要有以下三个方面：

第一，制订能源耗用量计划和做好计量工作。设备管理部门每年要预先按月编制各类能源的消耗量及能源费用计划，做出每个月的各类能源的耗用计划及能源费用支出计划。各类能源的使用要有正确可靠的计量仪表，坚持做到每天定时抄表记录，并计算出日耗量，每旬检查统计一次实际耗用量，每月统计一次实际耗用量及能源费用，并将每月的实际耗用量及能源费用同年度计划进行比较。如能源耗用量出现异常情况，应立即查清原因并报告负责人。

第二，采取切实有效的节能技术措施。积极采用节能产品和节能技术，降低能源消耗，充分利用余热等能源，减少能源的消耗；在选用设备时，注意设备的技术参数要同工艺要求相一致，优先采用先进的电子控制技术，实施自动调节，使设备在运行过程中始终处于最佳的运行状态；在节约用水方面，要做到清浊分流、一水多用、废水利用；在节约用电方面，优先选用节能型电气设备，在供配电设施上应有提高功率因数的措施；在照明用电方面，要尽量多利用自然光，选择合理的照明系统和照明灯具，照明灯具的控制应采用时间控制、光电控制或红外音频控制等节能控制方式；在管网维护方面，要防止管道、阀门及管道附件泄漏和损坏，发现问题要及时修理和更换，对使用热源和冷源的管道和设备应加强保温绝热工作，以减少能量损失。

第三，切实做好节能管理工作。物业管理公司应由主管领导负责节能工作，能源管理人员应在具有节能专业知识、实践经验和有技术职称的人员中聘任，并报节能行政主管部门备案。能源管理人员负责对本单位的能源应用状况进行监督、检查，按照合理用能的原则，推行节能科学管理方法，组织实施节能技术措施，降低能耗；制定本单位合理的能源消耗定额，建立节能工作责任制度并且严格考核；开展节能教育，组织有关人员参加节能培训。能源管理人员和在重点耗能设备岗位上工作的操作人员，应在节能行政主管部门指定的机构进行培训，考试合格后方可持证上岗。

（2）操作人员配置

应积极采取合理的人力资源组织形式来安排操作人员，定岗定员，提倡一专多能的复合型人才持证上岗。

（3）维修费用管理

一般应有专人负责，做到计划使用和限额使用相结合。对维修费用的核算，要有故障修理记录作为维修费用开支的依据，同时也可以为今后的维修管理提供参考。

三、物业设备设施维护管理

物业设备设施维护管理主要包括维护保养和计划检修。

（一）物业设备设施的维护保养

设备在使用过程中一般都会发生污染、松动、泄漏、堵塞、磨损、振动、发热、压力异常等故障，影响设备正常使用，严重时还会酿成设备事故。因此，应经常对使用的设备加以检查、保养和调整，使设备时刻处于最佳的技术状态。

1. 维护保养的方式

维护保养的方式主要是清洁、紧固、润滑、调整、防腐、防冻及外观表面检查。对长时期运行的设备要巡视检查，定期切换，轮流使用，进行强制保养。

（1）紧固：设备长期使用会因为振动等因素而导致螺母脱落、连接尺寸错位、设备位移以及密封面接触不严造成泄漏等故障，所以，必须经常检查设备的紧固程度。

（2）润滑：正确使用和维护设备的重要环节。对润滑油的型号、品种、质量、润滑方法、油压、油温及加油量等都要有严格的规定。润滑管理要求做到“五定”（定人、定质、定时、定点、定量），并制定相应的润滑管理制度。

（3）调整：因为设备的振动、松动等因素，零部件之间的相对尺寸会发生变化，容易产生不正常的错位和碰撞，造成设备的磨损、发热、噪声、振动甚至损坏，因此，必须对有关的位置、间隙尺寸作定量的管理，定期测量、调整，并在调整后再加以紧固。

（4）外观表面检查：主要检查设备的外表面有无损伤裂痕；振动和噪声是否异常；设备密封面是否有泄漏现象；设备外表面是否锈蚀以及设备的防腐保温层是否损坏；磨损是否在正常范围内；防护罩等安全装置是否齐全；温度、压力运行参数是否正常；电机是否超载和过热；传动皮带是否断裂或脱落等。

2. 维护保养工作的具体实施

维护保养主要是做好日常维护保养和定期维护保养工作。

日常维护保养工作是设备维护管理的基础，应该长期坚持，并且要做到制度化。日常维护保养工作要求设备操作人员在班前对设备认真进行外观检查，在班中严格按操作规程操作设备，定时巡视记录各设备的运行参数，随时注意运行中有无振动、异声、异味、超载等现象，在班后对设备做好全面的清洁工作。

定期维护保养工作是有计划地将设备停止运行，进行维护保养。根据设备的用途、结构复杂程度、维护工作量及维护人员的技术水平等，决定维护的间隔周期和维护停机的时间。定期维护保养需要对设备进行部分解体，为此，应做好以下工作：对设备进行内、外清扫和擦洗；检查运动部件转动是否灵活、磨损情况是否严重，并调整其配合间隙；检查安全装置；检查润滑系统油路和过滤器有无堵塞；检查油位指示器，清洗油箱，换油；检查电气线路和自动控制元器件的动作是否正常等。

做好设备的定期维护保养能够消除事故隐患，减少磨损，延长设备使用寿命。

3. 设备的点检

点检是指对设备有目的、有针对性地检查。一些大型的、重要的设备在出厂时，生产厂商会提供该设备的点检卡或点检规程，其中包括检查内容和方法、检查周期以及检查标准等。

设备点检时可按生产厂商指定的点检内容和点检方式进行，也可以根据经验自己补充一些点检点，可以停机检查，也可以随机检查。检查时可以通过摸、听、看、嗅等方式，也可利用仪器仪表进行精确诊断。通过设备点检，可以掌握设备的性能、精度、磨损等情况，并可及时消除隐患，防止突发事故，既可以保证设备正常运行，又可以为计划检修提供可靠的依据。

设备点检的方法有日常点检和计划点检两种。

日常点检由操作人员随机检查，其内容主要包括：设备运行状况及参数，安全保护装置，易磨损的零部件，易污染堵塞、需经常清洗更换的部件，运行中经常要求调整的部位和经常出现不正常现象的部位等。

计划点检以专业维修人员为主，操作人员协助进行。点检时可使用先进的仪器设备和手段，点检内容主要有：设备的磨损情况及其他异常情况，确定修理的部位、部件及修理时间，更换零部件，安排检修计划等。

（二）物业设备设施的计划检修

计划检修是对正在使用的设备，根据其运行规律及点检的结果确定检修周期，以检修周期为基础，编制检修计划，对设备进行积极的、预防性的修理。

根据设备检修的部位、修理工作量大小及修理费用的高低，计划检修工作一般分为小修、中修、大修和系统大修四种。

1. 小修

主要是清洗、更换和修复少量易损件，并作适当的调整、紧固和润滑工作，一般由维修人员负责，操作人员协助。

2. 中修

在小修的基础上，对设备的主要零部件进行局部修复和更换。

3. 大修

对设备进行局部或全部的解体，修复或更换磨损或腐蚀的零部件，尽量使设备恢复到原来的技术标准，同时也可对设备进行技术改造。

中修、大修主要由专业检修人员负责，操作人员协助工作。

4. 系统大修

对一个系统或几个系统甚至整个物业设备设施系统的停机大检修，通常将所有设

备和相应的管道、阀门、电气系统及控制系统都安排在系统大修中进行检修。系统大修时，所有相关专业的技术管理人员、检修人员和操作人员都要按时参加，积极配合。

设备的计划检修虽然不能绝对消除计划外检修，如偶然性的故障抢修和意外突发事故的检修等，但是如果认真贯彻各项操作规程和规章制度，认真完成设备的日常维修和计划检修工作，计划外的检修是可以减少或避免的。

（三）计划检修和维护保养的关系

物业设备设施管理的指导原则是："维护保养为主，计划检修为辅。"如果维护保养工作做得好，发现问题后及时加以处理，则会减少设备检修工作量；反之，如果设备操作人员不爱护设备，不遵守设备的操作规程和规章制度，不对设备进行维护保养工作，就会加剧设备的损坏，增加设备检修工作量。因此，设备操作人员和维护保养人员要具有很强的工作责任心，认真执行各项工作规范，精心操作、保养和维护设备。

四、更新改造管理

任何设备使用到一定年限后，其故障率增高、效率降低、耗能加大、维护费用增高，并且可能发生严重的事故，为了使设备性能在运行中得到有效的改善和提高，降低年度维护成本，就需要对相关设备进行更新改造。

（一）设备更新

设备更新是以新型的设备来代替原有的老设备。任何设备都有使用期限，如果设备达到了它的技术寿命或经济寿命，则必须进行更新。

（二）设备改造

设备改造是指应用现代科学的先进技术对原有的设备进行技术改进，以提高设备的技术性能及经济特性。

1. 设备改造的主要方法

（1）对设备的结构做局部改进；

（2）增加新的零部件和各种装置；

（3）对设备的参数、容量、功率、转速、形状和外形尺寸做调整。

设备改造费用一般比设备更新要少得多，因此，通过技术改造能达到技术要求的，尽可能对原设备进行技术改造。

2. 编制设备改造方案

对设备进行技术改造，首先要对原设备进行分析论证，编制改造方案，具体内容包括：

（1）原设备在技术、经济、管理上存在的主要问题，设备发生故障的情况及其原因；

（2）需要改造的部位和改造内容；

（3）在改造中应用的新技术的合理性和可行性；

（4）改造后能达到的技术性能、安全性能、效果预测；

（5）预计改造后的经济效益；

（6）改造的费用预算以及资金来源计划；

（7）改造的时间及设备停用带来的影响；

（8）改造后的竣工验收和投入使用的组织工作等。

五、备品配件管理

备品配件管理的基本原则是在检修之前就把新的零部件准备好。

设备在运行过程中，零部件往往会磨损、老化，从而降低了设备的技术性能。要恢复设备的技术性能，必须用新的零部件更换已磨损、老化的零部件。为了减少维修时间，提高工作效率，应在检修之前准备好新的零部件。

在管理工作中，既要科学地组织备件储备，及时满足设备维修的需要，保证设备维修的质量和进度，减少备件加工制造和采购的突击性和盲目性，又要将储备的数量压缩到最低的限度，降低备件的储备费用，加快资金周转。

备品配件的管理应由专业技术人员负责，其职责主要是确定备件的范围，备件图纸的收集、测绘整理，确定备件来源的途径和方法，确定合理的储备定额和储备形式，编制备件卡和备件的台账，为备件的制造、采购和库存提供科学的依据。

六、固定资产管理

固定资产是指使用期限较长，单位价值较高，并且能在使用过程中保持原有实物形态的资产，如房屋及建筑物、机器设备、运输设备和工具等。对于生产经营中使用的固定资产，只要使用期限在一年以上，就可以认为是固定资产，而对单位价值不加以限制；对于非生产经营领域中使用的固定资产，只要期限长于两年并且单位价值在2000元以上，也可被认定为固定资产。

（一）固定资产（设备）的利用程度

固定资产的合理使用，可以提高它的利用价值。衡量固定资产利用程度的指标主要包括固定资产利用率和固定资产生产率。

1. 固定资产利用率

固定资产利用率反映有多少固定资产在发挥作用。对不再使用的固定资产，要积极创造条件利用起来，对实在不需要的固定资产应及时做转让或出租处理。

2. 固定资产生产率

固定资产生产率一般是指设备在单位时间内的功能发挥率，以台时产量表示。在使用设备时要合理组织运行任务，并且保持设备的完好率及最佳运行状况，同时采用先进技术对设备进行技术改造，以提高固定资产生产率。

（二）设备折旧

设备在使用过程中不断磨损、陈旧和损坏，其价值也逐步减小，这种设备价值的减小现象就是折旧。确定设备折旧年限的方法主要有：

（1）参考同类设备历年来平均的使用年限；

（2）根据设备使用频率、工作环境恶劣程度和维修保养的质量；

（3）技术进步程度决定了产品淘汰的周期，同时也决定了折旧年限的长短。

（三）设备的报废

设备由于严重损坏不能再继续使用，或者设备损坏后如果再修理在经济上不合算等，就应该作报废处理，更新添置新设备。

（四）固定资产（设备）管理的基本要求

（1）保证固定资产完整无缺。

（2）提高固定资产的完好程度和利用率。

（3）正确核定固定资产需用量。

（4）正确计算固定资产折旧额。

（5）进行固定资产投资的预测。

七、工程资料管理

在管理过程中，必须使具有保存价值的工程资料得到有效的管理，方便查找和使用，并使其内容具有可追溯性，能及时、有效地对工作起到指导作用。

（一）物业工程资料分类

1. 竣工验收资料

（1）建设工程规划验收合格证。

（2）建筑工程竣工验收书。

（3）单位工程竣工验收书。

（4）消防工程竣工验收书。

（5）消防工程竣工验收移交登记目录。

（6）电梯准用证。

（7）电梯运行许可证。

（8）房地产开发经营项目交付使用证。

2. 设备管理资料

（1）土木建筑类：包括建筑平面图和建筑结构图。

（2）暖通专业：包括暖通工程竣工图，暖通设备产品说明书和使用指导书，暖通设备操作规程，暖通设备维保规程。

（3）给排水专业：包括给排水工程竣工图，给排水设备产品说明书和使用指导书，给排水设备操作规程，给排水设备维保规程。

（4）强电专业：包括强电工程竣工图，强电设备产品说明书和使用指导书，强电设备操作规程，强电设备维保规程。

（5）弱电专业：包括弱电工程竣工图，弱电设备产品说明书和使用指导书，弱电设备操作规程，弱电设备维保规程。

（6）机电专业（电梯、擦窗机）：包括机电工程竣工图，机电设备产品说明书和作业指导书，机电设备操作规程，机电设备维保规程。

3. 二次装修设备改造变更资料

（1）改造设备平面布置图。

（2）改造设备系统图。

（二）工程资料管理的方法

工程资料管理的方法分文件档案管理和电脑管理两大类。

工程资料管理的基本要求：所有文件、资料均需按分类目录建档存放，同时在电脑或光盘上备份存储，以方便调阅。

（三）工程资料管理的要求

1. 工程资料的归档

（1）归档基本要求

字迹工整，纸张及文件、格式符合国家要求，禁止使用圆珠笔、铅笔、纯蓝墨水笔等书写材料。归档文件必须使用原件，特殊情况可使用复印件，但须附上说明。

归档时必须进行认真验收，并办理交接登记手续，同时必须确保文件资料的完整性、系统性、准确性、真实性。基建工程、改造工程的竣工验收及外购设备开箱验收等必须有档案部门参加，凡文件资料（含有关图纸等）不完整、不准确、不系统的不能进行验收。

归档文件要科学分类、立卷和编号，档案目录应编制总目录、案卷目录、卷内目录。

（2）归档时间

基建项目、改造工程资料在竣工后一个月内归档。新购设备（包括引进设备或技术）在开箱时必须会同档案管理员进行技术资料核对登记，于竣工后连同调试记录等文件材料一起整理立卷、归档。

工程、设备的运行、保养、维护资料必须按月或按季度整理，并在次年第一季度前将上年全年资料归档。

2. 工程资料的保管

（1）存放档案必须使用专用柜架，档案室应严格做到“七防”（防火、防盗、防高温、防潮、防虫、防尘、防有害气体），要重视消防，严禁吸烟和使用明火。

（2）每年年底对库存档案进行一次特别清理、核对和保管质量检查工作，做到账物相符，对破损或变质档案要及时进行修补和复制。

第四节 物业设备设施管理机构和管理制度

一、物业设备设施管理机构设置

根据管理和服务对象的不同，物业公司设立了各种机构，如董事会、总经理、办公室、客服部、工程部、保安部、财务部、环卫部等。目前，各物业公司中与设备管理联系最紧密、最主要的部门是工程部。公司其他部门则是处在参与设备使用、维护和配合管理的地位。工程部在其他部门的配合下进行日常工作，遇到设备大修、更新改造等重大项目，则要依靠设备管理部门和物业管理公司领导部门共同决策。

物业设备设施管理的机构设置要根据物业公司管理的设备规模和种类来确定，设置方式是多种多样的，遵循“满足需要，责任明确，精简高效”的原则。

如按专业系统划分的设备管理机构设置（如图 1－3 所示）从上到下依次为：部门经理（统一领导），主管（专业工程师），若干个专业作业组（工程技术人员）。

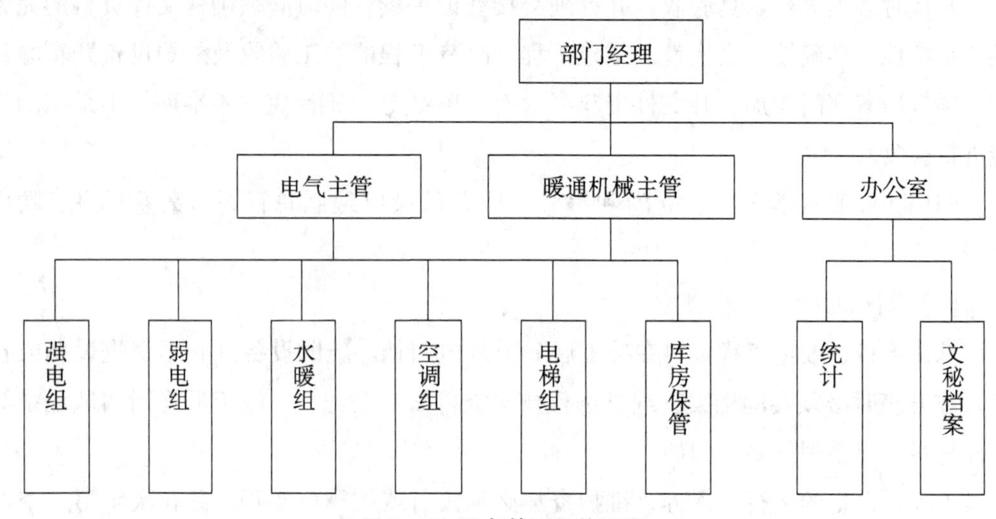

图 1-3　设备管理机构设置

这种机构设置，对于不同规模的物业均有较强的适用性。它的优点是维修服务质量高、专业性强。缺点是工种之间的配合性较差、互补性效率较低。因此，必须强调专业之间的配合，在订立岗位责任制时，一定要分工明确。

二、物业设备设施管理人员岗位职责

（一）工程部经理职责

工程部是为满足客人的舒适、安全和方便提供服务，直接给客人留下企业服务形象的部门。工程部本身的工作及工程部与物业部、销售部、保安部等的横向联系与配合，对提高物业的整体服务质量至关重要。工程部经理是进行管理、操作、保养、维修，保证设备设施正常运行的总负责人。其主要职责包括以下几个方面：

（1）直接对企业总经理负责，贯彻执行有关设备和能源管理方面的工作方针、政策、规章和制度，制定物业设备设施管理工作的具体目标和政策。

（2）定期编写月、周报告，运行报表等，收集有关资料和数据，为管理决策提供依据。

（3）负责物业设备设施从规划和实施、运行和使用、维护和修理、改造和更新直到报废全过程的技术和经济管理。

（4）加强完善设备项目验收、运行、维修的原始记录资料；编制物业设备设施的保养、大修计划，预防性试验计划（月计划、年计划）并负责有关组织有计划地完成各项工作；控制费用，提高修理的经济效果。

（5）在安全、可靠、经济、合理的前提下，及时供给各设备设施所需的能源（水、

电、油、气等)，做好能源节约工作，降低各方面物资消耗。

(6) 制定物业设备设施管理维修的各项规章制度的技术规程和技术标准，实行定额管理和经济核算，完成总经理下达的各项技术、经济指标。

(7) 组织人力、物力，及时完成住（用）户提出的报修要求，处理问题和投诉，及时纠正不合格现象，控制日常工作质量。

(8) 经常总结和推广物业设备设施管理的经验做法以及维修新技术应用，提高维修技术水平；负责组织设备管理和技术人员的培训学习，通过技术讲座、知识问答等各种形式，积极开展营业部门人员的设备管理基础知识培训，不断提高全员的设备管理意识和水平。

(9) 负责设备安全管理，组织物业设备设施的事故分析和处理；制定安全防火、事故防范措施并督促落实执行。

(10) 完成上级交办的其他工作。

(二) 各技术专业主管职责

空调、给排水、强电、弱电等各技术专业主管在部门经理的领导下，各司其职，完成上级安排的工作。

(1) 负责编制所管设备设施的年、季、月检修计划及相应的材料、工具准备计划，经工程部经理审批后负责组织计划的实施，并检查计划的完成情况。

(2) 督导下属员工严格遵守岗位责任，严格执行操作规程，检查下属岗位职责以及操作规程、设备维修保养制度的执行情况，发现问题及时提出改进措施，并督促改进工作。

(3) 熟悉所管系统设备设施性能、运行状况、控制状态，制订合理运行方案，研究改进措施，降低能耗。

(4) 组织调查、分析设备事故，提出处理意见及措施，并组织实施，以防止事故的再次发生。

(5) 及时掌握本专业科技发展动态，及时提出推广新技术、新工艺、新材料建议，报上级审批后组织贯彻实施。

(6) 完成上级交办的其他工作。

(三) 各技术工种员工职责

(1) 服从上级的调度和工作安排，及时、保质、保量地完成工作任务。

(2) 自觉遵守公司的各项规章制度、操作规程，认真操作，保证安全生产。

(3) 按规定填写各类记录表格，并定期交资料员存档。

（4）努力工作、学习，不断提高思想素质和技术水平，保证优质服务。

（5）完成上级交办的其他工作。

三、物业设备设施管理制度

（一）责任制度

责任制度包括各级岗位责任制度、记录和报表制度、报告制度、交接班制度、重要机房（如变配电房、锅炉房、电话机房、电梯机房、发电机房等）的出入登记制度等。

（二）运行管理制度

运行管理制度包括巡视抄表制度、安全运行制度、经济运行制度、安全文明运行制度等。此外，特殊设备需另行制定一些制度，如锅炉给水处理制度、电梯安全运行制度等。

（三）维修制度

维修制度包括日常巡视检查及保养制度、定期检查及保养制度、计划检修制度、备品配件管理制度、更新改造制度、维修费用管理制度、设备报废制度等。

（四）其他制度

其他制度包括承接查验制度、登记与建档制度、节能管理制度、培训教育制度、设备事故管理制度、员工奖惩制度、承租户和保管设备责任制度、设备清点和盘点制度等。

物业服务企业必须根据承接查验物业的状况，逐步完善各项管理制度，从而有效地实现专业化、制度化的物业设备设施管理。

【案例分析】

因物业公司维修不及时所造成的损害应由物业公司承担责任

某住宅小区第25栋楼的公用水箱出现渗透现象，该栋楼的业主们向物业管理公司反映了情况，要求其及时予以修缮，但物业管理公司一直未采取措施。有一天，住在该栋楼的业主王某回家经过楼前通道时，因地面积水滑溜而摔倒，导致右腿骨折，被送往医院治疗。王某要求物业公司赔偿其医药费、营养费及误工补贴等相关费用未果，

把物业管理公司告上法院。

法院判决：物业公司应当承担责任。

案例解析：根据《物业管理条例》及相关规定，物业管理公司与业主的维修责任划分为：业主作为物业的所有权人，应对其所有的物业承担维修养护责任。因此，房屋的室内部分，即户门以内的部分和设备，包括水、电、气户表以内的管线和自用阳台，由业主负责维修。房屋的共用部门和共用设备设施，包括房屋的外墙面、楼梯间、通道、屋面、上下水管道、公用水箱、加压水泵、电梯、消防设施等房屋主体公用设施，由物业公司组织定期养护和维修。根据《物业管理条例》第三十六条的规定：物业管理企业应当按照物业服务合同的约定，提供相应的服务。物业管理企业未能履行物业服务合同的约定，导致业主人身、财产安全受到损害的，应当依法承担相应的法律责任。本案中，小区物业管理公司对公用水箱的渗漏，应及时予以维修而未维修致使王某因地面积水滑溜而摔倒住院，应由物业管理公司对王某的损失给予赔偿。物业公司要避免因维修不及时导致的赔偿责任，就必须对职责范围内应维修的问题及时的维修，并建立维修责任人制度，对没有尽到职责的相关责任人予以处罚。

【本章小结】

物业设备设施是建筑物附属设备设施的简称，包括室内设备与物业管辖范围内的室外设备和设施系统，是构成物业实体的重要组成部分。我国城镇建筑的物业设备设施一般由给排水、供配电、供暖、消防、通风、电梯、空气调节、燃气供应、通信网络以及智能化系统等组成。

LCC 也称为全寿命周期成本，是从设备、项目的长期经济效益出发，全面考虑设备、项目或系统的规划、设计、制造、购置、安装、运行、维修、改造、更新直至报废的全过程，使 LCC 最小的一种管理理念和方法。

物业设备设施管理的目标是：用好、管好、维护好、检修好、改造好现有设备设施，提高设备设施的利用率和完好率。

物业设备设施管理的内容主要包括基础资料管理、设备运行管理、维护管理、更新改造管理、备品配件管理、固定资产管理和工程资料管理等。

【复习思考题】

一、填空题

1. 物业设备设施管理的基本内容包括（　　）和（　　）两个方面。

2. 设备的点检包括（　　）及（　　）。

3. 对事故的处理要严格执行的“四不放过”原则是（　　）不放过、（　　）不放过、（　　）不放过、（　　）不放过。

4. 对物业设备设施进行管理、操作、保养、维护，保证设备正常运行的总负责人是（　　）。

5. 按照专业性质，设备管理部门可分为四个组，分别为强电组、暖通组、（　　）和维修组。

二、简答题

1. 物业设备设施管理的基本内容是什么？

2. 什么是 LCC 理论？

3. 物业设备设施管理组织的结构形式有几种？

4. 物业设备设施的运行管理包括哪些内容？

5. 物业设备设施的保养管理包括哪些内容？

6. 设备技术资料怎么管理？

【实践与训练】

一、实训内容

1. 了解公司规模、经营理念。

2. 了解公司机构设置、主要工作岗位、福利待遇及管理水平。

3. 了解公司现阶段设备维修的管理运行程序。

二、实训步骤

1. 按小组分工，调查某小区或者校园内物业管理公司，与物业公司管理人员座谈，并拍照。

2. 每组将调查成果做出 PPT 演示并讲解，教师点评。

第二章　建筑给水系统

动脑筋

中城康桥花园是高层建筑居住小区，一至三层采用的是一次供水，由于市政供水水压低，居民用水频繁，导致三层以下水压不足，热水器经常无法使用，断水现象也频有发生，每天都有业主投诉，认为家里没水就是物业的责任。

为了彻底解决问题，物业管理处主动采取了以下几项措施：①张贴公告，给业主承诺一定在近期内予以解决；②给发展商发公函，提出整改意见；③安排护卫员在停水期间，为一些上了年纪或行动不便的业主送水上门；④要求管理处员工在接到此类投诉时，一定要谨慎应答，千万不可大包大揽或一问三不知。

请问：建筑的供水方式有哪几种？如何解决低层水压不足的问题？

学习目标

1. 了解建筑给水系统的分类、组成及常用的给水方式。
2. 认识建筑给水系统常用的设备和给水管道附件。
3. 熟悉给水管道的布置和敷设。
4. 掌握给水系统的管理、维护与常见故障处理的方法。

第一节　建筑给水系统概述

建筑给水系统就是将市政给水管网或自备水源中的水，输送到装置在建筑物内的指定用水点，用以满足日常生活、生产及消防所需的水量、水压、水质的要求的相关系统。

一、建筑给水系统的分类

根据供水用途，建筑给水系统基本上可分为三类：

（一）生活给水系统

为民用、公共建筑和工业企业建筑提供饮用、烹调、盥洗、洗涤、淋浴、冲洗等生活用水的给水系统。

（二）生产给水系统

为生产设备冷却、原料和产品的洗涤，以及各类产品制造过程中所需提供用水的给水系统。生产用水必须满足生产工艺对水质、水量、水压及安全方面的要求。

（三）消防给水系统

为层数较多的民用建筑、大型公共建筑及某些生产车间的消防设备提供用水的给水系统。主要有消火栓系统和自动喷淋系统等。

在实际应用中，上述三种给水系统不一定需要单独设置，可根据水质、水压等用水要求，考虑技术、经济和安全等条件，将上述三类基本给水系统或其中两类基本系统组合成不同的共用给水系统，如：生活—消防给水系统；生产—消防给水系统；生活—生产给水系统；生活—生产—消防给水系统。根据具体情况，有时将上述三类基本给水系统再划分，例如：生活给水系统分为饮用水系统、杂用水系统（中水系统）；生产给水系统分为直流给水系统、循环给水系统、复用水给水系统、软化水给水系统、纯水给水系统；消防给水系统分为消火栓给水系统、自动喷水灭火给水系统。

不同的给水系统对给水参数的要求是不同的。

生活给水系统对水质要求最高，其水质必须符合国家规定的“生活饮用水卫生标准”，同时要满足水压、水量的要求。

生产给水系统根据用途、生产工艺等的不同，对供水的要求是不同的。如：食品、药品等企业的产品用水对水质的要求十分严格；设备冷却用水对水量、水压要求较高，对水质要求则不高；锅炉用水对水的硬度要求较高。

消防用水对水质要求不高，但必须按建筑防火规范保证供给足够的水量和水压。

二、建筑给水系统的组成

一般而言，建筑给水系统一般由以下几个基本部分组成，如图 2 - 1 所示。

（一）引入管

对于单幢建筑物，引入管是由室外给水管网和建筑物内管网之间的管段，也称进户管。对于一个工厂、一个建筑小区、一个校区，引入管是指总进水管。引入管的设

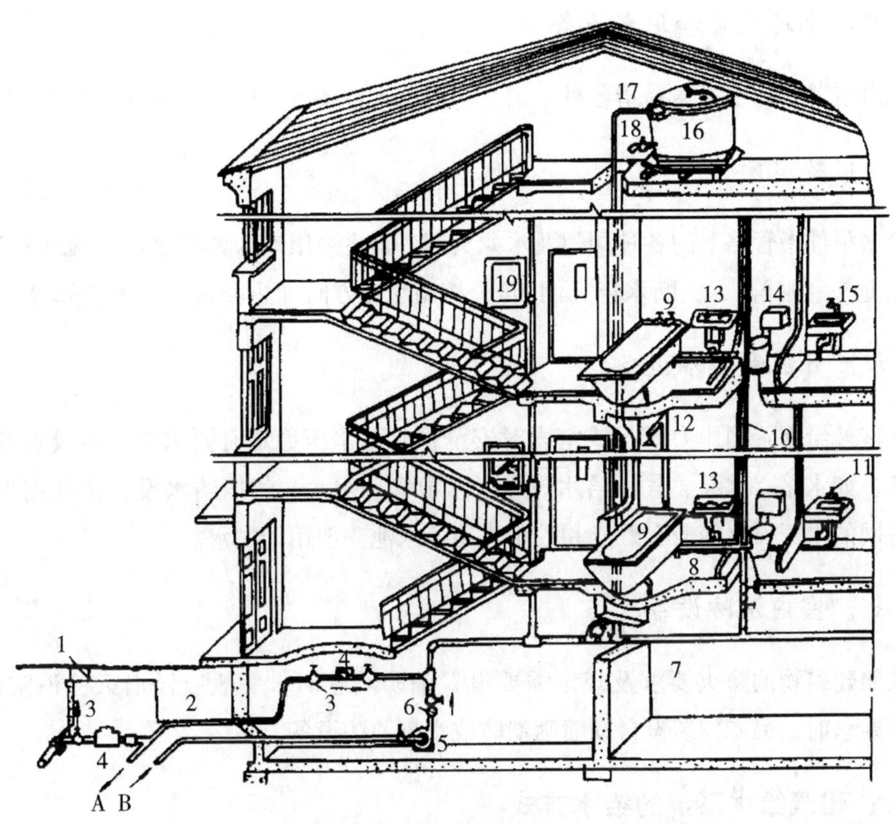

图 2-1 建筑给水系统

1—阀门井；2—引入管；3—闸阀；4—水表；5—水泵；6—止回阀；7—干管；8—支管；9—浴盆；10—立管；11—水龙头；12—淋浴器；13—洗脸盆；14—大便器；15—洗涤盆；16—水箱；17—进水管；18—出水管；19—消火栓；A—入贮水池；B—出贮水池

置要考虑可靠性和配水平衡，因此，引入管应从建筑物用水量最大和不允许断水处引入。

（二）水表节点

水表节点是指引入管上装设的水表及其前后设置的闸门、泄水装置等总称。水表节点一般设在引入管室外部分离开建筑物适当位置处的水表井内，用于对该节点以后管网用水的计量与控制。闸门用以关闭管网，以便修理和拆换水表；泄水装置为检修时放空管网、检测水表精度及测定进户点压力值。

（三）管道系统

管道系统是指由给水干管、立管、支管等组成的配水管网。

（四）配水装置和用水设备

配水装置和用水设备是指各种生活、生产用水设备或其他用水器具，如消火栓等。

（五）给水附件

给水附件指管路上的各种阀门及水龙头等。其主要用途为调节水压（减压阀）、水量（水龙头、闸阀），关断水流（闸阀），控制水流方向（止回阀）以及检修等。

（六）升压和贮水设备

在室外给水管网压力不足或室内对安全供水、水压稳定有要求时，需设置各种附属设备，如水箱、水泵、气压给水设备、水池等。水泵、气压给水设备主要用于增大室内管网的水压；水箱兼有贮压和贮水作用；水池一般用于贮水。

（七）室内消防设备

按照建筑物的防火要求及规定需要设置消防给水时，一般应设消火栓消防设备。有特殊要求时，另专门装设自动喷洒消防或水幕消防设备。

三、建筑给水系统的给水方式

给水方式即指建筑内部给水系统的供水方案。合理的供水方案，应考虑各方面因素，如技术因素、经济因素、社会和环境因素等综合评判确定。

技术因素包括：供水可靠性，对室外给水系统的影响，节水节能效果，操作管理方便等；经济因素包括：初期投资，年运行费用等；社会和环境因素包括：对建筑立面和城市观瞻的影响，对结构和基础的影响，占地面积，对环境的影响，抗寒防冻性能，建设难度和建设周期等。

（一）直接给水方式

所谓直接给水方式，就是指利用市政供水管网直接向建筑供水的方式。室外给水管网的水量、水压在一天内任何时间均能满足建筑物内用水要求时，可采用此种方式，如图 2－2 所示。即建筑给水系统直接在室外管网压力作用下工作，为最简单的给水方式。采用这种方式，水经由引入管、给水干管、给水立管和给水支管由下向上直接供到各用水或配水设备，中间无任何增压贮水设备，水的上行完全由室外给水管网的压力推动。

特点：由于室外管网可以满足建筑物内用水的各项要求，建筑物内不需要设置水

箱、水泵等其他设备，因而投资较少，施工方便，并且容易维护管理，水质不易被二次污染。但这种方式对供水管网水压依赖程度较高，当供水管网出现意外压力不足时可能导致高层用户供水中断，而且，由于重力作用，不同楼层的出水压力不一致。

直接给水方式适用于低层建筑与多层建筑。

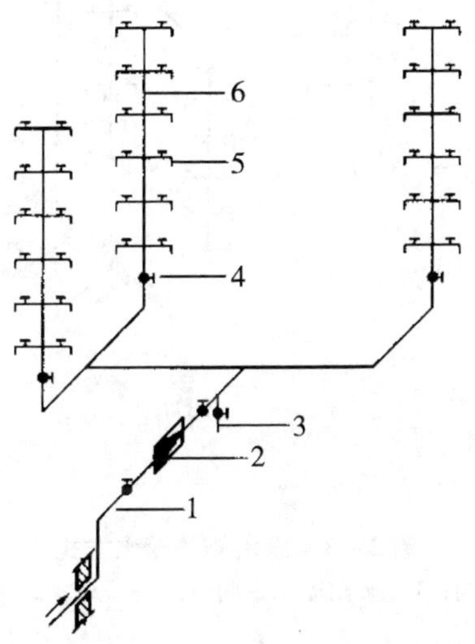

图 2－2　直接给水方式

1—进户管；2—水表；3—泄水管；4—阀门；5—配水龙头；6—立管

（二）设置调压设备的供水方式

1. 设水箱的给水方式

当室外给水系统的水量能满足建筑给水系统的要求，但水压呈周期性变化且大部分能满足室内压力要求时，可采用设有水箱的给水方式。如图 2－3（a）所示，在室外管网压力足够时，由室外管压直接向建筑内给水系统供水，同时向水箱供水，水箱储备水量。高峰用水时，室外管网水压不足，则由水箱向建筑内给水系统供水。

当室外管网水压偏高或不稳定时，为保证建筑内给水系统的良好工况或满足稳压供水的要求，也可采用全部由水箱向建筑内给水系统的方式，如图 2－3（b）所示。

有时，为了充分利用室外给水管网的水压，通常将下部楼层设置成直接由室外给水管网供水，上部楼层设置成由水箱供水的方式，这样，水箱仅为上部楼层服务，容积可以减小，从而降低投资。

特点：不需要专门设置升压设备，利用管网的压力将一定量的水贮存在水箱中，从而保证不间断供水，供水较安全。但由于增加了水箱，如果管理不当，容易产生二次污染，同时也增加了造价。

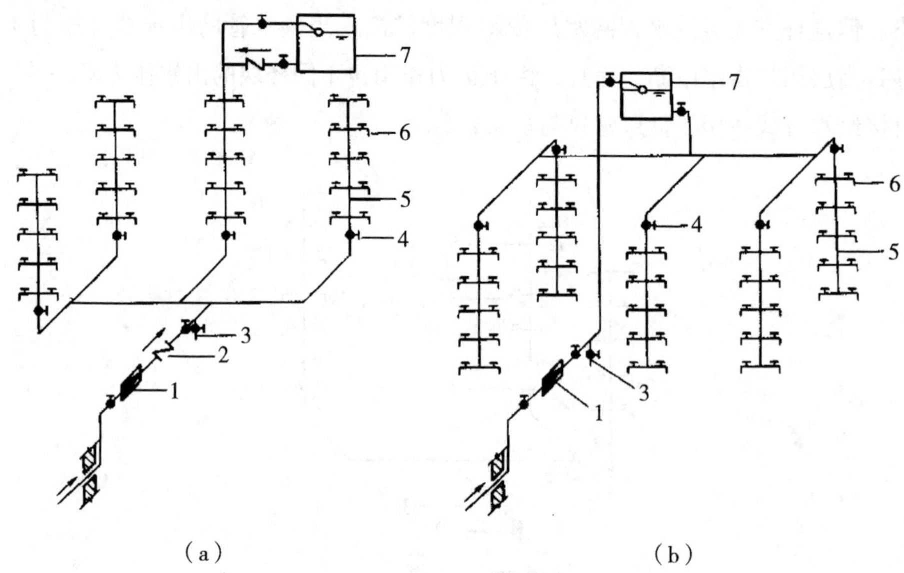

图 2－3　设水箱的给水方式

1—水表；2—止回阀；3—泄水阀；4—阀门；5—立管；6—配水龙头；7—水箱

2. 设水泵的给水方式

若室外给水管网的水压经常不足时宜采用设水泵的给水方式。当建筑内用水量大且较均匀时，可用恒速水泵供水；当建筑内用水不均匀时，宜采用一台或多台水泵变速运行供水，以提高水泵的工作效率。为充分利用室外管网压力，节省电能，当水泵与室外管网直接连接时，应设旁通管，如图 2－4（a）所示。当室外管网压力足够大时，可自动开启旁通管的逆止阀直接向建筑内供水。

水泵直接从室外管网抽水时，会使室外管网压力降低，影响附近用户用水，严重时还可能造成外网负压，在管道接口不严密时，其周围土壤中的渗漏水会吸入管内，污染水质。当采用水泵直接从室外管网抽水时，必须得到供水部门的批准。为避免上述问题，可在系统中增设贮水池，采用水泵与室外管网间接连接的方式，如图 2－4（b）所示。

特点：供水可靠，但一次性投资较大，运行成本较高，如图 2－4（a）所示方式处理不当易产生水质污染，必须得到供水部门的批准。

3. 设水池、水泵和水箱的给水方式

当室外给水管网压力低于或经常不能满足建筑内给水管网所需的水压，且室内用水不均匀时宜采用如图 2－5 所示的设水池、水泵和水箱的给水方式。此方式是应用比较广泛的一种供水方式，由于水泵可及时向水箱充水，可使水箱容积大为减小；又因为水箱的调节作用，再加上液位自动控制系统，可使水泵在额定转速下运行，工作效

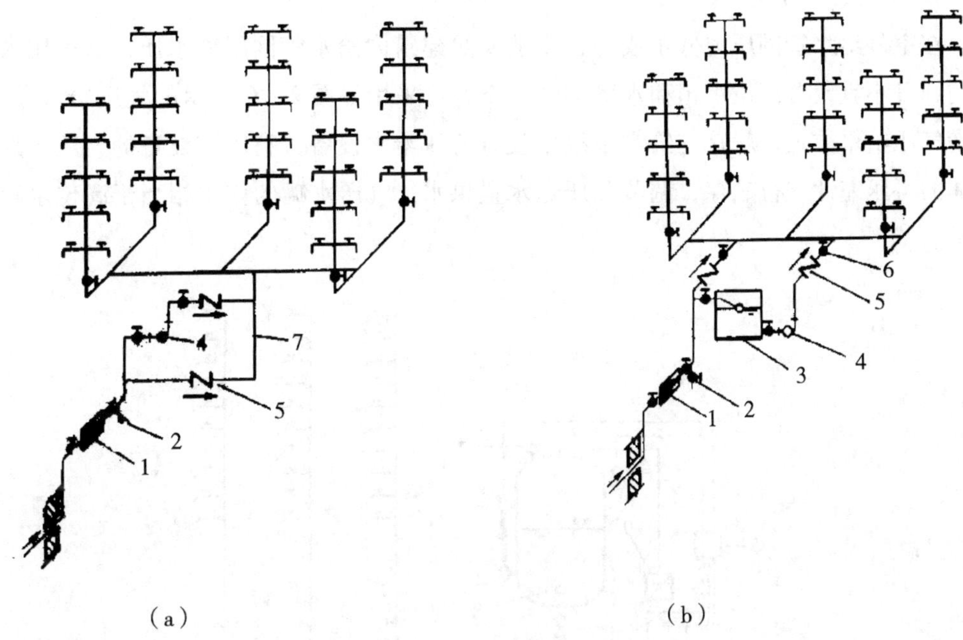

图 2－4 设水泵的给水方式

1—水表；2—泄水管；3—贮水池；4—水泵；5—止回阀；6—阀门；7—旁通管

率较高。

特点：采用这种给水方式技术上合理，供水可靠，供水压力稳定且易实现水泵启闭自动化。但一次性投资较大，运行费用较高，维护管理较复杂。

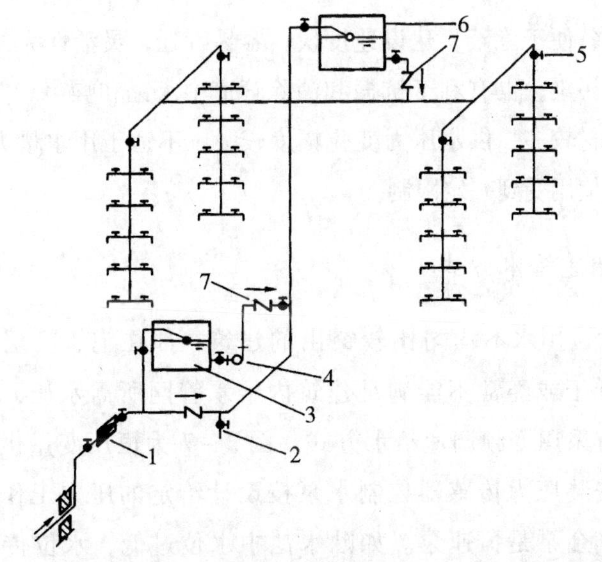

图 2－5 设水箱和水泵的联合给水方式

1—水表；2—泄水管；3—贮水池；4—水泵；5—阀门；6—水箱；7—止回阀

4. 气压给水方式

在室外给水管网压力低于或经常不能满足建筑内给水管网所需水压，室内用水不均匀，且不宜设置高位水箱和水塔的情况下，可采用如图 2－6 所示的气压给水方式。所谓气压给水方式，就是在给水系统中设置气压给水设备，利用该设备的气压水罐内气体的可压缩性进行贮存、调节和压送水量供水。气压水罐的作用相当于高位水箱或水塔。

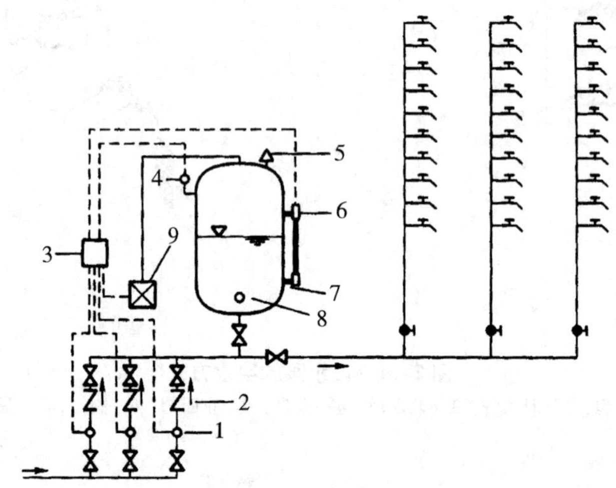

图 2－6　气压给水方式

1—水泵；2—止回阀；3—控制器；4—压力信号器；5—安全阀；6—液位信号器；7—气压水罐；8—排气阀；9—补气装置

特点：这种设备便于隐蔽，建设速度快，容易拆迁，灵活性大，且水在密封系统中的流动不会受到污染，也有利于抗振和消除管道中水锤和噪声。但调节能力小，运行费用高，耗用钢材较多，供水压力变化幅度较大，不适于用水量大和要求水压稳定的用水对象，因此使用受到一定限制。

（三）变频调速给水方式

在用水量较大，用水不均匀比较突出的建筑，如住宅、高层建筑，同时室外给水管网压力又低于或经常不能满足建筑内给水管网所需水压，且不宜设置高位水箱的情况下，宜采用变频调速给水方式。图 2－7 为恒压变量供水设备，设备在水泵出水管附近安装压力传感器控制水泵按设计给定的压力工作，其中一台水泵为变频调速泵，其余泵是恒速泵。如贮水池中水位过低，水位传感器发出指令停泵，运行时首先变频调速泵工作，当调速泵不能满足用水量要求时，自动启动恒速泵；反之亦然。

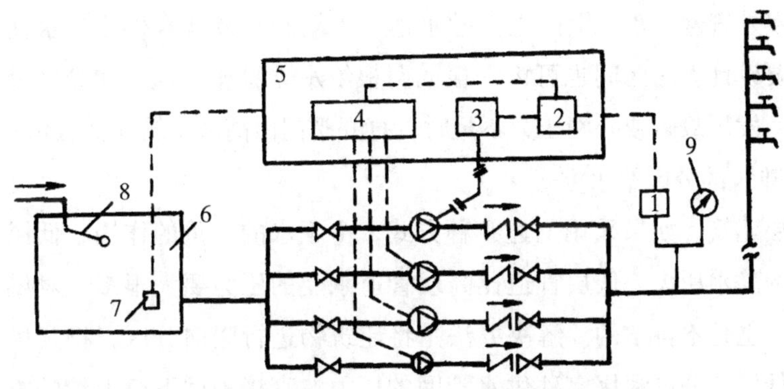

图2－7　变频调速给水（恒压变量供水）

1—压力传感器；2—数字式PID调节器；3—变频调速器；4—恒速泵控制器；5—电控柜；6—贮水池；7—水位传感器；8—液位自动控制阀；9—压力表

特点：变频调速给水方式一次性投资较大，年运行费用也较高，但供水可靠性好，有利于保证水质，也有利于抗振和节能。在建筑设备技术不断发展更新，给水系统建设逐步趋于取消高位水箱的情况下，变频调速给水正得到越来越多的应用。

（四）分区给水方式

1. 多层建筑的分区给水方式

如图2－8所示，在层数较多的建筑物中，室外给水管网水压往往只能满足建筑物下面几层的需要，为充分有效地利用室外管网水压，可将建筑物分成上、下两个供水区。

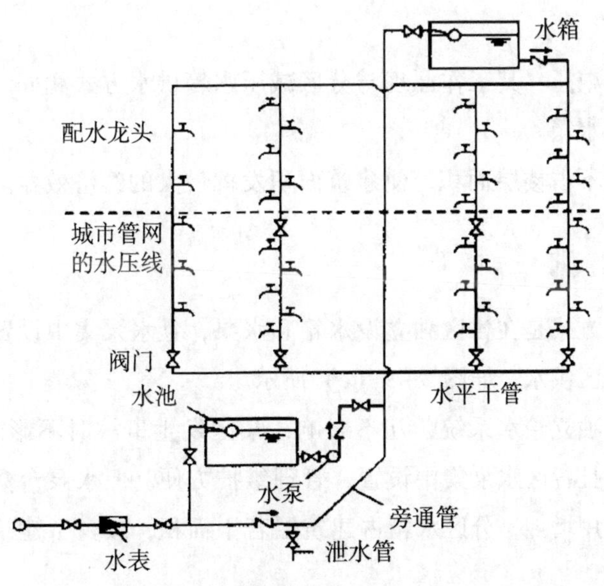

图2－8　多层建筑的分区给水方式

下区直接由室外管网供水，上区则由贮水池、水箱和水泵联合供水，水池、水泵和水箱按上区需要设计。两区间也可由一根或两根给水立管相连通，在分区处设阀门，以备低区进水管发生故障或外网压力不足时，打开阀门由高区水箱向低区供水。

2. 高层建筑的分区给水方式

对于高层建筑，如果采用上述几种方式，由于水的自重的作用，低层的静水压要比高处楼层的静水压大，低层管道比高层管道承受的压力要大很多，对供水管道自身的安全不利，也是不科学的。解决办法是将建筑物进行竖向分区，将其供水分成若干竖向区段，低层部分可利用室外供水管网的压力，直接采用下行上给的方式供水；上层依据不同高度，选用不同扬程的水泵将水送至不同的水箱，再从各水箱把水供至合适的楼层。采用竖向分区可以避免建筑物下层给水系统管道及设备承受过大的压力而损坏；防止管道内流速过大而引起的水锤和各种噪声；减轻下层给水系统中水龙头流出水头过大而引起的水流喷溅。

高层建筑给水系统竖向分区主要有以下两种形式：

（1）分区减压给水方式

分区减压给水方式有分区水箱减压和分区减压阀减压两种形式，如图 2－9（a）、（b）所示。

①分区水箱减压：整幢建筑物内的用水量全部由设置在底层的水泵提升至屋顶总水箱，然后再分送至各分区水箱，分区水箱起减压作用。

特点：水泵数量少，设备费用较低，管理维护简单，同时水泵房面积小，各分区减压水箱调节容积小。但水泵运行费用高，屋顶总水箱容积大，对建筑的结构和抗震不利。

②分区减压阀减压：其工作原理与分区减压水箱供水方式相同，不同之处在于用减压阀来代替减压水箱。

特点：减压阀不占楼层面积，使建筑面积发挥最大的经济效益。但水泵运行费用较高。

（2）分区并联给水方式

分区并联给水方式是在各区独立设水箱和水泵，且水泵集中设置在建筑物底层或地下室，分别向各区供水，如图 2－9（c）所示。

特点：各区是独立给水系统，互不影响，某区发生事故时不影响其他区的供水，供水安全可靠，而且各区水泵集中设置，管理维护方便。但水泵台数多，水泵出水高压管线长，设备费用增加，分区水箱占建筑层若干面积，减少了建筑使用面积，影响经济效益。

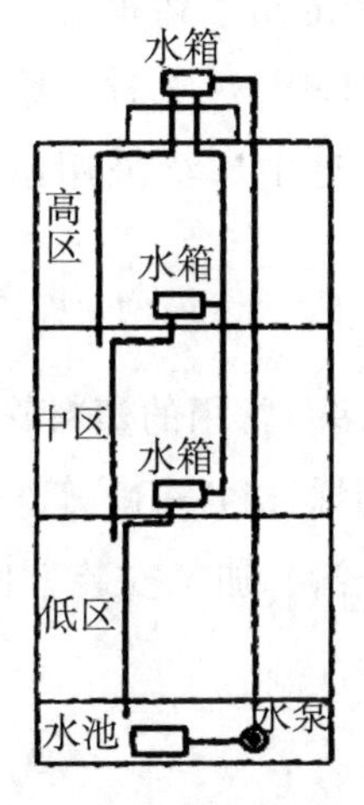

（a）减压水箱给水方式

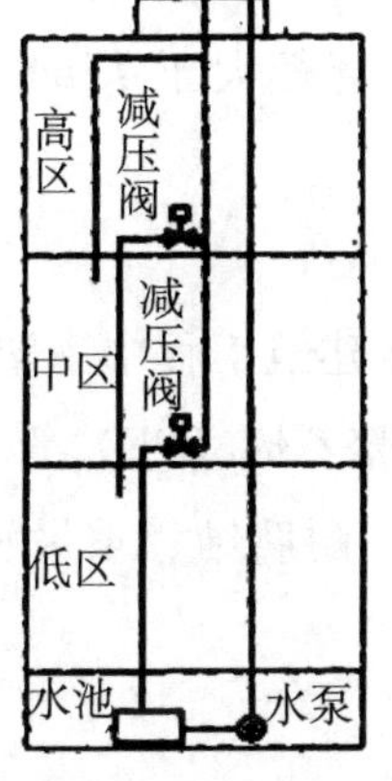

（b）减压阀给水方式

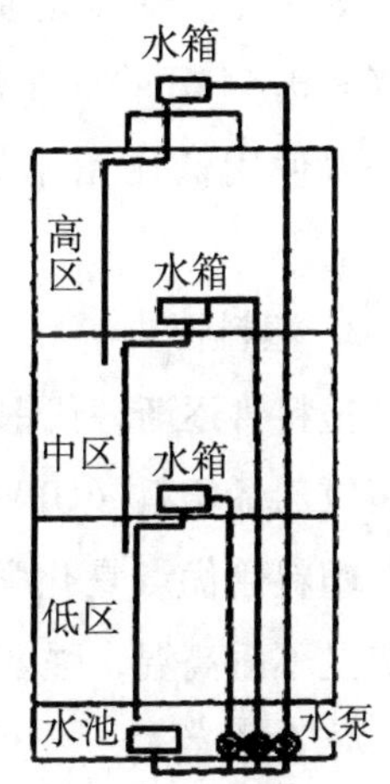

（c）分区并联给水方式

图 2－9　高层建筑的室内给水方式

第二节　建筑给水系统常用设备、材料

一、给水管材、管件、附件和水表

建筑给水系统是由各种管道及附件、计量仪表、升压设备、贮水设备等组成的，了解给水系统中的各种材料与设备的品种、规格、性能及适用情况，对于建筑给水系统的维护与管理至关重要。

（一）常用给水管材

给水管材应具有足够的强度，具有安全可靠、无毒、坚固耐用、便于安装加工等特点。常用的给水管材有钢管、铸铁管、塑料管等。管材的选用应根据所输送的介质要求的水压、水质等因素来确定。

1. 钢管

钢管过去是给排水设备工程中应用最广泛的金属管材，多用于室内给水系统。钢管分焊接钢管和无缝钢管两种，给水系统通常采用镀锌焊接钢管。

焊接钢管的优点是强度高，承受流体的压力大，抗震性能好，长度大，接头少，加工安装方便。缺点是造价较高，抗腐蚀性差。

2. 铸铁管

给水铸铁管是使用生铁铸造而成，与钢管相比具有耐腐蚀性强、造价低、耐久性好等优点。缺点是质脆、重量大、单管长度小等。我国生产的给水铸铁管有低压管（≤0.44MPa）、中压管（≤0.736MPa）、高压管（≤0.981MPa）三种，给水管道一般使用低压给水铸铁管。在管径大于75mm埋地敷设管道中广泛采用给水铸铁管。

3. 塑料管

塑料管逐渐替代钢管被应用在建筑工程中。塑料管品种较多，常用的塑料管材有硬聚氯乙烯塑料（UPVC）管材、聚乙烯（PE）管材、三型聚丙烯（PP—R）管材。

塑料管优点是化学性能稳定、耐腐蚀、重量轻、管内壁光滑、加工安装方便等。缺点是不耐高温，强度较低。

4. 复合管材

近年来，我国的给水管材的开发与应用工作取得了很大进展，如开发出了兼有钢管和塑料管优点的钢塑复合（SP）管材以及以铝合金为骨架的铝塑复合（PAP）管材。它们除具有塑料管的优点外，还有耐压强度好、耐热、可曲挠和美观等优点。现已大量应用于给水支管的安装。

由于钢管易锈蚀、结垢和滋生细菌，且寿命短（一般仅8~12年，而一般的塑料管寿命可达50年），因此，世界上不少发达国家早已规定在建筑中不准使用镀锌钢管。我国也规定，自2000年起新建、改建、扩建的各类建筑物、构筑物、住宅小区的给水管道工程（除消防管道外），停止使用普通镀锌钢管，一律采用塑料给水管。

（二）常用给水管件

给水管道进行连接就必须采用各种管件，管件可用钢、铸铁、铜等材料制作，与相应的管材配合使用。常用管件有钢管管件、铸铁管件、塑料管件和复合管件等。

1. 钢管管件

钢管采用螺纹连接时，常用管件包括管箍、弯头、三通、四通、异径管箍、活接头、补心、外接头等，如图2-10所示。

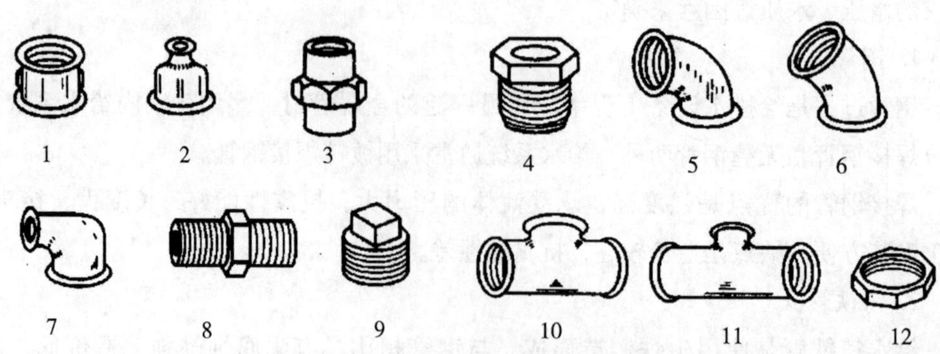

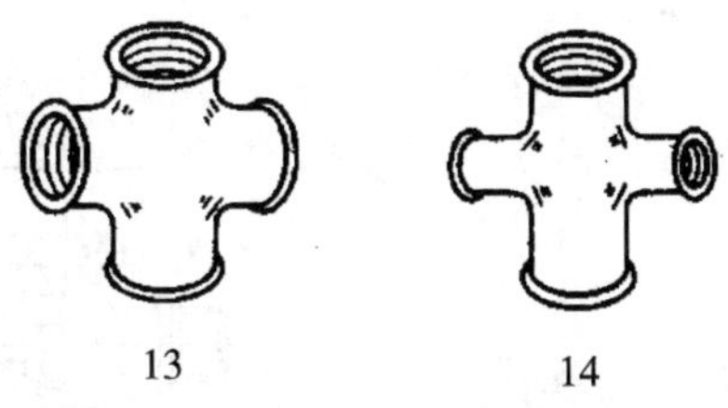

图 2－10　常用钢管管件

1—管箍；2—异径管箍；3—活接头；4—补心；5—90°弯头；6—45°弯头；7—异径弯头；8—外接头；9—丝堵；10—等径三通；11—异径三通；12—根母；13—等径四通；14—异径四通

2. 铸铁管管件

铸铁管管件的种类和用途与钢管管件基本相同，如图 2－11 所示，包括弯头、三通、四通、异径管等。

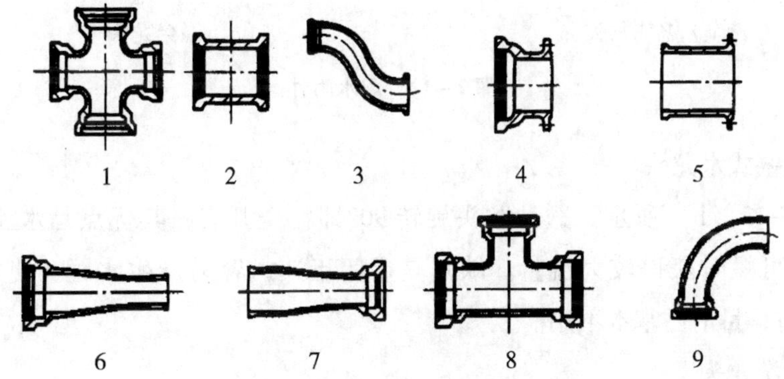

图 2－11　常用铸铁管件

1—四承四通；2—双承短管；3—承插乙字管；4—承盘短管；5—插盘短管；6—承插渐缩管；7—插承渐缩管；8—三承三通；9—承插 900 弯头管

3. 塑料管件与复合管管件

塑料管件和复合管管件有三通、四通、弯头等。它们的用途与钢管管件相同。

（三）常用给水管道附件

给水管道附件是安装在管道及设备上的启闭和调节装置的总称。一般分为配水附件和控制附件两类。

1. 配水附件

配水附件就是装在卫生器具及用水点的各式水龙头，也称配水水嘴，如图 2－12 所示，用以调节和分配水流，常见水龙头有以下几种：

（1）球形阀式水龙头

如图 2－12（a）所示，水流经过此种龙头因改变流向，故阻力较大。其最大工作压力为 0. 6MPa，主要安装在洗涤盆、污水盆、盥洗槽上。

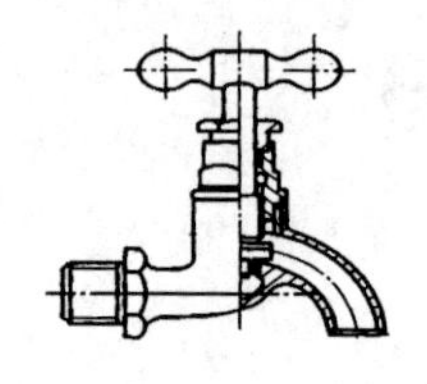
（a）球形阀式龙头

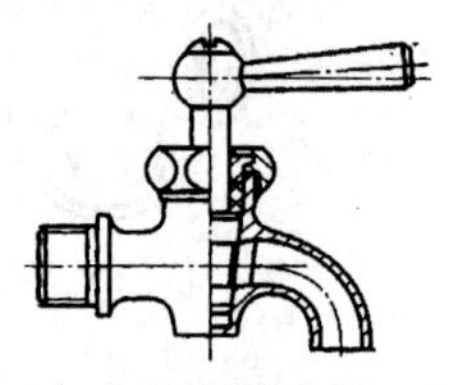
（b）旋塞式龙头

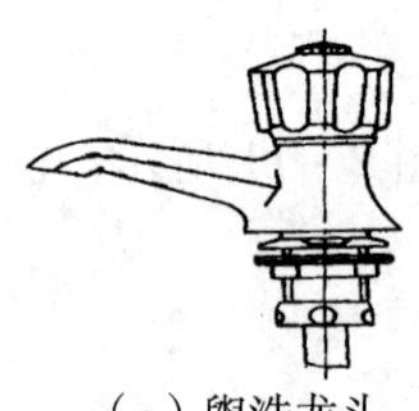
（c）盥洗龙头

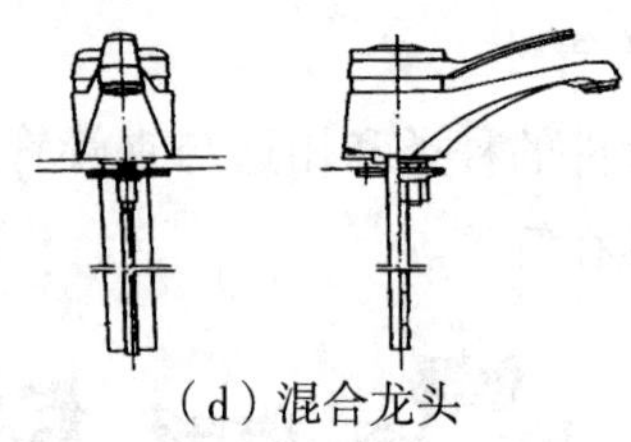
（d）混合龙头

图 2－12　配水附件

（2）旋塞式水龙头

如图 2－12（b）所示，这种龙头旋转 90°即完全开启，其优点是水流直线通过，阻力较小，可短时获得较大流量。缺点是启闭迅速，容易产生水锤，使用压力宜在 0.1MPa 左右，目前已基本不用。

（3）盥洗龙头

如图 2－12（c）所示，为单放型，装设在洗脸盆上单供冷水或热水用。其形式很多，有莲蓬头式、鸭嘴式、角式、长脖式等。

（4）混合龙头

如图 2－12（d）所示，这种龙头可以调节冷、热水的流量，进行冷、热水混合，以调节水温，供盥洗、洗涤、沐浴等用。

2. 控制附件

控制附件是指用来开启和关闭水流，控制水流方向，调节水量、水压的各类阀门，如图 2－13 所示，常用的阀门有：

（1）截止阀

如图 2－13（a）所示，用于启闭水流，这种阀门关闭严密，但水流阻力大，一般适用于≤50mm 的管道上。截止阀安装时有方向要求，应使水低进高出，防止装反，一般阀上标有箭头指示方向。

（2）闸阀

如图 2－13（b）所示，用于启闭水流，也可以调节水流量。全开时水流呈直线通

过，阻力小，但水中有杂质落入阀座后易产生磨损和漏水。一般适用于≥70mm以上的管道。

（3）旋塞阀

如图2-13（c）所示，作启闭、分配和改变水流方向用，其优点是启闭迅速。缺点是密封困难。一般装在需要迅速开启或关闭的地方，为了防止因迅速关断水流而引起水击，适用于压力较低和管径较小的管道。

（4）蝶阀

如图2-13（d）所示，蝶阀的阀瓣绕阀座内的轴在90°范围内转动，可起调节、节流和关闭作用，操作扭矩小、启闭方便、结构紧凑。适用于室内外较大的给水干管。

（5）球阀

如图2-13（e）所示，主要作切断、分配和变向用。球阀操作方便，流体阻力小。

（6）止回阀

止回阀又称单向阀或逆止阀，是一种用以自动启闭阻止管道中水的反向流动的阀门，主要有两种：旋启式止回阀、升降式止回阀，另外还有消声止回阀和梭式止回阀等。

①旋启式止回阀，如图2-13（f）所示，一般直径较大，水平、垂直管道上均可装置。

②升降式止回阀，如图2-13（g）所示，装于水平管道上，水头损失较大，只适用于小管径。

（7）液位控制阀

液位控制阀是一种自动控制水箱、水池等贮水设备水位的阀门，包括浮球阀和液压水位控制阀。

①液压水位控制阀，如图2-13（h）所示，水位下降时阀内浮筒下降，管道内压力将阀门密封面打开，水从阀门两侧喷出，水位上升，浮筒上升，活塞上移，阀门关闭停止进水，是浮球阀的升级换代产品。

②浮球阀，如图2-13（i）所示，当水箱充水到设计最高水位时，浮球浮起，关闭进水口；当水位下降时，浮球下落，开启进水口，于是自动向水箱充水。

（8）安全阀

安全阀是一种为了避免管网、设备中压力超过规定值而使管网、用水器具或密闭水箱受到破坏的安全保障器材。其工作原理是：当系统的压力超过设计规定值时，阀门自动开启放出液体，直至系统压力降到允许值时才会自动关闭。一般有弹簧式（图2-13（j））、杠杆式两种。

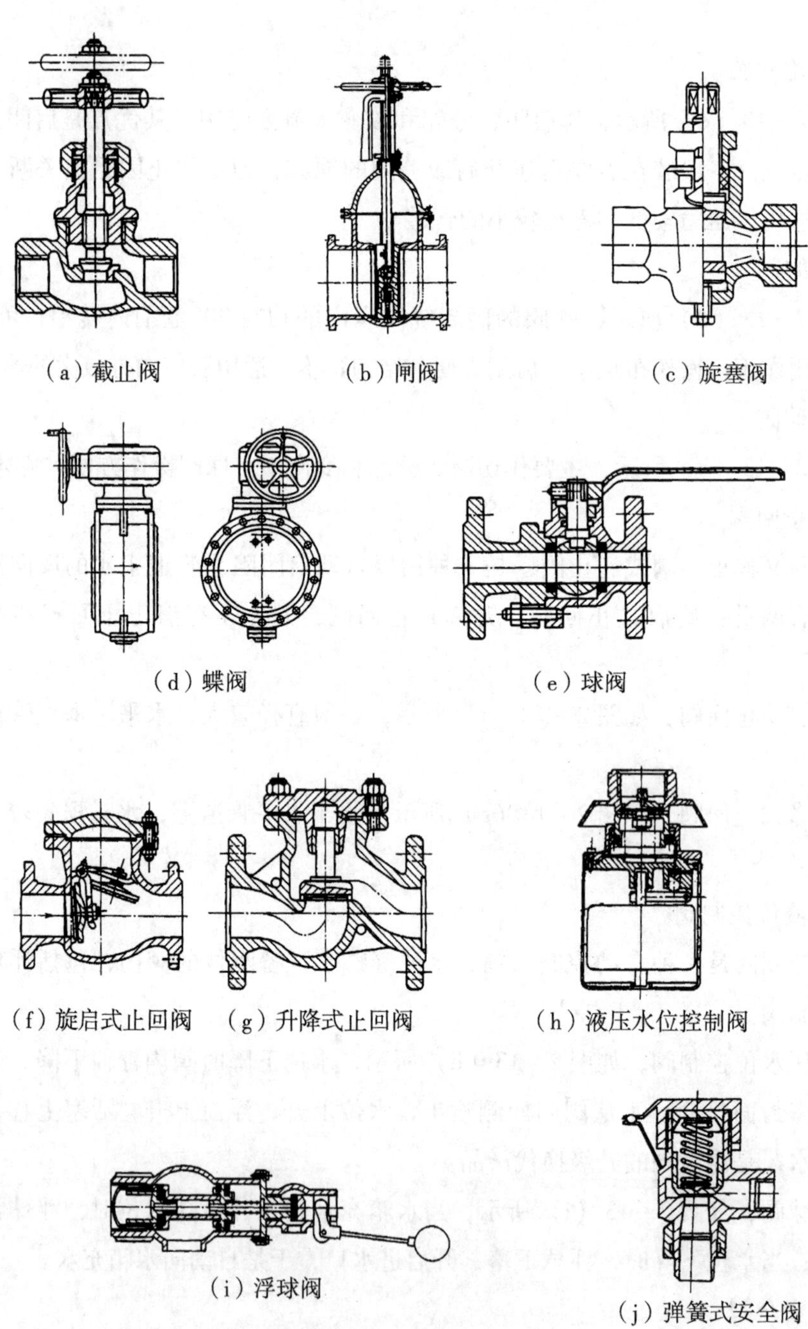
（a）截止阀
（b）闸阀
（c）旋塞阀
（d）蝶阀
（e）球阀
（f）旋启式止回阀
（g）升降式止回阀
（h）液压水位控制阀
（i）浮球阀
（j）弹簧式安全阀

图 2－13　控制附件

（四）水表

水表是一种用以计量建筑用水量的仪表。目前室内给水系统中广泛采用流速式水表。

流速式水表按翼轮构造不同分为旋翼式和螺翼式，如图 2－14 所示。旋翼式的翼轮转轴与水流方向垂直，水流阻力较大，多为小口径水表，一般用在≤50mm 的管道中。螺翼式的翼轮转轴与水流方向平行，阻力较小，一般用在≥50mm 的管道中。旋翼式和螺翼式水表又分为干式和湿式两种，干式水表的计数装置和表盘与水隔离，湿式水表的计数装置和表盘浸在水中。由于湿式水表机件较简单，计量较准确，阻力比干式小，因此被广泛应用。

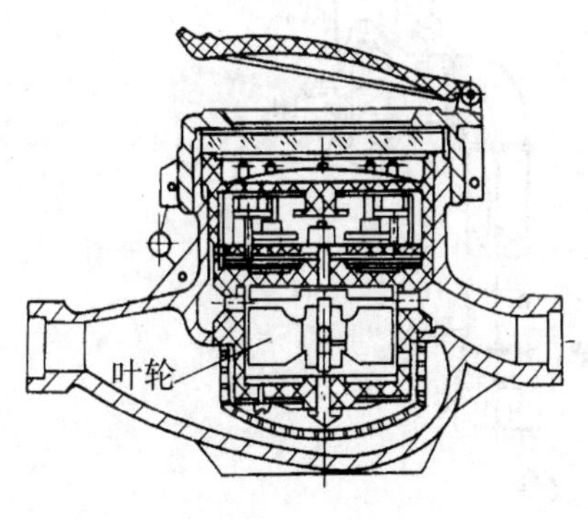

（a）旋翼式水表

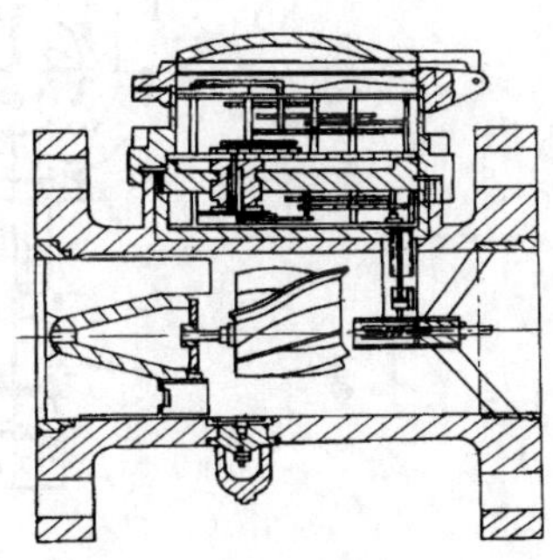

（b）螺翼式水表

图 2－14　流速式水表

二、给水加压与调节设备

在建筑给水系统中，给水加压与调节设备主要有水泵、水箱、气压给水装置和变频调速给水装置等。

（一）水泵

水泵是给水系统中主要的升压设备，高层建筑的供水都离不开水泵。水泵的种类很多，有离心泵、轴流泵、混流泵、真空泵等。离心泵具有结构简单，体积小，效率高，运行平稳，便于维修等特点，因此在建筑给水系统中应用广泛。

1. 离心泵的分类和组成

离心泵的工作方式有吸入式和灌入式两种。泵轴高于吸水池水面的称吸入式；吸水池水面高于泵轴的称灌入式。

2. 离心泵的结构

离心泵的结构如图 2－15 所示，主要由叶轮、泵轴、泵壳、泵座、吸水管、压水管等部分组成。

3. 离心泵主要性能参数

流量（Q）：在单位时间内通过水泵的水的体积，单位 L/s 或 m^3/h。

扬程（H）：单位质量的液体通过水泵后所获得的能量再除以重力加速度，单位 m。

轴功率（N）：消耗从电动机处所获得的全部功率，单位 kW。

转速：（n）：水泵轴每分钟转动的次数，单位 r/min。

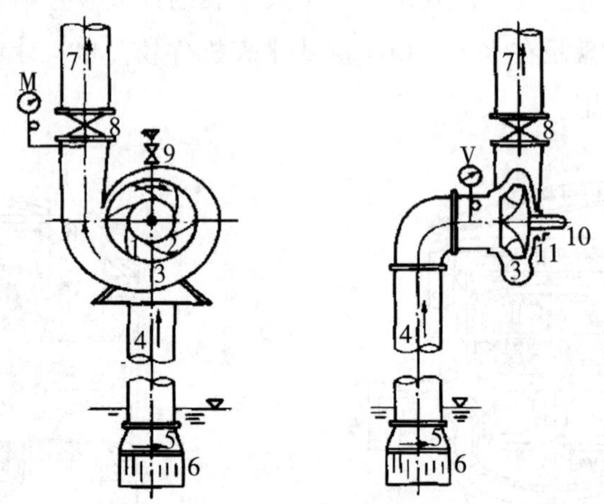

图 2－15　离心泵

1—工作叶轮；2—叶片面；3—泵壳；4—吸水管；5—底阀；6—拦污栅；7—压水管；8—阀门；9—加水漏斗；10—泵轴；11—填料函；M—压力计；V—真空计

4. 离心泵选择与设置

离心泵的选择应以供水安全和经济为原则。一般情况下，如系统内设有高位水箱时，可选择恒速泵；如系统中未设水量调节设施时，可选择装有自动调速装置的变速泵。

离心泵的设置，按进水方式有水泵直接从室外给水管网抽水和水泵从贮水池抽水两种。在很多情况下，水泵直接从管网抽水会使室外管网压力降低（甚至出现负压），影响对周围其他用户的正常供水，许多城市都对直接从管网抽水加以限制。通常建筑内部都建有贮水池，水泵从贮水池中抽水。贮水池既可用来贮存一定的水量，也可作调节池。

（二）水箱

建筑给水系统中，凡需要增压、稳压、减压或者需要贮存一定的水量时，可设置水箱。根据用途的不同，水箱可分为高位水箱、减压水箱、冲水水箱等多种类别。水箱一般用钢板、钢筋混凝土、玻璃钢等材料制作。

水箱由箱体、各种管道及阀门组成，其构造如图 2 – 16 所示。

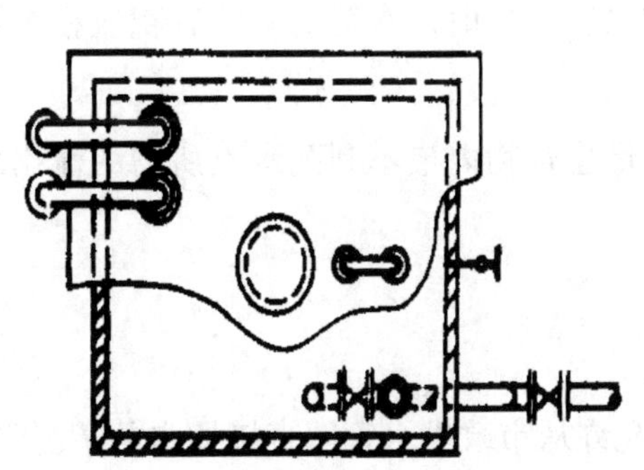

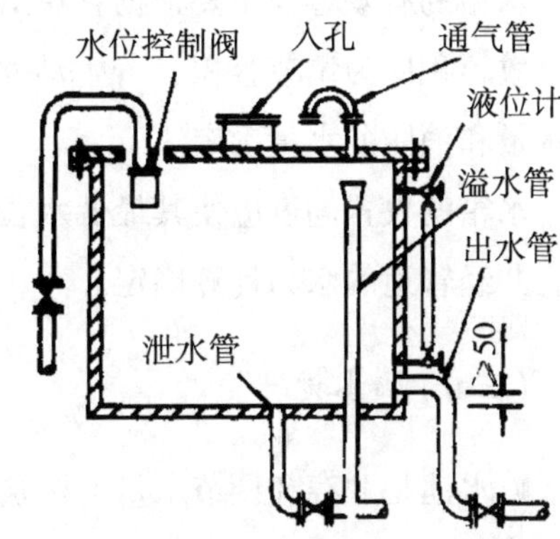

图 2 – 16　水箱

1. 进水管

进水管管径按水泵流量或室内设计秒流量计算确定。当水箱直接由市政管网供水时，为防止溢流，进水管上应装设水位控制阀。为了检修的需要，水位控制阀前应设置阀门。当水箱利用水泵压力进水时，一般应设置水箱液位自动控制装置来控制水泵启闭。

2. 出水管

管口应高出水箱底 50mm，以防污物流入配水管网。出水管上应设置阀门以便检修。对生活与消防共用水箱，出水管口应设在消防贮水量对应的水位之上。

3. 溢流管

溢流管管径按水箱最大流入量计算，其管口应高于设计最高水位 50mm，溢流管上不得装设阀门，不得直接与排水系统相连。

4. 泄水管

泄水管管径为 40mm ~ 50mm，从水箱底部最低处接出，用以检修或清洗水箱时泄水。在泄水管上应设置阀门，泄水管出口可与溢流管连接。

5. 通气管

供生活饮用水的水箱应设有通气管，以使箱内空气流通，保持水的新鲜，通气管上不得装设阀门，管口应朝下并装设防虫网罩。通气管管径一般不小于 50mm。

6. 水位信号管

安装在水箱壁溢流管口以下 10mm 处，管径为 15mm，信号管另一端通到经常有值班人员的房间的污水池上，以便随时发现水箱浮球阀是否失灵。

水箱一般根据系统压力的需要设置在屋顶或相应高度楼层的水箱间内，水箱间应采光通风良好，净高不低于 2.2m，室内温度不低于 5℃，寒冷地区，应采取保温和防结露措施。

水箱的有效容积主要根据它在给水系统中的作用来确定。如果仅作为水量调节用，其有效容积即为调节容积；若生活水箱和消防水箱共用时，水箱的有效容积应根据调节水量和消防贮水量确定。

水箱的设置高度应使其最低水位的标高满足建筑物内最不利配水点所需的流出水头，并经管道的水力计算确定。

（三）贮水池

贮水池是贮存和调节水量的构筑物，在不允许从市政供水管网直接抽水的情况下，建筑内部应设贮水池。同水箱一样，贮水池也应设进水管、出水管、溢流管、泄水管和水位信号装置，其有效容积应根据生活调节水量、消防储备水量等确定。

（四）气压给水装置

气压给水设备是利用密封贮罐内的压缩空气，把罐中的水压送到用水点的一种升压给水装置，其作用相当于高位水箱或水塔。

1. 组成

如图 2－17 所示，气压给水设备由以下几个基本部分组成：

密封罐：内部贮存压缩空气和水。

水泵：将水送到管网和密封罐内。

补气设备：空气压缩机等。

控制装置：用以启动水泵等装置。

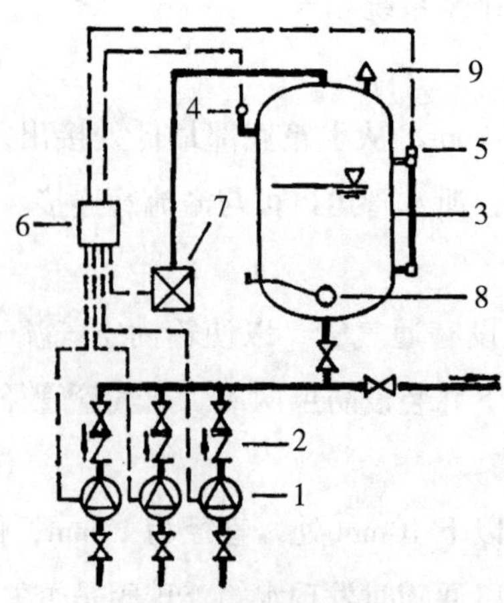

图 2－17　单罐变压式气压给水设备

1—水泵；2—止回阀；3—气压水罐；4—压力信号器具；5—液位信号器；6—控制器；7—补气装置；8—排气阀；9—安全阀

2. 分类

按气压给水设备输水压力稳定性不同，分为变压式和定压式两类；按气压给水设备罐内气、水接触方式不同，可分为补气式和隔膜式两类。

3. 变压式气压给水设备工作原理

罐内水在压缩空气的起始压力作用下被送至管网。随着罐内水量的减少，水位下降，罐内的空气容积增大，压力即逐渐减小。当压力降到设计最小工作压力时，水泵便在压力继电器的作用下启动，将水压入罐内，同时供入管网。当罐内压力上升时，水泵又在压力继电器的作用下停止工作，如此往复。

（五）变频调速供水装置

变频调速供水装置相对于传统技术而言具有节能、控制和保护功能完善等特点，是目前主流的供水装置。

变频调速供水装置主要由压力传感器、微机控制器、变频调速器、水泵机组等组成。变频调速供水装置按控制方式分为恒压供水装置和变压变量供水装置两种。

恒压供水装置的工作原理如下：

恒压供水装置在水泵的出水管上安装压力传感器，当用水量发生变化时，管网内压力也发生变化，压力传感器将取样信号转换为电信号，传送给微机控制器与设定的压力信号进行比较后，微机控制器发出指令，变频调速器调整电源输出频率，改变水泵转数，从而达到调整供水压力的目的。

（六）无负压供水装置

传统的供水方式离不开蓄水池，蓄水池中的水一般由自来水管网供给，这样，原来有压力的水进入水池后变成了零，然后从零开始加压，造成大量的电力能源浪费。无负压供水装置是以市政管网为水源，充分利用了市政管网原有的压力，形成密闭的连续接力增压供水方式，节能效果好，没有水质的二次污染，是变频恒压供水设备的发展与延伸。在市政管网压力的基础上直接叠压供水，节约能源，并且还具有全封闭、无污染、占地量小、安装快捷、运行可靠、维护方便等诸多优点。无负压给水装置工作原理如图 2－18 所示。

无负压给水装置工作原理如下：

无负压给水设备投入使用，自来水管网的水进入稳流流罐，罐内空气从真空消除器排出，待水充满后，真空消除器自动关闭。当自来水管网压力能够满足用水要求时，系统由旁通止回阀向用水管网直接供水；当自来水管网压力不能满足用水要求时，系统压力信号由远传压力表反馈给变频控制器，水泵运行，并根据用水量的大小自动调

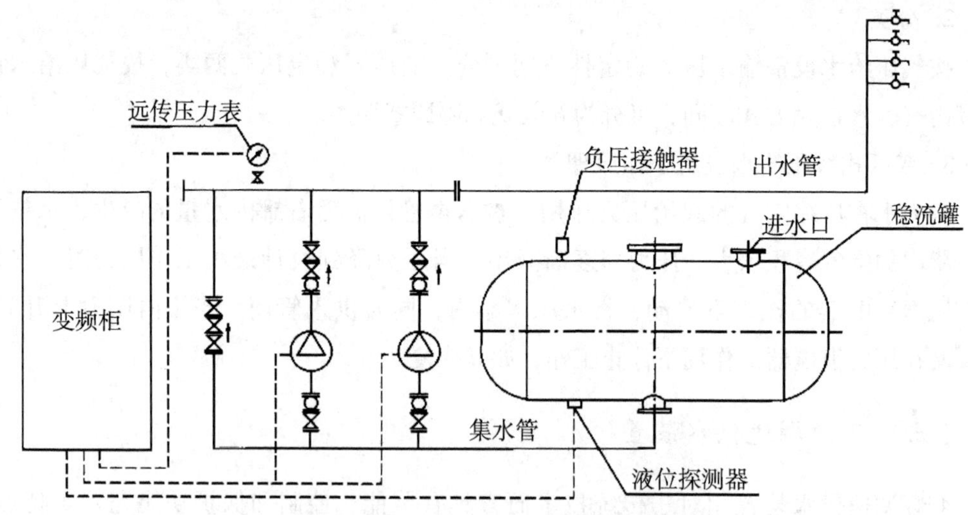

图 2－18　无负压给水装置工作原理图

节转速恒压供水，若运转水泵达到工频转速时，则启动另一台水泵变频运转。

水泵供水时，若自来水管网的水量大于水泵流量，系统保持正常供水；用水高峰时，若自来水管网水量小于小泵流量，稳流罐内的水作为补充水源仍然能正常供水，此时，空气由真空消除器进入稳流罐，罐内真空遭到破坏，确保了自来水管网不产生负压，用水高峰过后，系统又恢复到正常供水状态。当自来水管网停水，造成稳流罐液位不断下降，液位探测器将信号反馈给变频控制器，水泵自动停机，以保护水泵机组。夜间小流量供水且自来水管网压力不能满足要求时，气压罐可以贮存并释放能量，避免了水泵频繁启动。

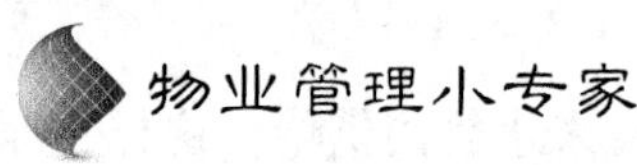

常用给水管材的连接

根据所使用管材的不同，给水管道的连接方法有螺纹连接、法兰连接、焊接、承插连接、粘接和热熔连接等。

1. 钢管的连接

钢管的连接方法有螺纹连接、焊接和法兰连接三种方法。

（1）螺纹连接：用于 *PN*≤1.0MPa 的给水与热水管道、*PN*≤0.06MPa 的饱和蒸汽管道和 *PN*≤0.02MPa 的煤气管道。螺纹连接多利用配件连接，如图 2－19 所示，配件为钢制或可锻铸铁制成，配件为内螺纹，施工时在管端加工外螺纹。螺纹处一般要加填充材料，用以增加管子螺纹接口的严密性和螺纹防锈。常用的填料：介质温度低于

115℃时可以采用聚四氟乙烯胶带或麻丝沾白铅油（铅丹粉拌干性油）；介质温度超过115℃的管路接口可采用黑铅油（石墨粉拌干性油）和石棉绳。

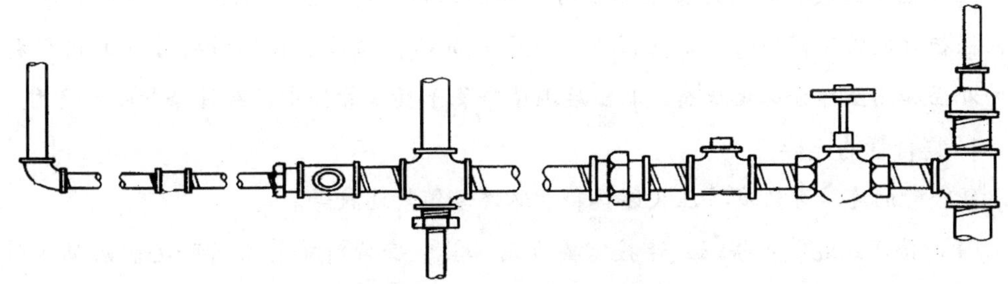

图 2－19　钢管的螺纹连接

（2）焊接：焊接用于不经常拆卸的管道上，一般采用手工电弧焊和氧—乙炔气焊，接口牢固严密，焊缝强度一般可达管子强度的85%以上。焊接只能用于非镀锌钢管，因为镀锌钢管焊接时锌层被破坏，反而加速锈蚀。

（3）法兰连接：法兰连接是将法兰盘采用焊接或用螺纹连接在需连接的管端，再以螺栓连接的方法，见图 2－20。法兰连接一般用于带法兰的阀件和需要经常检修的管道上，在较大管径的管道上（*DN*50 以上）也常用。法兰连接的接口为了严密，必须加垫圈，法兰垫圈厚度一般为 3mm～5mm。常用的垫圈材质有石棉橡胶板等。

2. 铸铁管的连接

铸铁管一般采用承插连接，在与阀件连接时也采用法兰连接。铸铁管连接一般无须专门的管件，只需将直管一端插入即可，见图 2－21。但在转向、变径时须使用相应的管件。承插连接接口密封的方法有：石棉水泥接口、铅接口、沥青水泥砂浆接口、膨胀性填料接口和水泥砂浆接口等。

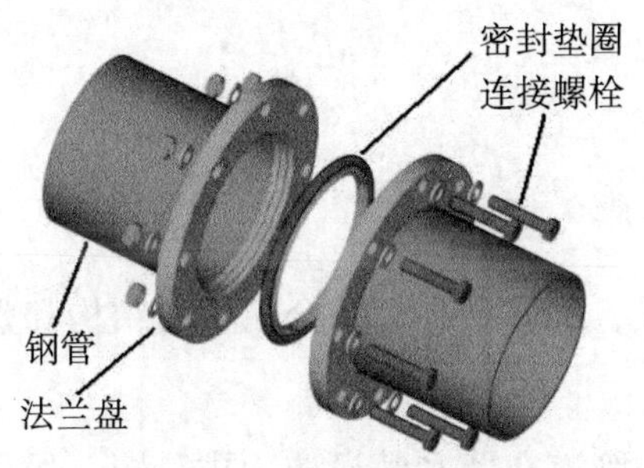

图 2－20　钢管的法兰连接

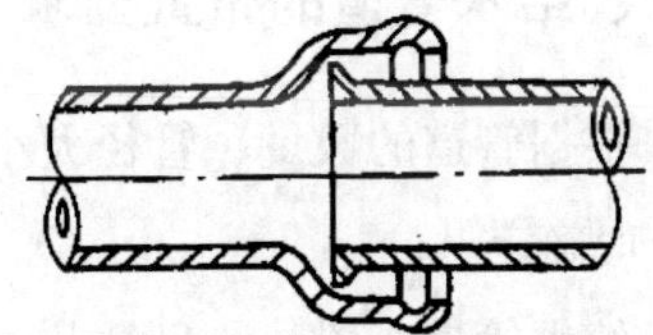

图 2－21　铸铁管的承插连接

3. 塑料管的连接

塑料管的连接方法有螺纹连接、粘接、热熔连接和法兰连接等。

（1）粘接：其方法是先用砂纸将管端外表面和管件内表面打毛，用抹布将管端擦干净，再用小刷子在管端和管件粘接处均匀涂上粘胶，然后将管子插入管件内，5 分钟后成型，24 小时后方可使用。

(2) 热熔连接：热熔连接需要专用的加热工具，其方法是先选择与管子外径和管件内径相对应的管模安装在加热器上，将管模加热，通过管模同时将管件的内径和管子的外径加热至部分熔化状态，取出后迅速将管子插入管件中，经过冷却即可使用。

4. 复合管的连接

复合管的连接方法有挤压式连接和卡环螺母锁紧连接等。

(1) 挤压式连接：挤压式连接需要专用工具，安装时将管端清除毛刺后插入带 O 形密封圈的管件内，然后用电动或手动挤压工具将管件与管子连接处夹紧即可。

(2) 卡环螺母锁紧连接：此方法需用专用管件，安装时先用整圆器将管端整圆，并将管内倒角，穿入铜制锁紧螺母与 C 形铜环，用扳手拧紧螺母即可。

第三节　建筑给水系统管道布置与敷设

建筑给水管道的布置与敷设，必须根据建筑物的性质、结构形式、用水要求和用水设备的类型及位置等条件进行综合考虑。

一、给水管道的布置原则

1. 确保供水安全和良好的水力条件，力求经济合理。

2. 保护管道不受损坏。

3. 不影响生产安全和建筑的使用。

4. 便于安装维修。

二、给水管道的布置要求

1. 根据管道的数量、管径大小、排列方式、维修条件，结合住宅的结构和敷设形式等合理确定。

2. 给水管道布置一般呈枝状、单向供水。管道布置和敷设应力求最短，尽可能呈直线走向，一般与墙、梁、柱平行布置。

3. 给水干管尽可能靠近用水量大或不允许间断供水的用水处。

4. 给水管道不得穿过设备基础，避免布置和敷设在可能被重物振动处；不得布置或敷设在遇水容易引起爆炸、燃烧的地方，也不能布置或敷设在建筑物的伸缩缝处。

5. 给水管道与排水管道平行埋设（或交叉埋设）时，给水管道应布置或敷设在排水管道上面。对于平行埋设时，两管的最小距离为0.5m；对于交叉埋设时，两管的最小距离为0.15m。

6. 给水管道与其他管道（如排水管道、冷冻管道和热水管道或蒸汽管道）同沟或供架敷设时，给水管道应布置在排水管道、冷冻管道的上面，热水管道或蒸汽管道的下面。

7. 管道上安装仪表用的各种测点的连接件（如压力测点、流量测点等），应与管道同时进行安装，以免管道安装完工后再打孔。

8. 采用成品冲压件（如弯头、大小头）时，不宜直接与平焊法兰焊接，其间要加一段直管。按规定，直管长度不小于100mm，并不得小于管子外径。

9. 对于暗装管道或地下管道敷设完工时，应及时进行试压和保温。

三、引入管道的布置与敷设

（一）引入管道的布置

住宅引入管道一般宜从建筑物用水量最大处接入，并在引入管道上装有总水表，以便对建筑物的总用水量进行计量。根据建筑物和供水需求不同引入管道的布置有如下几种：

1. 对用水设备和卫生器具分布均匀的建筑物，引入管道应从建筑物的中部接入，这样可以使大口径管段最短，并且便于平衡水压，如图2－22（a）所示。

2. 对不允许间断供水，又受条件限制的建筑物，应由室内环网同侧引入。引入时，两条引入管的间距不得小于10m，并在节点间的室外管网上设置阀门。或者设水箱、蓄水池及第二水源等保证安全供水，如图2－22（b）所示。

3. 对不允许间断供水的建筑物，应从建筑物管网不同侧面设两条或两条以上的引入管，在室内连成环状或贯通枝状双向供水，如图2－22（c）所示。

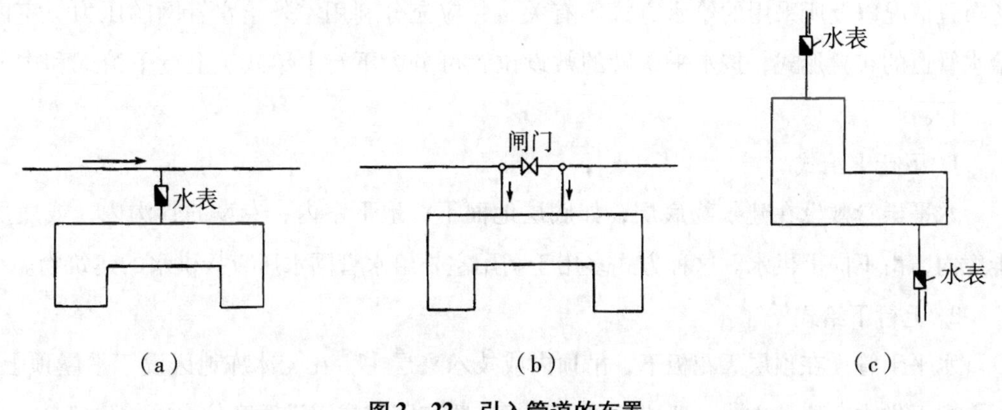

图2－22　引入管道的布置

（二）引入管道的敷设

在住宅内的引入管道上均应安装阀门和水表，必要时还有泄水装置，以便于管网检修时放水。引入管应有不小于0.003的坡度，坡向室外管网或泄水装置。引入管道与室内排水管道的水平间距，在室外不得小于1.0m，在室内平行安装时不得小于0.5m，在室内垂直安装时不得小于0.15m，且给水管道在上面。在引入管道上安装水表时，水表可以设置在住宅内，也可以设置在住宅外，并在水表前设置检修阀门。引入管道穿过承重墙或基础时，应预留孔洞。管顶上部净空不得小于住宅建筑的沉降量（一般不大于0.1m）。当沉降量较大时，应由结构设计人员提交资料决定。

四、室内给水管道的布置与敷设

（一）室内管道安装的工艺流程

室内管道安装的工艺流程如图2－23所示。

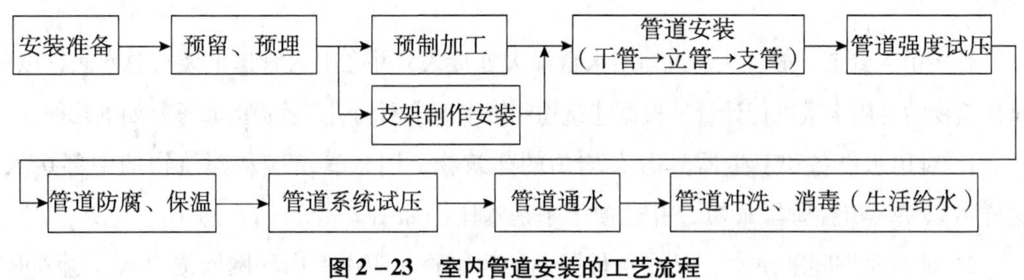

图2－23　室内管道安装的工艺流程

（二）室内给水管道的布置

室内给水管道的布置与建筑物性质，建筑物外形、结构状况，卫生用具和生产设备布置情况以及所采用的给水方式等有关，并应充分利用室外给水管网的压力。室内给水管道的布置形式，按水平干管的敷设位置可分为下行上给式、上行下给式和中分式三种。

1. 下行上给式

水平干管敷设在建筑物底层，如底层地面下、地下室内、专设的管沟内，或底层走廊内，由下向上供水。这种方式多用于利用室外给水管网水压直接供水的建筑物。

2. 上行下给式

水平干管设在顶层天花板下，吊顶内或技术夹层中，在无冰冻地区设于平屋顶上，由上向下供水。这种方式一般用于采用下行布置有困难或需设置高位水箱的建筑。

3. 中分式

水平干管敷设在中间技术层或中间某层吊顶内，由中间向上、下两个方向供水。这种方式一般用于屋顶有他用或中间有技术夹层的高层建筑。

(三) 室内给水管道的敷设

室内给水管道敷设时应力求长度最短，尽可能呈直线走向，与墙、梁、柱平行，兼顾美观，并要考虑施工检修方便。根据建筑对卫生、美观方面要求的不同，室内给水管道的敷设分为明装和暗装两类。

1. 明装

管道在室内沿墙、梁、柱、天花板下、地板旁暴露敷设。明装管道造价低，施工安装、维护修理均较方便。缺点是由于管道表面积灰、产生凝水等影响环境卫生，而且明装有碍房屋美观。一般民用建筑和大部分生产车间均为明装方式。

2. 暗装

管道敷设在地下室天花板下或吊顶中，或在管井、管槽、管沟中隐蔽敷设。管道暗装时，卫生条件好，房间美观。标准较高的建筑、宾馆等均采用暗装；在工业企业中，出于生产工艺要求，有些精密仪器或电子元件车间要求室内洁净无尘时，也采用暗装。暗装的缺点是造价高，施工、维护均不便。

给水管道除单独敷设外，亦可与其他管道一同架设，考虑到安全、施工、维护等要求，当平行或交叉设置时，对管道间的相互位置、距离、固定方法等应按有关管道综合要求统一处理。

第四节　建筑给水系统设施管理

一、建筑给水系统主要管理制度

(一) 岗位责任制和奖惩制度

通过制度的建立，明确物业管理人员和维修人员各自的分工和职责，奖惩有据，促进物业设备的管理和维护工作的开展。

(二) 接管验收制度

1. 在系统的设备安装阶段进行介入，对设备安装过程中存在的问题及时纠正并做到心中有数。

2. 系统接管前，必须进行验收，其主要内容为：

（1）打压试验：试验压力按管网最大工作压力加上 0.5MPa，但总压力不应超过 1.0MPa，达到规定的压力后，保持 10 分钟以上，如果压力下降不超过 0.1MPa，即认为合格。

（2）管道检查：主要检查管道的直线性、支撑的是否坚固、是否有必要的坡度、有焊缝和接头有无漏水。

（3）附件检查：主要检查各种附件的规格、数量是否与图纸相符，各种阀门安装位置是否正确，开关是否灵活，有无漏水现象。

（4）设备仪表检查：主要检查水表、水泵、电动机等动作是否准确，水箱设置是否正确，焊缝有无漏水。

（5）资料的收集：包括设备技术资料、设备试运行记录、施工图、竣工图、设备和材料合格证等。

（三）巡回检查制度

物业设备管理和维修人员应全面了解设备的性能和用途，各种管线的走向、阀门的位置用水点的布局等，经常对系统进行例行检查，以便及时发现问题进行解决，并为定期检修提供依据。主要内容有：

1. 查看楼板、墙壁、地面有无渗水现象，以判断暗埋敷设管道是否漏水。
2. 检查室内各种管道、器具有无漏水和滴水现象。
3. 检查水箱入孔盖是否盖严，通气管、溢流管上的网罩是否完好。
4. 检查水泵运行过程中有无异响和异常温升、各种仪表指示是否正常。

（四）定期检修制度

除对给水系统进行日常巡检外，还要进行定期检修，主管工程师每年 12 月 25 日前应制订出下一年度给水系统的维修保养计划，并在下年度中遵照执行。定期检修的内容为：

1. 系统外观检查，主要包括管道连接严密度、腐蚀程度、支（托）架及管卡牢固度等内容。

2. 对于水泵及其电气装置应进行检修，检查电线是否老化损坏，水泵零件是否磨损，变频系统是否正常，对水泵和电动机还应定期清洗和润滑。

3. 检查给水系统中的各个阀门，看其是否启闭自如，能否起到控制作用，及时更换失灵的阀门，并对阀门清洗加油。

4. 检验水箱或水池的水质，若水质不符合国家“生活饮用水卫生标准”，则应立

即检查消毒设备，不能正常工作的消毒设备应进行修理或更换，若是由于水箱污染造成的水质变坏，则应清洗水箱。

5. 冬季到来前，应做好设备防冻保温工作，防止气温突然下降，造成管道、水箱等冻裂事故。

（五）资料管理制度

给水系统的资料包括设备技术资料、设备运行记录、设备维修记录、巡回检查记录等，通过对上述资料的分析和总结，可以发现设备运行过程中的一些规律性的东西，便于对设备进行预防性维护和管理，防止突发性事故发生而造成不必要的损失。因此，对给水系统的资料应分门别类进行保存，方便查找，不经批准不得随意处置。

二、给水系统的养护与维修

（一）给水管道的养护与维修

1. 防腐

金属管道都要采取防腐措施，以延长管道的使用寿命。通常的防腐做法是管道除锈后，在外壁刷涂防腐涂料。防腐涂料一般有樟丹防锈漆、银粉、沥青等。

2. 防冻与防结露

设置在温度低于0℃以下地方的设备和管道，应当进行保温措施，以防管道冻裂。保温结构一般由防锈层、保温层、保护层、防腐层及识别标志等组成。通常保温的做法是：在做防腐处理后，包扎矿渣棉、石棉硅藻土、玻璃棉、膨胀蛭石等保温材料，或用泡沫水泥、珍珠岩瓦制品作保温层，再外包保护层等方法处理。

在厨房、洗澡间等湿热的环境中，暖湿空气遇到水温较低的给水管道时，明设管道的外表面有可能产生凝结水，影响使用和卫生，损坏墙面和装饰，为此根据建筑物的性质及使用要求，可采取防结露措施，其做法与保温方法相同。

3. 防漏

由于管道布置不当，或管材质量和施工质量低劣，均能导致管道漏水。防漏的主要措施是在设计和施工时避免将管道布置在易受外力损坏的位置，或采取必要的保护措施，避免其直接承受外力。并要健全管理制度，加强管材质量和施工质量的检查监督。在湿陷性黄土地区，可将埋地管道敷设在防水性能良好的检漏管沟内，一旦漏水，水可沿沟排至检漏井内，便于及时发现和检修。

4. 防噪声

管网或设备在使用过程中常会发生噪声，噪声会沿建筑物结构和管道传播，造成噪声污染。

防止噪声的措施主要有：在建筑设计时使水泵房、卫生间不靠近卧室及其他需要安静的房间，必要时可做隔声墙壁；在管道布置时，应避免管道沿卧室或卧室相邻的墙壁敷设；为防止管道的损坏和噪声的污染，在设计给水系统时应控制管道的水流速度，应选用质量良好的配件、器材，尽量减少使用电磁阀或速闭型水栓；住宅建筑进户管的阀门后（沿水流方向），宜装设可曲挠橡胶接头进行隔振，并可在管支架、吊架内衬垫减振材料，以缩小噪声的扩散；此外，提高水泵机组装配和安装的准确性，采用减振基础及安装隔振垫等措施，也能减弱或防止噪声的传播。

5. 给水管道故障维修

给水管道故障常见故障是漏水，造成漏水的原因主要有水管或配件锈蚀、爆破、开裂、接头松动等，给水管道的其他故障还包括阀门开关不灵或关不紧、水表不准等。具体维修方法如下：

（1）钢管开裂或穿孔可用电焊补焊，也可在管外用自制叠合套管箍住，再用螺栓固定，一般管子和叠合套管之间应垫有橡胶垫。

（2）铸铁管如损坏严重时需更换新管。如果只有微小裂缝，可采用叠合套管箍住，再用螺栓固定的方法。

（3）塑料管损坏的维修方法与铸铁管基本相同。

（4）水泥管损坏需更换新管。

（5）接头松动需卸下重新安装。

（6）管件损坏需更换新件后重新安装。

（7）水表不准应予更换。

6. 常用阀门故障维修

阀门在安装和使用过程中，由于制造质量和磨损等原因，容易使阀门产生泄漏和关闭不严等现象，为此，需要对阀门进行检查和维修。具体维修方法见表 2－1。

表 2－1　阀门常见故障及维修方法

故　障	产生原因	处理方法
填料涵泄漏	①填料装填方法不正确； ②阀杆变形或腐蚀生锈； ③填料老化； ④操作过猛，用力不当	①正确装填填料； ②修理或更换阀杆； ③更换填料； ④操作平稳，缓开缓闭

续 表

故 障	产生原因	处理方法
密封面泄漏	①密封面磨损，轻度腐蚀； ②关闭不当，密封面接触不好； ③阀杆弯曲，上下密封面不对中心线； ④杂质堵塞阀芯； ⑤密封圈与阀座、阀瓣配合不严； ⑥阀瓣与阀杆连接不牢	①定期研磨密封面； ②缓慢反复地启闭几次； ③修理或更换阀杆； ④清除阀体内的杂物； ⑤修理； ⑥修理或更换
阀杆失灵	①阀杆损伤、腐蚀、脱扣； ②阀杆弯曲； ③阀杆螺母倾斜； ④露天阀门锈死	①更换阀件； ②更换阀杆； ③更换阀件或阀门； ④露天阀门应加罩，定期转动手轮
垫圈泄漏	垫圈质量不好或使用日久失效	更换垫圈
阀门开裂	①冻裂； ②丝扣阀门安装时用力过大	①阀门保温； ②更换，安装时用力适当
闸板失灵	①楔形闸板因腐蚀而关不严； ②双闸板的顶楔损坏	①定期研磨； ②更换为碳钢的顶楔
压盖断裂	紧压盖时用力不均匀	对称紧螺帽
手轮损坏	重物撞击，长杆撬别开启，内方孔磨损倒棱	避免撞击，开启时用力均匀，方向正确，锉方孔或更换手轮
介质倒流	①阀芯和阀座间密封面损伤； ②阀芯、阀座间有污物	①研磨密封面； ②清除污物
阀芯不开启	①密封面被水垢粘住； ②转轴锈死	①清除密封面上的水垢； ②打磨转轴铁锈，使之灵活
阀瓣打碎	阀前阀后的介质压力接近平衡的“拉锯”状态，使用脆性材料制作的阀瓣受到频繁拍打	采用韧性材料阀瓣

（二）水泵房的管理与维修

1. 水泵房的维护与管理的内容

（1）泵房内的机电设备由机电班人员负责，由值班人员操作。

（2）一般水泵房中生活水泵应设两台以上，水泵应定期轮换使用，轮换周期不超过半个月。

（3）消防水泵每月要运转一次（10min），以保持设备处于良好状态，每年进行一次全面检查。

（4）水泵房内严禁存放有毒、有害物品。

（5）水泵房内应备消防器材并放置在方便、显眼处；水泵房内严禁吸烟。

（6）每班打扫一次泵房卫生，每周清洁一次设备设施。

（7）泵房内应通风良好，光线足够，门窗开启灵活。

（8）水泵房应随时上锁，钥匙由当值水泵管理员保管。

（9）水泵房管理员应将给水排水设备设施运行记录表于每月月初交组长检查，整理成册存档。

2. 水泵常见故障原因及维修方法

水泵常见故障原因及维修方法见表2－2。

表2－2　水泵常见故障原因及维修方法

故障	产生原因	维修方法
水泵不吸水，压力表、真空表的指针剧烈摆动	①灌水不足，泵体内有空气 ②吸水管及附件漏气 ③吸水口没有完全浸没水中 ④底阀关闭不严	①停车、继续灌水或抽气 ②检查吸水管及附件，修补漏气部位 ③降低吸水管，使吸水口浸没在水中 ④检查修理底阀，使底阀严密
水泵灌不进水或抽不成真空	①吸水管漏水 ②底部放空螺丝未旋紧 ③底阀漏水或被杂物卡住没关上 ④泵顶部排气阀门未打开 ⑤填料压盖太松渗入空气	①检修吸水管，修补吸水管 ②旋紧放空螺丝 ③检修底阀 ④灌水时打开泵顶部的排气阀，适当上紧压盖
水泵轴功率过大	①叶轮与泵壳的间隙太小，转动时发生摩擦 ②泵内吸入泥沙等杂质 ③轴承部分磨损 ④填料压得太紧，或填料涵中不进水 ⑤流量过大，扬程低 ⑥转速高于额定值 ⑦轴弯曲或轴线偏扭 ⑧联轴器间的间隙太小，运转中两轴相顶 ⑨电压太低	①检查各零件配合尺寸，加以修理 ②拆卸并清除泵内杂质 ③更换损坏的轴承 ④放松填料压盖，检查、清洗水封管 ⑤适当关小出水管闸阀 ⑥检查电路及电动机 ⑦拆下轴校正和修理 ⑧调整联轴器间的间隙 ⑨检查电路，查找原因
水泵不吸水，真空表指示高度真空	①底阀没打开或滤网淤塞 ②吸水管阻力太大 ③吸水液面下降，水泵安装高度太大 ④吸水部分淹没深度不够，水面产生旋涡，空气被带入泵内	①检修底阀，清扫滤水头 ②清洗或改装吸水管 ③核算吸水高度，必要时降低水泵安装高度 ④加大吸水口淹没深度
压力表有压力，但出水管不出水	①出水管阻力太大 ②水泵转动方向不正确 ③叶轮进水口及流道堵塞	①检修或改装出水管 ②改换电机转向 ③打开泵盖，清除杂物

续 表

故障	产生原因	维修方法
流量不足	①滤水网及底阀堵塞 ②口环磨损严重，与叶轮之间的间隙过大 ③出水管闸阀未全打开 ④输水管路漏水 ⑤叶轮流道被堵塞 ⑥吸水口端部淹没深度不够	①清除杂物 ②更换口环 ③开大闸阀 ④检漏并修理输水管 ⑤清洗叶轮 ⑥适当降低吸水部分
填料涵渗漏严重	①填料压盖过松 ②填料磨损或使用时间过长失去弹性 ③填料缠绕方法不正确 ④轴有弯曲或摆动 ⑤通过填料涵内的液体中含有杂质，使轴磨损	①适当旋紧压盖或加填一层填料 ②更换填料 ③重新缠装填料 ④矫直或更换新轴 ⑤清除液体内的杂质，修理轴的磨损
轴承过热	①轴承损坏或松动 ②轴承安装不正确，间隙不当 ③轴承润滑不良（缺油或油量过多），油质不符合要求 ④轴变曲或联轴器未找正 ⑤滑动轴承的甩油环不起作用 ⑥叶轮平衡孔堵塞，使泵的轴向力不能得到平衡 ⑦压力润滑油循环不良	①更换或调整轴承 ②检修，重新安装轴承 ③清洗轴承，更换质量合格的新油 ④校正联轴器，校直或更换新轴 ⑤放正油环位置或更换油环 ⑥清除平衡孔中的杂物 ⑦检查油循环系统是否严密，油压是否正常
水泵机组有噪声	①吸入管阻力太大 ②吸水高度太大 ③吸水管有空气渗入，水泵气蚀	①检修吸水管、底阀和滤网 ②设法降低吸水高度 ③检查吸水管及附件，堵住漏气
填料处过热，渗漏水过少或没有	①填料压得太紧 ②填料环方位不正 ③水封管堵塞 ④填料盒与轴不同心 ⑤轴表面有损伤	①放松压盖至有滴状液体渗出 ②重新安装填料环，使之对准水封管口 ③疏通水封管 ④检修，使填料盒与轴同心 ⑤检修或更换轴的损伤部位
水泵机组振动	①地脚螺栓未填实或未紧固 ②机组安装不良，水泵转子或电动机转子不平衡 ③联轴器不同心 ④轴承磨损或损坏 ⑤泵轴弯曲 ⑥基础不牢固 ⑦转动部分有摩擦 ⑧转动部分零件松弛或破裂	①填实或拧紧地脚螺栓 ②检查水泵与电动机中心是否一致，并找平衡 ③找正联轴器同心度 ④更换轴承 ⑤矫直或更换泵轴 ⑥加固基础 ⑦消除摩擦原因 ⑧上紧松动部分的零件，更换损坏零件

（三）水箱（水池）的管理与维护

1. 水箱（水池）的日常管理

（1）生活水箱、生活水箱房、生活水泵房及其通道均必须上锁，钥匙必须登记持有人和使用人的姓名、日期、时间和事由，并记录批准人和批准时间。备用钥匙、钥匙遗失均必须及时上报，必要时要更换锁具。

（2）进出生活水箱、生活水箱房均需要登记记录，无关人员未经允许不得进入这些区域。

（3）对于生活水箱、生活水箱房的任何维修保养均必须作好详细记录，包括进出时间、维修或清洗作业内容、许可人、作业人以及事由，记录必须保管到设备报废为止。

（4）生活水箱、生活水箱房及其设备均必须编制设施和设备台账，并需要至少每年更新一次，更新内容包括清洗、维修、保养、检测和检查。

（5）必须制订生活水箱应急供水方案，并在培训和演习的基础上落实岗位责任制。

（6）应定期对水箱的内外表面进行维护。内表面维护的主要任务是保持箱体内表面光洁，保证没有对水质构成污染的因素，如做好防锈处理等；外表面维护的主要任务是保持箱体的整洁完好，如金属防腐处理、箱体的保温层的修补等。

（7）水箱应定期进行清洗消毒。水箱清洗一般每半年进行一次，消毒每年进行一次。

2. 生活水箱（水池）清洗及水质化验

（1）生活水箱清洗方案必须得到审核批准后方可实施。

（2）生活水箱清洗作业不得影响正常使用，清洗前应通知小区居民做相应的准备。

（3）生活水箱清洗工作人员必须持有效健康体检合格证。

（4）清洗生活水箱用的化学药剂、清洗工具必须符合相关卫生和健康要求，并不得对环境产生二次污染。

（5）清洗生活水箱的工作人员必须佩戴安全卫生的防护装备，清洗施工时水箱顶部要有一名监护人员，负责向水箱内输送空气，以防止清洗人员余氯中毒。

（6）生活水箱清洗方案必须要有应急预案和应急供水预案。

（7）生活水箱清洗完成之前和之后，均必须采取水样，送检水样必须密封，送检水样的密封标签上必须注明采样人姓名、采样日期和时间、监护人姓名和监护日期及时间，并在24小时以内送检。

水池、水箱清洗、消毒工作时间安排见表2－3；水池（箱）清洗及消毒记录见表2－4。

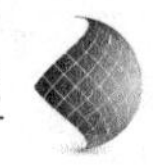

小区（大厦）名称：

表 2-3　　水池、水箱清洗、消毒工作时间安排表

工作日期	停机时间	停水范围	工作项目	水质化验结果	备注
申报人		审核		主任/经理	

注：工作项目内容包括：清洗准备、放水、通风、刷洗、检修、消毒、调试。

表 2-4　　水池（箱）清洗及消毒记录表　　No.

清洗日期		水容量（m^3）			
放水时间	自　月　日起，到　月　日止		共　h		
清洗时间	自　月　日起，到　月　日止		共　h		
清洗投放灭菌净（1:500），配制人			见证人		
清洗人员					
放水时间	自　月　日起，到　月　日止		共　h		
清洗投放灭菌净（1:500），配制人			见证人		
清洗及消毒有关记录					
水质取样人		取样地点			
取样数		送检时间		送检人	
取报告人		取报告时间		报告编号	
水质监测结果	合格□		不合格□		
不合格处理意见					

管理处主任：　　　　机电主管：　　　　专业工程师：

3. 水箱常见故障处理

（1）水箱溢水或漏水

水箱溢水是由于进水控制装置或水泵失灵所致。若属于进水控制装置的问题，应立即关闭水泵和进水阀门，进行检修；若属于水泵启闭失灵，则应切断电源后再检修水泵。引起水箱漏水的原因是水箱上的管道接口发生问题或是箱体出现裂缝所致。

（2）水质污染

水质污染一般有浊度超标、细菌总数或大肠菌群数超标、出水铁含量超标等几种情况。

①浊度超标：一般是由于水中落入灰尘或其他杂质引起的。应检查水箱的入孔盖是否盖严，通气管、溢流管管口网罩是否完好；水箱内是否有杂质沉淀；埋地管道有无渗漏现象等。

②细菌总数或大肠菌群数超标：可能是由于水中落入灰尘或其他杂质、消毒器工作不良、混入污水或污浊空气等原因引起的。除应进行上述检查外，还应检查消毒器的工作情况；检查水箱排水管、溢流管与排水管道是否有空气隔断，是否造成了回流污染。

③出水铁含量超标：一般是由钢制水箱顶板或四壁防腐层脱落造成的。应及时进行除锈和防锈处理。

除上述水质污染现象外，还可能存在其他水质指标不合格的情况，可以请有关部门，如卫生防疫站、自来水公司等帮助进行分析，找出污染原因，制定解决办法。

（四）给水系统其他常见故障处理

1. 给水龙头出水量过小或过大

给水龙头出水量过小或过大主要是给水压力不均造成的，一般来说建筑底层容易出现水龙头出流量过大过急、水流喷溅的现象，而高层用户出水量则易出现水流过小的现象。解决办法：可在下层用户进水管上安装减压阀或在水龙头中安装节流塞；上面几层可考虑提高水泵的扬程或在水箱出水管上安装管道泵。

2. 振动和噪声

给水系统的振动和噪声，主要是由于管道附件使用不当造成的水锤、管道中水流速度过快、供水设备运行等原因。解决方法：选用合适的管道附件；经常检查支架、吊环、管件、螺栓等是否松动；水泵房位置是否合理，设备运行是否有异常声响等。

【案例分析】

物业小区发生水质污染，物业服务公司应如何处理，如何预防此类事件再次发生

某住宅小区采用水泵—水箱联合供水，一日，该物业服务公司接到业主投诉，称从水龙头流出的水混浊发黄，并且伴有异味，要求物业服务公司及时查清污染原因，提高供水水质，否则将以服务存在缺陷为由而拒交部分物业费用。

我们认为，出现水质污染的原因一般有两个，一是市政管网的管道出现破损，土壤中的杂质或污水渗入管网；二是水箱防护不到位而造成灰尘落入、昆虫侵入、下水回流污染等。出现水质污染后物业企业应立即停止供水并及时予以公告，同时应采取临时供水措施。与此同时，工程部门应及时对污染进行处理。首先要对水箱进水水质进行检查，以确定污染是否来自市政管网，在排除市政管网污染后，应进一步检查入孔盖是否盖严，通气管或溢流管管口网罩是否破损、通气管或溢流管与排水管道是否有可靠的空气隔断等。在排除故障后，应对水箱进行清洗，然后恢复供水。

为避免水质污染事故发生，水暖工应每天不少于一次巡视给水系统，检查室内外管道、阀门、屋顶水箱、水箱浮球阀、泵房等；安排持有健康证明的操作人员对水箱（水池）每半年清洗一次，每一年消毒一次，每次清洗后，水质要取样送卫生防疫部门进行检验并保留鉴定书；泵房也是水质二次污染的关键点，一般泵房应设两台以上水泵并以半个月为期进行轮换，以免水泵长期工作而破坏密封，进而产生水质污染。

【本章小结】

建筑给水系统基本上可分为生活给水系统、生产给水系统和消防给水系统三类。

给水系统一般由引入管、水表节点、给水管道系统、给水附件、升压和贮水设备、消防设备、配水装置和用水设备等组成。

低层或多层建筑给水系统常见的给水方式有直接给水方式、设水箱的给水方式、设水泵的给水方式、水箱—水泵联合给水方式、气压罐给水方式、变频调速给水方式、分区供水的给水方式等，而高层建筑一般采用分区减压给水方式和分区并联给水方式。

给水系统常用的设备包括给水管材、管件以及给水管道配水和控制附件、水表、水泵、水箱和气压给水设备。常用的升压和贮水设备设施有水泵、贮水池、水箱和气压给水设备等。

给水管道的布置与敷设应考虑供水安全、管网经济合理、不影响建筑物使用和正常生产、便于安装与维修等因素，其布置形式有下行上给式、上行下给式及中分式等。

在给水系统的管理与维护方面，要求严格验收接管制度，完善给水系统的管理制度，确保科学管理的实施，及时对给水系统的故障进行维修。

【复习思考题】

一、选择题

1. 建筑物的给水引入管，从配水平衡和供水可靠考虑，宜从建筑物（　　）和不允许断水处引入。

A. 靠近水泵处　B. 靠近水池处　C. 用水量最小处　D. 用水量最大处

2. 铸铁管一般采用（　　），在与阀件连接时也采用法兰连接。

A. 焊接　B. 螺纹连接　C. 承插连接　D. 粘接

3. 用钢管做给水管材的优点是（　　）。

A. 强度高　B. 耐腐蚀　C. 造价低　D. 接口方便

4. 变频供水的优点是（　　）。

A. 投资少　B. 二次污染少　C. 供水较安全　D. 维修简单

5. 泵房是水质二次污染的主要关键点，泵房中生活水泵均有两台以上，水泵应该定期轮换使用，轮换周期不超过（　　）。

A. 一季度　B. 一个月　C. 半个月　D. 一周

6. 物业管理区域内的高层楼宇供水箱要（　　）清洗消毒。

A. 定时　B. 定人　C. 定期　D. 不定期

7. 物业管理区域内的饮用水供水箱要定期进行清洗和消毒，操作人员必须持有（　　）。

A. 专业证书　B. 健康证明书　C. 合同证书　D. 学历证书

8. 以下有关房屋附属设备设施养护管理制度内容的表述中不正确的是（　　）。

A. 巡视检查的范围包括室内外外露管道、阀门、屋顶水箱、水箱浮球阀、泵房

B. 水箱清洗一般每年进行一次

C. 水箱清洗消毒作业人员要持有健康证明书

D. 室外管道、水表、阀门、消火栓等需定期刷油漆，减少锈蚀

9. 在对房屋给排水系统进行养护时，如需停水作业，应该（　　）。

A. 每次都同时清洗供水箱　B. 事先向使用人发出停水通知

C. 让业主了解停水原因　D. 不要让使用人了解停水原因

10.（　　）不属于房屋供水设备。

A. 供水箱　　B. 供水泵　　C. 抽升设备　　D. 供水管道

二、简答题

1. 建筑给水系统分为哪几类?

2. 简述给水系统的组成。

3. 常见的给水方式有几种？各自的适用场合及特点是什么?

4. 常见的管材有几种？各自如何连接?

5. 给水管道的布置要求有哪些?

6. 建筑给水系统常见故障有哪些？如何处理?

【实践与训练】

一、实训内容

1. 了解水泵房的管理制度。

2. 了解水泵节点的安装方法。

3. 了解水泵的控制方法。

二、实训步骤

1. 按小组分工，学生提前联系所居住小区物业公司水泵房，了解泵房的管理制度。

2. 实训指导教师讲解系统主要设备名称、性能及工作流程。

3. 实训指导教师介绍主要电控设备，讲解变频调速原理。

4. 每组学生将了解水泵房的管理制度做出 PPT 演示并讲解，教师点评。

第三章　建筑排水系统

动脑筋

朱某某于2010年3月10日17时回家，发现家中污水漫屋，电告物业公司请求抢修。物业公司工作人员到现场勘查后认为问题出在底楼下水道堵塞，于是组织人员进行疏通，至第二天上午从底楼下水道内挖出大块油垢，遂疏通下水道。经过法院审理，造成溢水事件的原因，一方面是朱某某违规将厨房搬移，改变了排水管道的设置；另一方面，作为小区物业服务企业，应当根据物业服务合同的约定定期对物业管理区域的公共设施包括排水阴沟进行维修、养护。法院判定物业公司对朱某某的合理损失承担70%的赔偿责任，你认为呢？

学习目标

1. 了解建筑排水系统的组成、排水方式。
2. 了解建筑排水系统的常用设备、装置。
3. 熟练掌握建筑室内排水管道的布置、敷设要求。
4. 掌握屋面排水系统的方式及布置。
5. 掌握建筑排水系统的日常管理与维护。

第一节　建筑排水系统概述

将人们在日常生活或工业生产中使用过的水、受到污染的水以及屋面的雨水、雪水，分别收集起来，并根据需要对有的污水作局部处理，使之符合排放标准后，及时排放到指定地点的系统统称为建筑排水系统。建筑排水系统一般由污（废）水收集器具、管道系统和附属构筑物和相应设备组成，是现代建筑物不可缺少的部分。

一、建筑排水系统分类

根据系统接纳的污、废水类型，一般可分为三类：

（一）生活排水系统

用于排除民用住宅建筑、公共建筑及工业企业生活中的污水与废水。由于污废水处理、卫生条件或水体再利用的需要，生活排水系统又可分为：

1. 生活污水排水系统：排除大、小便器（槽）以及与此相似卫生设备产生的污水。污水须经化粪池或居住小区污水处理设施处理后才能排放。

2. 生活废水排水系统：排除洗涤设备、淋浴设备、盥洗设备及厨房产生的废水。生活废水经过处理后，可作为再生水，用来冲洗厕所、浇洒绿地和道路、冲洗汽车等。

（二）工业废水排水系统

用于排除工业企业在工业生产过程中产生的污水和废水。一般称在生产过程中被化学杂质（有机物、重金属离子、酸、碱等）、机械杂质（悬浮物及胶体物）污染较重的工业废水为生产污水。受污染严重的生产污水必须经过相应的处理，达到排放标准后才能排放；生产废水是受污染较轻的水，如工业冷却水，经简单处理后即可重复利用；因此，为了便于工业污废水的处理和再生利用，可分为生产污水排水系统和生产废水排水系统。

（三）屋面雨水排水系统

用于收集、排除屋面雨水、雪水的系统。雨水、雪水较清洁，可以直接排入水体或城市雨水系统。

因为废水经过简单处理即可再生利用，而污水污染较重，需经过复杂的处理才能满足排放要求、不污染环境，所以污水、废水在排出过程中，可以分别排出建筑物，也可以合流排出。从这个角度来分，排水系统可分为分流制排水系统和合流制排水系统两类：

1. 分流制：粪便污水与生活废水，生产污水与生产废水在建筑物内分别排至建筑物外。

2. 合流制：粪便污水与生活废水，生产污水与生产废水在建筑物内合流后排至建筑物外。但在住宅中，厨房排水应单独设立管排出。

在确定建筑内部的排水系统时，应充分考虑资源的回收利用，根据污水性质、污染程度、有否中水或污水处理、建筑物特征和市政接管要求等条件来确定。当有中水回用要求时，室内宜采用分流制。当无中水回用且室外有污水管网和污水处理厂时，室内宜采用合流制。工业废水中含有大量的污染物质，应首先考虑回收利用变废为宝。同时为减少环境污染，其排水系统宜采取分质分流。

二、建筑排水系统组成

一个完善的建筑排水系统必须满足以下三个基本要求：首先，管线布置合理，简短顺直，能迅速通畅地排出建筑内部的污、废水；其次，管道内气压稳定，能有效防止有毒有害气体通过排水管道进入室内；最后，管道、设备安装牢固，并尽量做到清污分流，为水源的再生利用创造条件。

为满足上述要求，建筑内部污废水排水系统的基本组成部分有：卫生器具和生产设备的受水器、排水管道、清通设备和通气管道，如图 3－1 所示。在地下室或不能靠重力排至室外的建筑物中，排水系统还应根据需要设有排水泵等局部提升设备。

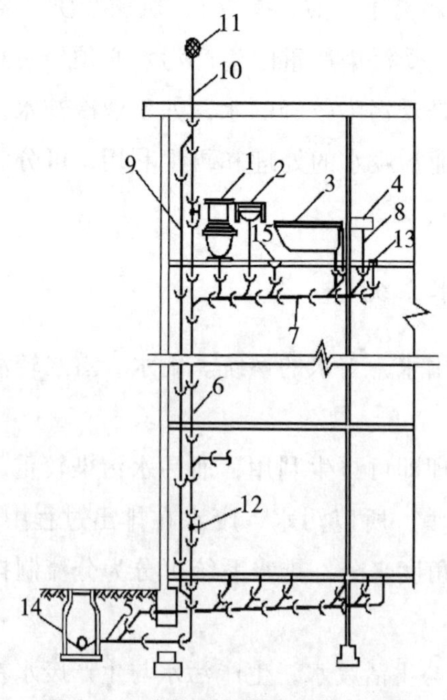

图 3－1　建筑内部排水系统的组成

1—坐便器；2—洗脸盆；3—浴缸；4—厨房洗涤盆；5—排水出户管；6—排水立管；7—排水横支管；8—器具排水管（含存水弯）；9—专用通气管；10—伸顶通气管；11—通风帽；12—检查口；13—清扫口；14—排水检查井；15—地漏

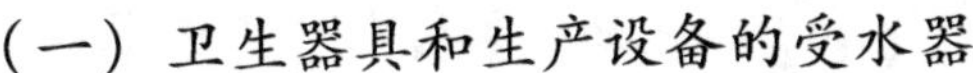

（一）卫生器具和生产设备的受水器

卫生器具是用来满足日常生活和生产过程中各种卫生要求，收集和排出污废水的设备，包括便溺器具、洗涤器具、洗浴设备等。

生产设备受水器是接受、排出工业企业在生产过程中产生的污废水或污物的容器或装置。

（二）排水管道

排水管道包括器具排水管（含存水弯）、排水横支管、立管、埋地干管和排出管。其作用是将各个用水点产生的污废水及时、迅速地输送到室外。

（三）通气管

建筑内部排水管内是水、气两相流，管内水依靠重力作用流向室外。设置排气管的目的是能向排水管内补充空气，使水流畅通；同时，能防止因气压波动造成的水封破坏，使有毒有害气体进入室内，并能将管内臭气排到大气中去。

对于楼层不高、卫生器具不多的建筑物，可将排水立管上端延长并伸出屋顶，这一段叫做伸顶通气管。为防止异物落入立管，通气管顶端应装设网罩或伞形通气帽。

对于层数较多或卫生器具较多的建筑物，因排水量大，空气的流动过程易受排水过程干扰，必须将排水管和通气管分开，设专用通气管道。

（四）清通部件

污废水中一般含有固体杂物和油脂，容易在管道内壁上沉积、黏附，使通水能力减小甚至堵塞管道。为疏通管道保障排水畅通，需设清通设备，包括检查口、清扫口、检查井等。

（五）提升设备

工业与民用建筑的地下室、人防建筑、高层建筑的地下技术层和地铁等处标高较低，在这些场所产生、收集的污废水不能自流排至室外的检查井，须设污废水提升设备。

（六）污水局部处理构筑物

当建筑内部污水由于受污染严重不能直接排入城市排水管道或水体时，必须设污水局部处理构筑物。如处理民用建筑生活污水的化粪池，降低锅炉、加热设备排污水水温的降温池，去除含油污水的隔油池，以及以消毒为主要目的的医院污水处理等。

三、建筑排水系统的组合类型

建筑内部排水系统通气的好坏直接影响着排水系统的正常使用，按系统通气方式和立管数目，建筑内部污废水排水系统分为以下三种排水系统，如图3－2所示。

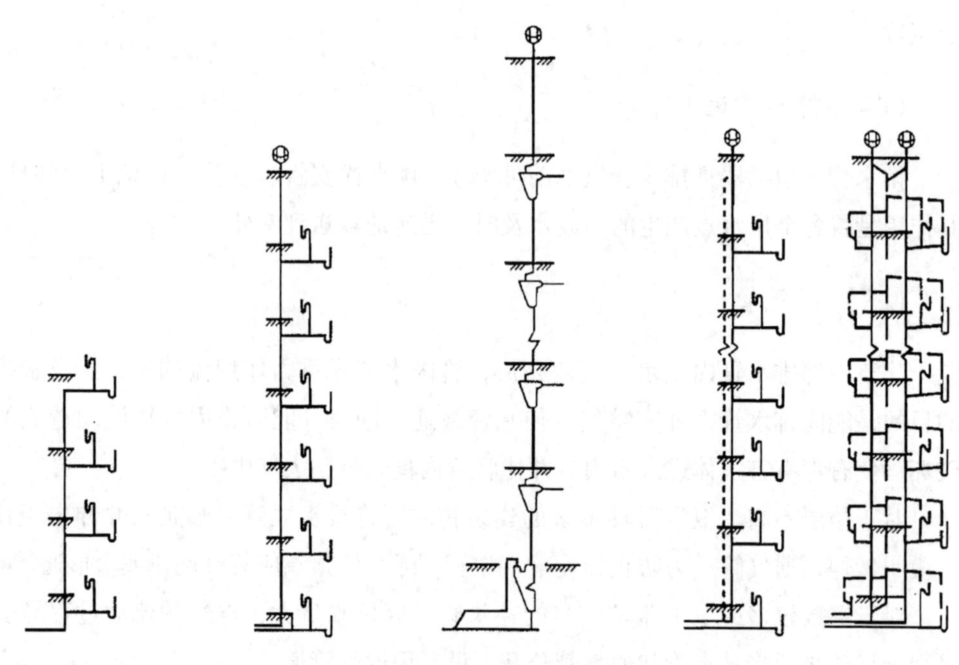

（a）无通气单立管　（b）有通气普通单管　（c）特制配件单立管　（d）双立管　（e）三立管

图3－2　排水管道的通气方式

（一）单立管排水系统

单立管排水系统是指只有一根排水立管，没有专门通气立管的系统。单立管排水系统利用排水立管本身及其连接的横支管和附件进行气流交换，这种通气方式称为内通气。根据建筑层数和卫生器具的多少，单立管排水系统又有三种类型：

1. 无通气管的单立管排水系统：这种形式的立管顶部不与大气连通，适用于立管短，卫生器具少，排水量小，立管顶端不便伸出屋面的情况。

2. 有通气的普通单立管排水系统：排水立管向上延伸，穿出屋顶与大气连通，适用于一般多层建筑。

3. 特制配件单立管排水系统：在横支管与立管连接处，设置特制配件（叫上部特制配件）代替一般的三通；在立管底部与横干管或排出管连接处设置特制配件（叫下部特制配件）代替一般的弯头。在排水立管管径不变的情况下改善管内水流与通气状

态，增大排水能力。这种内通气方式因利用特殊结构改变水流方向和状态，所以也叫诱导式内通气，适用于各类多层、高层建筑。

（二）双立管排水系统

双立管排水系统也叫两管制，由一根排水立管和一根通气立管组成。双立管排水系统是利用排水立管与另一根立管之间进行气流交换，所以叫外通气。因通气立管不排水，所以，双立管排水系统的通气方式又叫干式通气，适用于污废水合流的各类多层和高层建筑。

（三）三立管排水系统

三立管排水系统也叫三管制，由三根立管组成，分别为生活污水立管、生活废水立管和通气立管。两根排水立管共用一根通气立管。三立管排水系统的通气方式也是干式外通气，适用于生活污水和生活废水需分别排出室外的各类多层、高层建筑。

三立管排水系统还有一种变形系统，去掉专用通气立管，将废水立管与污水立管每隔两层互相连接，利用两立管的排水时间差，互为通气立管，这种外通气方式也叫湿式外通气。

第二节 建筑排水系统常用设备

排水系统一般由卫生器具、附件和管材三类功能器件组成。

（一）卫生器具

卫生器具是建筑内部排水系统的起点，是用来收集和排除污废水的专用设备。因各种卫生器具的用途、设置地点、安装和维护条件不同，所以卫生器具的结构、形式和材料也各不相同。

为满足卫生清洁的要求，卫生器具一般采用不透水、无气孔、表面光滑、耐腐蚀、耐磨损、耐冷热、便于清扫、有一定强度的材料制造，如陶瓷、搪瓷、生铁、塑料、不锈钢、水磨石和复合材料等。为防止粗大污物进入管道，发生堵塞，除了大便器外，所有卫生器具均应在放水口处设截留杂物的栏栅。

1. 洗浴用卫生器具

供人们洗漱、沐浴用的卫生器具，包括洗脸盆、盥洗槽、浴盆、淋浴器等。

（1）洗脸盆

洗脸盆又称洗面器，用于洗脸、洗手和洗头，设置在卫生间、盥洗室、浴室及理发室内。洗脸盆有长方形、椭圆形、马蹄形和三角形，安装方式有挂式、立柱式和台式，如图 3－3 所示。

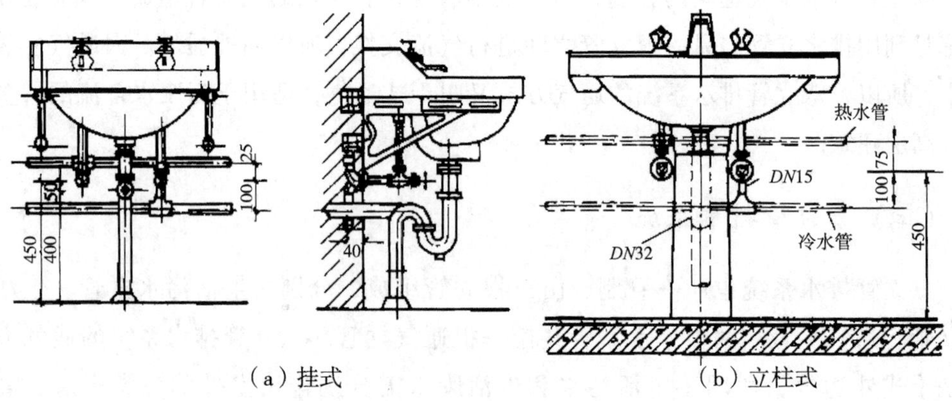

（a）挂式　　（b）立柱式

图 3－3　洗脸盆

（2）盥洗槽

盥洗槽设在集体宿舍、车站候车室、工厂生活间等公共卫生间内，可供多人同时洗手、洗脸的盥洗用卫生器具。盥洗槽多为长方形布置，有单面、双面两种，一般为钢筋混凝土现场浇筑、水磨石或瓷砖贴面，也有不锈钢、搪瓷、玻璃钢等制品。

（3）浴盆

设在住宅、宾馆、医院住院部等卫生间或公共浴室。多为搪瓷制品，也有陶瓷、玻璃钢、人造大理石、亚克力（有机玻璃）、塑料等制品。浴盆配有冷热水管或混合龙头，有的还配有淋浴设备。如图 3－4 所示。

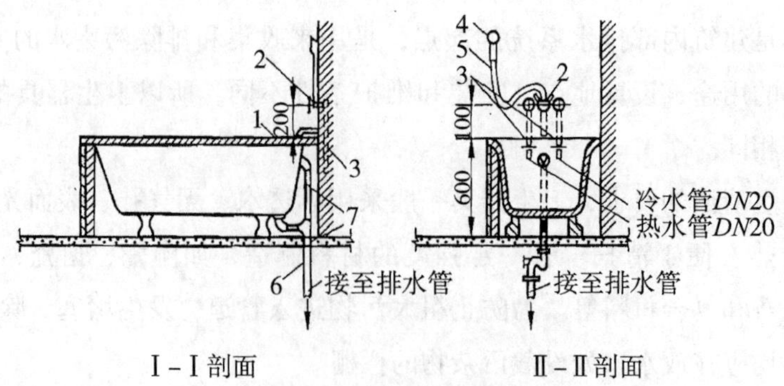

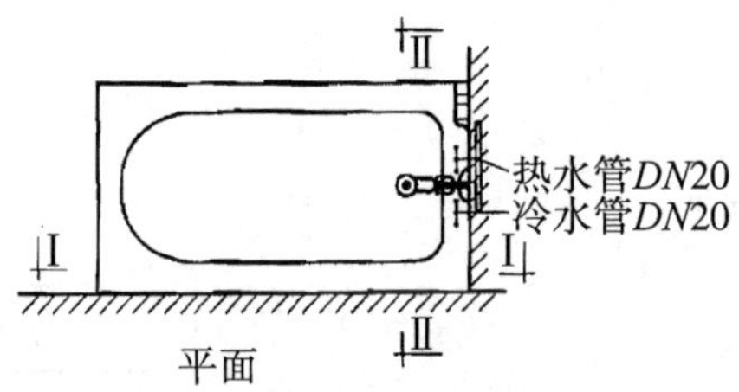

图 3－4　浴盆

1—浴盆；2—混水阀门；3—给水管；4—莲蓬头；5—蛇形管；6—存水弯；7—排水管

（4）淋浴器

多用于工厂、学校、机关、部队、集体宿舍、体育馆等处的公共浴室。淋浴器有成品的，也有现场安装的。如图 3－5 所示为现场安装的淋浴器。

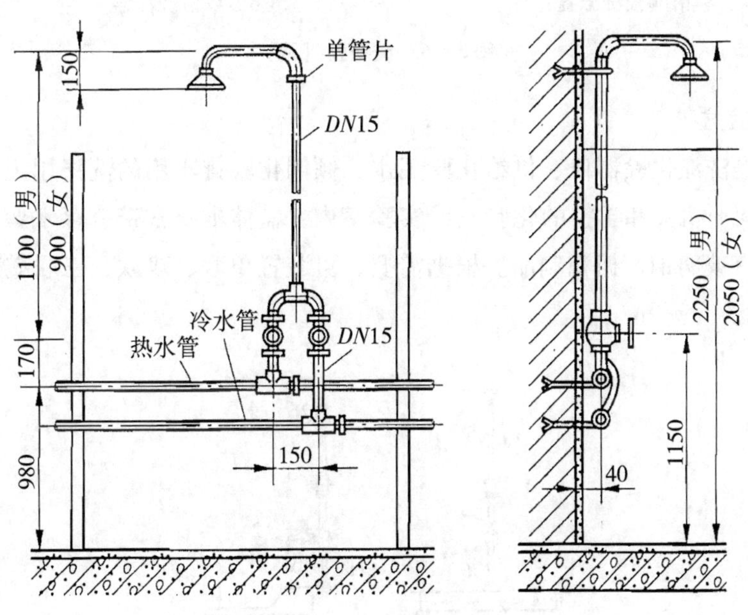

图 3－5　淋浴器

2. 洗涤用卫生器具

用来洗涤食物、衣物、器皿等物品的卫生器具。有洗涤盆（池）、化验盆、污水盆（池）等几种。

（1）洗涤盆（池）

装设在厨房或公共食堂内，用来洗涤碗碟、蔬菜的洗涤用卫生器具。多为陶瓷、搪瓷、不锈钢和玻璃钢制品，有单格、双格和三格之分。大型公共食堂内也有现场建造的洗涤池，如洗菜池、洗碗池、洗米池等。如图 3－6 所示分别为单格陶瓷洗涤盆和现场建造的双格洗涤池。

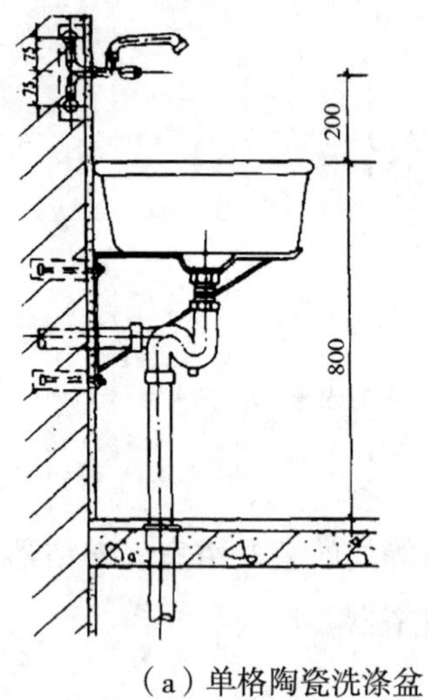

（a）单格陶瓷洗涤盆

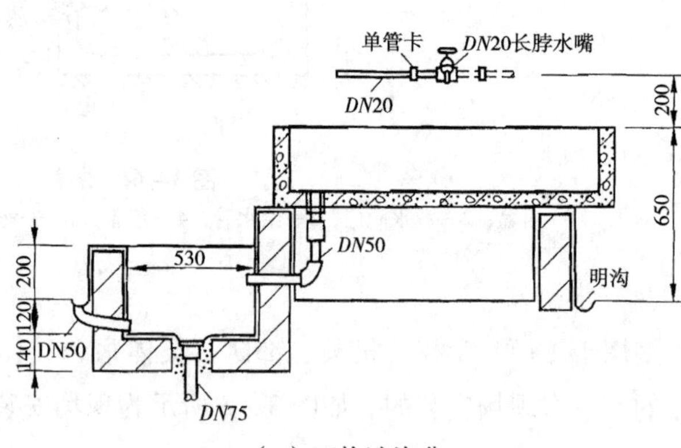

（b）双格洗涤盆

图 3－6　洗涤盆（池）

（2）化验盆

化验盆是洗涤化验器皿、供给化验用水、倾倒化验排水用的洗涤用卫生器具。设置在工厂、科研机关和学校的化验室或实验室内，盆体本身常带有存水弯。材质一般为陶瓷，也有玻璃钢、搪瓷制品。根据需要，可装置单联、双联、三联鹅颈龙头。如图 3－7 所示。

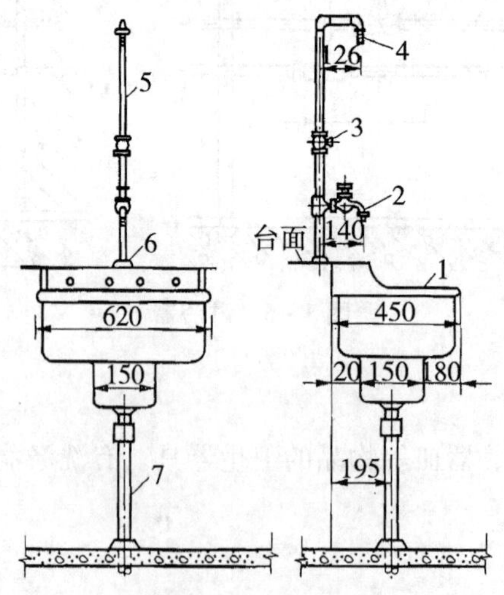

图 3－7　化验盆

1—化验盆；2—水龙头；3—截止阀；4—螺纹接口；5—出水管；6—压盖；7—排水管

（3）污水盆（池）

污水盆（池）设置在公共建筑的厕所、盥洗室内，供洗涤清扫用具、倾倒污废水

的洗涤用卫生器具。污水盆多为陶瓷、不锈钢或玻璃钢制品，污水池一般用水磨石现场建造，如图 3－8 所示。

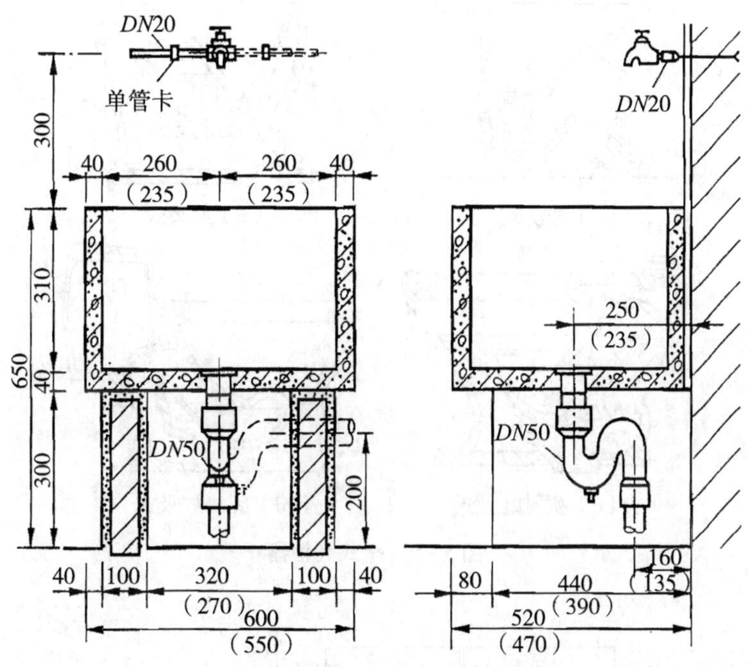

图 3－8 污水盆安装

3. 便溺用卫生器具

便溺用卫生器具包括便器和冲洗设备两部分。有大便器和小便器两种类型。

（1）大便器

常用的大便器有坐式大便器、蹲式大便器和大便槽三种。

坐式大便器简称坐便器，有多种类型，一般用于住宅。按冲洗的水力原理分为冲洗式和虹吸式两类，如图 3－9 所示。

冲洗式坐便器又称冲落式坐便器，利用水的冲力将粪便等污物冲出，洗水量和冲洗时噪声较大。

虹吸式坐便器利用虹吸作用，把粪便等污物全部吸出。排污能动力强，水量较小，冲洗噪声较低，冲洗性能较好。虹吸式坐便器使用舒适，结构复杂，价格较贵。

蹲式大便器是供人们蹲着使用，一般不带存水弯的大便器，又称蹲便器，按形状有盘式和斗式两种，按污水排出口的位置分为前出口和后出口。蹲式大便器使用时不与人体接触，防止疾病传染，但污物冲洗不彻底，会散发臭气。蹲式大便器采用高位水箱或延时自闭式冲洗阀冲洗。一般用于集体宿舍和公共建筑物的公用厕所及防止接触传染的医院厕所内，如图 3－10 所示。

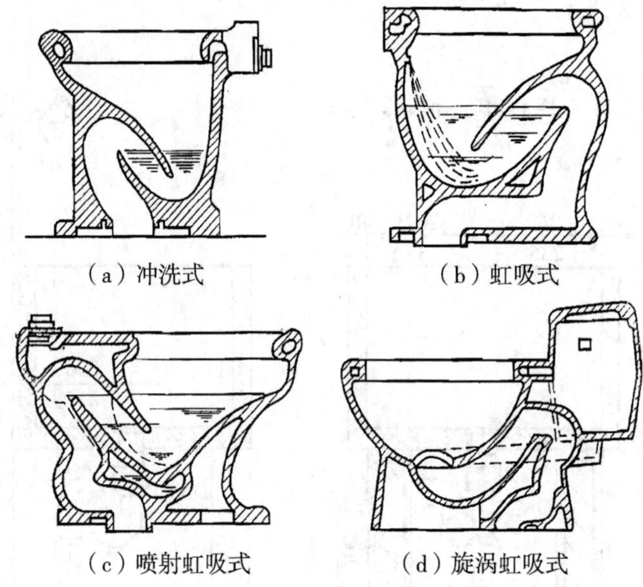

（a）冲洗式　（b）虹吸式

（c）喷射虹吸式　（d）旋涡虹吸式

图 3－9　坐式大便器

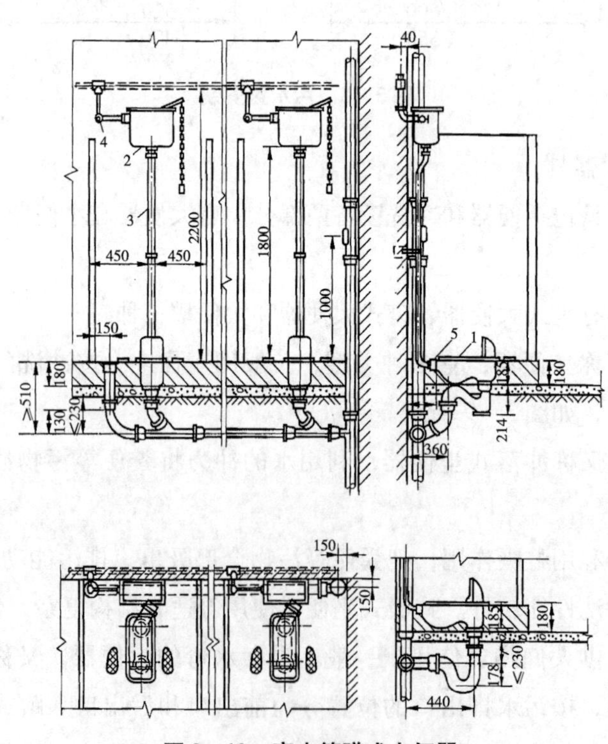

图 3－10　高水箱蹲式大便器

1—蹲便器；2—高位水箱；3—冲水管；4—角阀；5—橡胶碗

大便槽是可供多人同时使用的长条形沟槽，用隔板隔成若干小间，多用于学校、火车站、汽车站、码头、游乐场等人员较多的场所，代替成排的蹲式大便器。大便槽一般采用混凝土或钢筋混凝土浇筑而成，槽底有坡度，坡向排出口。为及时冲洗，防止污物粘附，散发臭气，大便槽采用集中自动冲洗水箱或红外线数控冲洗装置。

（2）小便器

小便器设于公共建筑男厕所内，有立式、挂式和小便槽三类。立式小便器又称落地小便器，用于标准高的建筑。挂式小便器，又称小便斗，安装在墙壁上。二者多为陶瓷制品，如图 3－11 所示。

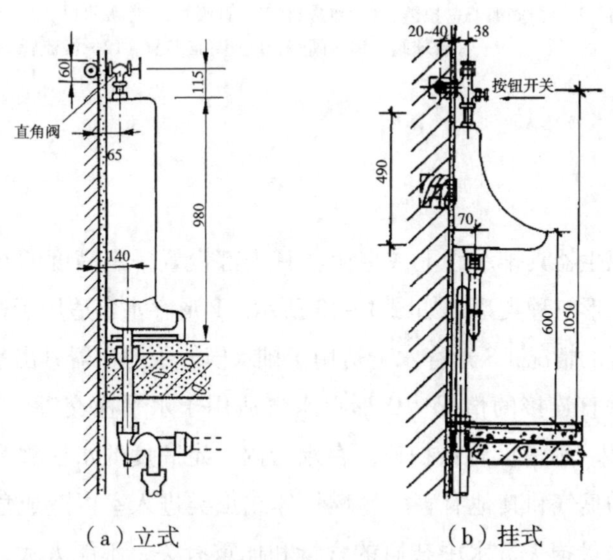

图 3－11　小便器

小便槽是可供多人同时使用的长条形沟槽，由水槽、冲洗水管、排水地漏或存水弯等组成。一般采用混凝土结构，表面贴瓷砖，用于工业企业、公共建筑和集体宿舍的公共卫生间。

（3）冲洗设备

冲洗设备是便溺器具的配套设备，有冲洗水箱和冲洗阀两种。冲洗水箱是冲洗便溺用卫生器具的专用水箱，箱体材料多为陶瓷、塑料、玻璃钢、铸铁等。其作用是贮存足够的冲洗用水，保证一定的冲洗强度，并起流量调节和空气隔断作用，防止给水系统污染。按冲洗原理区分为冲洗式和虹吸式，如图 3－12 所示。

按操作方式有手动和自动两种。按安装高度有高水箱和低水箱两类。高水箱又称高位冲洗水箱，多用于蹲式大便器、大便槽和小便槽；低水箱也叫低位冲洗水箱，用于坐式大便器，一般为手动式。

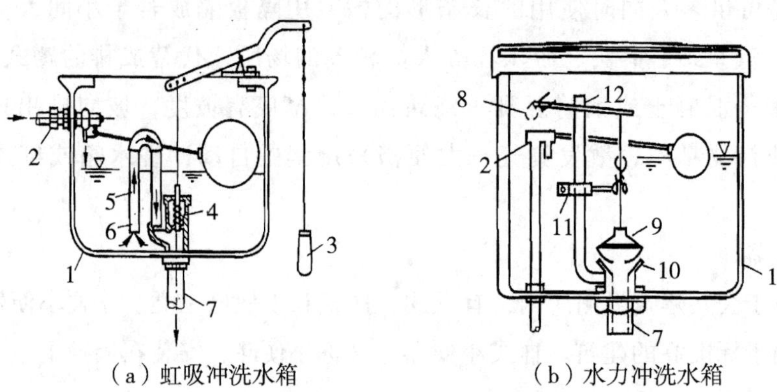

（a）虹吸冲洗水箱　　（b）水力冲洗水箱

图 3－12　手动冲洗水箱

1—水箱；2—浮球阀；3—拉链；4—弹簧阀；5—虹吸管；6—吸水口；7—冲水管；8—扳手；9—橡胶球阀；10—阀座；11—导向装置；12—溢流管

（二）附件

1. 存水弯

存水弯是在卫生器具排水管上或卫生器具内部设置一定高度的水柱的附件，一般有 P 形、S 形和 U 形三种类型，如图 3－13 所示。P 形存水弯适用于排水横管距卫生器具出水口位置较近的情况；S 形存水弯适用于排水横管距卫生器具出水口较远，器具排水管与排水横管垂直连接的情况；U 形存水弯适用于水平横交管，为防止污物沉积，在 U 形存水弯两侧一般需设置清扫口。存水弯内一定高度的水柱称为水封，其作用是阻挡排水管道中的臭气和其他有害、易燃气体或虫类进入室内造成危害。水封高度与管内气压变化、水量损失、水中杂质的含量和比重有关，不能太大，也不能太小。若水封高度太大，污水中固体杂质容易沉积，因此水封高度一般在 50mm ~ 100mm。水封底部应设清通口，以利于清通。

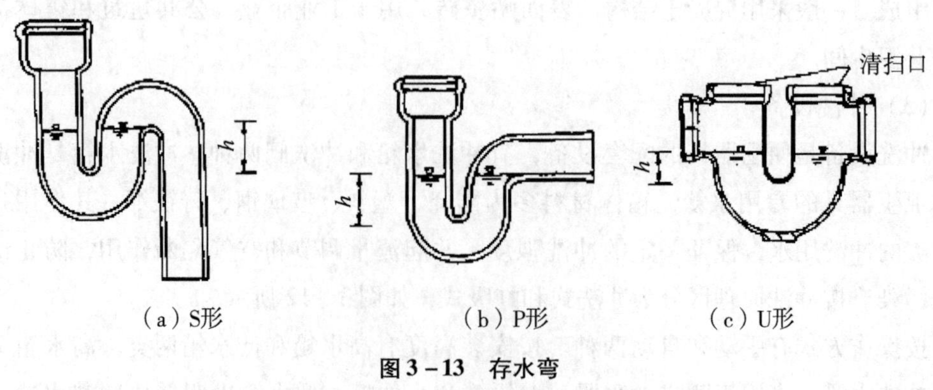

（a）S形　　（b）P形　　（c）U形

图 3－13　存水弯

2. 地漏

地漏是一种内有水封，用来排放地面水的特殊排水装置，设置在经常有水溅落的卫生器具附近地面（如浴盆、洗脸盆、小便器、洗涤盆等）、地面有水需要排除的场所（如淋浴间、水泵房）或地面需要清洗的场所（如食堂、餐厅），住宅还可用作洗衣机排水口。图 3－14 是几种类型地漏的构造图。

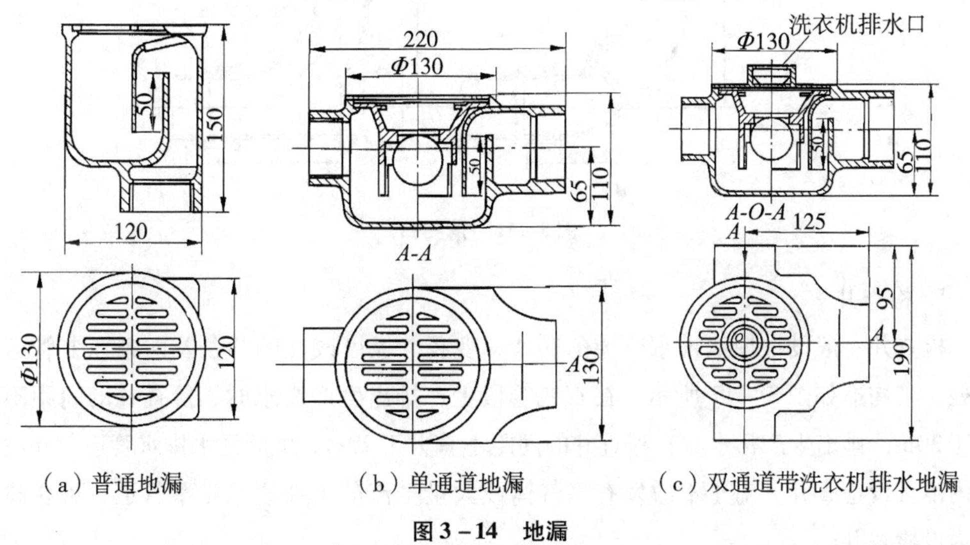

（a）普通地漏　（b）单通道地漏　（c）双通道带洗衣机排水地漏

图 3－14　地漏

3. 检查口

检查口是可以双向清通的管道维修口，设在排水立管以及较长的水平管段上，它在管道上有一个孔口，平时用压盖和螺栓盖紧的，发生管道堵塞时可以打开，进行检查或清理，如图 3－15 所示。检查口应该每隔一层设置一个，但最低层和最高层必须设置检查口。检查口的设置高度一般距地面 1m，并应高于该层卫生器具上边缘 15cm。

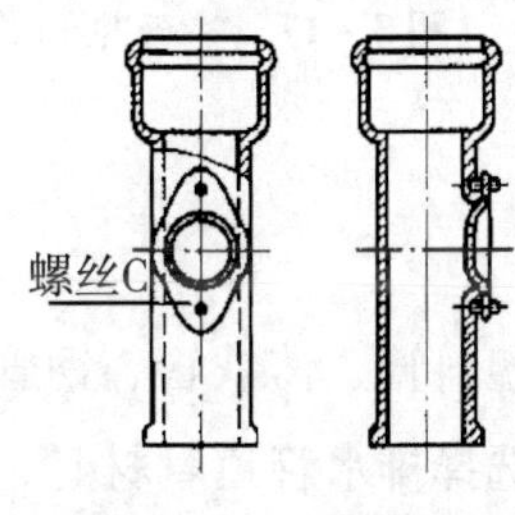

图 3－15　检查口

4. 清扫口

清扫口仅可作单向清通。在连接 2 个及 2 个以上的大便器或 3 个及 3 个以上卫生器具的污水横管中，应在横管的起端设置清扫口，也可采用螺栓盖板的弯头，带堵头的三通配件作清扫口。如图 3－16 所示。

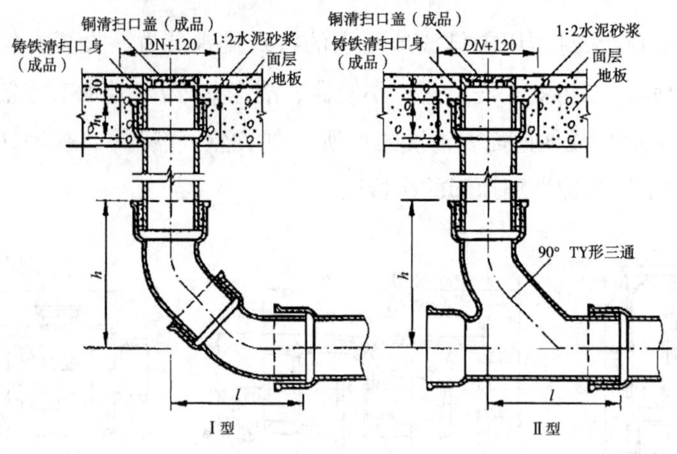

图 3-16 清扫口

5. 检查井

检查井一般设在埋地排水管道的转弯、变径、坡度改变的两条及两条以上管道交会处。其构造如图 3-17 所示。在直线管段上，排出生产废水时，检查井的间距不宜大于30m；排出生产污水时，检查井的间距不宜大于20m。生活污水排水管道，在建筑物内不宜设检查井。对于不散发有害气体或大量蒸汽的工业废水排水管道，可在建筑物内设检查井。

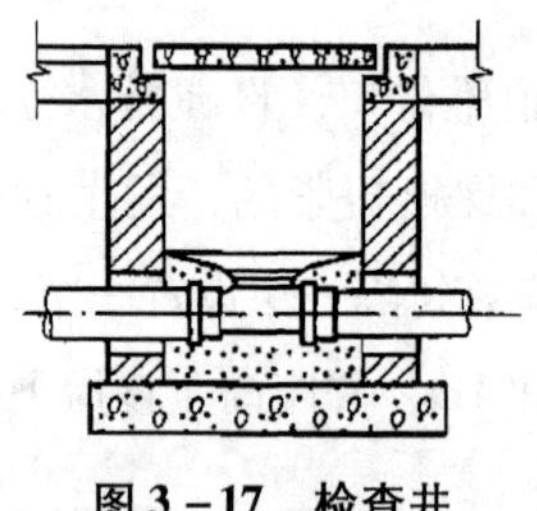

图 3-17 检查井

（三）排水管材

建筑内部排水用管材主要有塑料管、铸铁管、钢管和带釉陶土管。对于工业废水，还可用陶瓷管、玻璃钢管等。在选择排水管道管材时，应综合考虑建筑物的使用性质、建筑高度、抗震要求、防火要求及当地的管材供应条件，因地制宜选用。

1. 塑料管

目前在建筑内部广泛使用的排水塑料管是硬聚氯乙烯塑料管（简称 UPVC 管）。具有重量轻、不结垢、不腐蚀、外壁光滑、容易切割、便于安装、可制成各种颜色、投资省和节能的优点。但塑料管也有强度低、耐温性差（使用温度在 -5℃ ~ +

50℃)、立管噪声大、暴露于阳光下的管道易老化、防火性能差等缺点。排水塑料管有普通排水塑料管、芯层发泡排水塑料管、拉毛排水塑料管和螺旋消声排水塑料管等几种。

2. 铸铁管

铸铁管具有较强的耐腐蚀性，经久耐用，价格低廉，以前在建筑排水管道中曾广泛应用。接口多采用承插或法兰连接两种。但是铸铁质脆，不耐振动，且重量大、长度较短。对于建筑内的排水系统，铸铁管正在逐渐被硬聚氯乙烯塑料管取代，只有在某些特殊的地方使用。

3. 钢管

钢管主要用作洗脸盆、小便器、浴盆等卫生器具与横支管间的连接短管，管径一般为32mm、40mm、50mm。在工厂车间内振动较大的地点也可用钢管代替铸铁管。

4. 带釉陶土管

带釉陶土管耐酸碱腐蚀，主要用于腐蚀性工业废水排放。室内生活污水埋地管也可用陶土管。

5. 石棉水泥管

石棉水泥管重量轻、表面光滑、抗腐蚀性能好，但质脆、机械强度低，只能用于振动不大的生产排水管道或作为生活污水的通气管，一般用双承铸铁管箍连接，在室内排水中较少采用。

排水管件用来改变排水管道的直径、方向，连接交会的管道，检查和清通管道。常用的塑料排水管管件如图 3－18 所示。常用的铸铁排水管管件如图 3－19 所示。

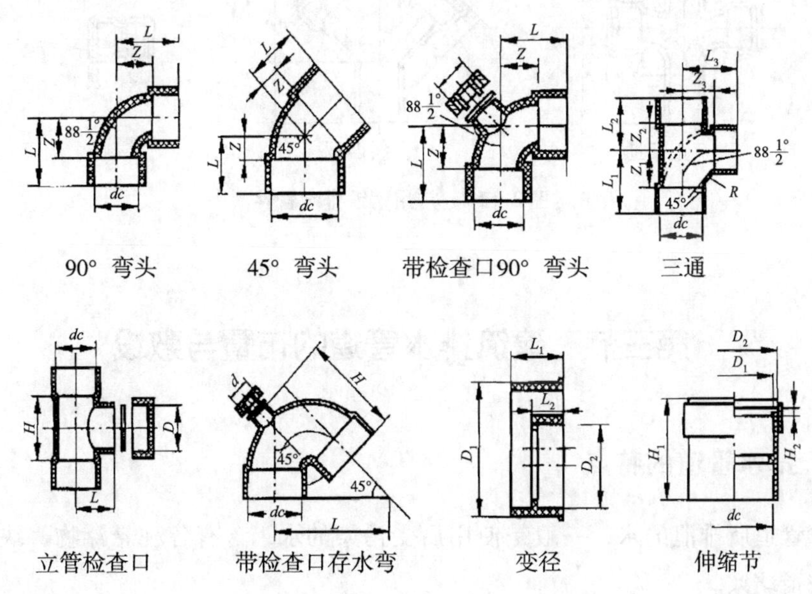

90° 弯头　45° 弯头　带检查口90° 弯头　三通

立管检查口　带检查口存水弯　变径　伸缩节

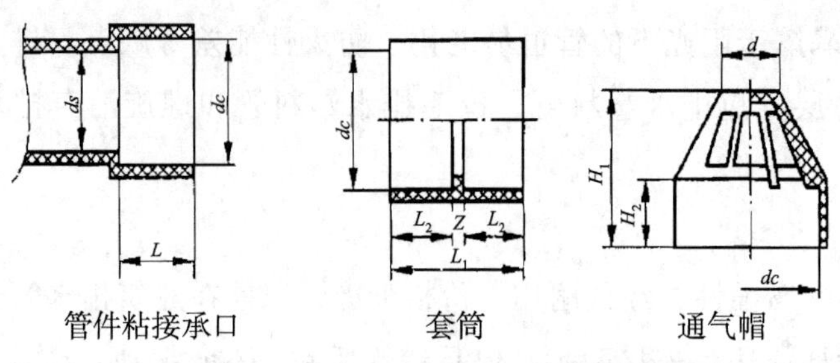

图3－18　常用塑料排水管件

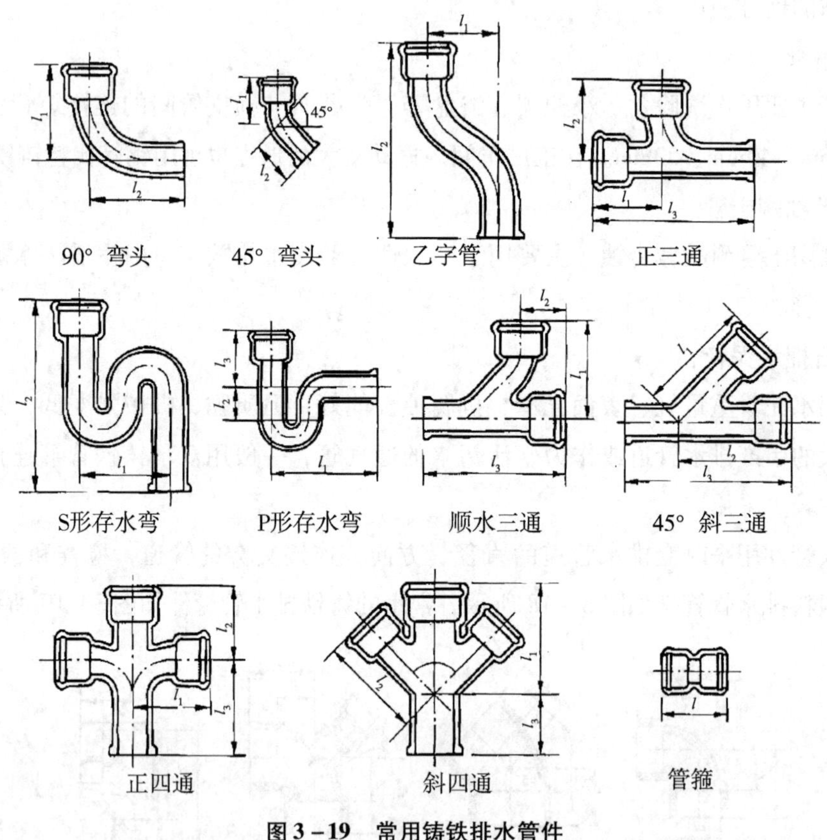

图3－19　常用铸铁排水管件

第三节　建筑排水管道的布置与敷设

一、排水管道的特点

排水管道所排泄的水，一般是使用后受污染的水，含有各种悬浮物、块状物，容易引起管道堵塞。

排水管道内的流水是不均匀的，在仅设伸顶通气管的各层建筑内，变化的水流引起管道内气压急剧变化，会产生较大的噪声，影响房间的使用效果。

排水管一般采用建筑排水塑料管或柔性接口排水铸铁管，不能抵御建筑结构的较大变形或外力撞击、高温等影响。在管道内温度比管外温度低较多时，管壁外侧会出现冷凝水。

这些在管道布置时应加以注意。

二、排水管道的布置

排水管道的布置应首先保证排水畅通和室内良好的生活环境，且经济美观，维修方便。应力求简短，拐弯最少，有利于排水，避免堵塞，不出现“跑冒滴漏”，并使管道不易受到破坏，还要使建设投资和日常管理维护费用最低。排水管道的布置一般应满足以下原则：

1. 排水立管应设置在最脏、杂质最多及排水量最大的排水点处，使其横支管最短，尽快排出室外。

2. 排水管道不得布置在遇水会引起爆炸、燃烧或损坏的原料、产品和设备的地方。

3. 排水管不穿越卧室、客厅，不穿行在食品或贵重物品贮藏室、变电室、配电室，不穿越烟道，不穿行在生活饮用水池、炉灶上方。

4. 排水管道不宜穿越容易引起自身损坏的地方，如建筑沉降缝、伸缩缝、重载地段和重型设备基础下方、冰冻地段。必须穿越时，应加装保护套管。如遇有沉降缝时，应另设一路排水管分别排出。

5. 排水塑料管应避免布置在地热源附近。

6. 为了方便排水管道的检查和清通，新建住宅的排水系统应尽量采用同层排水方式。

三、排水管道的敷设

排水管道的敷设必须根据重力流管道和所使用的管道材质的特点等因素来确定。

（一）排水立管

排水立管一般设在墙角处或沿墙、沿柱垂直布置。如采用分流制排水系统的住宅建筑的卫生间，污水立管应设在大便器附近，而废水立管则应设在浴盆附近。

排水立管一般不要穿入卧室、病房等卫生要求高、需要保持安静的房间，最好不要放在邻近卧室内墙，以免立管水流冲刷声通过墙体传入卧室内。否则应进行适当的隔音处理。

（二）排水横支管

排水横支管一般在本层地面上或楼板下明设，一般沿墙布设，注意管道不得穿越建筑大梁，也不能遮挡窗户。有特殊要求、考虑影响美观时，可做吊顶，隐蔽在吊顶内。为了防止排水管（尤其是存水弯部分）的结露，必须采取防结露措施。排水管穿过承重墙或基础处，应预留孔洞，使管顶上部净空不得小于建筑物的沉降量，一般不小于 0. 15m。

（三）排水出户管（排水横干管）

一般按坡度要求埋设于地下。如果排水出户管必须与给水引入管布置在同一处，则两根管道的外壁水平距离不应小于 1. 5m。

（四）排水横管与立管的连接

排水横管与立管连接，宜采用 45°斜三通或顺水三通，排水立管与排水出户管的连接，或采用两个 45°弯头或弯曲半径不小于 4 倍管径的 90°弯头，以保证水流顺畅。

最低排水横支管，应与立管管底有一定的高差，以免立管中的水流形成的正压破坏该横支管上所有连接的水封。排水横支管连接在排水管或横干管上时，连接点距立管底部下游水平距离不宜小于 3. 0m，当靠近排水立管底部的排水支管的连接不能满足上述要求时，排水支管应单独排至室外检查井或采取有效的防反压措施。

（五）敷设间接排水管

间接排水是指某些设备及构筑物的排水不能直接接入下水道，为了维护某些设备及构筑物的卫生，一般必须排入漏斗、泄水池，保持一定的空气间隙，然后排入下水道。例如：生活饮用水贮水箱的泄水、溢流管的泄水。厨房内蒸锅的排水、医疗消毒设备的排水、开水炉的泄水和溢水等，一般先排入泄水池（坑）后，再由泄水坑排入下水道。又如蒸发式冷却器等空调设备的排水、贮存食品的冷藏间或冷藏库房的地面排水。

四、通气系统的布置与敷设

1. 排水立管顶端应设伸顶通气管。伸顶通气管的设置高度与周围环境、当地的气象条件、屋面使用情况有关，伸顶通气管高出屋面不小于 0. 3m，但应大于该地区最大积雪厚度，屋顶有人停留时，应大于 2. 0m。

2. 若在通气管口周围 4m 以内有门窗时，通气管口应高出窗顶 0. 6m 或引向无门窗

一侧；通气管口不宜设在建筑物挑出部分（如屋檐檐口、阳台和雨篷等）的下面。

3. 连接4个及4个以上卫生器具，且长度大于12m的横支管和连接6个及6个以上坐便器的横支管上要设环形通气管。环形通气管应在横支管始端的两个卫生器具之间接出，在排水横支管中心线以上与排水横支管呈垂直或45°连接。

4. 对卫生、安静要求高的建筑物内，生活污水管道宜设置器具通气管。器具通气管应设在存水弯出口端。

5. 器具通气管和环形通气管与通气立管连接处应高于卫生器具上边缘0.15m，按不小于0.01的上升坡度与通气立管连接。

6. 专用通气立管每隔2层，主通气立管每隔8~10层设结合通气管与污水立管连接。结合通气管下端宜在污水横支管以下与污水立管以斜三通连接，上端可在卫生器具上边缘不小于0.15m处与通气立管以斜三通连接。

7. 专用通气立管和主通气立管的上端可在最高层卫生器具上边缘或检查口以上不小于0.15m处与污水立管以斜三通连接，下端在最低污水横支管以下与污水立管以斜三通连接。

8. 通气立管不得接纳污水、废水和雨水，通气管不得与通风管或烟道连接。

第四节 屋面雨水排放

降落在建筑物屋面的雨水和雪水，特别是暴雨，在短时间内会形成积水，需要设置屋面排水系统，有组织、有系统地将屋面雨水及时排除到室外，否则会造成四处溢流或屋面漏水，影响人们的生活和生产活动。

按排水管道的位置的不同，屋面排水系统可分为外排水系统（有普通檐沟外排水方式和天沟排水方式）和内排水系统。两种排水系统的特点有所不同，应根据建筑形式、使用要求、生产性质、结构特点及气候条件等进行选择。一般情况下，应尽量采用外排水系统或将两种排水系统综合考虑。

一、外排水系统

外排水是指屋面不设雨水斗，建筑物内部没有雨水管道的雨水排放方式。按屋面有无天沟，又分为普通檐沟外排水和天沟外排水两种方式。

（一）普通檐沟外排水

普通外排水系统由檐沟和雨落管组成，见图3-20。降落到屋面的雨水沿屋面集流

到檐沟，然后流入隔一定距离沿外墙设置的雨落管排至地面或雨水口。雨落管多用镀锌铁皮管或塑料管。普通外排水方式适用于一般屋面构造简单的建筑屋面排水，如普通住宅、一般公共建筑和小型单跨厂房等。

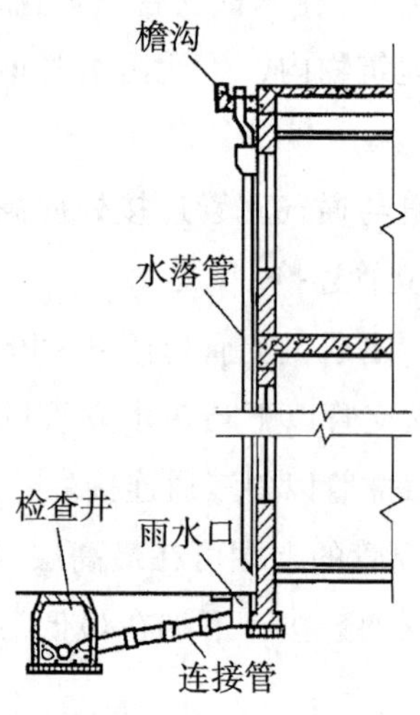

图 3－20　普通檐沟外排水

（二）天沟外排水

天沟外排水由天沟、雨水斗和排水立管组成。天沟设置在两跨中间并坡向端墙，雨水斗设在伸出山墙的天沟末端，也可设在紧靠山墙的屋面，如图 3－21 所示。立管连接雨水斗并沿外墙布置。降落到屋面上的雨水沿坡向天沟的屋面汇集到天沟，再沿天沟流至建筑物两端（山墙、女儿墙），流入雨水斗，经立管排至地面或雨水井。天沟外排水系统适用于长度不超过 100m 的多跨工业厂房。

天沟的排水断面形式根据屋面情况而定，一般多为矩形和梯形。天沟坡度不宜太大，以免天沟起端屋顶垫层过厚而增加结构的荷重，但也不宜太小，以免天沟抹面时局部出现倒坡，雨水在天沟中积聚，造成屋顶漏水，所以天沟坡度一般在 0.003m～0.006m。

天沟内的排水分水线应设置在建筑物的伸缩缝或沉降缝处，天沟的长度应根据地区暴雨强度、建筑物跨度、天沟断面形式等进行水力计算确定，一般不要超过 50m。为了排水安全，防止天沟末端积水太深，通常在天沟顶端设置溢流口，溢流口比天沟上檐低 50mm～100mm。

采用天沟外排水方式，在屋面不设雨水斗，排水安全可靠，不会因施工不善造成屋面漏水或检查井冒水，且节省管材，施工简便，有利于厂房内空间利用，也可减小厂区雨水管道的埋深。但因天沟有一定的坡度，而且较长，排水立管在山墙外，也存

在着屋面垫层厚、结构负荷增大的问题，使得晴天屋面堆积灰尘多，雨天天沟排水不畅，在寒冷地区排水立管有被冻裂的可能。

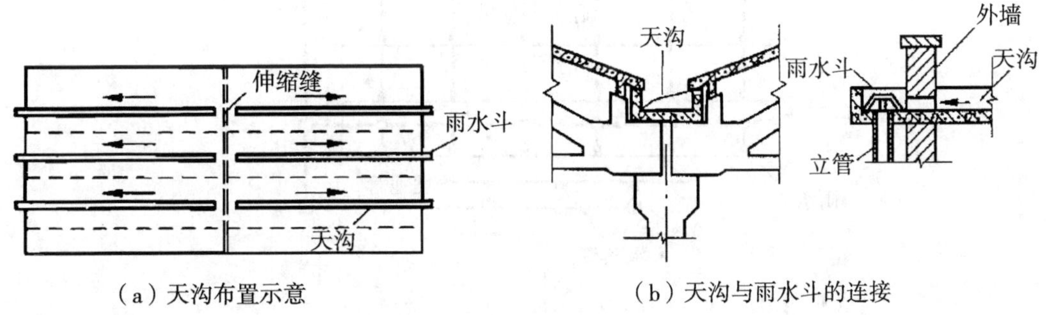

（a）天沟布置示意（b）天沟与雨水斗的连接

图3-21 天沟外排水方式

二、内排水系统

内排水是指屋面设雨水斗，建筑物内部有雨水管道的雨水排水系统。对于跨度大、特别长的多跨工业厂房，在屋面设天沟有困难的锯齿形或壳形屋面厂房及屋面有天窗的厂房，应考虑采用内排水形式。对于建筑立面要求高的建筑，大屋面建筑及寒冷地区的建筑，在墙外设置雨水排水立管有困难时，也可考虑采用内排水形式。

（一）内排水系统的组成

内排水系统由雨水斗、连接管、悬吊管、立管、排出管、埋地干管和检查井组成，如图3-22所示。降落到屋面上的雨水，沿屋面流入雨水斗，经连接管、悬吊管，进入排水立管，再经排出管流入雨水检查井，或经埋地干管排至室外雨水管道。

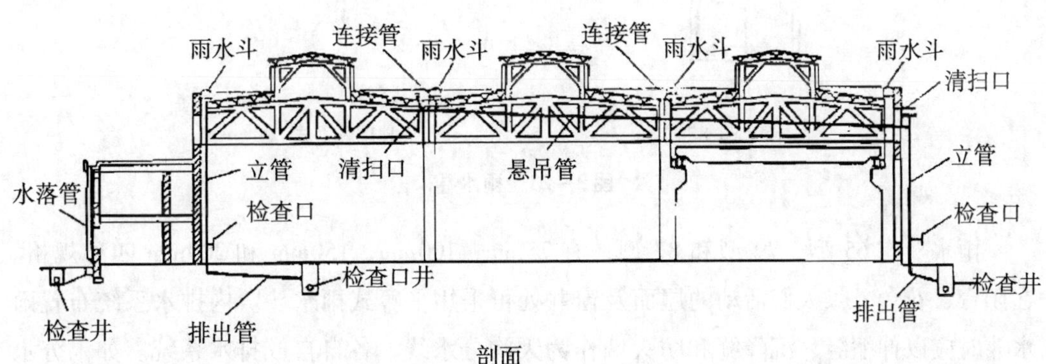

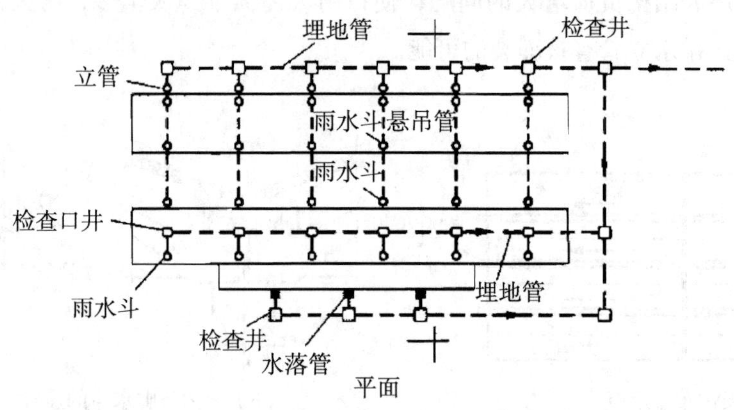

图 3－22　内排水系统

（二）内排水系统的布置与敷设

1. 雨水斗

雨水斗是一种专用装置，设在屋面雨水由天沟进入雨水管道的入口处。雨水斗有整流格栅装置，格栅的进水孔有效面积是雨水斗下连接管面积的 2 ~2.5 倍，能迅速排除屋面雨水。格栅还具有整流作用，避免形成过大的旋涡，稳定斗前水位，减少掺气，并拦隔树叶等杂物。整流格栅可以拆卸，以便清理格栅上的杂物。如图 3－23 所示。

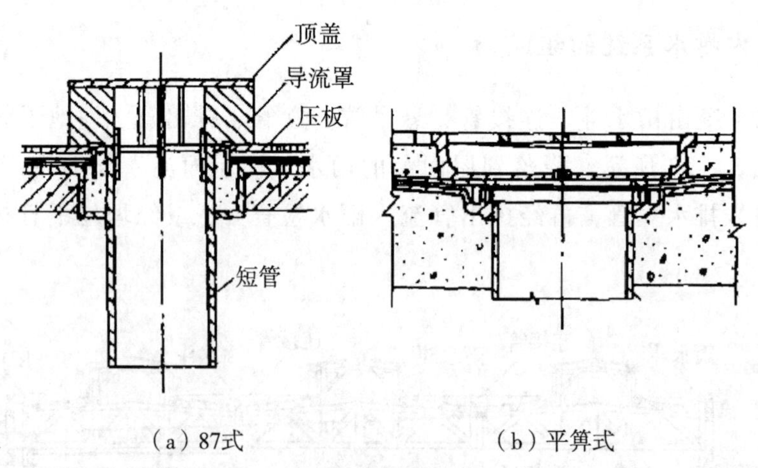

图 3－23　雨水斗

雨水斗有 65 型、79 型和 87 型，有 75mm、100mm、150mm 和 200mm 四种规格。在阳台、花台、供人们活动的屋面及窗井处可采用平箅式雨水斗。内排水系统布置雨水斗时应以伸缩缝、沉降缝和防火墙作为天沟分水线，各自自成排水系统。如果分水线两侧两个雨水斗需连接在同一根立管或悬吊管上时，应采用伸缩接头，并保证密封

不漏水。防火墙两侧雨水斗连接时，可不用伸缩接头。

布置雨水斗时，除了按水力计算确定雨水斗的间距和个数外，还应考虑建筑结构特点使立管沿墙柱布置，以固定立管。接入同一立管的雨水斗，其安装高度宜在同一标高层。当两个雨水斗连接在同一根悬吊管上时，应将靠近立管的雨水斗口径减少一级。

当采用多斗排水系统时，雨水斗宜对立管对称布置。一根悬吊管上连接的雨水不得多于四个，且雨水斗不能设在立管顶端。

2. 连接管

连接管是连接雨水斗和悬吊管的一段竖向短管。连接管一般与雨水斗同径，但不宜小于100mm，连接管应牢固固定在建筑物的承重结构上，下端用斜三通与悬吊管连接。

3. 悬吊管

悬吊管连接雨水斗和排水立管，是雨水内排水系统中架空布置的横向管道。其管径不小于连接管管径，也不应大于300mm，悬吊管沿屋架悬吊，坡度不小于0.005mm。在悬吊管的端头和长度大于15m的悬吊管上设检查口或带法兰盘的三通，位置宜靠近墙柱，以利检修。

连接管与悬吊管、悬吊管与立管间宜采用45°三通或90°斜三通连接。悬吊管采用铸铁管，用铁箍、吊卡固定在建筑物的桁架或梁上。在管道可能受振动或生产工艺有特殊要求时，可采用钢管，焊接连接。

4. 立管

雨水立管承接悬吊管或雨水斗流来的雨水，一根立管连接的悬吊管根数不多于两根，立管管径不得小于悬吊管管径。立管宜沿墙、柱安装，在距地面1m处设检查口。立管的管材和接口与悬吊管相同。

5. 排出管

排出管是立管和检查井间的一段有较大坡度的横向管道，其管径不得小于立管管径。排出管与下游埋地管在检查井中宜采用管顶平接，水流转角不得小于135°。

6. 埋地管

埋地管敷设于室内地下，承接立管的雨水，并将其排至室外雨水管道。埋地管最小管径为200mm，最大不超过600mm。埋地管一般采用混凝土管、钢筋混凝土管或陶土管。

7. 附属构筑物

常见的附属构筑物有检查井、检查口井和排气井，用于雨水管道的清扫、检修、排气。检查井适用于敞开式内排水系统，设置在排出管与埋地管连接处，埋地管转弯、变径及超过30m的直线管路上。检查井井深不小于0.7m，井内采用管顶平接，井底设高流槽，流槽应高出管顶200mm。埋地管起端几个检查井与排出管间应设排气井，如图3－24所示。水流从排出管流入排气井，与溢流墙碰撞消能，流速减小，气、水分离，水流经格栅稳压后平稳流入检查井，气体由放气管排出。密闭内排水系统的埋地管上设检查口，将检查口放在检查井内，便于清通检修。

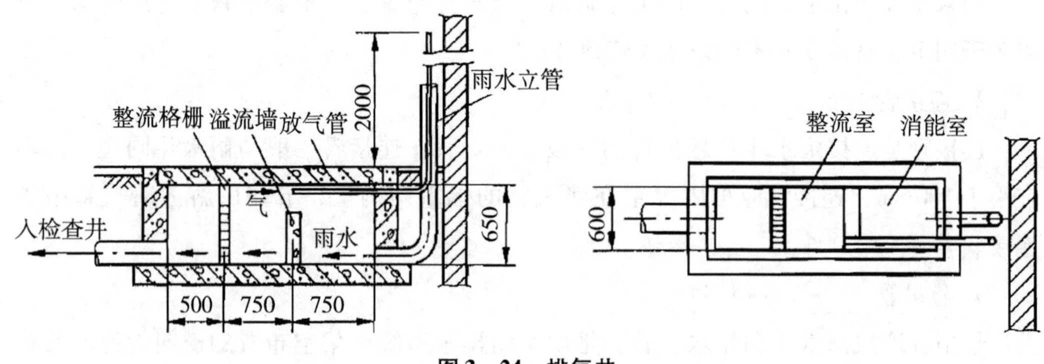

图3－24 排气井

第五节 建筑排水系统设施管理

一、建筑排水系统设施管理的相关知识

（一）工作依据

应该依据相应的国家法规、技术规范、系统图纸及设备的使用保养说明等来进行设备设施管理。主要包括：

1.《建筑给水排水设计规范》（GB 50015）；

2.《建筑给水排水及采暖工程施工质量验收规范》（GB 50242）；

3.《给水排水管道工程施工及验收规范》（GB 50268）；

4.《生活污水排放标准》（GB 18918）；

5. 水泵、水处理等设备设施的安装使用说明书和维护保养说明书；

6. 建筑给排水施工图；

7. 小区市政管网综合线路施工图。

（二）管理范围

室内排水系统由物业服务企业维护管理。排水系统管理的工作范围有以下几个

方面：

1. 建立健全排水设备设施的档案。包括设备使用说明书、设备台账、设备维修保养记录、设备运行记录等。

2. 设置相应的设备管理、运行岗位，配备相应专业人员，并制定相应的工作规章制度。如巡视制度、交接班制度等。

3. 确定每个岗位的日常工作内容，务必翔实可行。

4. 针对可能出现的突发情况，制定相应的应急处理预案。如水泵损坏、突降大雨等。

（三）工作内容

1. 定期对排水系统进行养护、清通。

2. 教育住户不要把杂物投入下水道，防止堵塞；下水道堵塞应及时清通。

3. 定期检查排水管道及阀门是否出现生锈或渗漏等现象，发现隐患及时处理。

4. 定期检查和清扫室外排水沟渠，清除淤泥和杂物。特别是雨季到来之前，要做好检查清淤工作，确保排水系统的通畅。

5. 日常巡视中，重点检查楼板、墙壁、地面等处有无滴水、洇水、积水等异常现场，如果发现管道确有漏水情况，应及时修理，以防损伤建筑物和有碍环境卫生。

6. 厕所、盥洗室也应作为检查的重点，且每次检查的时间间隔以不超过一周为宜。

二、建筑排水系统的日常运行管理

（一）室内排水系统的维护

室内排水管道最常见的问题是室内排水管道堵塞。可根据具体情况，判断堵塞物的位置，在靠近的检查口、清扫口以及屋顶通气管等处，采用人工或机械清通，或采用开天窗法进行大开挖，排除堵塞物。

（二）小区排水系统的维护与管理

1. 小区排水系统的管理内容

（1）熟悉排水管线的位置及其基本布置情况。

（2）检查检查井的井盖是否严密，防止杂物落入，给修理工作造成麻烦。

（3）检查雨水井、沟、雨水口、渗透井、蓄水池（罐）、建筑物屋面等是否完好。

（4）检查水泵、阀门、液位开关等设备状态是否正常。

2. 小区排水系统的维护

小区排水管道最常见的问题是管道堵塞，排水不畅通。先检查造成堵塞的原因，然后采取相应的办法排除堵塞，保证排水畅通。另外，排水管道要定期检查和冲洗。如果排水管道周围有树木生长时，每年至少两次检查排水管道内是否有树根。夏季在暴雨过后要检查和清理排水管和雨水管内的淤泥杂物。

（三）室外排水管道的维修

1. 管道坡度搞反形成倒返水

此类故障常见于新建的房屋中，原因大多是未按图纸要求放坡或沟底未做垫层，加上接口封闭不严，管道渗漏而造成不均匀下沉，致使排水不畅，严重的则会引起倒流，污水外溢。维修方法是按原设计图纸和规范要求返工重做。

2. 管道堵塞

维修时，首先将检查井中的沉积物掏清、进行疏通，同时放水冲淤；如果还疏通不了，则要在堵塞位置上进行破土开挖，采用局部起管、重新接管的办法进行疏通。

【案例分析】

污水倒灌淹新房，物业是否有责任赔偿损失

业主杨先生发现，由于主排水管道严重堵塞，造成污水倒流入其屋内。长时间浸泡，造成其屋内木地板、橱柜、家具等严重变形损坏，墙面发霉脱落。杨先生认为其已经与物业公司签订了《物业管理委托合同》，物业有责任为其维护排污管道，故将物业公司告上法庭，要求赔偿各种损失4.7万余元。小区物业辩称与业主签订的《物业管理委托合同》约定的是室外管道，原告所称的管道属于室内，并非保养维护范围。法院审理认为《物业管理委托合同》约定的物业保养维护范围除室外管道外，还有业主公用的上下水管道，主排污管属于该范畴，物业公司有责任维护保养，因此造成的损失也有责任赔偿。故判决物业公司赔偿杨先生全部损失。

【本章小结】

建筑排水系统按照排水体制有合流制与分流制两种类型。按照排放水的来源则有生活污（废）水、工业污（废）水和屋面雨水排水系统三种。室内排水系统分为粪便污水排放系统、生活污（废）水排水系统、生产污（废）水排水系统和屋面雨水排水系统。

建筑排水系统常用设备一般包括卫生器具或生产设备受水器、排水管道系统、通

气管设备、清通设备及室外排水管等。

屋面雨水排放按雨水管道布置位置分为外排水系统、内排水系统和混合排水系统，按管内水流分有重力流雨水排放系统、压力流雨水排水系统。外排水系统按屋面有无天沟又分为檐沟外排水系统和天沟外排水系统；内排水系统有单、多斗内排水系统，敞开式和密闭式内排水系统。在实际设计使用时应按照不同的情况相应选择不同的排水系统排水。

明确室内排水系统的管理范围，加强对排水系统的管理与维护，从制度上和措施上确保排水系统的正常运行与有效的维护，对排水管道的堵塞、漏水，排水设备的故障等进行及时的排除。

【复习思考题】

一、填空题

1. 建筑室内排水系统分为（　　）排水系统、（　　）排水系统、（　　）排水系统三类。

2. 建筑内部排水体制分为（　　）和（　　）两种。

3. 习惯上我们把日常生活中使用过的水称为（　　），把工业生产中使用过的水称为（　　），其中受到轻度污染的称为（　　），受到较严重污染的称为（　　）。

4. 盥洗器具一般由（　　）、（　　）、（　　）、（　　）等组成。

5. 天沟外排水系统适用于长度不超过（　　）的多跨工业厂房。

二、简答题

1. 建筑排水系统一般由哪几部分组成？

2. 建筑排水系统在敷设管道时有哪些注意事项？

3. 建筑排水系统在日常维护时，有哪些重点内容？

【实践与训练】

认识建筑排水系统

一、实训内容

1. 了解建筑排水系统的构成。

2. 了解建筑排水系统中主要设备的功能、参数规格、使用方法。

3. 了解建筑排水系统中主要设备的维护保养方法、维护保养制度。

二、实训步骤

1. 学生分组，结合居住小区或实际建筑（或其排水系统施工图），实地查找其排水系统。

2. 实物拍照、测量、列表。

3. 每组将调查成果做出 PPT 演示并讲解，教师点评。

第四章　小区给水排水及热水、饮水供应

动脑筋

业主张先生一家对小区的环境，位置都比较满意，刚入住时，小区的排水很好，每每下雨，都能及时排净。适逢2013年雨水较多，张先生发现：夏天每次下雨，小区都会积水很深，且排水很慢。特别是今年夏天一场暴雨，由于排水不畅，张先生的地下室进去很多水，不仅物质受到损失，而且，由于张先生和老伴都比较年长，出行都带来诸多不便。张先生很是不满，多次找到物业，物业以小区内排水管道和城市干管堵塞为由，问题迟迟得不到解决，张先生一家很是无奈，遇到这种情况，你认为应该如何处理？

学习目标

1. 了解小区给排水系统的管道布置和敷设方式。
2. 掌握中水系统的处理工艺。
3. 熟悉小区污水处理设施的结构。
4. 了解热水供应系统的组成和主要设备，以及热水的加热方式、供应方式。
5. 了解饮水制备的方法、供应方式以及饮水制备的工艺过程。
6. 掌握热水管网的布置、敷设要求，掌握热水附件的原理及使用方法，能够解决热水供应中出现的实际问题。

第一节　小区给水排水概述

居住小区给水排水系统由连接小区建筑和城镇给水排水大市政系统的过渡管道及附属构筑物、设备组成，服务范围为小区区域。

一、小区给水排水系统组成及特点

（一）小区给水排水系统组成

根据居住小区的地理位置，城市管网供水压力、高程、管径、水源、城市污水处理厂的状况，居住小区给水排水系统可以分为直接利用城市管网的给水排水系统、设有给水加压和排水提升设施的给水排水系统、设有独立水源和污水处理站的给水排水系统。

1. 小区直接利用城市管网的给水排水系统

居住小区位于市区范围之内，城市给水管网通过居住小区，能满足多层建筑生活用水的水压要求，并且小区排水能够靠重力流排入城市下水管道。在这种情况下，小区的给水排水系统仅由给水排水管道系统组成。小区内如有高层建筑或特殊建筑，水压不能满足要求或排水不能自流排出，则可在建筑给水排水设计时解决。

居住小区给水排水管道系统由接户管、小区支管、小区干管组成，如图 4－1、图 4－2 所示。

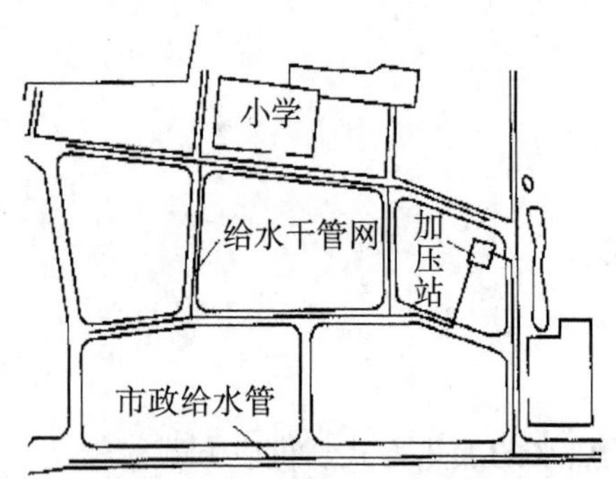

图 4－1　小区给水干管示意图

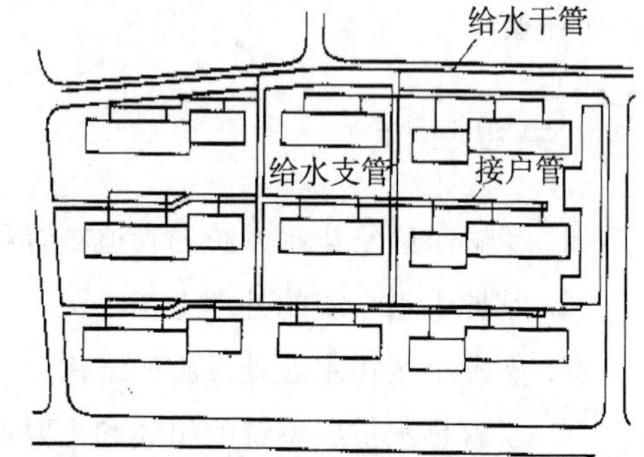

图 4－2　给水支管和接户管示意图

（1）接户管：指布置在建筑物周围，直接与建筑物引入管和排出管相接的给水排水管道。

（2）小区支管：指布置在居住组团内道路下与接户管相接的给水排水管道。

（3）小区干管：指布置在小区道路或城市道路与小区支管相接的给水排水管道。

2. 设有给水加压和排水提升设施的给水排水系统

位于城市边缘的居住小区，一般处于城市给水管网末梢。给水系统水量充足，但水压偏低。这时居住小区可以城市给水管网为水源，由水池、水塔、加压泵房、给水管道组成给水系统。

污水在管道中依靠重力从高处流向低处。如果小区污水不能重力流排入城市（镇）

排水管，应设置排水泵房提升。

如果小区内有高层建筑群，经过技术经济比较后，其高层建筑生活给水和消防给水加压可与小区加压站合建。

3. 设有独立水源和污水处理站的给水排水系统

居住小区位于城市郊区，城市给水管网的水压、水量很难满足要求，但有合适的水源（特别是地下水），小区给水可以建成独立于城市管网的小区取水、净水、配水工程。

如果这类居住小区的污水不能进入城市污水处理厂进行处理，则必须设置集中污水处理站，达标后排放。

（二）小区给水排水的特点

首先，小区给水排水设计流量反映过渡段特性。给水排水系统的设计流量确定与系统的安全可靠保证度有关。城市、居住区的给水排水管道系统设计流量，取最高日最大时流量：建筑给水排水系统设计流量则为设计秒流量，居住小区服务范围介于两者之间，其设计流量反映出过渡段特性。过渡段流量的确定，直接关系到小区给水排水管道的管径确定，并涉及小区给水排水系统内其他构筑物和设备的设计与选择。

其次，小区给水方式的选择具有多样性。居住小区和建筑给水系统的水源，通常都取自城市给水管网，通过小区给水管道系统送至各用户。城市给水送至居住小区时，有时水压较低，有时水量也不能保证足够的设计流量，所以居住小区给水就可能需要加压和流量调蓄。

居住小区内的排水系统，同样较单栋建筑的排水要复杂。小区排水体制要适应城市排水体制的要求。居住小区的排水要通过小区排水收集系统，一般送至城市排水管道排出（雨水如有合适水体可就近排放）；如果小区排水管道敷设较深，不能由重力直接排入城市下水管道，就必须在小区排水系统设置提升泵站，提升排放。

二、小区给水系统

（一）小区给水方式与选择

小区给水方式，主要有城市给水管网直接给水方式和小区集中或分散加压的给水方式两种类型。

1. 城市给水管网直接给水方式

直接给水方式可以分为两种情况，一种是给水水压能满足的层数采用直接供水，另一种是设置屋顶水箱利用夜间水压调蓄供水。

2. 小区集中或分散加压给水方式

城市管网压力过低，不能满足小区压力要求时，应采用小区加压给水方式。小区加压给水方式，又分为集中加压方式和分散加压方式，常见的有：

（1）水池—水泵；

（2）水池—水泵—水塔；

（3）水池—水泵—水箱；

（4）管道泵直接抽水—水箱；

（5）水池—水泵—气压罐；

（6）水池—变频调速水泵；

（7）水池—变频调速水泵和气压罐组合。

每种给水方式，各有其优缺点。即使同一种方式用在不同地区或不同规模的居住小区中，其优缺点往往会发生转化。小区给水方式的选择，应根据城市（镇）供水条件、小区规模和用水要求、技术经济比较、社会和环境效益等综合评价确定。

小区给水方式选择时，应充分利用城市（镇）给水管网的水压，优先采用管网直接给水方式。在采用加压给水方式时，城市（镇）给水管网水压能满足的层次仍可采用直接给水。

（二）不同类型小区给水系统的确定

小区给水系统应与城市（镇）以及建筑给水系统相适应，一般分为生活给水系统和消防给水系统。

低层和多层建筑的居住小区，一般不单设室内消防给水系统，小区多采用生活与消防共用的给水系统。

多层、高层组合的居住小区应采用分区给水系统，其中高层建筑部分应根据高层建筑的数量、分布、高度、性质、管理和安全等情况，经技术经济比较后，确定采用分散、分片集中或集中调蓄增压给水系统。

分散调蓄增压，是指高层建筑只有一幢或幢数不多，但各幢供水压力要求差异较大，每幢建筑单独设置水池和水泵的增压给水系统。

分片集中调蓄增压，是指小区内相近的若干幢高层建筑分片用一套水池和水泵的增压给水系统。

集中调蓄增压，是指小区内的全部高层建筑共用一套水池和水泵的增压给水系统。

分片集中和集中调蓄增压给水系统，投资较省，运行费用较低，便于管理。

（三）给水管道布置与敷设

居住小区给水管道的布置，包括小区的给水干管、居住组团内的小区支管、接户

管。定线原则是，首先按小区的干道布置给水干管网，然后在居住组团布置小区支管及接户管。

小区给水干管的布置可以参照城市给水管网的要求和形式。布置时应注意管网要遍布整个小区，保证每个居住组团都有合适的接水点。为了保证供水安全可靠，小区干管应布置成环状或与城镇给水管道连成环网，如图 4－1 所示。

小区支管和接户管的布置，通常采用枝状管网。如图 4－2 所示，要求小区支管的总长度应尽量短。对于高层建筑居住组团及用水要求高的组团宜采用环状布置，从不同侧的两条小区干管上接小区支管及接户管，以保证供水安全和满足消防用水要求。

给水管道与其他管道平行或交叉敷设时的净距，应根据管道的类型埋深、施工检修的相互影响、管道上附属构筑物的大小和当地有关规定等条件确定。

生活给水管道与污水管道交叉时，给水管道应敷设在污水管道上面，且不应有接口重叠；给水管道敷设在污水管道下面时，给水管道的接口离污水管道的水平净距不宜小于 1m。

在冰冻地区尚需考虑土层的冰冻影响，小区内给水管道管径在 300mm 以下时，管底埋深应在冰冻线以下（$d+200$mm）。

因为居住小区内管线较多，特别是居住组团内敷设在建筑物之间和建筑物山墙之间管线很多，除给水管外，还有污水管、雨水管、煤气管、热力管沟等，所以组团内的给水支管和接户管布置时，应注意和其他管线综合协调的问题。

（四）小区给水加压站

1. 小区给水加压站

（1）加压站的构造

小区内给水加压站的构造和一般城镇给水加压站相似，不过一般规模较小，加压站的位置、设计流量和扬程应与小区给水管网密切配合。加压站一般由泵房、蓄水池、水塔和附属建筑物等组成。图 4－3 为某小区的给水加压站布置图。

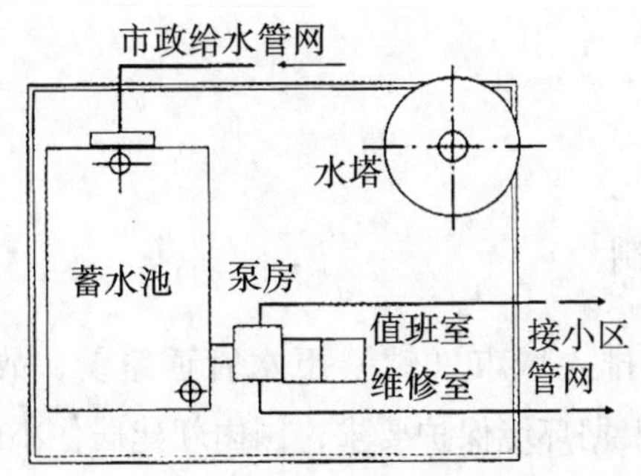

图 4－3　小区的给水加压站布置图

（2）加压站的类型

小区给水加压站按其功能可以分为给水加压站和给水调蓄加压站。给水加压站从城镇给水管网直接抽水或从吸水井中抽水直接供给小区用户；给水调蓄加压站应布置蓄水池和水塔，除加压作用外，还有流量调蓄的作用。小区给水加压站按加压技术可以分为设有水塔的加压站、气压给水加压站和变频调速给水加压站。后两种加压站可不设水塔。

2. 泵房

（1）泵房的组成

小区内泵房的组成包括水泵机组、动力设备、吸水和压水管路，以及附属设备等。

（2）水泵的选择

小区内给水泵房的水泵多选用卧式离心泵，扬程高的可选用多级离心泵。泵房隔振消声要求高时，亦可选用立式离心泵。

加压站同时担负有消防给水任务时，水泵流量应考虑生活给水流量和消防给水流量之和。选择水泵时，水泵扬程一般应和加压站设计扬程相同。

3. 水池

水池的有效容积，应根据居住小区生活用水的调蓄贮水量、安全贮水量和消防贮水量确定。

4. 水塔和高位水箱（池）

水塔和高位水箱（池）的生活用水调节出水量，可以根据小区用水曲线和加压站水泵运行规律计算确定，如果缺乏资料，可按表 4－1 确定。

表 4－1　　水塔和高位水箱（池）生活用水的调蓄贮水量

居住小区最高日用水量（m^3）	<100	101～300	301～500	501～1000	1001～2000	2001～4000
调蓄贮水量占最高日用水量比例（%）	30～20	20～15	15～12	12～8	8～6	6～4

三、小区排水系统

（一）小区排水体制

居住小区的排水一般排入城市（镇）下水管道系统，故小区排水体制应与城市（镇）排水体制相一致。根据环境保护要求，国内新建居住小区一般采用分流制系统。

居住小区内的分流制是指生活污水管道和雨水管道分流的排水方式；合流制是指

同一管渠内接纳生活污水和雨水的排水方式。

分流制排水系统中，雨水由雨水管渠系统收集就近排入附近水体或城镇雨水管渠系统；污水则由污水管道系统收集，输送到城镇或小区污水处理后进行处理后排放。

居住小区内排水需要进行中水回用时，应设分质、分流排水系统，即粪便污水和杂排水（生活废水）分流，以便将杂排水收集作为中水水源。

（二）小区排水管道系统组成及敷设要求

小区内若采用分流制排水系统，根据排水管道的功能不同应分设污水管道系统和雨水管道系统。

小区内排水管道布置的程序一般按干管、支管、接户管的顺序进行，根据小区总体规划、道路和建筑的布置、地形标高、污水走向，按管线短、埋深小、尽量自流的原则进行布置。布置干管时应考虑支管接入位置，布置支管时应考虑接户管的接入位置。小区内污水管道布置如图 4-4、图 4-5 所示。

小区排水管道敷设时，与建筑物基础的水平净距，当管道埋深浅于基础时，应不小于 1.5m；当管道埋深深于基础时应不小于 2.5m。

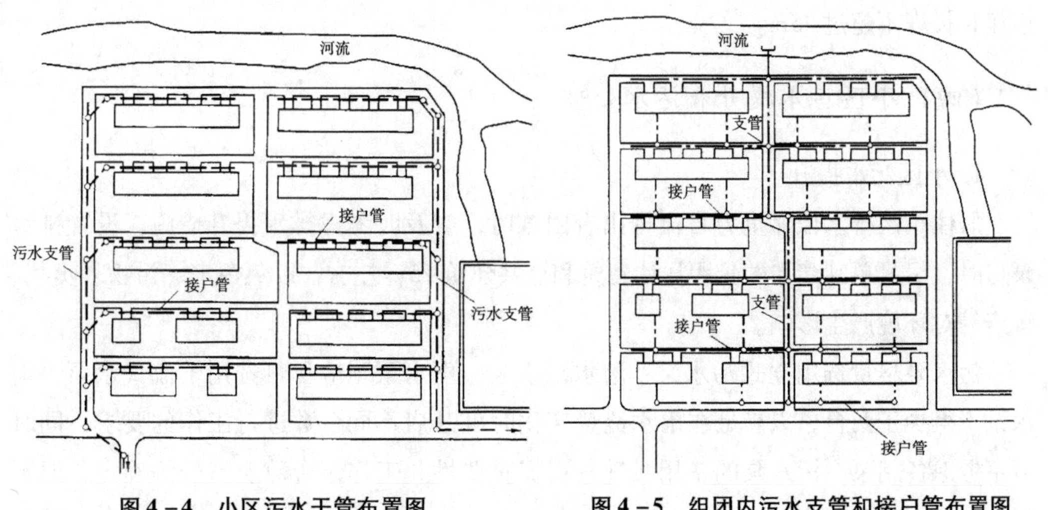

图 4-4 小区污水干管布置图　　**图 4-5 组团内污水支管和接户管布置图**

（三）小区雨水管渠系统的布置特点

雨水管渠系统设计的基本要求，是能通畅、及时排走居住小区内的暴雨径流量。根据城市规划要求，在平面布置上尽量利用自然地形坡度，以最短的距离靠重力流排入水体或城镇雨水管道。雨水管道应平行道路敷设且布置在人行道或花草地带下，以免积水时影响交通或维修管道时破坏路面。小区内雨水管道布置如图 4-6、图 4-7 所示。

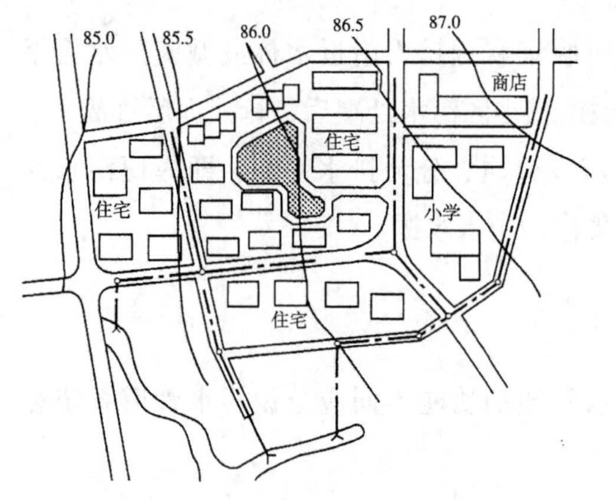

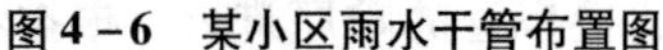
图 4－6　某小区雨水干管布置图

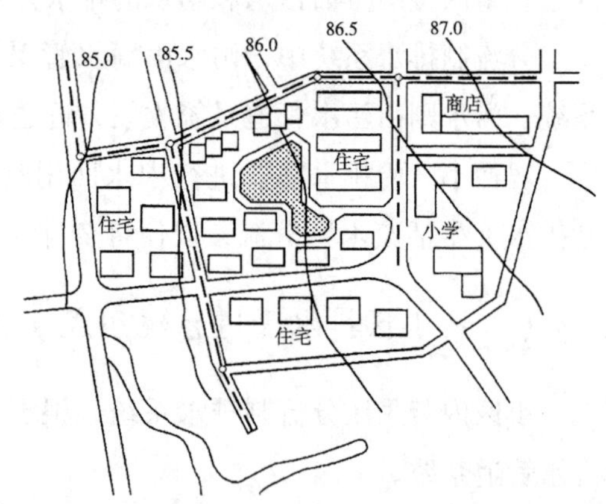

图 4－7　某组团内雨水支管和接户管布置图

雨水口是收集地面雨水的构筑物，小区内雨水不能及时排出或低洼处形成积水往往是由于雨水口布置不当造成，小区内雨水口的布置一般根据小区地形、建筑物和道路布置情况确定。在道路交会处、建筑物单元出入口附近，建筑物雨落管附近以及建筑物前后空地和绿地的低洼处设置雨水口，雨水口的数量根据汇水面积的汇水流量和选用的雨水口类型及泄水能力确定。雨水口沿街道布置间距一般为 20m～40m，雨水口连接管长度不超过 25m。

（四）小区污水提升和污水处理

1. 小区污水提升

居住小区排水依靠重力自流排出有困难时，应及时考虑排水提升措施。设置排水泵房时，尽量单独建造并且距居住建筑和公共建筑 25m 左右，以免污水、污物、臭气、噪声等对环境产生影响。

污水泵尽量选用立式污水泵、潜水污水泵，雨水泵则应尽量选用轴流式水泵。雨水泵不得少于两台，以满足在雨水流量变化时可开启不同台数进行工作的要求，同时可不考虑备用泵。污水泵的备用泵数量根据重要性、工作泵台数及型号等确定，但不得少于两台。

2. 小区污水排放和污水处理

（1）小区污水排放

居住小区内的污水排放应符合现行《污水综合排放标准》和《污水排入城市下水道水质标准》规定要求。

一般居住小区内污水都是生活污水，符合排入城市下水道的水质要求，小区污水可以直接就近排放至城镇污水管道。

如果小区远离城镇或其他原因使污水不能排入城镇污水管道，这时小区污水应根据排放水体的情况，严格执行《污水综合排放标准》，一般要采用二级生物处理达标后方能排放。

（2）小区污水处理设施的设置

小区内是否设置污水处理设施，应根据城镇总体规划，按照小区污水排放的走向，由城镇排水总体规划管理部门统筹决定。设置的原则有以下几个方面。

①城镇内的居住小区污水，尽量纳入城镇污水集中处理厂范围之内，城镇污水的收集系统应及时敷设到居住小区。

②如果城镇已建成或已确定近期要建污水处理厂，小区污水能排入污水处理厂服务范围的城镇污水管道，小区内就不应再建污水处理设施。

③如果城镇未建污水处理厂，小区污水在城镇规划的污水处理厂的服务范围之内，并已排入城镇管道收集系统，小区内亦不需建集中的污水处理设施。是否要建分散或过渡处理设施应持慎重态度，由当地政府有关部门按国家政策权衡决策。

④如果小区污水因各种原因无法排入城镇污水厂服务范围的污水管道，应坚持排放标准，按污水排放去向，设置污水处理设施，处理达标后方能排放。

⑤如果居住小区内某些公共建筑污水中含有毒、有害物质或某些指标达不到排放标准，应设污水局部处理设施自行处理，达标后方能排放。

（3）小区污水处理技术

小区污水的水质属一般生活污水，所以城市污水的生物处理技术都能适用于小区污水处理。后续章节将有针对性的学习。

第二节　小区给水排水系统的管理

一、小区给水系统的管理与维护

（一）给水管道的防腐蚀

小区室外给水管道常用铸铁管和焊接钢管，由于常埋地下，需做防腐处理。常规做法是刷两道沥青漆（约可使用25年），也可以刷一道红丹漆和一道调和漆（约可使用20年）。

（二）给水管道的日常管理与维护

给水管道的日常管理与维护工作，主要是巡回检查和定期清扫，发现故障及时处理。

1. 巡回检查

查看有无重物覆盖在管线上或压住阀门井、水表井盖；管线上有无开挖（开挖时容易损伤管道，特别是铸铁管）和新建建筑物；室外消火栓或消火栓标志是否破损。

2. 定期清扫

定期打开阀门井、水表井盖，清扫井内污泥、杂物，以免加速阀门、水表的锈蚀。阀门井、水表井内不能有积水，其井底应透水。

3. 管道故障的处理

（1）故障现象的判断

小区给水管道常见的故障就是漏水。漏水的原因有：一是外界重物的机械破损，二是因为管道长时间使用而锈蚀。小区给水管道漏水在地面上会出现相关的迹象，如：地面上冒水；给水管线路上某处地面始终潮湿，甚至明显塌陷；用木杠敲击管线上敷设的水泥路面，能听到“咚、咚”的空洞回声等。也可以借助现代化的仪器仪表查找漏水点。找到了漏水点，探明原因后可采取相应的修复措施。

（2）铸铁管管壁裂纹漏水的修复

铸铁管管壁裂纹漏水，如果裂纹不长，漏水不严重可用铸铁焊条施以电焊补焊修复；当裂纹处在管子两端附近时，可剔开接口，割掉一段管段，加短管和接轮修复；当裂纹严重，补焊无法修复时，可更换新的管道。

（3）铸铁管承插接口漏水的修复

承插铸铁管接口漏水的修复办法与接口填料、漏水情况有关。如果原为青铅接口，只需用榔头、捻口凿在漏水附近做进一步捻实，直至不漏为止。

石棉水泥接口或膨胀水泥接口漏水时，若漏水部位为小孔，在将管内存水泄掉或无压状态时，在小孔处紧贴管壁凿出一个小凹坑，再向四周扩大成扇面状，凹坑深度为承口深度的1/3～1/2，用水将凹坑冲洗干净，再用严密性好的水泥、熟石膏、氯化钙填塞，但至少应在24h后通水；若漏水处为弧形状，就可按管子圆弧凿出一个弧形槽，槽的长度较漏水缝稍长一些，深度为承口深度的1/3～1/2，用水将槽内冲洗干净后，用水泥、熟石膏、氯化钙拌和填塞。

（4）钢管漏水的修复

埋地给水钢管漏水的原因，一般有两种情况：一种是遭到外界机械破坏，另一种是使用时间长了因锈蚀而穿孔。对于前一种情况，只需在排除管内存水的情况下，用手工电弧焊补焊修复。若是后一种，无法用补焊的方法修复，只能安装新管道。

（5）UPVC管裂缝漏水的修复

UPVC管材通常用黏结剂黏结或用胶圈柔性连接，目前常用于公称直径 $DN \leqslant 200$mm 的配水管道上，替代了传统的灰铸铁管及镀锌钢管。但这类管材较脆，在不均匀受力条

件下容易爆管。为此，在管道施工时要保证埋设深度，对管道基础做统一处理，铺设位置要适当远离道路等振动较大的区域。处理好之后，UPVC 管一般不再需要特别的维护。

若 UPVC 管破裂时，先停水，把破裂的管段割下，采用胶水黏结法换上新管。

4. 小区给水阀门、消火栓的故障处理

（1）阀门的故障及修复

小区给水管路上的阀门多为暗杆闸阀。由于小区给水管路上的阀门平时都处于开启状态，只在检修时才启闭一次，很少出现阀杆滑丝现象。较常见的故障：一是水沿阀杆漏出，这是因为填料磨损或老化、与阀杆之间接触不紧密导致的。此时需卸掉填料压盖，取出填料环，取掉旧填料，加上符合规格的、适量的新石棉绳，再装上填料环、填料压盖即可。二是随水流带来的固体物质落入闸板槽内，长期积累，使阀门关闭不严。此时，需卸下阀门解体清洗。

（2）室外消火栓的故障及修复

室外消火栓不经常使用，故不会出现磨损故障，常见问题是接头处漏水。接头漏水的原因主要有两个：一是法兰连接接头漏水，在拧紧螺栓无效的情况下，要拆换法兰垫片；二是填料接口漏水，多是由于消火栓受到撞击振松了填料，应剔除旧填料，重新作水泥、熟石膏、氯化钙接口或打石棉水泥接口。

5. 水泵、水塔和贮水池的保养

（1）水泵的维修管理分为一级保养、二级保养和大修理三种。一级保养以日常维护为主，主要内容有设备的擦拭、清洗，检查轴承温度，监视设备振动情况，检查紧固件是否松动，设备加油、换油，加盘根或更换盘根等；二级保养以拆修为主，包括清洗泵体、清洗叶轮、更换轴套、更换衬垫等易损件，修理更换泵轴、叶轮，做静平衡检查，组装、油漆等。

（2）水塔的维护管理主要是定期清洗水塔内的淤泥，一般半年清洗一次。水塔的检修内容有：是否渗漏；水位指示器是否保持准确动作；管道连接口是否严密；阀门操作是否灵活，关闭是否严密，尤其是容易出故障的浮球阀，更是注意检修的对象；对于钢板制作的水柜，检查油漆是否脱损，内外是否需要重新刷漆。

（3）对贮水池主要是加强日常管理，即定期清洗池底、池壁，保持池内干净，一般一年一次。检查四壁、池底有无沉陷、裂纹和渗漏现象。对外部定期粉刷、修补，对金属构件进行刷漆防腐等。

二、小区排水系统的管理与维护

（一）小区排水管道的日常养护

小区排水管道疏于养护容易出现堵塞、流水不畅等现象。养护的重点在于定期检查和冲洗排水管道。

1. 附属构筑物及养护

在小区排水系统中，附属构筑物主要有检查井、跌落井和水封井等。

（1）检查井

在管道交接和转弯、改变管径或坡度的地方均应设检查井，超过一定的直线距离也应设检查井。检查井一般采用圆形，直径在1000mm以上，以保证井口、井筒及井室的尺寸便于维护检修人员出入和提供安全保障。检查井井底应设流槽，必要时可设沉泥槽。流槽顶与管顶平接。井内流槽转弯时，其流槽中心线的弯曲半径按转角大小和管径确定，但不得小于最大管的管径。

（2）跌落井

小区的排水管道和较深的市政排水管网相接时，应做跌落井，一般管道跌水大于1m时应设跌落井。

（3）水封井

在生产污水中有产生引起爆炸的物质和引起火灾的气体时，其管道系统应设水封井。水封深度一般为250mm。

检查井、跌落井、水封井一般采用砖砌井筒、铸铁井盖和井座，如井盖设置在草地上，井盖面应高出地面50mm～100mm；井盖设置在路面上时，应与路面平。应尽量避免把井设在路面上，以便于维修和行车安全。

排水井的维护管理重点在于经常检查和保持井室构筑物完好，使井盖、井座不缺不坏，防止泥石杂物从井口进入堵塞排水管道，造成排水不畅；雨季时因井盖不严或缺损，造成大量雨水进入排水管道，使污水倒灌和淤塞；防止行人和儿童误入，保证人身安全。

排水井内堆积沉积的污泥要定期检查清理，以保持管道畅通。清淤工作一般与管道养护检查工作同步。暴雨过后一定要检查和清理排水和雨水管道内的淤泥及杂物。

2. 排水管线的日常养护

小区乔木树根能从管道接口处、裂缝处进入管道内吸取排水管道内的养分，生长快且粗大，在管内形成圆节状根系，使管道堵塞。在排水管道附近有树或长年生植物时，至少每半年应检查一次树根生长情况。另外，排水管道地面上部不能堆放重物或重车压碾。

小区可利用室外消火栓或设冲洗专用固定水栓定期冲洗管线，至少一季度一次。

（二）管道堵塞的处理

1. 堵塞部位的确定

排水管道堵塞会出现两种现象：一种是某个检查井向外冒水，则该检查井下游段排水管必有堵塞；另一种是在埋设排水管的地面上及其附近有积水现象。

排水管堵塞时必须清通，清通前应先查明堵塞位置，检查时从下游检查井进行。用比较长的竹劈（长约5m）从下游检查井送入排水管。根据两检查井之间的距离和竹劈送入排水管的长度来判别堵塞位置，可以直接来回抽拉竹劈，直至清通。若一节竹劈长度不够时，可将几节竹劈绑接起来使用。

2. 堵塞清通方法

若堵塞点就在上游检查井附近，检查井从下游不易清通时，得将上游检查井的污水抽出，从上游检查井进入清通。

（1）竹劈清通。适用于管径较大的排水管，市政和小区排水管道养护常用。

（2）钢筋清通。当被堵塞的排水管道直径较小（*DN*100～*DN*250）时，宜采用钢筋清通。可将钢筋做成三种规格的清通工具：长度为5m以内的用直径8mm的钢筋，长度为5m～10m的用直径10mm的钢筋，长度超过10m的用直径12mm的钢筋，钢筋伸入管子端弯成小钩，弯曲程度要合适。清通时，应在下游检查井放置格栅，将堵塞物拦截取出。

（3）高压水力疏通。当采用竹劈和钢筋清通无效时，可采用胶皮管水力疏通。操作时，将胶皮管的一端接上水源，然后将胶皮管的另一端插入排水管道内，一边开启水源一边将胶管送入，一直伸到堵塞处并来回抽拉，直至清通为止。

（4）开挖法。当两个检查井的距离比较大，堵塞严重，采用上述方法均无效时，就需要采用开挖法。即首先探明堵塞的大致位置，从地面挖开泥土，将排水管凿一个洞，甚至拆下一节管清通。疏通后，再用水泥砂浆把洞口补好，或更换新管。注意：须在接口填料或补洞的水泥砂浆硬凝强度达到要求后方可投入使用。若原检查井间距较大，可考虑在开挖处设置新的检查井。

（5）机械清通。采用专用的机械清通设备（如疏通机等）进行清通。

第三节 建筑中水系统

建筑中水系统是将民用建筑或居住小区排放的生活废水及冷却水、雨水等经适当处理后，回用于建筑或建筑小区作为生活杂用水的供水系统。设置建筑中水系统，可以减少生活供水量，节约淡水资源，同时可以减少生活排水量，减轻城市排水系统的负担和水环境的污染，具有明显的社会效益、环境效益和一定的经济效益。

一、中水原水

中水原水即可作为中水水源的未经处理的污、废水。按照排水水质和污染程度轻重，中水原水可分为五大类：

（一）冷却水

冷却水主要是空调机房冷却循环水中排放的部分废水，其特点是水温较高，但一般无其他污染物质。

（二）沐浴、盥洗和洗衣排水

这种水的特点是有机物和悬浮物浓度相对较低，但皂液和洗涤剂含量较高。

（三）厨房排水

厨房排水包括厨房、食堂、餐厅在制作食物过程中排放的污水，其特点是油脂、悬浮物和有机物含量高。

（四）厕所排水

厕所排水主要指大便器和小便器排放的污水，其特点是悬浮物、有机物和细菌含量高。

（五）雨水

雨水除初期雨水外，水质相对较好。

由于医院污水和工业废水（冷却水除外）水质的特殊性，一般不宜将其作为中水水源。

中水水源应优先选用污染较轻的生活废水，以降低处理费用，一般应按下列顺序选用：优质杂排水（包括冷却水、沐浴排水、盥洗排水和洗衣排水）、杂排水（包括优质杂排水和厨房排水）、生活污水（包括杂排水和厕所排水）。由于雨水的季节性特点，一般将其作为中水的补充水源。

二、中水系统的分类及组成

（一）中水系统的分类

根据中水系统供水范围的大小，中水系统可分为以下三类：

1. 单幢建筑中水系统

指单幢建筑物独自形成的中水系统。建筑物内分别设置饮用给水系统和杂用给水系统，建筑排水为分流制。城市管网或自备水源的水送入饮用给水系统，经使用后成为生活废水。优质杂排水或杂排水经中水处理设施处理，达到相应标准后，送入杂用水给水系统用于厕所冲洗或用于浇洒、绿化等。厕所排水排入化粪池或城市排水管网，

在缺水地区也可部分回流到中水处理设施。建筑中水系统还应设置自来水应急补给管，以保证安全供水。这种系统适用于排水量大的宾馆、饭店、公寓等建筑。中水处理设施可设在地下室或建筑物外部。

2. 建筑小区中水系统

指几幢大型建筑或建筑小区的建筑排水，采用集中处理的中水系统。设置建筑小区中水系统时，各建筑物管道系统的设置要求及中水系统工作流程基本同单幢建筑中水系统。由于小区中水系统供水量较大，可将雨水作为补充水源，同时也应设置应急水源。这种系统一般用于建筑小区、高等院校、机关大院等。

以上两种中水系统均属建筑中水系统范围。

3. 城镇中水系统

即整个城镇设置统一的中水处理设施和中水供水系统。设置城镇中水系统时，城镇和建筑内部应采用饮用给水和杂用给水双管系统，并不要求排水一定要采用分流制，但城镇应设有污水处理厂，中水系统以其出水和部分雨水为水源。这种系统处理设施集中，运行管理方便，但中水管道系统长度较大。

（二）中水系统的组成

1. 中水原水集流系统

指收集、输送中水原水到中水处理设施的污水管道系统和与之配套的附属构筑物及流量控制设备。根据所集流的中水原水的水质情况，集流系统有以下两种形式：①全部集流，即将建筑物排放的污水用一套管道系统全部集流后的污水，根据中水系统的规模，可全部处理，全部回用，也可部分处理，部分回用。这种形式可节省集流管材，但中水原水水质较差，处理工艺复杂，处理费用较高，适用于排水体制为合流制的建筑或建筑小区。②部分集流，即只集流建筑物排放的优质杂排水或杂排水，经处理后回用。采用这种形式，建筑物需要两套排水管道，基建费用较高，但中水原水水质较好，处理工艺简单，处理费用较低，并且管理方便，对周围环境影响较小，也容易被用户所接受，适用于排水体制采用分流制的建筑或建筑小区。设置建筑中水系统时，应优先选择这种形式。

2. 中水处理设施

指各类用来处理中水原水的构筑物和设备及流量控制和计量装置。常用的处理设施有以下几种：截留粗大漂浮物的格栅；毛发去除器、油水分离器；用以调节中水原水水量并均化水质的调节池；去除较大悬浮物和胶体的沉淀池；利用微生物分解污水中有机物的生物处理构筑物；去除细小悬浮物的滤池；加氯消毒装置以及活性炭吸附池等深度处理构筑物。

3. 中水供水系统

建筑中水供水系统应与给水系统分开，独立设置，其主要组成部分有配水管网、中水贮水池、中水高位水箱、水泵及气压给水设备等。中水系统的供水方式类型、管道布置形式及敷设要求基本同给水系统。中水除可作为便器冲洗、浇洒绿化等杂用水外，也可作为消防用水。根据建筑物性质，杂用水系统和消防系统可分别独立设置，也可合并设置。

三、中水处理工艺

中水处理工艺应根据中水原水水质和中水供水水质等因素，经技术经济比较后确定。中水处理可分预处理、主要处理和后处理三个阶段。

预处理主要是去除大的漂浮物、悬浮物、其他杂物及为使后续处理构筑物能够正常运行而进行水量和水质的调节。无论选择何种中水原水，都需进行预处理。预处理设施主要有：格栅、毛发去除器、油水分离器和调节池等。

主要处理目的是：去除污水中的有机物和悬浮物。由于中水原水的水质不同，选择的处理方法也有所不同。以优质杂排水或杂排水为中水原水时，一般采用物化处理，也可采用物化处理与生物处理相结合的处理工艺。以生活污水为中水原水时，可采用二级生物处理，或采用生物处理与物化处理相结合的处理工艺。以建筑小区污水处理站二级处理出水为中水原水时，应采用物化处理（或三级处理）工艺。用于主要处理的构筑物有沉淀池、生物处理构筑物，如曝气池、生物滤池、生物转盘等。

后处理是指在主要处理后进行的消毒处理及对中水供水水质要求很高时进行的深度处理。主要方法有加氯消毒、臭氧处理、活性炭吸附等。

第四节　小型污水处理设施

一、隔油池

隔油池是截流污水中油类的局部处理构筑物。食堂、饮食、屠宰等行业的污水中含有大量的植物油和动物油脂，在排入城市污水管道之前，油类凝固后，会堵塞管道。含有汽油、柴油、煤油等的汽车修理车间、汽车库及其他场所排出的含抽污水也需经隔油池（井）处理，否则这些油类进入城市污水管道后易挥发成气体，当气体浓度达到一定程度后，会发生爆炸，引起火灾，破坏管道。

隔油池采用上浮法除油，其构造如图 4 - 8 所示。为便于收集油脂和保证处理效果，粪便污水和其他污水不得排入隔油池（井）内，对夹带杂质的含油污水应在隔油

池内附有沉淀部分。隔油池（井）的清掏时间一般不宜大于6d（天）。隔油池（井）应有活动盖板，进水管要便于清通。

二、化粪池

化粪池是截留生活污水中可沉淀和悬浮的污物、贮存截留的污泥并使其厌氧消化的生活污水局部处理构筑物。在无污水处理厂的地区，建筑粪便污水应先经化粪池处理后，再排入城市污水管网或水体。在有污水处理厂的地区，也可设置化粪池，以减小污物在管道中沉淀的可能性，并减轻污水处理厂的负担。

生活污水在化粪池中的停留时间一般是12h～24h，化粪池中的污泥定期清掏外运，作为肥料或填埋物。污泥清掏周期应根据污水温度和当地气候条件确定，宜采用3～12个月。

化粪池一般为于矩形，为提高处理效果，化粪池常设计成双格或三格。双格化粪池如图4－9所示。

化粪池池体为砖砌或钢筋混凝土浇筑，池壁、池底应作防渗处理，以免污染地下水源。化粪池距地下取水构筑物的距离不得小于30m。化粪池宜设在靠近卫生间、便于清掏并且隐蔽的地方，不宜设在人们经常活动之处，以免清掏时受到臭气的影响。化粪池距建筑物外墙不宜小于5m。如受条件限制，距离可酌情减小，但不能影响环境卫生和建筑物基础。

化粪池虽然有很多缺点，但在我国应用还是很广泛的。目前国内外都在积极研究更高效、更卫生的生活污水局部处理构筑物和设备，如日本研制的安装在每个单元排出管上的污水局部处理设备等。

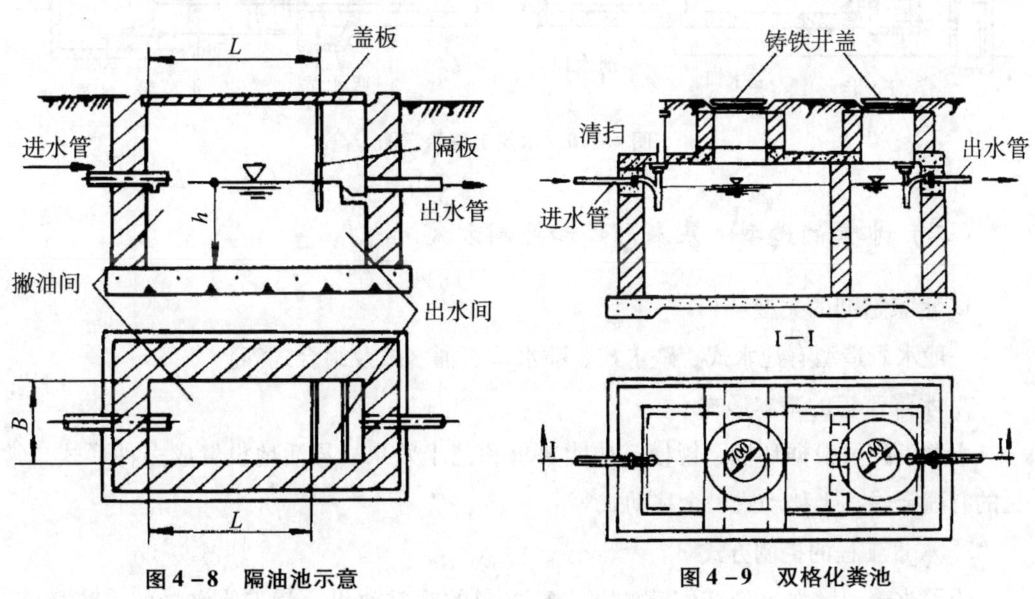

图4－8　隔油池示意　　　图4－9　双格化粪池

第五节　水景及游泳池系统

一、水景工程

水景是运用水流的形式、姿态和声音组成的美化环境、点缀风景的水体。水景除了具有美化环境的功能之外，还具有湿润和净化空气、改善小范围气候的作用。水景工程中的水池可兼作冷却水池、消防水池、浇洒绿地用水的贮水池或作娱乐游泳池和养鱼池等。

（一）水景工程的构成

图4－10为一个典型水景工程。它由以下几部分构成。

1. 土建部分：包括水泵房、水景水池、管沟、泄水井和阀门井等。
2. 管道系统：包括给水管道、排水管道。
3. 造景工艺器材与设备：包括配水器、各种喷头、照明灯具和水泵等。
4. 控制装置：包括阀门、电气自动控制设备和音控设备等。

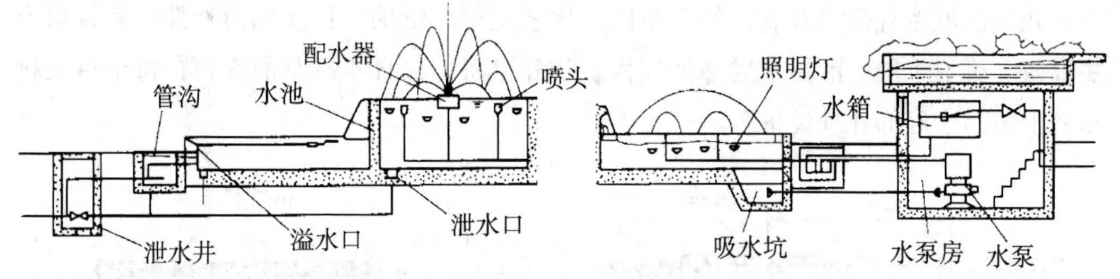

图4－10　水景工程示意图

（二）水景的造型、基本形式和控制方式

1. 水景造型的类型

一般水景造型有池水式、跌水式、喷水式、涌水式及组合式等。

2. 水景工程的基本形式

水景工程可根据环境、规模、功能要求和艺术效果，灵活地设置成多种形式。常见的有固定式、半移动式、全移动式等。

3. 水景工程的控制方式

为了改善和增强水景变幻莫测、丰富多彩的观赏效果，就需使水景的水流姿态、

光亮照度、色彩变幻随着音乐的旋律、节奏和声响的强弱而产生协调同步变化。这就要求采取较复杂的控制技术与措施。目前常用的控制方式有手动控制、电动控制、音响控制等。

（三）造景工艺主要器材与设备

1. 喷头

喷头是制造人工水景的重要部件。它应当耗能低、噪声小、外形美，在长期运行环境中不锈蚀、不变形、不老化。制作材质一般是铜、不锈钢、铝合金等。少数也有用陶瓷、玻璃和塑料等制成的。根据造景需要，它的形式很多，常用的有：直流式喷头、吸气（水）式喷头、水雾喷头、隙式喷头、折射式喷头、回转型喷头等，这些喷头的形式可参见图4－11。

除此之外，还有多孔型喷头、组合式喷头、喷花型喷头等几十种喷头。

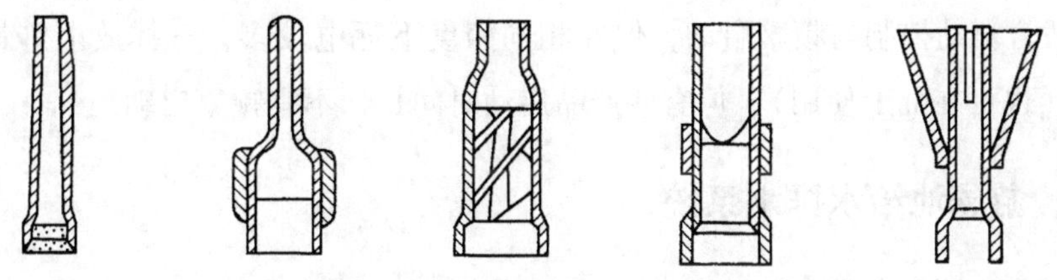

（a）直流式喷头（b）可转动喷头（c）旋转式喷头（水雾喷头）（d）环隙式喷头（e）散射式喷头

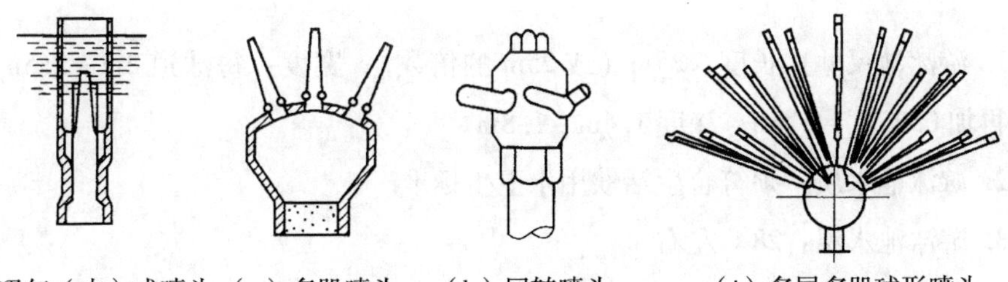

（f）吸气（水）式喷头（g）多股喷头（h）回转喷头（i）多层多股球形喷头

图4－11　常用水景喷头

2. 水泵

固定式水景工程常选用卧式或立式离心泵和管道泵。

半移动式水景工程宜采用潜水泵，最好是采用卧式潜水泵，如用立式潜水泵，则应注意满足吸水口要求的最小淹没深度。移动式水景工程，因循环的流量小，常采用微形泵和管道泵。

3. 控制阀门

对于电控和声控的水景工程，水流控制阀门是关键装置之一，对它的基本要求是能够适时、准确地控制（即准时地开关和达到一定的开启程度），保证水流形态的变化与电控信号和声频信号同步，并保证长时间反复动作不失误，不发生故障。选择电动阀门时要求开启程度与通过的流量呈线性关系为好。采用电磁阀控制水流，一般只有开关两个动作，不能通过开启程度不同去调节流量，故只适用于电控方式而不适用于声控方式。

4. 照射灯具

水景工程的彩光装饰有陆地照射和水下照射两种方式。

对于反射效果较好的水流形态（如冰塔、冰柱等夹气水流），宜采用陆上彩色探照灯照明，其照度较强，着色效果良好，并且易于安装、控制和检修。但应注意避免灯光直接照射到观赏者的眼睛。

对于透明水流形态（如射流、水膜等）宜采用水下照明。常用的水下照射灯具有白炽灯和气体放电灯。白炽灯可作聚光照射，也可作散光照射。它灯光明亮，启动速度快，适合自动控制与频繁启动，但在相同照度下耗电较多；气体放电灯耗电少，发热量小（也可在陆上使用），但有些产品启动时间长，不宜频繁启动。

二、游泳池给水排水系统

小区或建筑物内附设的游泳池，一般仅作娱乐及锻炼用，不作比赛用。

（一）室内游泳池的一般标准

1. 游泳池尺寸：长度：25m（或25m的倍数）；宽度：每泳道2m～2.5m，两侧的泳道再加0.25m～0.5m；深度1.4m～1.8m。

2. 游泳池水质：须符合生活饮用水卫生标准。

3. 游泳池水温：28℃左右。

4. 游泳池室温：25℃左右。

（二）室内游泳池的给水方式

室内游泳池给水有多种方式，可以根据当地水资源的具体情况（如水源充足与否、水质卫生情况等）决定。

1. 直接给水法

直接给水法就是长期打开游泳池进水阀门连续给水，让满出游泳池的水自动溢出。游泳池的进水阀门可以适当调节，使每小时的进水量等于15%游泳池的容积。这种方法管理方便，但浪费水资源，并且游泳池的水质、水温极难保证。

2. 定期换水给水法

将游泳池的水定期（一般为1~3天）全部放净，再冲洗池底、池壁，重新放满池水。这种方法管理简单，一次性投资节约，但水质污染严重，水温也不能得到保证，并且换水时游泳池要停止使用。

3. 循环过滤给水法

游泳池的水由循环过滤泵抽出，经过过滤器、加热器再回到游泳池，不断净化、消毒、加热，达到游泳池水质要求。这种方法系统较复杂，一次性投资大，管理较复杂，但因为能保证游泳池的水质，所以采用得较多。循环过滤给水系统见图4-12。在游泳池使用过程中，循环过滤泵常开使池水不断循环，不断净化、加温。在开启循环泵的同时，加药器的计量泵也联动开启，可以将加药箱的次氯酸钠溶液随循环水一起进入游泳池内，以确保游泳池的余氯，达到消毒作用。

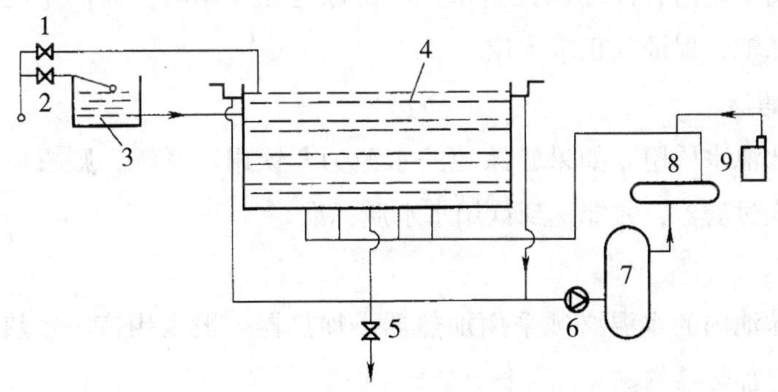

图4-12 游泳池循环过滤给水系统示意图

1—进水阀门；2—补充水阀门；3—平衡水箱；4—游泳池；5—排污阀门；6—循环过滤泵；7—机械过滤泵；8—加热器；9—加药器

（三）游泳池附件

1. 给水口

即进水阀的进水口，一般呈格栅状，有多个，分别设在池底或池壁面，要保证配水均匀。加工给水口的材料有不锈钢、铜、大理石及工程塑料等。

2. 回水口

循环处理后回到游泳池的回水口，呈格栅状，一般有多个，分别设在池底或溢水槽内。要保证回水均匀，并且不能产生短路现象，即回水口要同循环泵的入口保持一定距离，回水口的材料与给水口相同。

3. 排水口

排水口的构造同回水口，尺寸可放大，以便排水畅快，一般要求4h~6h将水放掉，最多不超过12h，排水口设在池底。

4. 溢流口

一般在池边做成溢流槽，溢流槽要保证一定的水平度，槽内均匀布置回水口或循环泵吸入口。

5. 排污口

可由排水口兼任。每天在游泳池开始使用前，短时微开排污阀，以排出沉积存池底的污物，保证池水的卫生。

（四）水循环系统附件

1. 平衡水箱

以不锈钢制成，安装位置要保证其水位同游泳池水位保持一致，下设连通管同游泳池相接，平衡水箱内有浮球阀控制水位。游泳池在使用时，向池中的补水会通过平衡水箱进入游泳池，保证其正常水位。

2. 机械过滤器

为净化游泳池水质用。如果游泳池的水源为非饮用水系统，则机械过滤后面还须加装一套活性炭过滤器，才能达到饮用水水质标准。

3. 加热器

为保证游泳池内的水温必须采用加热器。加热器一般采用汽—水热交换器，也有采用热水炉及电加热器的。

4. 加药器

为了保证池水卫生，游泳池水除进行过滤及加热以外，还必须进行消毒。消毒是通过加药器的计量泵自动将药箱内的 $NaClO_3$ 溶液注入循环系统中，随水一起进入游泳池内。因为进入池水中的 $NaClO_3$ 在使用过程中会扩散到空气中去，致使池水含氯量降低，所以加药器要连续不断地注入药液。注入的流量可以按测得的池水含氯量进行调节，也有采用自动测定、自动调节的加药装置。

（五）游泳池排水

1. 岸边清洗

游泳池岸边如有泥沙、污物，可能会被漾起的池水冲入池内而污染池水。为防止这种现象，池岸应装设冲洗水龙头，每天至少冲洗两次，这种冲洗水应流至排水沟。

2. 溢流与泄水

（1）溢流水槽。溢流水槽用于排除各种原因而溢出游泳池的水体，避免溢出的水回流到池中，带入泥沙和其他杂物。溢水管不得与污水管直接连接，且不得装设存水

弯，以防污染及堵塞管道；溢水管宜采用铸铁管、镀锌钢管或钢管内涂环氧树脂漆以及其他新型管道。

（2）泄水口。泄水口用于排空游泳池中的水体，以便清洗、维修或者停用。泄水口应与池底回水口合并设置在游泳池底的最低处：泄水管按 4h ~ 6h 将全部池水泄空计算管径。如难以达到时，则最长不得超过 12h。应优先采用重力泄水，但应有防污水倒流污染的措施。重力泄水有困难时，采用压力泄水，可利用循环泵泄水。泄水口的构造与回水口相同。

3. 排污与清洗

（1）排污。为保证游泳池的卫生要求，应在每天开放之前，将沉积在池底的污物予以清除。在开放期间，对于池中的漂浮物、悬浮物应随时清除。常有的排污方法有：漂浮物、悬浮物的清除方法、池底沉积物的清除方法、管道排污、移动式潜污泵法、虹吸排污法、人工排污法等。排污时排出的废水，可直接排放，也可经过过滤处理后回用。

（2）清洗。游泳池换水时，应对池底和池壁进行彻底刷洗，不得残留任何污物，必要时应用氯液刷洗杀菌，一般采用棕板刷刷洗和压力水冲洗。

第六节　热水及饮用水供应设施管理

一、热水供应系统

（一）热水供应系统的组成

热水供应是指为医院、宾馆、浴室、住宅区、车间以及其他公共场所提供符合卫生条件的热水。热水供应系统一般由三部分组成，即热媒系统、热水管网系统及热水附件系统。如图 4 – 13 所示。

1. 热媒系统

热媒系统（又称第一循环系统）是由热源、水加热设备和热媒管网组成，其作用是制备热水，由热源（锅炉）生产的蒸汽或过热水通过热媒管网输送到水加热设备，经热交换将冷水加热。同时，蒸汽因散热变成冷凝水，靠余压经疏水器流入凝水池，再由泵将冷凝水送回锅炉生产蒸汽，循环往复完成热水的制备。在制备热水的过程中，若冷凝水有损失，则需要定期补充预先软化的新水。

2. 热水管网系统

热水管网系统（也称第二循环系统）是由热水配水管网和回水管网组成，其作用

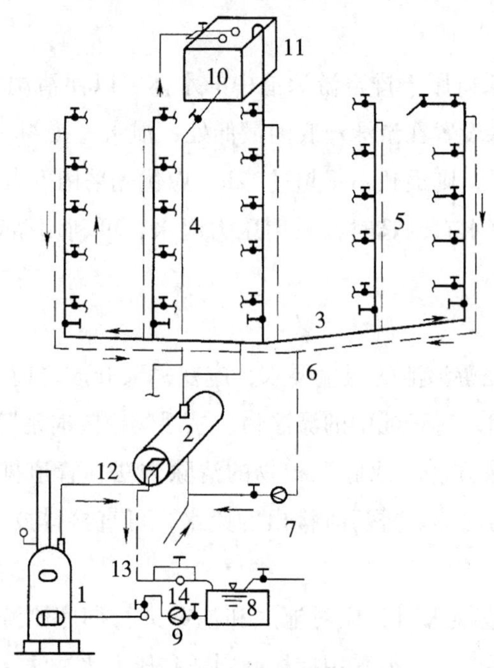

图4-13 热水供应系统

1—锅炉；2—水加热器；3—配水干管；4—配水立管；5—回水立管；6—回水干管；7—循环泵；8—凝结水箱；9—冷凝水泵；10—给水水箱；11—透气管；12—热媒蒸汽管；13—凝水管；14—疏水器

是将满足水温要求的热水输送到各用水点。

冷水被加热到设计温度时，由水加热器出口经配水管网输送到各配水点，为满足各用水点的水温要求，一般要设立回水管，并且在立管和水平干管上设置循环水泵。对水温要求不高的场合，可以不设回水管。

3. 热水附件

热水附件一般包括三个部分，一是热水参数（温度、压力、流量）控制附件，如温度自动调节器、减压阀、疏水器、排气阀。二是管道连接附件。三是保证系统安全运行的附件，如安全阀、膨胀罐、管道补偿器等。

（二）热水水温、水质

1. 水温

（1）热水使用温度

生活用热水水温应满足生活使用的各种需要，当在设计一个热水供应系统时，应先确定出最不利配水点的热水最低水温，使其与冷水混合达到生活用热水的水温要求，并以此作为设计计算的参数，见表4-2。生产用热水水温应根据工艺要求确定。

表 4－2　　热水锅炉或水加热器出口的最高水温和配水点的最低水温

水质处理	热水锅炉和水加热器出水最高水温（℃）	配水点最低水温（℃）
无须软化处理或有软化处理	≤75	≥50
需软化处理或无软化处理	≤60	≥50

（2）热水供应温度

热水锅炉或水加热器出口的水温按表 4－2 确定。水温偏低，满足不了需要，水温过高，会使热水系统的设备、管道结垢加剧，且易发生烫伤、积尘、热散失增加等。热水锅炉或水加热器出口水温与系统最不利配水点的水温差，称为温降值，一般为 5℃～15℃，用作热水供应系统配水管网的热散失。温降值的选用应根据系统的大小，保温材料的不同，进行经济技术比较后确定。

2. 水质

（1）热水的水质要求

生活用热水的水质应符合我国现行的《生活饮用水卫生标准》。生产用热水的水质应根据生产工艺要求确定。

（2）集中热水供应系统被加热水的水质要求

水在加热后钙镁离子受热析出，在设备和管道内结垢，水中的溶解氧也会析出，加速金属管材、设备的腐蚀。因此，集中热水供应系统的被加热水，应根据水量、水质、使用要求、工程投资、管理制度及设备维修和设备折旧率计算标准等因素，来确定是否需要进行水质处理。一般情况下，日用水量小于 $10m^3$（按 60℃计算）的热水供应系统，被加热水可不进行水质处理。

当日用水量不小于 $10m^3$（按 60℃计算），且原水总硬度大于 357mg/L 时，洗衣房用热水应进行水质处理，用作其他用途的热水也宜进行水质处理。

目前，在集中热水供应系统中常采用电子除垢器、静电除垢器、超强磁水器等处理装置。这些装置体积小、性能可靠、使用方便。除氧装置也在一些用水量大的高级建筑中采用。

（三）热水加热方式和供应方式

1. 热水加热方式

根据热水加热方式的不同，可分为直接加热方式和间接加热方式，如图 4－14 所示。

（1）直接加热方式，也称一次加热方式，是利用热水锅炉把冷水直接加热到规定的温度，或将蒸汽直接通入冷水中与之混合，制备热水。这种加热方式设备简单、热效率高、节能。但使用蒸汽加热时，噪声大，冷凝水不能回收造成水资源浪费，并需要定期向锅炉补充预先软化的水，而且蒸汽的质量要求也比较高，致使制水成本较高。这种方式适用于对噪声无特别要求的公共浴室、洗衣房等建筑。

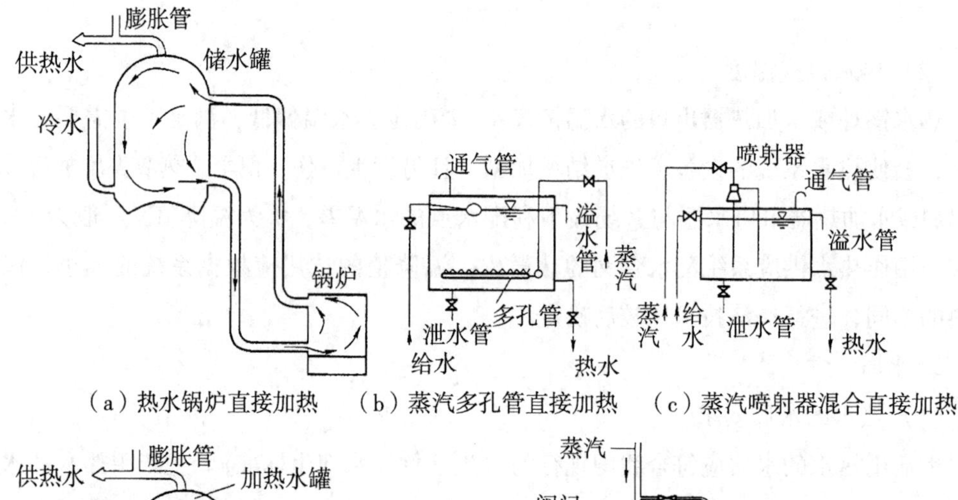

（a）热水锅炉直接加热　（b）蒸汽多孔管直接加热　（c）蒸汽喷射器混合直接加热

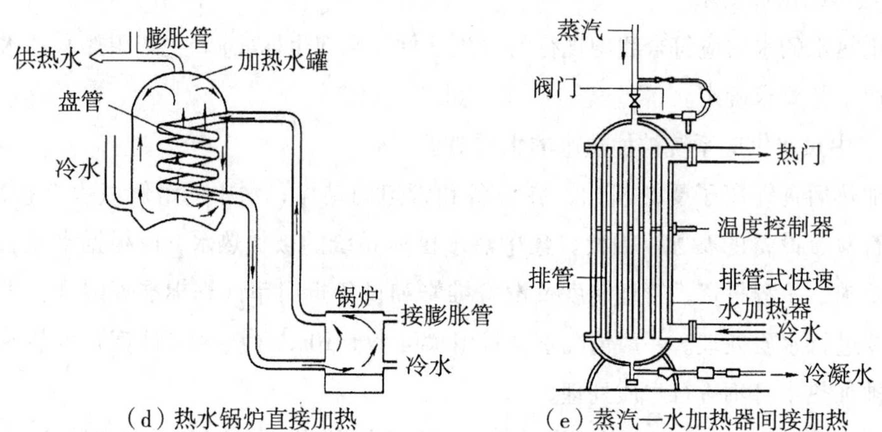

（d）热水锅炉直接加热　（e）蒸汽—水加热器间接加热

图 4－14　常用加热方式

（2）间接加热方式，也称二次加热方式，是利用热媒通过水加热器将热量间接传递给冷水，将冷水加热到设计温度，由于在热水加热过程中，热媒和冷水不直接接触，故称间接加热方式。这种加热方式较直接加热方式噪声低、被加热水不会污染，但设备较复杂，适用于宾馆、住宅、医院、办公楼等大型场所。

2. 热水供应方式

（1）开式和闭式

按管网压力工况特点，热水供应方式可分为开式和闭式两种。

①开式热水供应方式：在热水管网顶部设有水箱，其设置高度由系统所需压力经计算确定，管网与大气相通，如图 4－15 所示。一般用于用户对水压要求稳定，室外

给水管网水压波动较大的条件。

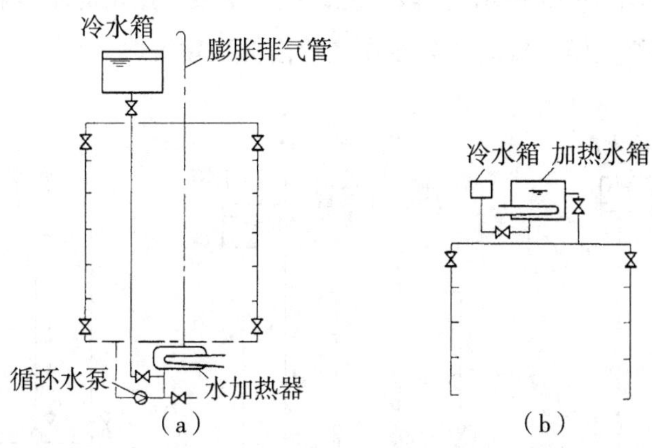

图 4－15　开水热水供应方式

②闭式热水供应方式：管理简单，水质不易受外界污染，但安全阀易失灵，安全可靠性较差，如图 4－16 所示。

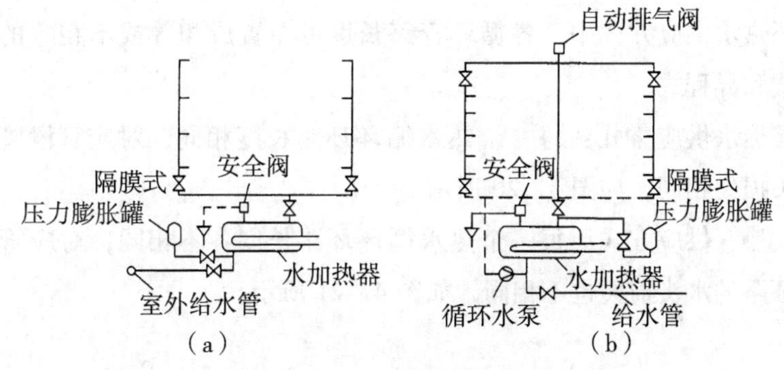

图 4－16　闭式热水供水方式

（2）不循环、半循环、全循环方式

按照热水系统是否设置回水管道，热水供应方式可分为不循环、半循环、全循环热水供应方式。

①不循环热水供应方式：系统中热水配水管网的水平干管、立管、配水支管都不设任何循环管道（如图 4－17 所示）。一般应用于小型系统，使用要求不高的定时供应系统和如公共浴室、洗衣房等连续用水的建筑中。

②半循环热水供应方式：系统中只在热水配水管网的水平干管上设置循环管道（如图 4－18 所示）。一般应用于设有全日供应热水的建筑和定时供应热水的建筑中。

③全循环热水供应方式：系统中热水配水管网的水平干管、立管甚至配水支管都设有循环管道（如图4－19所示）。该系统设循环水泵，用水时不存在使用前放水和等待时间。常用于高级宾馆、饭店、高级住宅等高标准建筑。

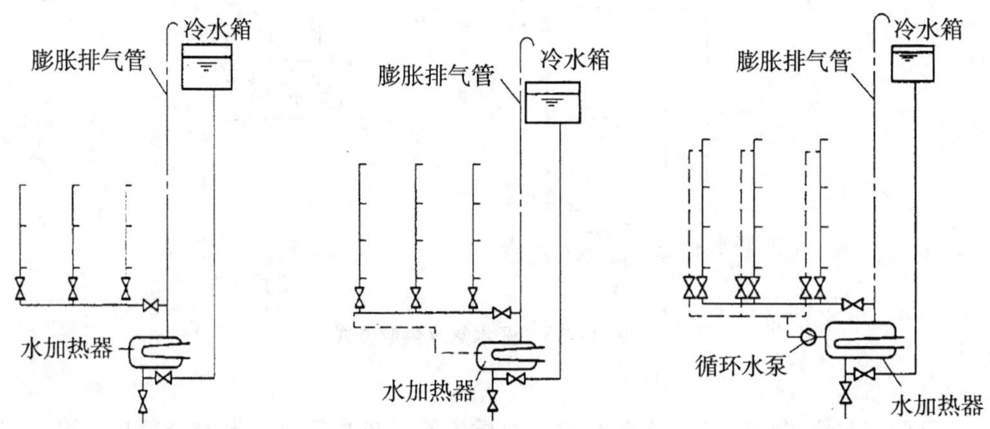

图4－17　不循环热水供应方式　图4－18　半循环热水供应方式　图4－19　全循环热水供应方式

（3）同程式、异程式

在全循环热水供应方式中，各循环管路长度可布置成相等或不相等的方式，故又可分为同程式和异程式。

①同程式热水供应方式：每一个热水循环环路长度相同，对应管段管径相同，所有环路的水头损失相同，如图4－20所示。

②异程式热水供应方式：每一个热水循环环路长度各不相同，对应管段的管径不相同，所有环路的水头损失也不相同，如图4－21所示。

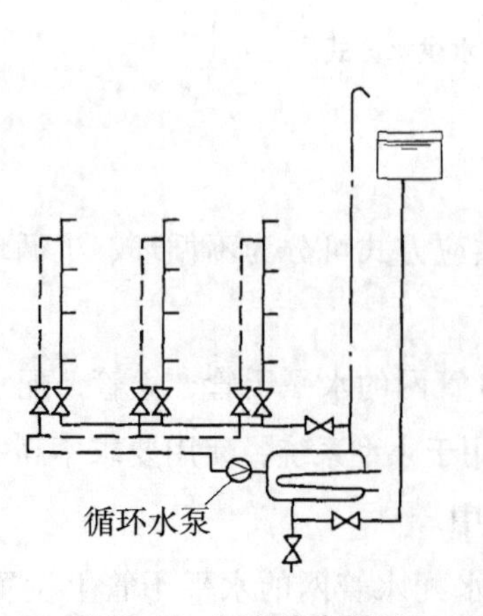

图4－20　同程式全循环

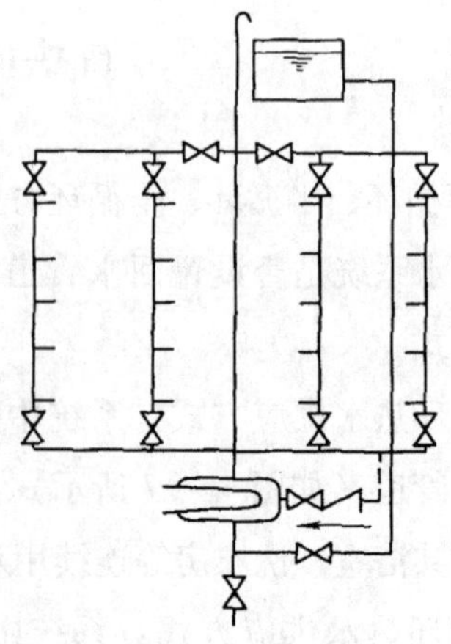

图4－21　异程式全循环

（4）自然循环、机械循环方式

根据循环动力不同，热水供应可分为自然循环和机械循环方式。

①自然循环方式：利用配水管和回水管中水的温差所形成的压力差，使管网维持一定的循环流量，以补偿配水管道热损失，保证用户对水温的要求，如图4－21所示。

自然循环适用于规模小、用户对水温要求不严格的系统。

②机械循环方式：在回水干管上设循环水泵，强制一定量的水在管网中循环，以补偿配水管道热损失，保证用户对热水温度的要求，如图4－19所示。

机械循环适用于中、大型，且用户对热水温度要求严格的热水供应系统。

（5）全日供应、定时供应方式

根据供应的时间，热水供应可分为全日供应和定时供应方式。

①全日供应方式：热水供应系统管网中在全天任何时刻都维持不低于循环流量的水量进行循环，热水配水管网全天任何时刻都可配水，并保证水温。

②定时供应方式：热水供应系统每天定时配水，其余时间系统停止运行，该方式在集中使用前，利用循环水泵将管网中已冷却的水强制循环加热，达到规定水温时才使用。

两种不同的方式在循环水泵选型计算和运行管理上都有所不同。

热水的加热方式和热水的供应方式是按不同的标准进行分类的，实际应用时要根据现有条件和要求进行优化组合。

（四）加热设备

热水供应系统中，将冷水加热为设计所需要温度的热水所采用的设备称为加热设备。

热水供应系统的加热方式有一次换热（直接加热）和二次换热（间接加热）。

一次换热是热源将常温水通过一次性热交换达到所需温度的热水，其主要加热设备有燃气热水器、电热水器及燃煤（燃油、燃气）热水锅炉等。

二次换热是热源第一次先生产出热媒（饱和蒸汽或高温热水），热媒再通过换热器进行第二次热交换，其主要设备有容积式水加热器、快速式水加热器、半容积式水加热器和半即热式水加热器等。

1. 燃煤热水锅炉

集中热水供应系统采用的小型燃煤锅炉有卧式和立式两类。卧式锅炉有外燃回水管、内燃回火管（兰开夏锅炉）、快装卧式内燃等类型，如图4－22所示。

2. 燃油（燃气）热水机组

燃油（燃气）热水机组体积小，燃烧器工作全部自动化，烟气导向合理，燃烧完全，烟气和被加热水的流程使传热充分，热效率可高达 90% 以上，供水系统简单，排污总量少且管理方便，如图 4-23 所示。

3. 电加热器

常用快速式电加热器和容积式电加热器。

4. 容积式水加热器

容积式水加热器是一种间接加热设备，内部设有换热管束并具有一定贮热容积，既可加热冷水又能储备热水。常采用的热媒为饱和蒸汽或高温水，有立式和卧式之分。如图 4-24 所示。

优点：具有较大的贮存和调节能力，可替代高位热水箱的部分作用，被加热水流速低，压力损失小，出水压力平稳，出水水温较为稳定，供水较安全。

缺点：传热系数小，热交换效率较低，体积庞大，在散热管束下方的常温贮存水中会产生军团菌等。

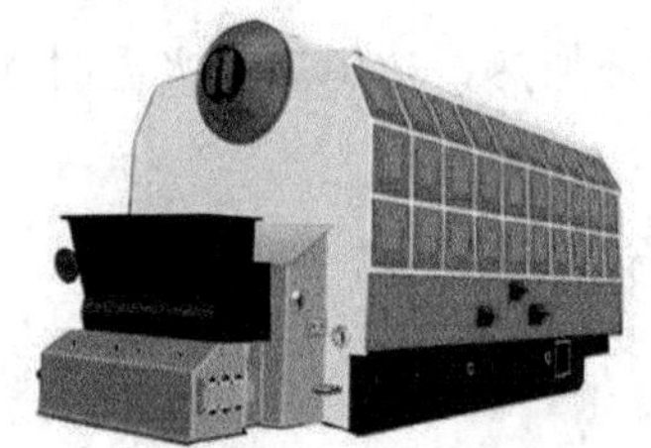

图 4-22　卧式锅炉

图 4-23　燃气锅炉

图 4-24　容积式水加热器

5. 快速式水加热器

在快速式水加热器中，热媒与冷水通过较高流速流动，进行紊流加热，提高热媒对管壁、管壁对被加热水的传热系数，以改善传热效果。

根据采用热媒的不同，快速式水加热器有汽—水（蒸汽和冷水）、水—水（高温水和冷水）两种类型。

根据加热导管的构造不同，又有单管式、多管式、板式、管壳式、波纹板式、螺旋板式等多种形式，如图 4-25 所示。

6. 半容积式水加热器

带有适量贮存和调节容积的内藏式容积式水加热器，其贮热水罐与快速换热器隔离，被加热水在快速换热器内迅速加热后进入贮热水罐，当管网中热水用水量小于设计用水量时，有部分热水流入罐底重新加热。

7. 半即热式水加热器

半即热式水加热器是带有超温控制，具有少量贮存容积的快速式水加热器，如图 4-26所示。它的特点是传热系数大，能快速加热被加热水，可自动除垢，体积小，

热水出水温度一般能控制在 ±2.2℃内。一般用于机械循环热水供应系统。

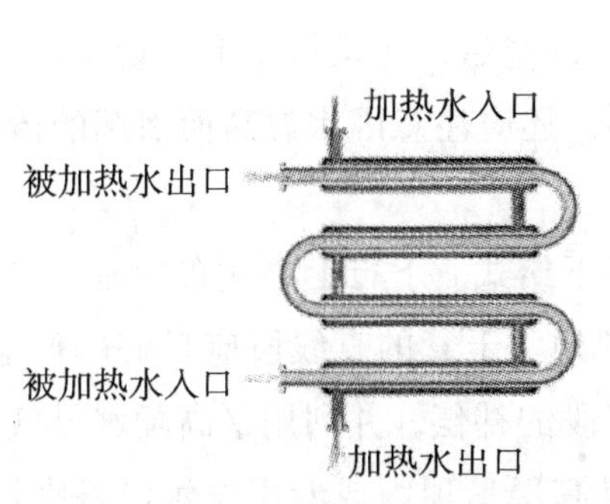

图 4-25 套管式水—水加热器

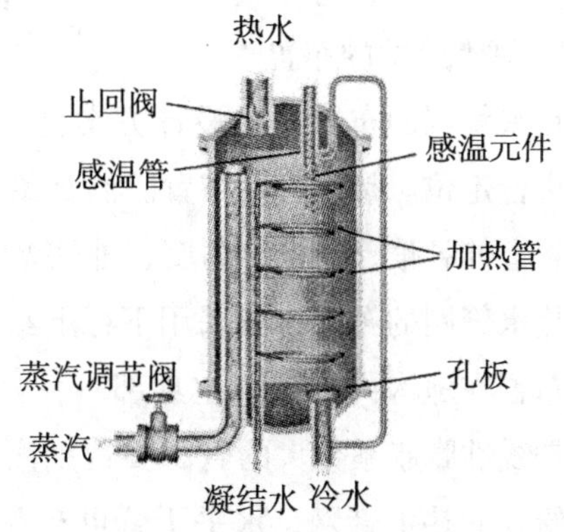

图 4-26 半即热式热水器

8. 太阳能热水器

太阳能热水器是将太阳能转换成热能并将水加热的绿色环保装置。其结构简单、维护方便、安全、节省燃料、运行费用低、不存在污染环境等问题。但受自然条件（如天气、季节、地理位置）的影响比较大。为解决这个问题，个别厂家在太阳能热水器上加上了电加热辅助装置，使其能全天候运行。这种热水器应用越来越广泛。

太阳能热水器主要由集热器、贮热水箱、太阳能真空管等组成，如图 4-27 所示。

如图 4-28 所示，太阳能热水器常布置在平屋顶上，在坡屋顶的方位和倾角合适时，也可设置在坡屋顶上，对于小型家用集热器也可以利用向阳晒台栏杆和墙面设置。同时太阳能热水器的设置应避开其他建筑物的阴影。避免设置在烟囱和其他产生烟尘的设施的下风向，以防烟尘污染透明罩影响透光。避开风口，以减少集热器的热损失。除考虑设备载荷外，还应考虑风压影响，并应留有 0.5m 的通道供检修和操作。

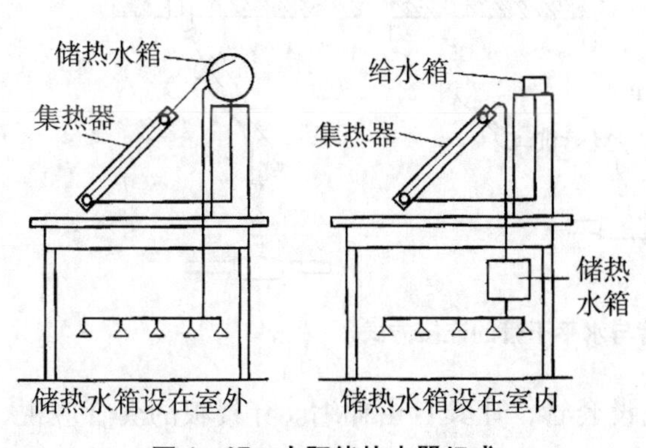

图 4-27 太阳能热水器组成

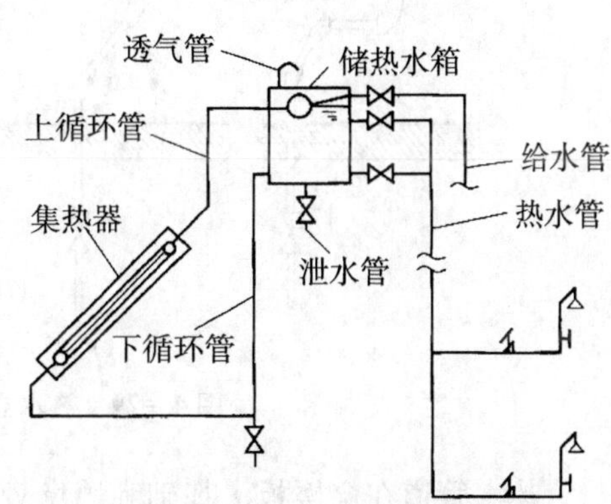

图 4-28 屋顶上太阳能热水器

（五）热水管网的布置与敷设

1. 热水管网的布置

热水管网的布置是在设计方案已确定和设备选型后，在建筑图上对设备、管道、附件进行定位。热水管网布置除满足给水要求外，还应注意因水温高而引起的体积膨胀、管道伸补偿、保温、防腐、排气等问题。

热水管网的布置，可采用下行上给式或上行下给式。下行上给式布置时，水平干管可布置在地沟内或地下室项部，一般不允许埋地。干管的直线段应足够的伸缩器，尤其是线性膨胀系数大的管材要特别注意直线管段的补偿，并利用最高配水排气。上行下给式的热水管网，水平干管可布置在建筑最高层吊顶内或专用技术设备夹层内。满足整个热水供应系统的水温均匀，可按同程式方式来进行管网布置。

高层建筑热水供应系统，应与冷水给水系统一样，采取竖向分区，这样才能保证系统内的冷热水压力平衡，便于调节冷、热水混合龙头的出水温度，且要求各区的水加热器和贮水器的进水，均应由同区的给水系统供应。若需减压则减压的条件和采取的具体措施与高层建筑冷水给水系统相同。

2. 热水管网的敷设

热水管网的敷设，根据建筑的使用要求，可采用明装和暗装两种形式。

明装尽可能敷设在卫生间、厨房，并沿墙、梁、柱敷设。

暗装管道可敷设在管道竖井或预留沟槽内。

热水立管与横管连接处，为避免管道伸缩应力破坏管网，立管与横管相连应采用乙字弯管，如图 4-29 所示。

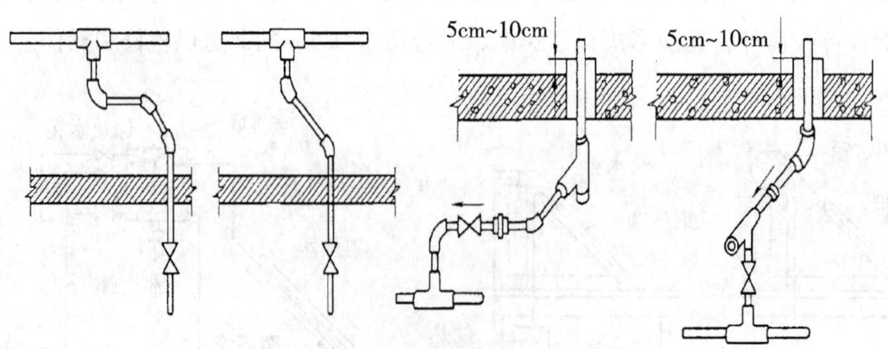

图 4-29　热水立管与水平干管的连接方式

热水管道在穿楼板、基础利墙壁处应设套管，让其自由伸缩。穿楼板的套管应视其地面是否积水，若地面有积水可能时，套管应高出地面 50mm ~ 100mm，以防止套管

缝隙向下流水。

为满足热水管中循环流量的平衡调节和检修的需要，在配水管道或回水管道的分管处，配水立管和回水立管的端点，以及居住建筑和公共建筑中每户或单元的热水支管上，均应设阀门。热水管道中水加热器或贮水器的冷水供水管和机械循环第二循环回水管上应设止回阀，以防加热设备内水倒流被泄空而造成安全事故和防止冷水进入热水系统影响配水点的供水温度。

3. 热水管道的保温与防腐

热水管网若采用镀锌钢管和设备时，会受到氧气、二氧化碳、氧化硫和硫化氢的腐蚀，金属表面还会产生电化学腐蚀，又加之热水水温高，气体溶解度低，管道内壁氧化活动强烈，更易使金属管材腐蚀。腐蚀后，管道和设备的壁变薄，甚至漏水，系统将遭到破坏。所以要在金属管材和设备外表面、内壁涂抹防腐材料，来阻止腐蚀作用。常用防腐材料为耐高温的防锈漆，它又分为底漆和面漆。防锈漆在金属表面打底，具有附着、防水和防锈功能，面漆起耐水和覆盖、美化功能。

在热水系统中，10%～15%的热量损失是管道散热造成的，因此，对管道和设备进行保温非常重要，其目的是为了减少热媒在输送过程中的能量散失，提高运行的经济性，另外，从安全角度考虑，对管道和设备进行保温，可使蒸汽和热水管道在保温后其外表面温度不致过高，以避免烫伤或积尘等，从而创造良好的安全工作环境。

保温材料的选择要遵循的原则是，导热系数低、具有较高的耐热性、不腐蚀金属、材料密度小并具有一定的孔隙率、低吸水率和具有一定的机械强度、易于施工、就地取材成本低等。常用的保温材料有：石棉、矿渣棉、蛭石硅藻土、膨胀珍珠岩、玻璃棉等。

在施工保温前，均应将金属管道和设备进行防腐处理，将表面清除干净，刷防锈漆两遍。同时为增加保温结构的机械强度和防水能力，应根据采用的保温材料在保温层外面加上保护层。

二、饮水供应系统

饮水供应是建筑给水系统的一个子系统。随着人们生活水平的不断提高，人们自我保健意识逐渐增强，对饮用水水质的要求越来越高。

（一）饮水的类型和标准

1. 饮水的类型

目前饮水供应的类型主要有两类，一类是开水供应系统，另一类是冷饮水供应系统。采用何种类型主要依据人们的生活习惯和建筑物的使用要求确定。办公楼、旅馆、大学学生宿舍、军营等多采用开水供应系统，大型娱乐场所等公共建筑、工矿企业生产车间多采用冷饮水供应系统。

2. 饮水标准

（1）饮水水质

各种饮水水质必须符合现行《生活饮用水水质标准》，作为饮用的温水、生水和冷饮水。除此之外，还应在接至饮水装置之前进行必要的过滤或消毒处理，以防贮存和运输过程中的再次污染。

（2）饮水温度

①开水：应将水烧至100℃后并持续3min，计算温度采用100℃。饮用开水是目前我国采用较多的饮水方式。

②温水：计算温度采用50℃～55℃，目前我国采用较少。

③生水：一般为10℃～30℃，国外较多，国内一些饭店、宾馆提供这样的饮水系统。

④冷饮水：国内除工矿企业夏季劳保供应和高级饭店外，较少采用。目前在一些高级宾馆中直接为客人提供瓶装矿泉水等饮用水。

（二）饮水制备

1. 开水制备

开水可采用通过开水炉将生水烧开制得，这是一种直接加热方式，常采用的热源为燃煤、燃油、燃气、电等，另一种方法是利用热媒间接加热制备开水。这两种都属于集中制备开水的方式。

目前在办公楼、科研楼、实验室等建筑中，常采用小型的电热水器，灵活方便，可随时满足需求。也有的设备可制备开水，同时也可制备冷饮水，能满足人们不同的需要，使用方便。这些都属于分散制备开水的方式。

2. 冷饮水制备

常规的冷饮水制备方法有以下几种：

（1）自来水：烧开后再冷却至饮水温度；

（2）自来水：经净化处理后再经水加热器加热至饮水温度；

（3）自来水：经净化后直接供给用户或饮水点；

（4）天然矿泉水：取自地下深部循环的地下水；

（5）蒸馏水：是通过水加热汽化，再将蒸汽冷凝；

（6）纯水：是通过对水的深度预处理、主处理、后处理等；

（7）活性水：是用电场、超声波、磁力或激光等将水活化；

（8）离子水：是将自来水通过过滤、吸附离子交换、电离和灭菌等处理，分离出碱性离子水供饮用，而酸性离子水供美容。

（三）饮水的供应方式

1. 开水集中制备、集中供应

这种方式是在开水间集中制备开水，人们到开水间用容器取水，开水制备可采用直接加热方式，也可采用间接加热方式。开水间宜设在靠近锅炉房、食堂、公共浴室等有热源的地方。每个开水间的服务范围半径不宜大于250m，否则可考虑设几个开水间。

2. 开水分散制备分散供应

在建筑中把热媒输送至每层，再在每层设开水间制备开水。每个开水器的服务半径不宜大于70m。这种供应方式使用方便，但不宜管理，能耗大，投资高。旅馆、饭店、医院等建筑广泛采用这种方式。

3. 开水集中制备分散供应

在开水间统一制备开水，通过管道输送至开水取水点，这种系统对管道材质要求较高，确保水质不受污染。为保证这种供应方式各饮水点的水温，系统需设全循环管道或循环水泵。这种供应方式设备易于管理，使用方便，可保证各饮水点的水温，但能耗大，投资高，一般用于标准要求较高的建筑物。

4. 冷饮水集中制备分散供应

对中、小学校，体育场（馆）、车站、码头等人员流动较集中的公共场所，可采用冷饮水集中制备，再通过管道输送至饮水点。

5. 管道直饮水供应

管道直饮水属于可直接饮用的冷饮水。其水质标准较自来水更高，应符合我国建设部颁布的《饮用净水水质标准》（CJ 94—2005）。

【案例分析】

2013 年 7 月的一天晚上，一场暴雨不期而至，家住花园路某小区的张先生当时不在家中。晚上他赶到家时，才发现情况不好，车库里面全是水。他马上向物业公司反映。一问才知道，他所在小区地下停车厂凡是门向北的车库都进了水。望着浑浊的雨水和被淹在水中的汽车，张先生无奈地说：“我是去年住进来的，当年就淹了一次。找到开发商，开发商说采取了措施，没想到今年又被淹了。”物业公司对此有无责任？

自第一批业主入住以来，每年夏天大雨时都会出现车库进水的现象，每次进水都或多或少给业主带来财产损失。业主找到开发商，开发商推说是雨水太大，市政管网来不及排，不是小区内部管网的原因。在业主的坚持下，开发商专门挖了积雨井。但是去年还是有不少业主的车库进了水。在业主的集体交涉下，开发商加装了直接向河道排水的水泵，并给业主代表出具了一份承诺书，答应以后每进一次水赔偿每户 1 万元。没想到今年一场暴雨，还是有不少车库进了水。

雨停后，开发商派人来了解情况。面对不少业主的责问，来人只是推说雨水太大，市政管网来不及排。但不少业主提出了异议，他们指出：门向南的车库地势比门向北的车库更低，却没有被淹，可见不是市政管网的问题。业主要求开发商兑现去年的承诺，并对小区管网进行改造，确保以后不再发生车库进水的事情。但来人只是统计了受淹情况，当天没有给出任何答复。

第二天，没有等来答复的业主再次和开发商交涉，面对白纸黑字的承诺，开发商终于答应向受损户每户赔偿 1 万元，并与业主协商解决车库遇大雨进水的问题。张先生终于从开发商手中拿到了 1 万元赔偿。

我们认为：开发商在强调地下车库防火、抗震的同时，应慎重考虑其防水抗涝的规划标准。如果地下车库因设计原因导致排水能力有限，大雨时出现车库进水，开发商就应承担不可推卸的赔偿责任。同时，物业公司应履行提醒和补救义务，对管辖范围内的特定对象将遭受侵害有所预知，有事前通知相关业主的义务；发现车库进水后应及时采取合理、有效的措施，如排水、拖车等。如果物业公司未能尽到一个管理者应尽的义务，业主出现损失，可以要求其分担赔偿责任。

【本章小结】

小区给水系统由给水水源、水表、接户管、小区支管、小区干管、加压设备和贮水设备等组成。小区给水方式有城市给水管网直接给水和小区集中或分散加压给水两种方式。选用小区给水系统时，应根据城镇供水状况、小区规模及用水要求，对各种供水方式的技术指标、经济指标和社会环境指标进行综合评判确定。

小区排水体制的选择，取决于城市排水体制和环境保护要求，也与居住小区是新区建设还是旧区改造以及建筑内部排水体制有关。新建小区应采用分流制，以减少对水体和环境的污染。

热水供应系统有局部、集中和区域性热水供应系统三种，建筑内广泛应用集中热水供应系统，它由热水制备系统、热水供应系统和附件等组成。

饮水供应系统主要有开水供应系统、冷饮水供应系统和管道直饮水系统三种。一般办公楼、宾馆等多采用开水供应系统；大型娱乐场所、工矿企业生产车间多采用冷饮水供应系统；高级住宅、别墅、商住办公楼、星级宾馆等场所采用饮用净水供应系统。

【复习思考题】

一、填空题

1. 小区给水方式有（　　）、（　　）、（　　）三种。

2. 为保证正常的供水，严禁严防（　　）与排水系统混流。（　　）应预先安民告示，以便使业主（　　）事先作好安排。

3. 小区排水管道最常见的问题是（　　）。造成排水管道损坏的因素是（　　），此外，也可能是由于在管道上方的地面上（　　），或重型车辆碾压所致。

4. 中水处理可分（　　）、（　　）和（　　）三个阶段。

5. 中水后处理主要方法有（　　）、（　　）、（　　）等。

6. 水景工程可根据环境、规模、功能要求和艺术效果，灵活地设置成多种形式。常见的有（　　）、（　　）、（　　）等。

7. 太阳能热水器主要由（　　）、（　　）、（　　）等组成。

8. 热水供应系统一般均由三部分组成，即热媒系统、（　　）及（　　）。

9. 制备饮水的设备和容器上的溢流管、泄水管不得直接与（　　）连接。通气管必须引至室外，并在管口加（　　）。

二、简答题

1. 不同类型小区给水系统是如何确定的？

2. 小区给排水系统的管理与维护，一般包括哪几个方面？

3. 建筑中水系统由几部分组成？中水处理各个阶段的目的是什么？

4. 热水管道敷设中应注意哪些问题？

5. 如何保证饮水供应的安全？

6. 饮水供应的加热设备有哪些类型？各有什么特点？

【实践与训练】

一、实训内容

1. 水箱清洗。

2. 水泵及其自控装置检修。

3. 给水系统中的各个阀门检修。

4. 给水管道外观检查。

5. 消防系统保养。

二、实训步骤

1. 联系物业公司，将学生分组统筹安排实训。

2. 由物业人员现场指导学生分组实训。

3. 学生实训结束，书写实训报告，教师凭实训报告和物业人员现场评定判断实训效果。

第五章　供暖与燃气供应

动脑筋

天津市在2011—2012年供暖季供暖时，有很多小区的供暖一夜之间都被停掉了。原因是有一根热力主干管道发生故障。这么冷的天，暖气停了两天多，给很多人的生活带来了很大困难。你家里供暖怎么样？遇到过什么问题？

学习目标

1. 了解供暖系统的分类和组成。
2. 了解燃气的种类和燃气供应方式。
3. 掌握各种常用供暖设备的作用及其使用方法。
4. 掌握热水供暖系统的工作原理和各种形式。
5. 掌握供暖系统和燃气供应系统维护管理的内容。

第一节　供暖系统概述

人体的温度大约是36℃，在寒冷的冬季，人们在室内适宜的温度一般是20℃左右。为了维持室内所需要的温度，保证人们在室内的正常工作、学习和生活，就必须向室内供应一定的热量，这种向室内提供热量的工程设备称为建筑供暖系统。如图5－1所示。

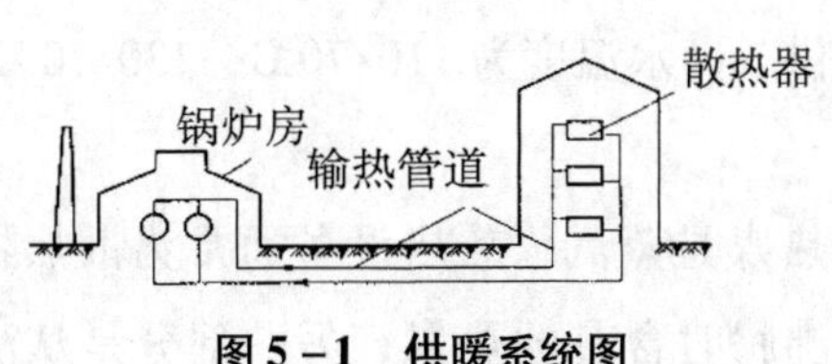

图5－1　供暖系统图

一、供暖系统的基本组成

供暖系统主要由热媒制备、热媒循环输送和热媒利用三大部分组成。

热媒制备（热源）——供暖系统的热源一般是锅炉，锅炉把燃料的化学能通过燃烧转换成热能。

热媒利用（散热设备）——供暖系统的散热设备一般是散热器，通过散热器的散热，补偿冬季房屋的热量损耗，维持一定的室温。

热媒循环输送（输热管道）——热源和散热设备用管道连接起来，利用热媒把热量输送到散热设备，热媒放出热量又回到热源继续加热，循环使用。

热媒是携带热量的物质，现在使用的主要是水和蒸汽。

供暖系统的基本工作过程是：低温热媒在热源中被加热，吸收热量后，变为高温热媒，经输送管道送往室内，通过散热设备放出热量，使室内温度升高，散热后温度降低，变成低温热媒，再通过管道返回热源继续加热，进行循环使用。如此不断循环，从而使室内保持一定的温度。

二、供暖系统分类

（一）按热介质分类

按系统中所用的热媒不同，供热系统可分为三类：热水供暖系统、蒸汽供暖系统和热风供暖系统。

1. 热水供暖系统

在热水供暖系统中，热媒是水。散热设备通常为散热器，管道中的水在热源被加热，经管道流到房间的散热器中放热，然后再流回热源。

根据系统中有无水泵作为热媒循环动力，热水供暖系统可分为两类：有水泵的称为机械循环热水供暖系统，常用于大面积供热；无水泵的称为自然循环热水供暖系统，常用于小面积供热，其原理是靠供、回水密度差使水循环。

按热水温度的不同又可分为低温水供暖系统（供水温度小于100℃）和高温水供暖系统（供水温度大于等于100℃）。常用的低温水供暖系统的供、回水温度为95/70℃，常用的高温水供暖系统的供、回水温度为110/70℃、130/70℃、150/70℃。

2. 蒸汽供暖系统

在蒸汽供暖系统中，热媒是蒸汽，散热设备通常为散热器。蒸汽含有的热量由两部分组成：一部分是水在沸腾时含有的热量；另一部分是从沸腾的水变为饱和蒸汽的汽化潜热。在这两部分热量中，汽化潜热占绝大部分。

按热媒压力的不同又分为低压蒸汽供暖系统（供汽压力小于等于70kPa）和高压蒸汽供暖系统（供汽压力大于70kPa）。

3. 热风供暖系统

热风供暖系统以空气作为热媒。在热风供暖系统中，首先将空气加热，然后将高于室温的空气送入室内，热空气在室内降低温度，放出热量，从而达到供热的目的。

（二）按范围分类

按供暖范围的大小，供热系统可分为三类：局部供暖系统、集中供暖系统和区域供暖系统。

1. 局部供暖系统

热媒制备、热媒循环输送和热媒利用3个主要组成部分在构造上都在一起的供暖系统，称为局部供暖系统。如烟气供热（火盆、火炉、火墙和火炕等）、电热供热和燃气供热等。虽然燃气和电能通常由远处输送到室内来，但热量的转化和利用都是在散热设备上实现的。

2. 集中供暖系统

热源和散热设备分别设置，用热媒管道相连接，由热源向各个房间或各个建筑物大面积供给热量的供暖系统称为集中供暖系统。在住宅小区、企业单位、国家机关、学校、公共建筑等都是采用的集中供暖系统。

3. 区域供暖系统

在集中供暖的基础上，由热源集中向一个城镇或多个住宅小区、多个企业单位、多个政府机关、多个公共单位等的供暖系统称为区域供暖系统，也称为联片供暖系统。区域供暖已成为现代化城镇的重要基础设施之一，是现代化城市供暖系统的发展方向。

区域供暖系统由热源、热力网和热用户三部分组成。区域供暖系统可分为两类：以区域锅炉房为热源的称为锅炉房区域供暖系统；以热电厂作为热源的称为热电厂区域供暖系统。

三、热水供暖系统

以热水作为热媒的供暖系统，其室温比较稳定，散热器上的尘埃不会升华，卫生条件好；可集中调节水温，便于根据室外温度变化情况调节散热量；水的热惰性大，房间升温、降温速度较慢；系统使用的寿命长，一般可使用25年。但当建筑物较高时，系统的静水压力大，散热器容易产生超压现象；热水放得不净时，容易发生冻裂事故。根据热水供暖系统的特点，现在绝大多数情况使用的是热水供暖系统。

（一）热水供暖系统工作原理

1. 自然循环热水供暖系统

图5－2所示为自然循环热水供暖系统的工作原理图。锅炉把水加热后，水密度减小，热水沿供水管进入散热器，在散热器中的水放热降温，密度增大，密度较大的回水再沿回水管返回锅炉重新加热，这种密度差形成了推动整个系统中的水沿管道流动的动力。

自然循环作用压力的大小与供、回水的密度差和锅炉中心与散热器中心的垂直高度有关。为了安全，这种系统采用低温热水采暖系统，供、回水温度一定（95/70℃）时，为了提高系统的循环作用压力，锅炉的位置应尽可能降低。由于自然循环系统的作用压力一般都不大，作用半径以不超过50 m为宜。

在自然循环热水供暖系统中，热水受热后体积会膨胀，系统压力会升高，需在系统最高点设置膨胀水箱，以容纳水受热后膨胀的体积，同时，可利用膨胀水箱排除系统中的空气。为便于系统排气，自然循环热水供暖系统干管的坡度为0.005，支管的坡度也不小于0.01。

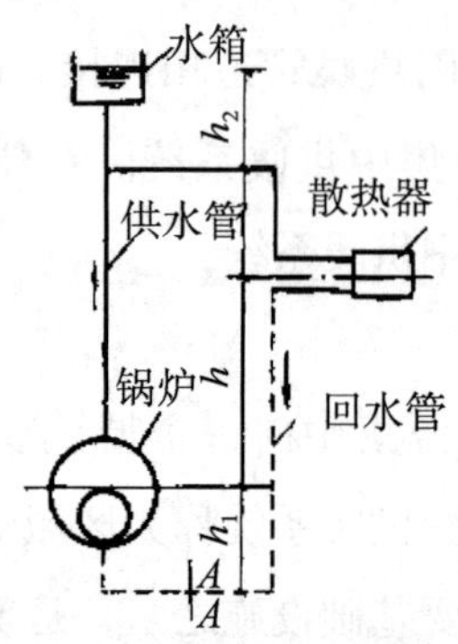

图5－2　自然循环热水供暖系统工作原理图

2. 机械循环热水供暖系统

图5－3所示为机械循环热水供暖系统的工作原理图。在机械循环热水供暖系统中，靠水泵的扬程产生循环动力推动热水循环流动。水在锅炉中被加热后，沿总立管、供水干管、供水立管进入散热器，放热后沿回水立管、回水干管由水泵送回锅炉。

为排除系统中的空气，在供水干管的高位点设置排气设备集气罐。

膨胀水箱设在系统的最高点，连接在回水干管水泵的吸入口上，可使整个系统在正压下工作，保证了系统中的水不会发生汽化，使系统热水正常循环。

机械循环热水供暖系统的压力大，因此系统作用半径大，供热的范围就大，但系统运行耗电量大，系统管道设备的维修量也大。

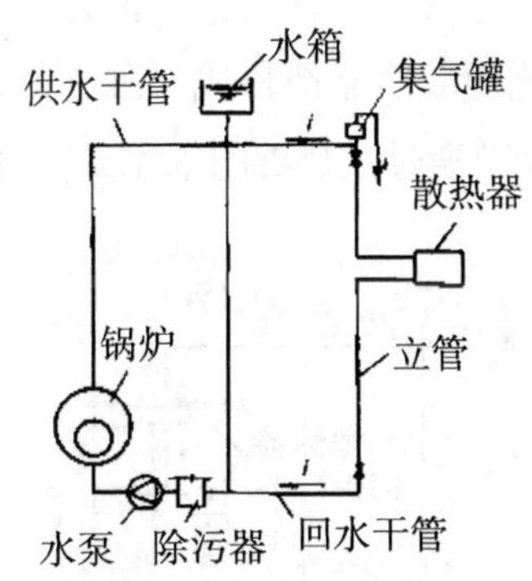

图 5－3　机械循环热水供暖系统工作原理图

（二）热水供暖系统的形式

1. 自然循环热水供暖系统的形式

（1）单管上供下回式热水供暖系统。图 5－4 所示为单管上供下回式热水供暖系统。由于各层散热器串联，通过各层散热器只形成一条循环环路，所以称为单管系统，由于给水干管在上面，回水干管在下面，所以称为上供下回式。单管系统的特点是热水送入立管后由上向下顺序流过各层散热器，水温逐层降低，各组散热器串联在立管上。每根立管（包括立管上各层散热器）与锅炉、供回水干管形成一个循环环路，各立管环路是并联关系。

图 5－4（a）所示为所有散热器都是串联的单串式，图 5－4（b）所示为每层散热器是并联的，层间散热器是串联的多串式，左侧为顺流式，右侧为跨越式。

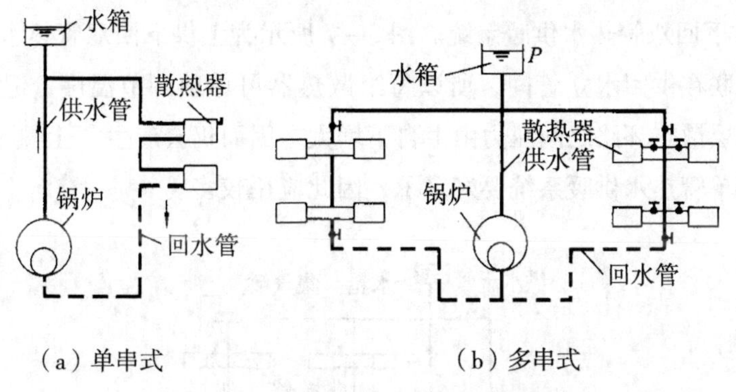

（a）单串式　　（b）多串式

图 5－4　单管上供下回式热水供暖系统

（2）双管上供下回式热水供暖系统。图 5－5 所示为双管上供下回式热水供暖系统。其特点是各层散热器都并联在供、回水立管上，水经回水立管、干管直接流回锅炉，而不经过下层的散热器，如果不考虑水在管路中的冷却，则进入各层散热器的水温相同。

由于这种系统中的散热器都并联在两根立管上，一根为供水立管，一根为回水立管，故这种系统为双管系统。这种系统的散热器都自成一独立的循环环路，在散热器的供水支管上可以装设阀门，所以可以调节通过散热器的水流量，达到调节室内温度的目的。

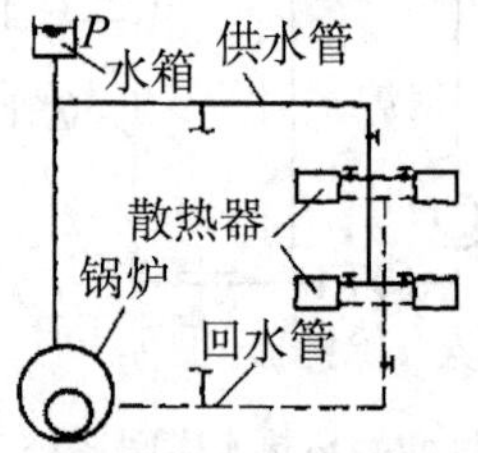

图 5－5　双管上供下回式热水供暖系统

2. 机械循环热水供暖系统的形式

（1）上供下回单管热水供暖系统。图 5－6 所示为上供下回单管热水供暖系统。该系统结构简单，上下层供暖温度有一定差异，由上向下温度逐渐降低，不能调节温度，适用于要求不高的建筑。

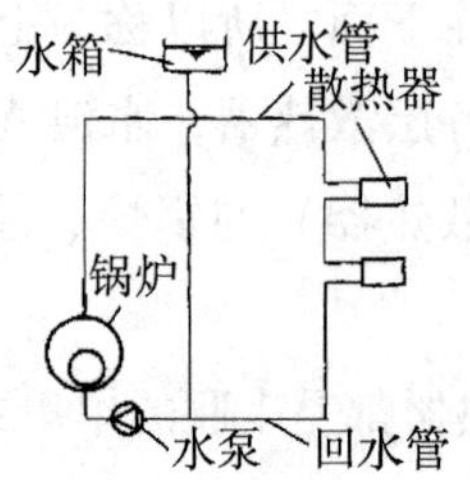

图 5－6　上供下回单管热水供暖系统

（2）上供下回双管热水供暖系统。图 5－7 所示为上供下回双管热水供暖系统。因各层散热器并联在供回水立管间，所以每组散热器可单独调节温度，但由于自然压力的存在，上下层散热环路之间压力由上自下增大，因而仍会产生“上热下冷”的现象，但比上供下回单管热水供暖系统要好多了，因此应用较多。

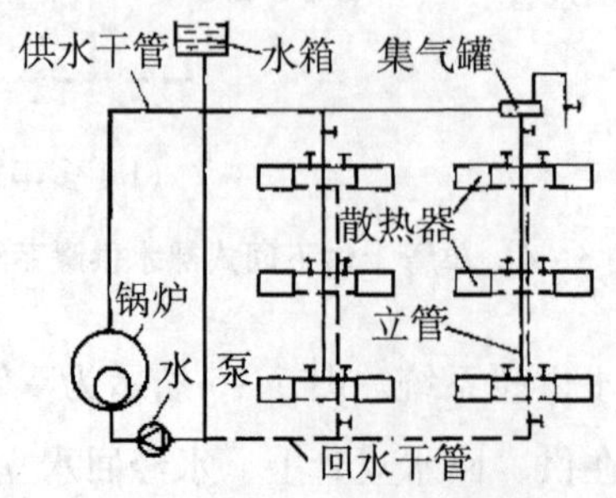

图 5－7　上供下回双管热水供暖系统

（3）上供下回单双管热水供暖系统。图 5－8 所示为上供下回单双管热水供暖系统。具有前两种系统的特点，实际中应用较多。

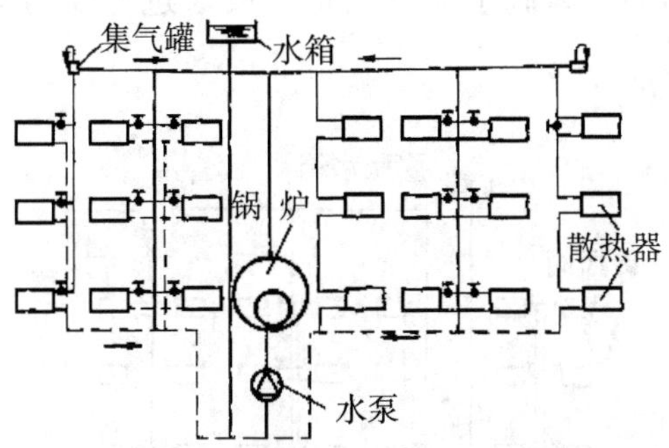

图 5－8　上供下回单双管热水供暖系统

（4）下供上回单管热水供暖系统。图 5－9 所示为上供下回单管热水供暖系统。该系统的供水干管设在所有散热器设备的下面，回水干管设在所有散热器上面，膨胀水箱连接在回水干管上。回水经膨胀水箱流回锅炉房，再被循环水泵送入锅炉。这种系统的特点是由于热媒自下而上流过各层散热器，与管内空气泡上浮方向一致，因此，系统排气好，无须设置集气罐等排气装置；水流速度可增大，节省管材；底层散热器内热媒温度高，可减少散热器片数，有利于布置散热器；该系统适于高温水采暖，由于供水干管设在底层，这样可降低高温水汽化所需的水箱标高，减少布置高架水箱的困难。但是这种系统散热系数低，通常低于上供下回式的 15%～20%，采用的散热器较多。

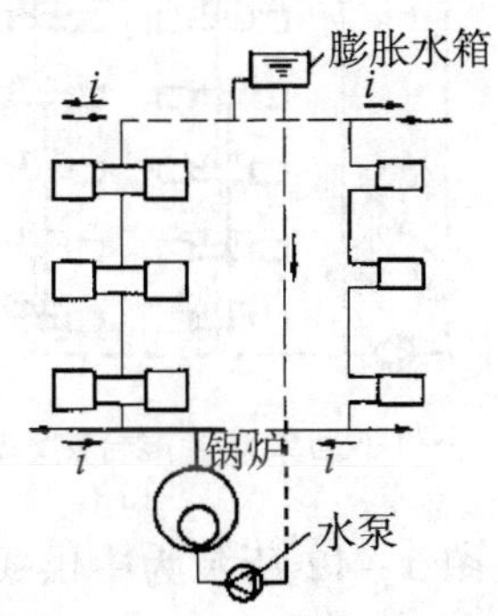

图 5－9　下供上回单管热水供暖系统

（5）下供下回双管热水供暖系统。图 5－10 所示为下供下回双管热水供暖系统。系统的供水和回水干管都敷设在底层散热器下面。在设有地下室的建筑物，或在平屋顶建筑顶棚下难以布置供水干管的场合，常采用下供下回式系统。

机械循环下供下回式热水供暖系统在地下室布置供水干管，管路直接散热给地下室，无效热损失小。在施工中，每安装好一层散热器即可供暖，给冬季施工带来很大方便，但它排除系统中的空气较困难。下供下回式系统排除空气的方式主要有两种：通过顶层散热器的冷风阀手动分散排气或通过专设的空气管手动或自动集中排气。

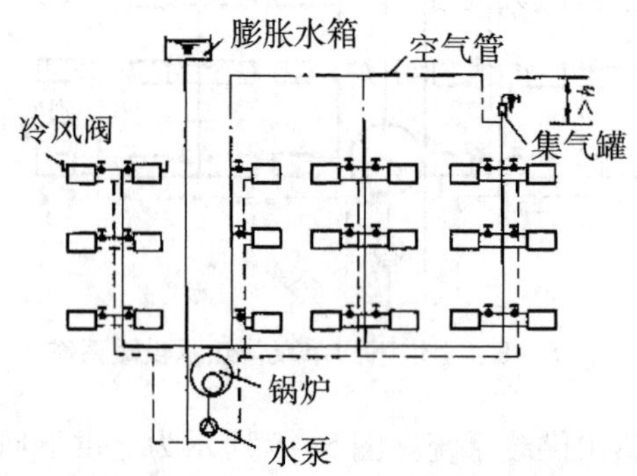

图 5－10　下供下回双管热水供暖系统

（6）上供下回单双管混合热水供暖系统。图 5－11 所示为上供下回单双管混合热水供暖系统。该系统将每根立管的散热器分为若干组，每组包括 2～3 层，同一组内各散热器按双管形式连接，而各组之间按单管形式连接。这种散热器适用于高层建筑的供暖系统中。

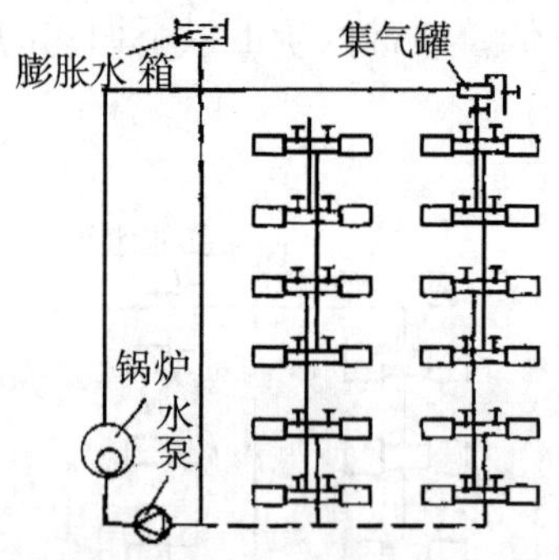

图 5－11　上供下回单双管混合热水供暖系统

（7）中供式热水供暖系统。图 5－12 所示为中供式热水供暖系统。系统总水平供水干管水平敷设在系统的中部。下部系统呈上供下回式；上部系统可采用下供下回式，也可采用下供上回式。中供式系统可避免由于顶层梁底标高过低，致使供水干管挡住顶层窗户的不合理布置，并减少了上供下回式楼层过多，易出现垂直失调的现象；但上部系统要增加排气装置。

中供式系统可用于在原有建筑物上加层后或“品”字形建筑（上部建筑面积少于下部的建筑面积）的供暖上。

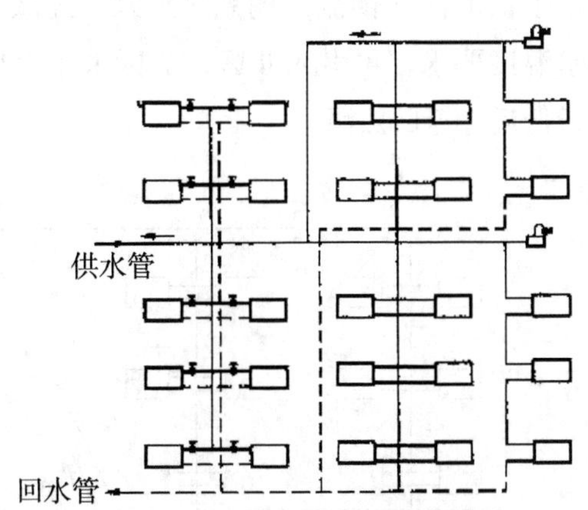

图 5－12　中供式热水供暖系统

上部系统—下供下回式；下部系统—上供下回式

（8）同程式与异程式热水供暖系统。图 5－13 所示为同程式热水供暖系统。在供暖系统供、回水干管布置上，通过各个立管的循环环路的总长度相等的布置形式称为同程式系统。通过各个立管的循环环路的总长度不相等的布置形式则称为异程式系统。前面介绍的基本都是异程式热水供暖系统。

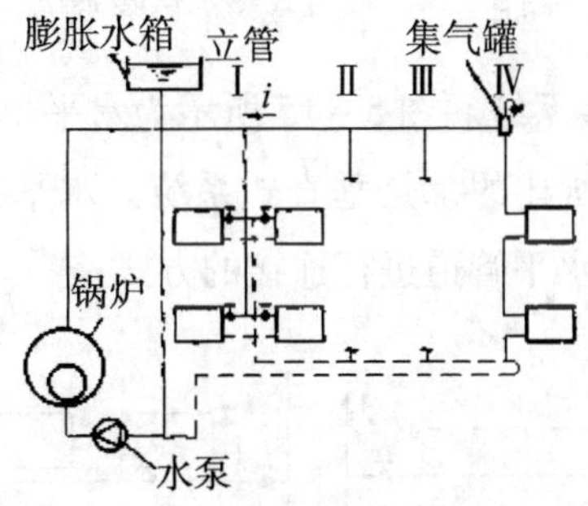

图 5－13　同程式热水供暖系统

在机械循环系统中，由于作用半径较大，连接立管较多，异程式系统各立管循环环路长短不一，各个立管环路的压力损失较难平衡，会出现近处立管流量超过要求，而远处立管流量不足，在远近立管处出现流量失调而引起在水平方向冷热不均的现象，称为系统的水平失调。

为了消除或减轻系统的水平失调，可采用同程式系统，通过最近立管的循环环路与通过最远立管的循环环路的总长度都相等，因而压力损失易于平衡。由于同程式系统具有上述优点，在较大的建筑物中，常采用同程式系统。但同程式系统管道的金属消耗量通常要多于异程式系统。

（9）混合式热水供暖系统。图 5－14 所示为混合式热水供暖系统。系统的Ⅰ区直接引用外网高温水，采用下供上回（倒流）的系统形式，经散热器散热后，Ⅰ区的回水温度应满足Ⅱ区的供水温度要求，再引入Ⅱ区，Ⅱ区采用上供下回低温热水供暖形式，Ⅱ区回水水温降至最低后，返回热源。

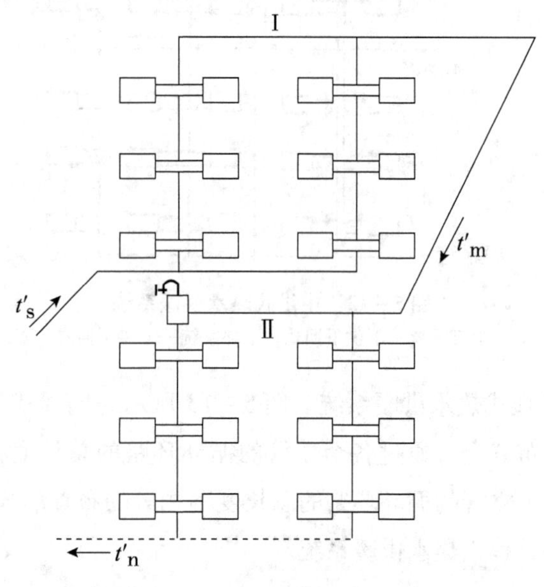

图 5－14　混合式热水供暖系统

（10）水平单管热水供暖系统。图 5－15 所示为水平单管热水供暖系统。左侧为顺流式，右侧为跨越式。前面所述的都是垂直式系统。水平式是指同一水平位置（同一楼层）的各个散热器用一根水平管道进行连接的方式。

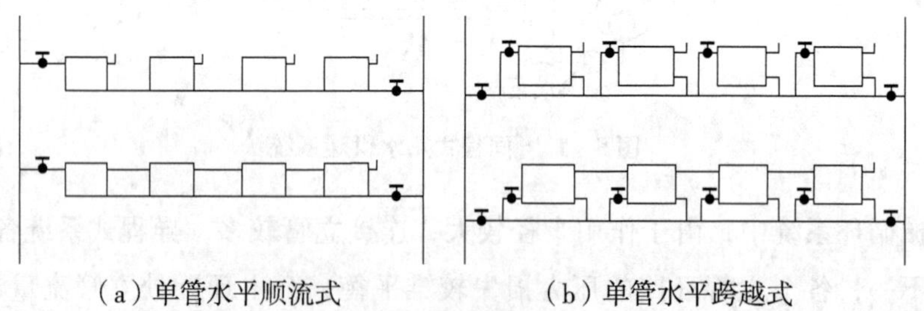

（a）单管水平顺流式　　（b）单管水平跨越式

图 5－15　水平单管热水供暖系统

水平式系统的排气方式要比垂直式上供下回系统复杂些。它需要在散热器上设置冷风阀分散排气，或在同一层散热器上部串联一根空气管集中排气。对较小的系统，可用分散排气方式。对散热器较多的系统，宜用集中排气方式。

以上 10 种机械循环热水供暖系统，还可以把前 9 种称为垂直式供暖系统。水平式系统与垂直式系统相比，具有如下优点。

系统的总造价一般要比垂直式系统低；管路简单，无穿过各层楼板的立管，施工方便；有可能利用最高层的辅助空间（如楼梯间、厕所等）架设膨胀水箱，不必在顶棚上专设安装膨胀水箱的房间；对一些各层有不同使用功能或不同温度要求的建筑物，采用水平式系统更便于分层管理和调节。

以上各种机械循环热水供暖系统，选用时要根据实际情况，因地制宜，参考相同或相近的现成建筑，根据经验确定。

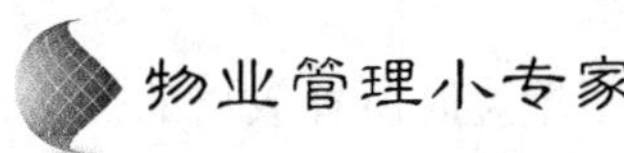

蒸汽供暖系统工作原理

以水蒸气作为热媒的供暖系统称为蒸汽供暖系统，如图 5－16 所示为蒸汽供暖系统的原理图。水在锅炉中被加热成具有一定压力和温度的蒸汽，蒸汽靠自身压力作用通过管道流入散热器内，在散热器内放出热量后，蒸汽变成凝结水，凝结水靠重力经疏水器（阻汽疏水）后沿凝结水管道返回凝结水箱内，再由凝结水泵送入锅炉重新被加热变成蒸汽。

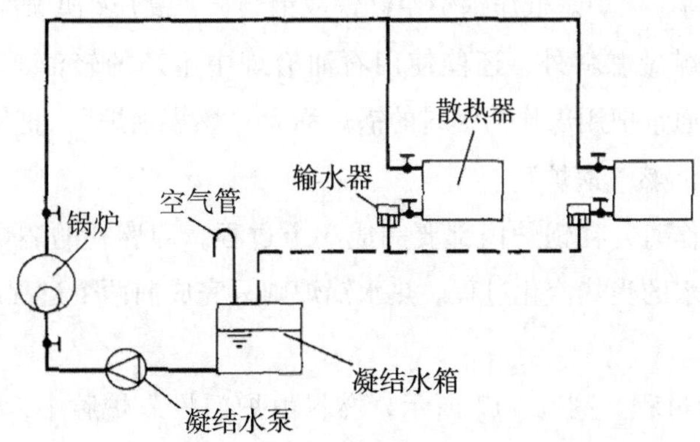

图 5－16　蒸汽热水供暖系统原理图

第二节　供暖设备

一、供暖系统设备组成

根据前面已经介绍的供暖系统主要由热媒制备、热媒循环输送和热媒利用三大部分组成。供暖系统设备主要由热源设备、散热设备、循环设备和辅助设备组成。

二、供暖设备

（一）热源设备

供暖系统中的热源设备负责提供整个系统的热能，常用的热源设备主要有锅炉和换热气两种。

1. 锅炉

锅炉是供热之源，是供暖系统中最常用的设备，它把燃料燃烧时所释放出的热能，经过热传递使水变成蒸汽（或热水），即锅炉及锅炉房设备生产出蒸汽（或热水），然后通过热力管道，将蒸汽（或热水）送往热用户，以满足生产工艺或生活供热等方面的需要。通常，我们将用于工业及供暖方面的锅炉称为供热锅炉，而将用于动力、发电方面的锅炉称为动力锅炉。

（1）供暖锅炉

锅炉分蒸汽锅炉与热水锅炉两大类。对供热锅炉来说，每一类又可分为低压锅炉与高压锅炉两种。在蒸汽锅炉中，蒸汽压力小于 70kPa 的称为低压锅炉；大于或等于 70kPa 的称为高压锅炉。在热水锅炉中，温度低于 115℃的称为低压锅炉；温度高于或等于 115℃的称为高压锅炉。低压锅炉用铸铁或钢制造，高压锅炉则完全用钢制造。

锅炉除了使用煤做燃料外，还能使用石油冶炼中生产的轻油、重油以及天然气、煤气等作为燃料。通常把用煤作为燃料的锅炉称为“燃煤锅炉”；把用油品气体作为燃料的锅炉称为“燃油燃气锅炉”。

当蒸汽锅炉工作时，在锅炉内部要完成 3 个过程，即燃料的燃烧过程、烟气与水的热交换过程以及水的受热汽化过程。热水锅炉则只完成前两个过程。

（2）燃煤锅炉

①燃料的燃烧过程。图 5－17 所示，燃料由炉门投入炉膛中，铺在炉箅上燃烧。空气受烟囱的引风作用，由灰门进入灰坑，并穿过炉箅缝隙进入燃料层助燃。燃料燃烧后变成烟气和炉渣，烟气流向汽锅的受热面，通过烟道经烟囱排入大气。

②烟气与水的热交换过程。燃料燃烧时放出大量热能，这些热能主要以辐射和对流两种方式传递给汽锅里的水，所以，汽锅也就是个热交换器。由于炉膛中的温度高达 1000℃以上，因此，主要以辐射方式将热量传递给汽锅壁，再传给锅炉中的水。在烟道中，高温烟气冲刷汽锅的受热面，主要以对流方式将热量传给锅炉内的水中，从而使水受热并降低了烟气的温度。

③水受热的汽化过程。由给水管道将水送入汽锅里至一定的水位，汽锅中的水接受锅壁传来的热量而沸腾汽化。沸腾水形成的气泡由水底上升至水面以上的蒸汽空间，

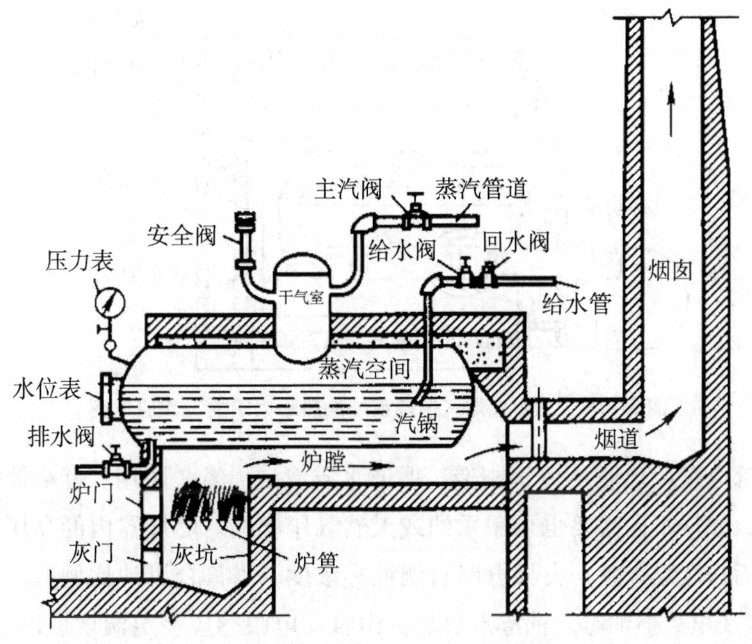

图 5－17 燃煤锅炉的工作原理图

形成汽和水的分界面——蒸发面。蒸汽离开蒸发面时带有很多水滴，湿度较大，到了蒸汽空间后，由于蒸汽运动速度减慢，大部分水滴会分离下来，蒸汽上升到干汽室后还可以分离出部分水滴，最后带少量水分由蒸汽管道送出。

（3）燃油燃气锅炉

当人们的生活提高到一定程度，必然对大气环境提出较高的要求。大气环境的好坏不仅直接影响人们的身体健康和寿命的长短，而且也标志着一个国家的发展状况和文明程度。影响环境的因素很多，在我国北方，影响冬季大气环境质量的最重要因素就是采暖所用的燃料形式和成分。燃煤造成的大气污染是大气污染的重要原因之一。用燃气代替燃煤采暖是改善北方地区冬季（大气）环境质量的重要措施。在所有的燃煤设备中，燃煤锅炉的耗煤量最多，尤其在冬季，大量采暖用燃煤锅炉的使用，使得采暖季内燃煤量是其他季节的几倍，二氧化硫和烟尘的排放量也大大高于其他季节。许多地方政府做出规定，市区内禁止新上燃煤锅炉，原有的两吨以下的燃煤锅炉也要限期改造，改用清洁燃料。因此，目前我国燃气锅炉的产量大量增加。推广燃气采暖是治理环境污染的一项重要举措。特别是现在推广的燃气采暖热水两用器，使用越来越多。

燃油燃气锅炉可以是蒸汽锅炉，也可为热水锅炉。这里主要介绍在建筑工程中正日益广泛使用的燃油燃气热水锅炉。图 5－18 所示是采用三回火烟气燃烧系统的热水锅炉的工作原理图。锅炉由炉体、燃烧器、控制电路等组成，与进出水系统、供油系统相连接，便组成了热水供应系统。

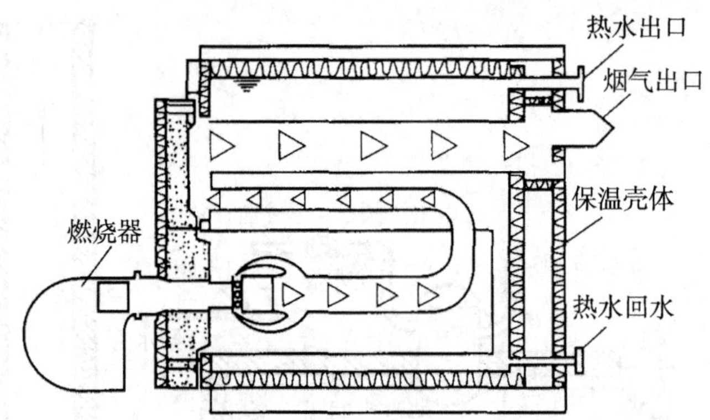

图 5-18　三回火烟气燃烧系统的热水锅炉的工作原理图

炉体大部分采用优质不锈钢制造，保证水质清洁，经久耐用。燃烧器一般用轻质柴油作燃料，根据不同需要也可用重油或天然气作燃料。燃烧器内的高压泵及送风机将柴油雾化后送至燃烧室，自控电路自测油雾浓度，当符合风油比例后，延时 2s ~ 4s 送 10000V 高压电点燃油雾。油雾点燃后，由自动电眼感应一定温度后停止高压送电，燃烧器投入正常工作。油气在圆柱状的燃烧室内燃烧，加热四周的回水，烟气流入管状的一级加热面，再经最上方的片形散热管，形成第三回烟管道。这样，能充分利用烟气的热量，增强传热效果。热媒回水由下部进入，通过第三回火烟管加热后，从上部离开热水锅炉。

此类热水锅炉的一个显著特点是常压（亦称“无压”）。这种锅炉在热媒回水进锅炉之前设置一开式回水箱，锅炉承受的只是水池与锅炉间的水位差压力，压力很小，因此，从根本上消除了蒸汽锅炉存在的爆炸隐患，安全可靠。

（4）锅炉的技术性能

①锅炉的容量是指锅炉在单位时间内产生热水或蒸汽的能力，单位为 t/h。燃煤锅炉的容量有 1t/h、2t/h、4t/h 等多种规格。

②工作压力是指锅炉出汽（水）处蒸汽（热水）的额定压力，单位为 MPa。燃煤锅炉的工作压力为 0.8MPa 和 1.3MPa 两种。

③温度是指锅炉出汽（水）处的蒸汽（热水）的温度，单位为℃。

④热效率是指锅炉的有效利用热量与燃料输入热量的比值，它是锅炉最重要的经济指标。一般锅炉的热效率在 60% ~80%。燃煤锅炉的热效率可达 50% ~60%。

（5）锅炉房的工艺系统

当使用不同的燃料时，锅炉房的工艺流程也会不同。

①燃煤锅炉房的系统组成。燃煤锅炉房的系统组成如图 5-19 所示。除了锅炉本体外，还包括：运煤除灰系统、送引风系统、水汽系统（包括排污系统）、仪表控制系

统等几个子系统。

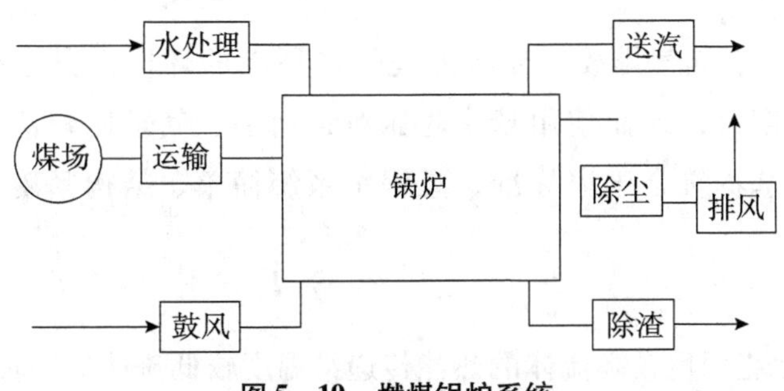

图 5－19　燃煤锅炉系统

A. 运煤、除灰系统。其作用是保证为锅炉运入燃料和送出灰渣。

B. 送、引风系统。其作用是给炉子送入燃烧所需空气和从锅炉引出燃烧产物烟气，以保证燃烧正常进行，并使烟气以必需的流速冲刷受热面。锅炉的送、引风系统设备主要有送风机、引风机、除尘器和烟囱。

C. 水、汽系统（包括排污系统）。汽锅内具有一定的压力。因而给水须借助水泵提高压力后进入。此外，为了保证给水质量，避免汽锅内壁结垢或受腐蚀，锅炉房通常还设有水处理设备（包括软化、除氧），为了贮存给水，还得设置一定容量的水箱，等等。锅炉的排污水因具有相当高的温度和压力，因此须排入排污减温池或专设的扩容器，进行膨胀减温。

D. 仪表控制系统。除锅炉本体上装有的仪表外，为监督锅炉设备安全经济运行，还常设有一系列的仪表和控制设备，如蒸汽流量计、水量表、烟温计、风压计、排烟二氧化碳指示仪等常用仪表。

②燃油燃气锅炉房的工艺系统。燃油燃气锅炉房的工艺系统如图 5－20 所示。除了燃油燃气锅炉本体外，还包括燃油燃气供应系统、汽水系统及安全控制系统。燃油供给系统主要由贮油罐、输油管道、油泵、室内油箱组成。燃气一般由单独设置的气

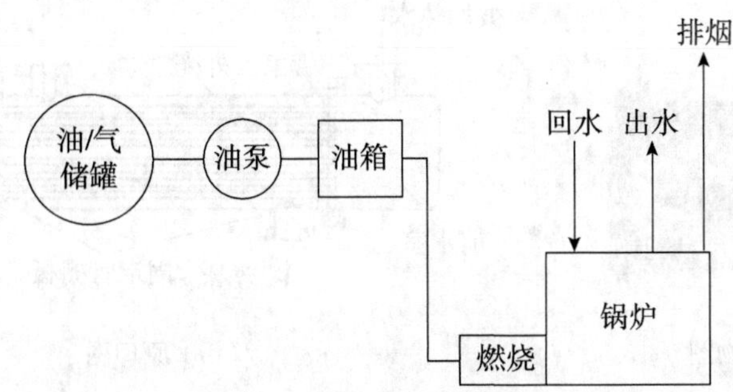

图 5－20　燃油燃气锅炉系统

体调压站，经输气管道送至燃气锅炉。燃油燃气都是易燃易爆物质，锅炉房的安全保障系统尤为重要。

由于煤的贮存、烟气排放、废渣处理等对周围的环境污染十分严重，且烟囱的布置和施工难度大，因而使用越来越困难；而油、气是比较清洁的能源，其污染物的排放浓度基本符合国家标准，且锅炉系统简单、结构紧凑，因而使用越来越多。

2. 换热器

换热器是用来把温度较高流体的热能传递给温度较低流体的一种热交换设备，使用的热媒有水和蒸汽，一般被加热介质是水，在采暖系统中得到了广泛应用。

根据热媒种类不同，换热器可分为汽—水换热器（以蒸汽为热媒）和水—水换热器（以高温水为热媒）。根据换热方式不同，换热器可分为表面式换热器、混合式换热器和回热式换热器。

（1）表面式换热器

在这种换热器中，冷热两种流体之间通过一层金属壁进行换热，两种流体之间没有直接接触，被加热热水与热媒不接触，通过表面进行换热。这种换热器常见的有壳管式、肋片管式、板式、容积式等。

①壳管式汽—水换热器。如图 5－21 所示。该种换热器主要包括带有蒸汽进口和冷凝水出口连接短管的圆形外壳、壳内有小直径管子组成的管束、两端有固定管束的管栅板，还有被加热水进出口连接短管的前水室及后水室。蒸汽在管束外表面流过，被加热水在管束的小管内流动，通过管束的壁面进行热交换，为了强化传热，通常在前室和后室中间加隔板，使水由单流程变成多流程，流程通常取偶数，这样进出水口在同一侧，便于管道布置。如图 5－22 所示。在后水室加了隔板，使水流变成了双程，进出水口都在右侧。这种换热器只适合小温差、压力低、结垢不严重的场合。当壳程较长时，常需在壳体中部加波形膨胀节，以达到热补偿的目的。

（a）实物图

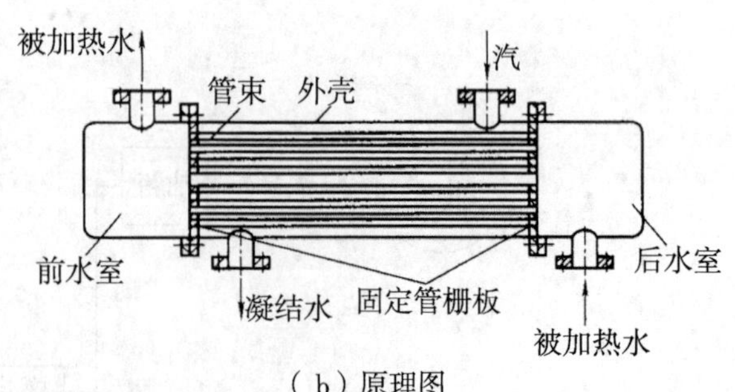

（b）原理图

图 5－21　壳管式汽—水换热器

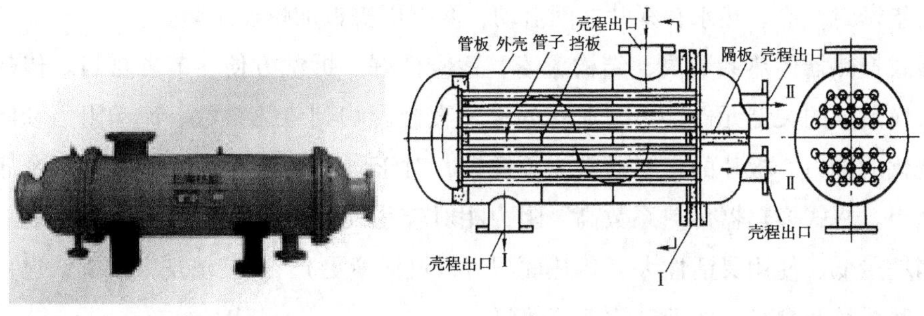

（a）实物图　（b）原理图

图 5－22　壳管式双程汽—水换热器

②肋片管式换热器。肋片管亦称翅片管，如图 5－23 所示。在管子外壁加肋，大大增加了空气侧的换热面积，强化了传热，与光管相比，其传热系数可提高 1～2 倍。这类换热器结构较紧凑，适用于两侧流体换热系数相差较大的场合。

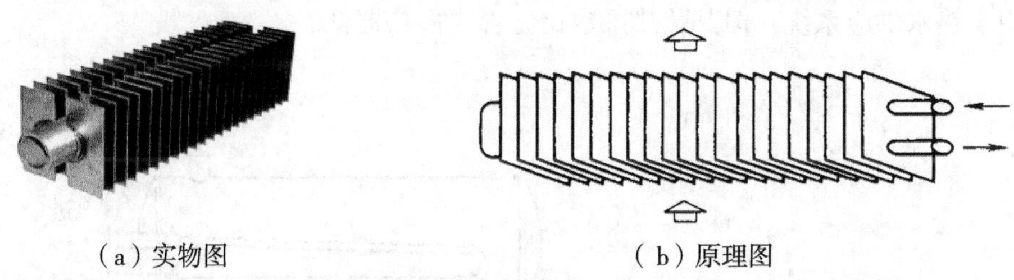

（a）实物图　（b）原理图

图 5－23　肋片管式换热器

③板式换热器。如图 5－24 所示，板式换热器由若干热板片叠加而成，板片之间

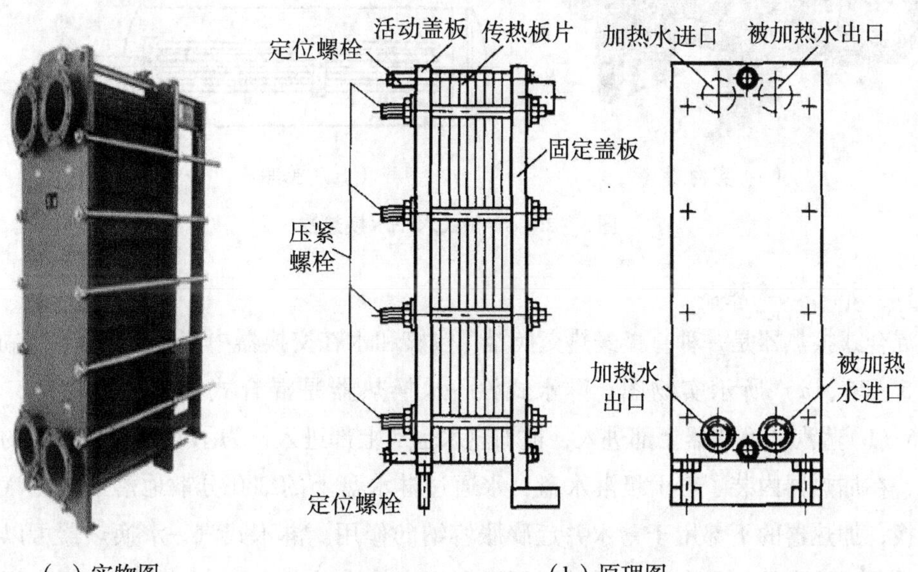

（a）实物图　（b）原理图

图 5－24　板式换热器

用密封垫密封，冷、热水在板片之间流动，两端用盖板加螺栓压紧。

板式换热器传热系数高、结构紧凑、适应性好、拆洗方便、节省材料。传热板片是板式换热器的关键元件，不同形式的板片直接影响到传热系数、流动阻力和随承受压力变化的能力。板片的材料通常为不锈钢，对于腐蚀性强的流体（如海水冷却器），可用钛板。板式换热器传热系数高、阻力相对较小（相对于高传热系数）、结构紧凑、金属消耗量低、使用灵活性大（传热面积可以灵活变更）、拆装清洗方便等，已广泛应用于供暖系统及食品、医药、化工等部门。

但板片间流通截面窄，水质不好会形成水垢或沉积物堵塞换热器，密封垫片耐温性能差时，容易产生渗漏和影响使用寿命。

④容积式换热器。容积式换热器分为容积式汽—水换热器和容积式水—水换热器。如图 5 - 25 所示。这种换热器兼起贮水箱的作用，外壳应根据贮水的容量确定。换热器中 U 形弯管管束并联在一起，蒸汽或热水自管内流过。容积式换热器易于清除水垢，主要用于热水供应系统，但其传热系数比壳管式换热器低。

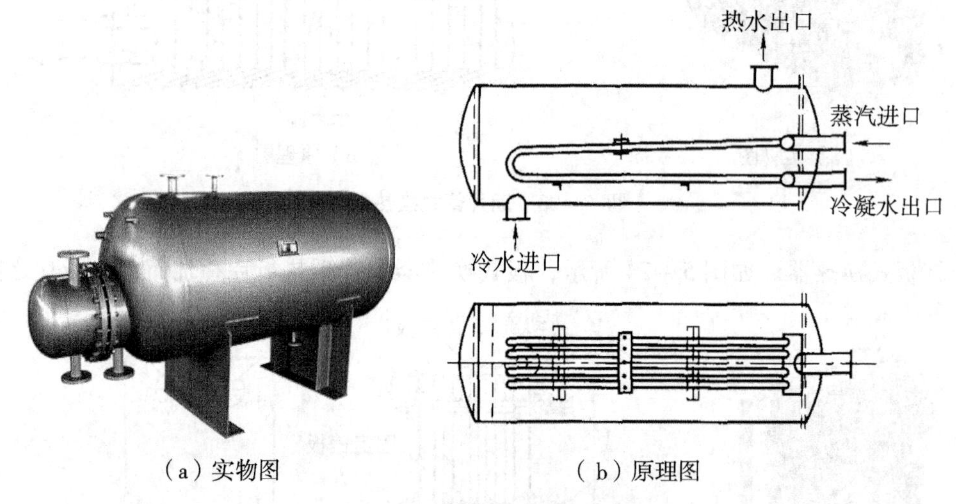

（a）实物图　（b）原理图

图 5 - 25　容积式水—水换热器

（2）混合式换热器

混合式换热器是一种直接式热交换器，热媒和水在交换器中直接接触，将水加热。如图 5 - 26（a）所示实物图。淋水式汽—水换热器是混合式换热器的一种，如图 5 - 26（b）蒸汽从换热器上部进入，被加热水也从上部进入，为了增加水和蒸汽的接触面积，在加热器内装了若干级淋水盘，水通过淋水盘上的细孔分散地落下和蒸汽进行热交换，加热器的下部用于蓄水并起膨胀容纳的作用。淋水式汽—水换热器可以代替热水采暖系统中的膨胀水箱，同时还可以利用壳体内的蒸汽压力对系统进行定压。淋水式汽—水换热器热效率高，在同样负荷时换热面积小，设备紧凑。由于采用直接接

触换热，故不能回收纯凝结水，因而会增加集中换热系统的热源水处理设备的容量。

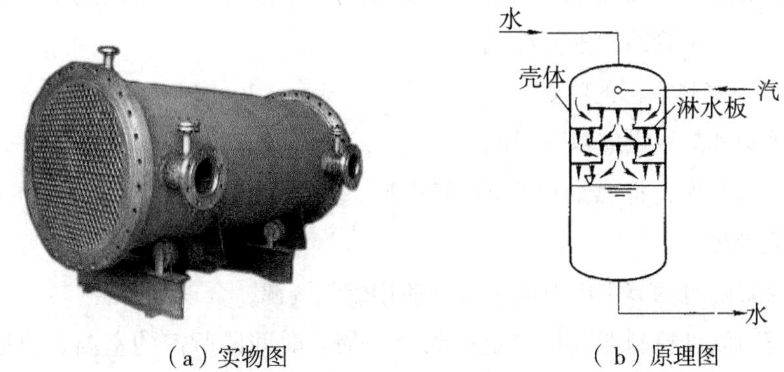

（a）实物图　　（b）原理图

图 5－26　淋水式汽—水换热器

（3）回热式换热器

这种换热器通过一个具有较大贮热能力的换热面进行间接的热交换。运行时热流体通过换热面，使它温度升高并存贮热量；然后冷流体通过换热面，吸收其贮存的热量而被加热。换热器是供暖系统的重要组成部分，作为间接热源，它常设在锅炉房内或单独建造在热交换房内，作为一个独立热源而组成供暖系统。这种系统具有以下几个优点：运行简单可靠；凝结水可循环再用，减少了水处理设施和费用；采用高温水送水可减少循环水量，减少热网的初投资；可根据室外气温以调节低温水量的方法来调节供热量，避免室温过高。

3. 燃气供暖热水器

燃气采暖热水器有壁挂式和半移动式两种。一般采用壁挂式的较多，壁挂式占地面积小，使用方便，不容易出问题；移动式占地面积大，使用灵活，容易出问题。图 5－27 所示为壁挂式采暖和热水两用燃气炉实物图。

图 5－27　壁挂式燃气供暖热水器的实物图

（1）燃气采暖热水器的结构

燃气采暖热水器主要由燃气部分、供暖部分、散热器部分、供热水部分、控制部分、安全部分、各种管路和附件组成。

（2）燃气采暖热水器的特点

①具有采暖和热水供应双重功能。

②利用专用烟囱，将燃烧产生的烟气排出室外，并从室外吸入所需的新鲜空气，使室内空气免受污染。

③根据需要随时调节室内温度。合理使用燃气资源，合理付费。

如配备室内温度控制器，可设定一天至一周各时间段所需的室温。使运行既能获得舒适的室温又经济合理。

④运行噪声低于45dB，即使在深夜也不会影响人的休息。

（二）散热设备

散热设备是向供暖房间放出热量，以弥补房间的热量损失，从而保证室内所需要的温度，达到供暖的目的。

根据散热设备传热方式的不同，把散热设备分为散热器、暖风机、辐射板三种基本形式。

散热器向室内散出热量，在室内形成空气的自然对流，保证室内的空气温度。

暖风机是由空气加热器、通风机和电动机组合而成的联合机组。暖风机加热室内空气，在室内形成空气的强制循环，可用于车间以补充室内的热量，保证供暖效果。

辐射板主要以辐射形式散热，在一定的空间里达到足够的辐射强度来维持房间的供暖效果，辐射散热能提高人体表面的温度，使人体感到更舒适。根据板表面的温度的不同，辐射板可分为低温辐射（表面温度小于80℃）、中温辐射（表面温度80℃～200℃）和高温辐射（表面温度大于500℃）三种形式。

1. 散热器

散热器按制作材料可分为铸铁散热器、钢制散热器和铝制散热器三类。

（1）铸铁散热器

铸铁散热器有柱形散热器、翼形散热器等，翼形散热器又分为长翼形和圆翼形两种。

图5－28所示为柱型散热器。图5－29所示为长翼型散热片。图5－30所示为圆翼型散热器。

我国现在还大量使用着铸铁散热器，但是铸铁散热器重量重，表面粗糙，擦洗不方便，外型不美观。随着人民生活的提高和科技的进步，新建建筑已不使用，铸铁散热器将逐渐被淘汰。

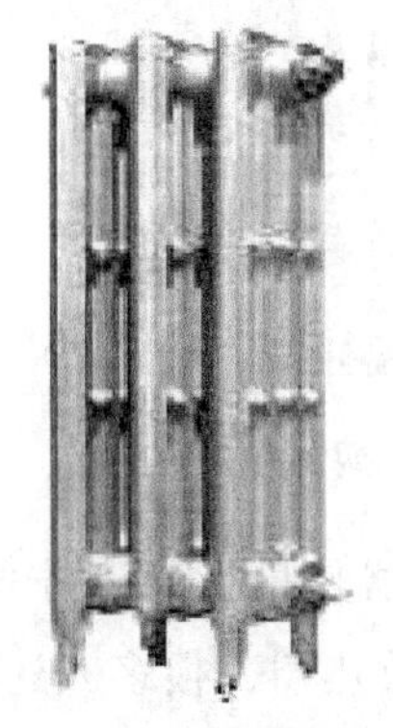
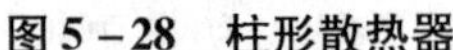
图 5－28　柱形散热器

图 5－29　长翼形散热器

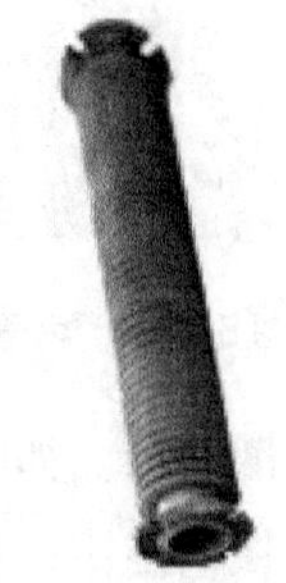
图 5－30　圆翼形散热器

（2）钢制散热器

钢制散热器现在发展很快，特别是新型的钢制散热器，美观漂亮，表面光滑，有很多种颜色，有各种形状和造型，人们可以根据自己的喜好定做散热器，散热器还可以用于挂毛巾、放各种洗漱用品等功能，擦洗方便。

①钢串片散热器。图 5－31 所示为钢串片散热器，这种散热器属于老式的，容易生锈，时间长了传热效果差，不美观，也不易擦洗。

②板式散热器。图 5－32 所示为板式散热器。散热器表面可涂油漆，挂在墙上，节省空间。

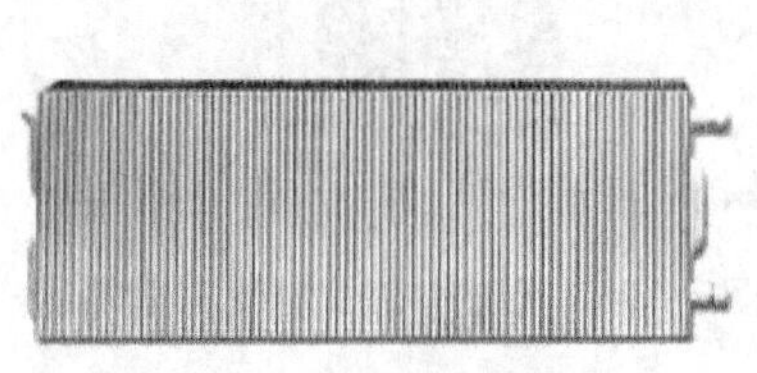
图 5－31　钢串片散热器

图 5－32　板式散热器

③扁管散热器。图 5－33 所示为扁管散热器。这种散热器属于老式的，容易生锈，不美观，也不易擦洗。

④钢制柱形散热器。图 5－34 所示为钢制柱式散热器。这种散热器重量轻，表面质量好，散热效果好，便于擦洗，但加工复杂。

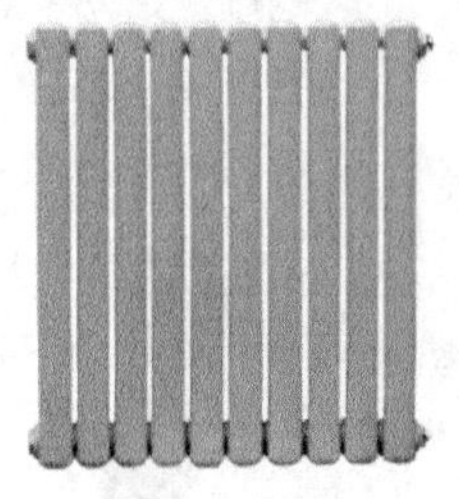

图 5－33　扁管散热器

图 5－34　钢制柱式散热器

⑤钢管散热器。如图 5－35 所示钢管散热器。这种散热器是最近几年才使用的，主要是个人住宅使用，很多人把旧的散热器换掉，装上钢管散热器，很多人还是刚购买的新房，就换上了钢管散热器，但有些人没有跟物业部门办手续，私自更换，带来很多麻烦。

钢管散热器就是用各种钢管通过焊接连接成各种结构，涂上各种颜色的漆，然后装在现有的供暖管路上。

（3）铝制散热器

图 5－36 所示为一种多联式柱翼型的铝制散热器，它是用耐腐蚀的铝合金，经过特殊的内防腐处理，采用焊接连接形式加工而成。

图 5－35　钢管散热器

图 5－36　铝制多联式柱翼形散热器

（4）散热器的布置

散热器设置在外墙窗口下最为合理。经散热器加热的空气沿外窗上升，能阻止渗入的冷空气沿墙及外窗下降，因而防止了冷空气直接进入室内工作地区。对于要求不高的房间，散热器也可靠内墙壁设置。

一般情况下，散热器在房间内敞露装置，这样散热效果好，且易于消除灰尘。当建筑方面或工艺方面有特殊要求时，就要将散热器加以围挡。例如某些建筑物为了美观，可将散热器装在窗下的壁龛内，外面用装饰性面板把散热器遮住。

安装散热器时，有脚的散热器可直立在地上，无脚的散热器可用专门的托架挂在墙上，如图 5－37 所示。

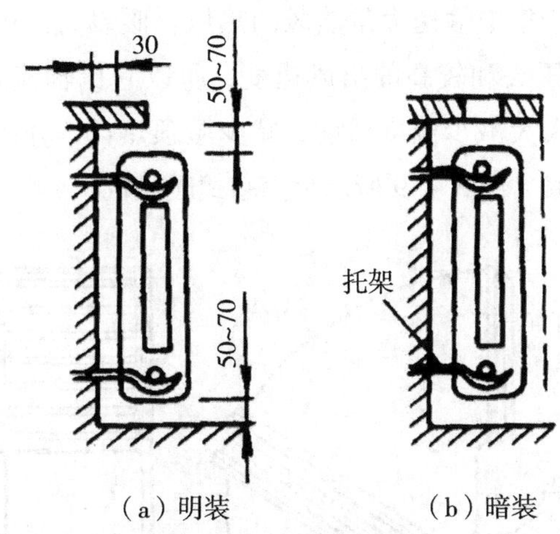

图 5－37　散热器安装

楼梯间内散热器应尽量放在底层，因为底层散热器所加热的空气能够自行上升，从而补偿上部的热损失。为了防止冻裂，在双层门的外室以及门斗中不宜设置散热器。

2. 暖风机

在室内空气再循环的热风采暖系统中，常采用暖风机采暖方式。暖风机是由通风机、电动机和空气加热器组合而成的联合机组，可独立作为采暖设备用于各类厂房建筑中。暖风机的安装台数由散热量计算确定，一般不少于两台。

在风机的作用下，室内空气由吸风口进入机体，经空气加热器加热变成热风，然后经送风口送至室内，以维持室内一定的温度。

暖风机分为轴流式与离心式两种，常称小型暖风机和大型暖风机。根据其结构特点及适用热媒的不同，又有蒸汽暖风机、热水暖风机、蒸汽热水两用暖风机和冷热水两用的冷暖风机。

轴流式暖风机体积小，送风量和产热量大，金属耗量少，结构简单，安装方便，用途多样，但它的出风口送出的气流射程短，出口风速小。这种暖风机一般悬挂或支架在墙或柱子上，热风经出风口处百叶板调节，直接吹向工作区。图 5－38 所示为轴流式暖风机。

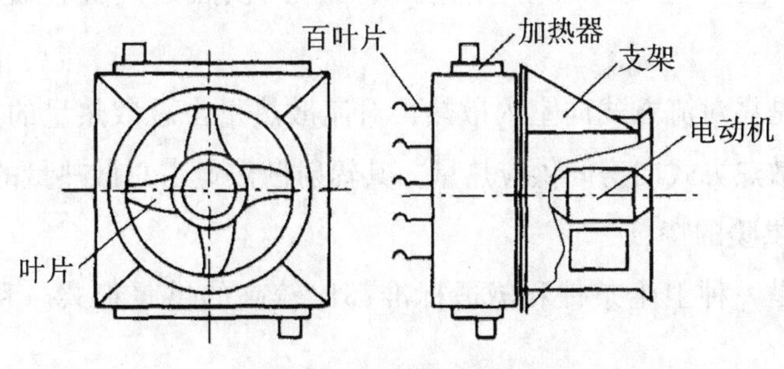

图 5－38　轴流式暖风机

离心式暖风机是用于集中输送大量热风的热风供暖设备。由于其配用的风机为离心式，拥有较多的剩余压头和较高的出风速度，所以它比轴流式暖风机气流射程长，送风量和产热量大，可大大减少温度梯度，减少屋顶热耗，并减少了占用的面积和空间，便于集中控制和维修。图 5－39 所示为离心式暖风机。

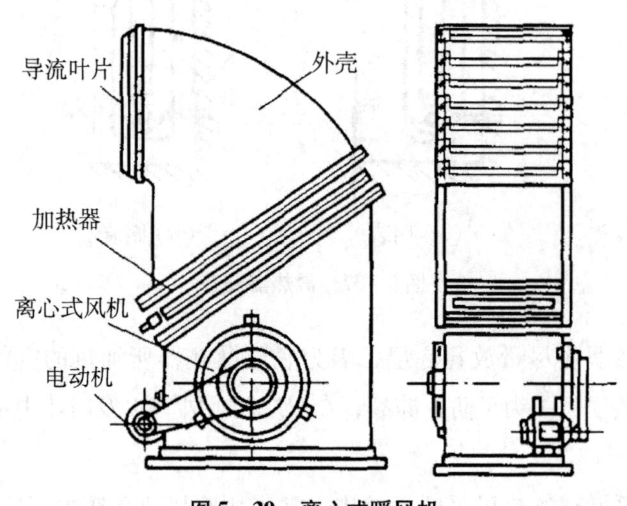

图 5－39　离心式暖风机

在布置暖风机时，暖风机不宜靠近人体或直接吹向人体，多台风机的射流要互相衔接，使空气在采暖房间形成环流，射程内不得有高大设备或障碍物阻挡空气流动。

热风采暖系统具有热惰性小，兼有通风换气作用，能迅速提高室温，但噪声比较大，适用于体育馆、戏院及大面积的工业厂房等场所。常采用暖风机或与送风系统相结合的热风供暖方式。

3. 辐射板

(1) 辐射板概念

辐射板是利用建筑物内部顶棚、墙面、地面或其他表面进行供暖，将各种能源供应的能量埋入其中，主要靠辐射散热方式向房间供热的设备。辐射板常用于室内地面。

散热器主要是靠对流方式向室内散热，对流散热量占总散热量的 50% 以上。而辐射板主要靠辐射散热方式向房间供应热量，其辐射散热量占总散热量的 50% 以上。

(2) 辐射板供暖的特点

辐射板供暖是一种卫生条件和舒适标准都比较高的供暖形式。和对流供暖相比，它具有以下特点：

①对流供暖系统中，人体的冷热感觉主要取决于室内空气温度的高低。而辐射供

暖时，人或物体受到辐射照度和环境温度的综合作用，人体感受的实感温度可比室内实际环境温度高2℃～3℃，即在具有相同舒适感的前提下，辐射供暖的室内空气温度可比对流供暖时低2℃～3℃。

②从人体的舒适感方面看，在保持人体散热总量不变的情况下，适当地减少人体的辐射散热量，增加一些对流散热量，人会感到更舒适。辐射供暖时，人体和物体直接接受辐射热，减少了人体向外界的辐射散热量；同时，室内空气温度比对流供暖时低，正好可以增加人体的对流散热量。因此，辐射供暖使人体具有最佳的舒适感。

③辐射供暖时，沿房间高度方向上温度分布均匀且梯度小，房间热能的无效损失减小了，可以减少能源消耗。

④辐射供暖不需要在室内布置散热器，少占室内的有效空间，也便于布置家具。

⑤减少了对流散热量，室内空气的流动速度也降低了，避免室内尘土飞扬，有利于改善卫生条件。

⑥辐射供暖比对流供暖的初期投资高。

（三）循环设备

供暖系统的工作是通过热媒的不断循环而实现的，循环设备的作用就是提供循环动力，促使热媒在系统中循环。

在以热水作为热媒的供暖系统中，通常用水泵促使热水进行循环。

在供暖系统中水泵主要用于开始给系统加水，然后维持系统的正常运行，向供暖系统提供循环动力，使管路中的水循环流动。开始加水需要较大的功率，要保证把水充满管路，达到系统的最高最远点。水泵使水循环流动时，由于回水的作用，使水泵可减小功率。由于供暖系统的水温高，所以对水泵的要求也较高。水泵的种类很多，有离心泵、轴流泵、混流泵、真空泵等。在建筑供暖系统中，一般采用体积小、结构简单、耐高温、效率高的离心式水泵，简称离心泵。

水泵机组通常设置在锅炉房的水泵房内，也可以设在高层建筑的地下室。泵房应有良好的通风、采光、排水和防冻措施。在有防振或对安静要求较高的房间周围不要设置水泵。为减小噪声，通常在水泵机组的基础下设橡胶、弹簧减振器或橡胶隔振垫，在吸水管和压水管上设耐高温的挠曲接头等。泵房的净高3.2m，水泵之间、水泵与墙之间应留有通道。

（四）辅助设备

1. 供暖管道

供暖管道包括室内管道和室外管道，一般室内管道不用加保温层，室外管道必须

加保温层，否则会损失大量的热量。室外管道一般埋在地下或地下管沟中。

供暖管道使用钢管，钢管有焊接钢管和无缝钢管。焊接钢管又分为普通钢管和加厚钢管。钢管还可以分为镀锌钢管和不镀锌钢管。钢管镀锌的目的是防锈、防腐。当系统压力大时需使用无缝钢管。

2. 膨胀水箱

膨胀水箱的作用一是容纳供暖系统中水受热膨胀而产生的膨胀水量，二是排除系统中的空气，三是对系统定压。膨胀水箱通常采用钢板焊制而成。按是否与大气相通可分为开式膨胀水箱和闭式膨胀水箱，如图 5－40 所示。

膨胀水箱在系统中的安装位置如图 5－41 所示。

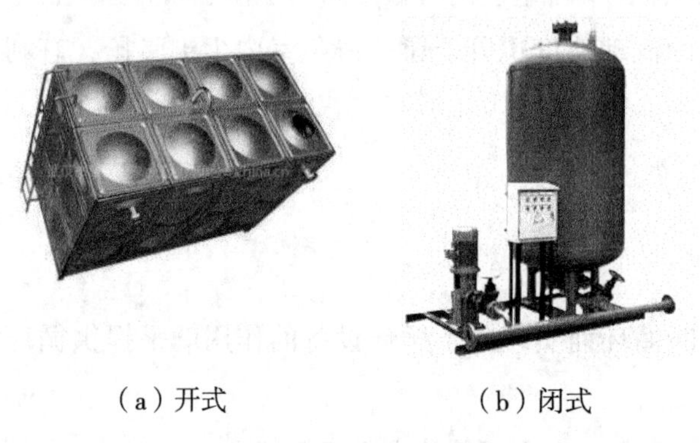

（a）开式　　（b）闭式

图 5－40　膨胀水箱

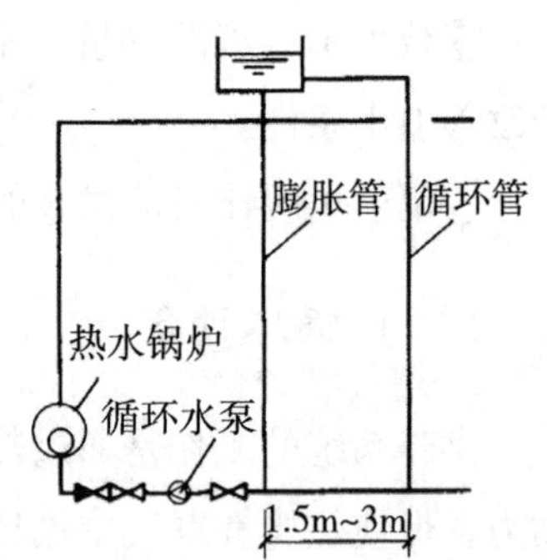

图 5－41　膨胀水箱与机械循环

膨胀水箱设在系统最高处，系统的膨胀水通过膨胀管进入膨胀水箱。自然循环系统膨胀管接在供水总立管的上部；机械循环系统膨胀管接在回水干管循环水泵入口前。膨胀管不允许设置阀门，以免偶然关断使系统内压力增高，发生事故。

为了防止水箱内的水冻结，膨胀水箱需设置循环管。在机械循环系统中，连接点与定压点应保持 1.5m～3m 的距离，以使热水能缓慢地在循环管、膨胀管和水箱之间流动。循环管上也不应设置阀门，以免水箱内的水冻结。

溢流管用于控制系统的最高水位，当水的膨胀体积超过溢流管口时，水溢出就近排入排水设施中。溢流管上也不允许设置阀门，以免偶然关闭，水从人孔处溢出。

信号管用于检查膨胀水箱水位，决定系统是否需要补水。信号管控制系统的最低水位，应接至锅炉房内或人们容易观察的地方，信号管末端应设置阀门。

排水管用于清洗、检修时放空水箱用，可与溢流管一起就近接入排水设施，其上应安装阀门。

排水管用于清洗、检修时放空水箱用，可与溢流管一起就近接入排水设施，其上应安装阀门。

3. 集气罐

集气罐一般是用直径 100mm ~ 250mm 的钢管焊制而成的，分为立式和卧式两种，如图 5 - 42 所示。集气罐顶部连接直径 15mm 的排气管，排气管应引至附近的排水设施处，排气管另一端装有阀门，排气阀应设在便于操作处。

集气罐一般设于系统供水干管末端的最高处，供水干管应向集气罐方向设上升坡度以使管中水流方向与空气气泡的浮升方向一致，以有利于空气聚集到集气罐的上部，定期排除。当系统充水时，应打开排气阀，直至有水从管中流出，方可关闭排气阀。系统运行期间，应定期打开排气阀排除空气。

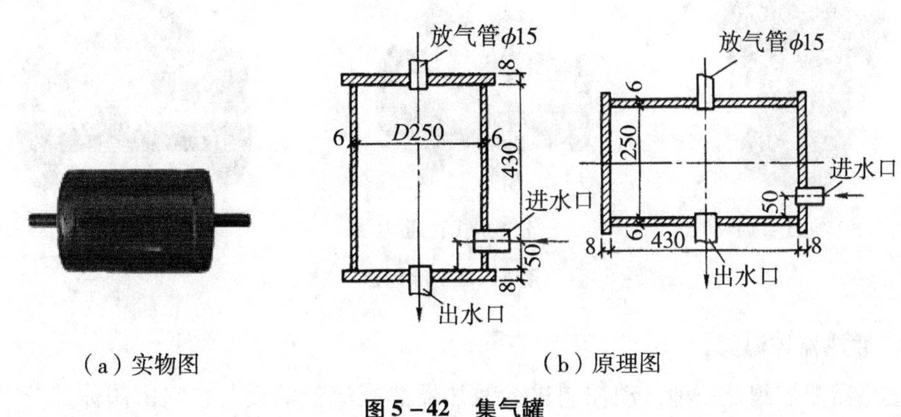

（a）实物图　　（b）原理图

图 5 - 42　集气罐

4. 自动排气阀

自动排气阀大都依靠水对浮体的浮力，通过自动阻气和排水机构，使排气孔自动打开或关闭，达到排气的目的。水位高时阀芯浮起，阀门关闭，水不能流出，气体多时，把水位压低，水对阀芯的浮力减小，阀芯打开放气。见图 5 - 43。

5. 手动排气阀

手动排气阀适用于公称压力，$P \leqslant 600$kPa，工作温度 $t \leqslant 100$℃ 的水或蒸汽采暖系统的散热器上。多用于水平式和下供下回式系统中，旋紧在散热器上部专设的丝孔上，以手动方式排除空气。见图 5 - 44。

图 5 - 43　自动排气阀实物图

5 - 44　手动排气阀实物图

6. 除污器

除污器是一种钢制筒体，它可用来截流、过滤管路中的杂质和污物，以保证系统内水质洁净，减少阻力，防止堵塞调压板及管路。除污器一般应设置于采暖系统入口调压装置前、锅炉房循环水泵的吸入口前和热交换设备入口前。除污器形式分为立式直通、卧式直通和卧式角通三种。如图 5 - 45 所示。

为采暖系统常用的立式直通除污器。当水从进水管进入除污器内，因流速突然降低使水中的污物沉淀到筒底，较洁净的水经带有大量过滤小孔的出水管流出。

（a）立式直通

（b）立式直通

（c）立式直通

图 5 - 45　除污器

7. 散热器控温阀

散热器温控阀是一种自动控制进入散热器热媒流量的设备，它由阀体部分和感温元件部分组成，如图 5 - 46 所示。当室内温度高于给定的温度值时，感温元件受热，其顶杆压缩阀杆，将阀口关小，进入散热器的水流量会减小，散热器的散热量也会减小，室温随之降低。当室温下降到设置的低限值时，感温元件开始收缩，阀杆靠弹簧的作用抬起，阀孔开大，水流量增大，散热器散热量也随之增加，室温开始升高。温控阀的控温范围在 13℃ ~28℃，控温误差为 ±1℃。散热器温控阀具有恒定室温，节约热能等优点，但其阻力较大。

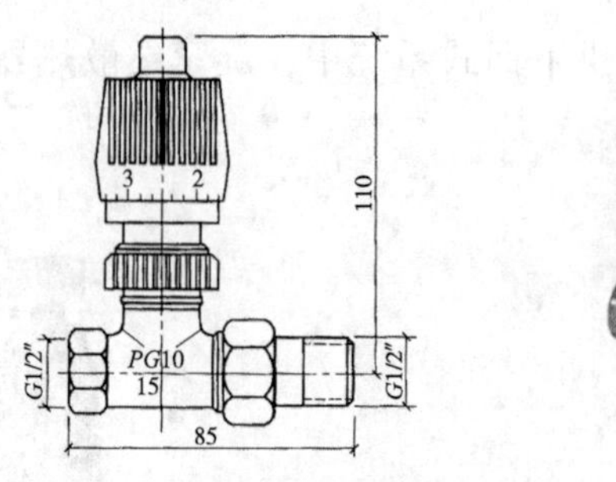

图 5 - 46　散热器温控阀

8. 调压板

调压板如图 5 - 47 所示，当外网压力超过用户的允许压力时，可设置调压板来减少建筑物入口供水干管的压力，其用于压力 $P \leqslant 1000$kPa 的系统中。

选择调压板时，孔口直径不应小于 3mm，且调压板前应设置除污器或过滤器，以免杂质堵塞调压板孔口。调压板的厚度一般为 2mm ~ 3mm，热水采暖系统可以用铝合金或不锈钢。

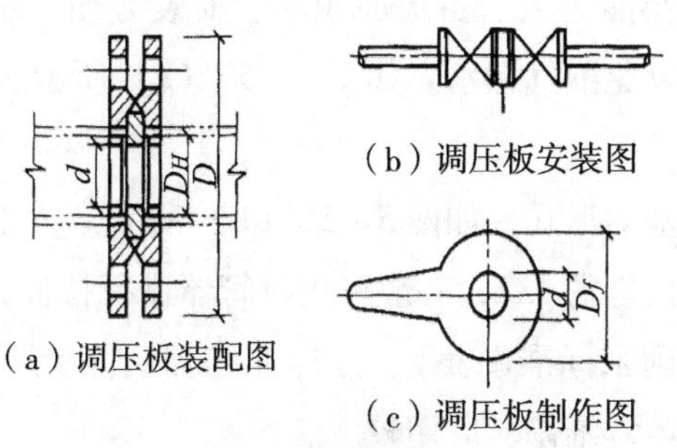

图 5－47　调压板

9. 疏水器

疏水器是蒸汽采暖系统中特有的自动阻汽疏水设备。选择疏水器时，要求疏水器的单位压降凝结水排量大，漏汽量小。并能顺利排除空气，对凝结水流量、压力和温度波动的适应性强，而且结构简单，活动部件少，便于维修，体积小，金属耗量少，使用寿命长。图 5－48 所示为疏水器实物图。

10. 减压阀

减压阀可通过调节阀孔大小，来对蒸汽进行节流而达到减压目的，并能自动将阀后压力维持在一定范围内。目前国产减压阀有活塞式、波纹管式和薄片式等几种。图 5－49 所示为减压阀实物图。

图 5－48　疏水器

图 5－49　减压阀

11. 伸缩器

当系统中管道温度升高时，管道会发生热伸长，管道本身会产生热应力作用，同时会对两端的固定支架施以很大的推力，因此需根据热伸长量的大小来选择伸缩器，来解决这个问题。

伸缩器的类型在室内供暖系统中，应尽量利用管道本身的拐弯补偿管道的热伸长，常见的有L形弯管和Z形弯管，称为管道的自然补偿器。在系统管道伸长量较大时，应采用专用伸缩器吸收管道的热伸长量。专用伸缩器有方形伸缩器、套筒伸缩器、波形伸缩器等。

（1）套筒伸缩器

套筒伸缩器具有补偿能力大、占地面积小、安装方便、水流阻力小等优点，但需经常维修、更换填料，以免漏气漏水。如图5－50（a）所示。

（2）方形伸缩器

方形伸缩器有四种基本形式，如图5－50（b）所示。方形伸缩器安装时要进行预拉伸，预拉伸量为热伸长量的1/2，一般可用拉管器进行拉伸，方形伸缩器安装应设置伸缩井，做法可参见《国家标准图集》。方形伸缩器可用无缝钢管制作而成，安装方便、补偿能力大、不需经常维修、应用较广。

（3）波纹管伸缩器

波形伸缩器有体积小、结构紧凑、补偿量较大、安装方便等优点，在供暖系统管道补偿中经常使用。如图5－50（c）所示。

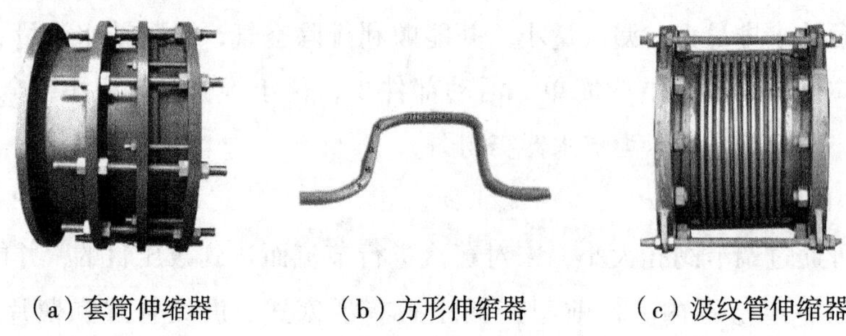

（a）套筒伸缩器　（b）方形伸缩器　（c）波纹管伸缩器

图5－50　伸缩器

12. 安全阀

在供暖系统中，安全阀是保证系统在一定的压力下安全工作的装置。当压力超过规定的最高允许工作压力时，阀门自动开启，把蒸汽排到系统之外；当压力恢复正常工作压力时，阀门又自动关闭。如图5－51所示。

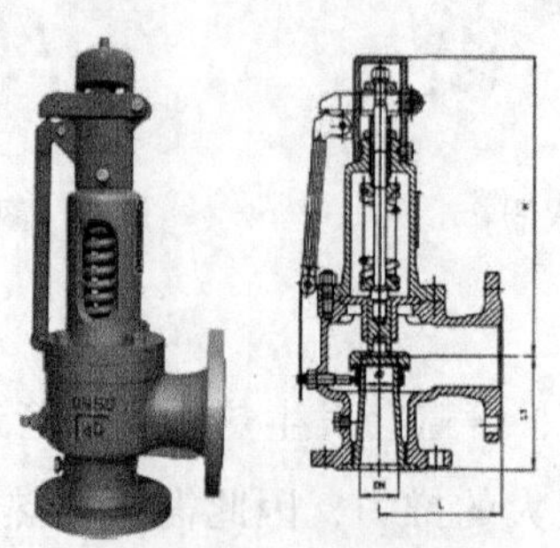

图5－51　安全阀

物业管理小专家

建筑节能指在建筑物的规划、设计、新建（改建、扩建）、改造和使用过程中，执行节能标准，采用节能型的技术、工艺、设备、材料和产品，提高保温隔热性能和采暖供热、空调制冷制热系统效率，加强建筑物用能系统的运行管理，利用可再生能源，在保证室内热环境质量的前提下，增大室内外能量交换热阻，以减少供热系统、空调制冷制热、照明、热水供应因大量热消耗而产生的能耗。

采暖、制冷和照明是建筑能耗的主要部分，降低这部分能耗将对节能起着重要的作用，在这方面一些成功的技术措施很有借鉴价值，如英国建筑研究院（英文缩写：BRE）的节能办公楼便是一例。办公楼在建筑围护方面采用了先进的节能控制系统，建筑内部采用通透式夹层，以便于自然通风；通过建筑物背面的格子窗进风，建筑物正面顶部墙上的格子窗排风，形成贯穿建筑物的自然通风。办公楼使用的是高效能冷热锅炉和常规锅炉，两种锅炉由计算机系统控制交替使用。通过埋置于地板内的采暖和制冷管道系统调节室温。该建筑还采用了地板下输入冷水通过散热器制冷的技术，通过在车库下面的深井用水泵从地下抽取冷水进入散热器，再由建筑物旁的另一回水井回灌。为了减少人工照明，办公楼采用了全方位组合型采光、照明系统，由建筑管理系统控制；每一单元都有日光，使用者和管理者通过检测器对系统遥控；在100座的演讲大厅，设置有两种形式的照明系统，允许有0%～100%的亮度，采用节能型管型荧光灯和白炽灯，使每个观众都能享有同样良好的视觉效果和适宜的温度。

第三节　供暖系统的管理

供暖系统是寒冷地区建筑物不可缺少的组成部分，供暖系统的管理也日益成为物业设备管理的重要组成部分。供暖系统管理的目的是使建筑物在供暖期内供暖正常，保证业主正常的工作、生活环境。

一、供暖系统的管理

（一）供暖管理的内容

使用供暖系统时，必须配备维护管理人员，建立各项操作规程，以便经常进行检查、维护和修理。供暖系统的管理包括：热源管理、热网管理和用户管理。

1. 热源管理

热源管理是指对锅炉及其附属设施的养护和管理，包括燃料采购和运输、炉渣的清理、操作与维修人员的培训等。

2. 热网管理

热网管理是指对小区及建筑物内的供热管网进行养护和管理，包括管道的检查、养护和维修。

3. 用户管理

用户管理是指对用户室内散热设备运行情况的检查、维护、取暖费用的收取以及对用户设备使用的指导。其主要内容有：

（1）指导用户遇到供暖问题时如何与物业管理公司沟通；

（2）教育用户如何节约能源，合理取暖；

（3）检查房间的密闭性能，加强保温措施；

（4）用户家庭装修需变动散热器位置或型号时，需取得管理人员的现场认可。

（二）供暖系统的充水养护

在非供暖季节，供暖系统停止运行时，为减少管道和设备系统的腐蚀，所有的热水、高温水供暖系统均要求充水养护，钢制的散热器更强调充水养护，以延长管道和设备的使用寿命。充水养护的具体做法是：

（1）供暖季节结束、系统停止运行后，先进行全面检查，并进行修理，将已损坏的零部件或散热器进行更换；

（2）将系统充满水并按试压要求进行系统试压；

（3）将系统内的水加热至95℃，保持1.5h，然后停止运行；

（4）设有膨胀水箱的系统，在非供暖期要保持水箱有水，缺水时要进行补水。

（三）供暖系统的运行管理

在供暖季节来临前，需先将系统的养护水放空，并检查系统的所有设备，包括锅炉、管道、阀门、仪表、散热器等，保证所有设备能正常工作，并清洗管道和散热器的内部污垢和外表积尘，然后充入经水质处理后、符合系统水质要求的水，最后才能启动供暖系统。

在供暖系统的运行过程中，热源处的操作人员应根据室外气温的变化进行供热调节，合理地改变流量、温度、压力等供暖参数，使供暖更合理、经济、实用。此外，还应经常检查：

（1）容易被冻的供暖管道、保温层及设备等；

（2）电机、水泵是否正常；

（3）各种仪表（压力表、温度计、流量计）是否正常灵敏；

（4）系统中所有的疏水器、排气装置、各种调节及安全装置等是否正常可靠；

（5）室内供暖温度和散热设备的温度是否符合规定要求。

对于系统中隐蔽的管道、阀门及附件要定期检修，所有系统上的除污器、过滤器及水封底部等处的污物要定期清理。

（四）供暖系统的常见故障

1. 供暖系统末端散热器不热

产生这种故障的原因可能是各环路压力损失不平衡或水平方向水力失调，这时应从系统始端开始，顺序调小各环路立管或支管上的阀门；另一种原因可能是系统末端内有空气。其处理方法是排除系统内的空气。

2. 局部散热器不热

产生这种故障时，可用手检查管道表面，如有明显温差的地方，证明该处管道有堵塞，应敲击震打，如仍不能解决，需拆开处理。如管道无明显温差，则可能是散热器存气太多或其进口支管有气塞，这时应打开排气装置排除空气。

3. 上层散热器不热

产生这种故障的原因可能是上层散热器积存空气，应作排气处理；另一种原因可能是上层散热器缺水，这时应给系统补水。

4. 上层散热器过热、下层散热器不热

产生这种故障的原因是上层散热器的流量过多，而下层散热器的流量过少，应关小上层散热器支管上的阀门。

二、锅炉房的管理

（一）锅炉房管理的内容

锅炉是供暖系统的心脏，又是一种承受高温高压、具有爆炸危险的特殊设备，因此，锅炉的安全运行显得特别重要。国务院专门发布了《锅炉压力容器安全监察暂行条例》，由各级劳动部门负责对锅炉的设计、制造、安装、使用、检验、修理和改造等主要环节进行监督检查，各级劳动部门也先后颁布了一系列规程、标准和规定，如《锅炉房安全管理规则》，对锅炉的安全运行进行管理。物业管理人员要认真遵照执行。

1. 必须编制锅炉房的各项规章制度，并认真贯彻执行。供暖人员岗位责任制、锅炉及其辅机的技术操作规程、安全操作制度、水质处理制度、交接班制度、经济核算制度、锅炉房出入登记制度等。

2. 必须编制锅炉房运行操作表，操作表的内容应严密，执行要认真，检查要严格。

3. 锅炉管理人员负责锅炉系统的安全运行操作及运行记录，根据各系统的设计和运行要求，对有关设备进行相应调节；负责锅炉及其所属设备的维修保养和故障检修；严格执行各种设备的安全操作规程和巡回检查制度；坚守工作岗位，任何时候都不得无人值班或私自离岗，值班时间内不做与本岗位无关的事；每班至少冲水位计一次及排污一次，并做好水质处理和水质分析工作；勤检查、勤调节，保持锅炉燃烧情况的稳定，做好节能工作；认真学习技术，精益求精，不断提高运行管理水平。

（二）锅炉的运行管理

锅炉的运行管理是锅炉房管理的核心。

1. 锅炉操作的岗位责任制和轮班制

利用锅炉产生热量并输出热水和蒸汽的过程是系统化连续过程。

系统化是指从燃料的填入、燃烧到出渣及热水温度、压力控制、热循环设备等是不可分割的整体，任何部分出了问题，都会影响供暖。同时，由于锅炉运行的自动化水平越来越高，一般锅炉工难以操纵，对于燃油、燃气锅炉，锅炉工要提高使用水平，必须认真学习新的锅炉方面的知识。

连续性指供暖必须昼夜24小时不间断，客观要求建立轮班制度。每班由1名技术全面的技工带队，配2名壮工（燃油、燃气锅炉不用），每班连续工作8小时，工作紧张时，可要求临时工加入。

2. 锅炉的安全运行

为了使锅炉安全运行，必须做到：

（1）防止锅炉超压。锅炉运行过程中要保持锅炉负荷稳定，防止突然降低负荷，致使压力上升；防止锅炉安全阀失灵，每隔1~2天人工排汽一次，并且定期做自动排汽试验，如发现动作迟缓，必须及时修复；定期检验压力表，如发现不准确或动作不正常，必须及时更换。

（2）防止过热。防止锅炉运行中缺水，每班冲洗水位表，检查所显示的水位是否正确；定期清理旋塞及连通管，防止堵塞；定期维护、检查水位报警或超温警报设备，保持灵敏可靠，严密监视水位，万一发生严重缺水，绝对禁止马上向锅炉内加水；正确使用水处理设备，保持炉水质量符合标准，认真进行表面排污和定期排污操作，定期清除水垢。

（3）防止腐蚀。根据水质不同，采取有效的水处理和除氧措施，保证供水和炉水质量合格。加强停炉保养工作，及时清除烟尘，涂刷防锈油漆，保持炉内干燥。

（4）防止裂纹和起槽。保持燃烧稳定，避免锅炉骤冷骤热，加强对封头、板边等应力集中部位的检查，一旦发现裂纹和起槽，必须及时处理。

（5）防止水锤。勿使锅炉水位骤升、骤降，避免锅炉满水、缺水、汽水共腾等现象发生。

（6）加强安全保卫工作，提高警惕，严防有人故意破坏。

3. 锅炉的维护管理

（1）锅炉的定期检查及清扫。每台锅炉需定期检查及对有关部位进行清扫，一般每隔4个月检查一次。各类控制装置、安全保护装置以及故障报警装置的功能，需在检查时人为动作试验，确认其是否灵敏可靠。同时，对运行时形成的尘埃、烟灰和水垢等进行清扫。检查内容要周到详细，清扫工作要认真彻底，工作时应安排两名工人一起工作，根据事先拟定的检查和清扫程序进行。对于特殊情况需在锅炉运行期间进行检查作业的，检查工作一定要先制订详细的检查计划，不能影响锅炉的正常运行。清扫必须在停炉时进行。

（2）锅炉的维护。锅炉的维护分运行期间的维护及停运期间的维护。锅炉的大修工作一般安排在供暖前或供暖后停运期间进行，以不影响供暖为原则，时间限制小。大修的目的是对锅炉进行彻底全面的检查，该更换的主要设备要更换，运行中出现的问题要逐一排除解决，千万不能勉强凑合。运行期间设备的维护也是很重要的工作。在水质硬度高的地区，要定期清除水垢，检查除尘和净化设备，检查各阀门、开关的灵活性和密闭性等，做到随时发现问题，随时维修。运行期间维修时间受到严格限制，不能太长，所以物业管理公司的设备维修部应派人日夜监视锅炉的运行状况。

4. 锅炉故障分析

（1）锅炉超压。主要原因：安全阀、压力表全部失灵；锅炉工擅离岗位或不注意看管，加上安全阀失灵；锅炉本体的结构错误。

（2）锅炉附件不全或附件失灵。主要原因：没有安全阀或安全阀结构不合理，安装和调试不符合要求；没有水位表或水位表的设计、安装或使用不当，造成假水位，以致造成缺水等现象；没有压力表或压力表不准或失灵，锅炉常常高水位运行而使压力表管口结垢导致压力表失灵；给水设备或给水止回阀损坏，如给水泵发生故障或给水止回阀失去作用，都会造成锅炉缺水事故；排污阀设备损坏，如排污阀关闭不严，泄漏后造成锅炉缺水事故；热水锅炉膨胀水箱冻结，膨胀管堵塞或在膨胀管上设阀门使膨胀受阻，系统网路排气集气罐、除污器等故障引起热水锅炉事故等。

（3）锅炉满水或缺水事故。主要原因：锅炉工违反劳动纪律，擅自离开工作岗位或做与操作无关的事，锅炉工在操作锅炉时注意力不集中，不精心监视水位，不及时根据锅炉负荷的升降调节锅炉的给水量；锅炉工操作技术水平低，造成误判断、误操作；水位表汽水连管，水位表、水位柱结构不合理，造成假水位，水位表照明不良，造成观察水位不清楚；高低水位警报器失灵，不报警或误报警；双色水位计失灵；有给水自动调节器的锅炉，给水自动调节器失灵；给水压力突然升高或降低。

（4）锅炉汽水共腾。主要原因：锅水的盐含量和悬浮物过高；没有或不进行表面排污；并炉时开启主汽阀过快；单台锅炉升压后，开启主汽阀过快；锅炉负荷增加过急；锅炉严重超负荷使用；锅炉突然严重渗漏；锅炉水含油或加药不正常。

第四节　燃气供应

燃气是一种气体燃料，具有热能利用率高、燃烧温度高，易于调节火焰大小，应用方便，燃烧时没有灰渣，卫生条件好，而且可以采用管道输送或瓶装供应等特点。燃气供应系统是复杂的综合性设施，主要由燃气管网、燃气贮配站（门站、分配站）和调压站（或调压箱）等部分组成。燃气系统应保证安全、经济、可靠地向各类用户供应燃气。

一、燃气供应概述

（一）燃气的种类

燃气是指可以作为燃料的气体，它通常是以可燃气体为主要成分的混合气体。

燃气按照其来源及生产方法，大致可分为四大类：天然气、人工燃气、液化石油气和生物气（人工沼气）等。其中，天然气、人工燃气、液化石油气可作为城镇气源，生物气由于热值低、二氧化碳含量高而不宜作为城镇气源，但可以作为农村的洁净能源使用、发展。

1. 天然气

天然气包括由气田开采出来的纯天然气，与石油共生的、伴随石油一起开采出来的石油伴生气和含有少量石油轻质馏分（如汽油、煤油成分）的凝析气田气等。

天然气以其热值高、清洁卫生等优势，成为理想的城镇气源。随着天然气资源的开发、利用，已有越来越多的城镇选择天然气作为气源，一些天然气资源匮乏的国家和地区，也在利用进口液化天然气（LNG）来发展城镇燃气。液态天然气的体积为气态时的1/600，这一特点有利于天然气的运输和贮存。

2. 人工燃气

人工燃气是指以固体或液体可燃物为原料加工生产的气体燃料。一般将以煤为原

料加工制成的燃气称为煤制气；用石油及其副产品（如重油）制取的燃气称为油制气。人工燃气包括焦炉煤气、发生炉煤气、油制气等。生产人工燃气是进行煤和石油深加工、提高能源利用率、减少污染的有效措施。目前，人工燃气仍然是我国城镇燃气的重要气源之一。

3. 液化石油气

液化石油气是石油开采、加工过程中的副产品，通常来自炼油厂。液化石油气作为一种烃类化合物因其具有加压或降温即可变为液态，以进行贮存和运输，常温下减压即可汽化的特性而成为一种单独的气源种类。液态液化石油气的体积约为气态时的1/250。

目前，液化石油气已成为一些中小型城镇和城镇郊区、独立居民小区的应用气源。其中，液化石油气强制汽化和液化石油气掺混空气管道供应方式应用较为广泛。液化石油气掺混空气后其性能接近天然气，因而，还可以作为向天然气管道供应的过渡气源。

（二）燃气供应方式

燃气供应方式分为管道输送和瓶装两种。

1. 管道输送

天然气或人工煤气经过净化后，便输入城镇燃气管网。根据输送压力的不同，城镇燃气管网可分为如下几种：

（1）低压管网　输送压力 $P \leqslant 5\text{kPa}$

（2）中压管网　$5\text{kPa} \leqslant P \leqslant 150\text{kPa}$

（3）次高压管网　$150\text{kPa} \leqslant P \leqslant 300\text{kPa}$

（4）高压管网　$300\text{kPa} \leqslant P \leqslant 800\text{kPa}$

城镇燃气管网包括街道燃气管网和庭院燃气管网两部分。

在供气区域较大的大城市，街道燃气管网可采用高压管网或次高压管网，以利于远距离输送；在小城镇内，一般采用中、低压管网。无论采用何种压力的街道管网，在接入庭院燃气管网供居民使用之前，必须降至低压范围，通过调压站进行减压而实现。

燃气管道是承受压力的，而且所输送的燃气是有毒、易爆的气体。因此，不仅要求燃气管道要具有足够的强度，而且要具有气密性、耐蚀等性能，其中最主要的是气密性。

2. 瓶装

目前供应的液化石油气多采用瓶装。在贮配站（灌瓶站）设贮气罐，通过专用设

备把贮罐内的液化石油气灌入气瓶内，供用户使用。

根据用气量的大小可采用单瓶或瓶组供气。其中单瓶供应采用15kg钢瓶连同燃具供家庭使用；瓶组是把钢瓶并联供应给用气量较小的用户使用。钢瓶内液化石油气的饱和气压为70kPa～8000kPa，在室温下可自然汽化。在供燃具使用时，要经瓶上的减压阀减压至（2.8±0.5）kPa。钢瓶在运输过程中，应严格按规程进行，严禁乱扔乱抛。残液严禁倒入下水道，以免发生火灾。

（三）室内燃气管道

1. 管道系统

室内燃气管道系统由引入管、立管和支管组成，如图5－52所示。室内燃气管道多采用水煤气钢管，它属于低压管材，采用螺纹连接。埋地部分应涂防腐剂，明敷管道最好采用镀锌钢管。室内管道不允许有漏气，在安装时对严密性的要求极高，安装后必须做压力试验，并做好隐蔽工程验收记录。

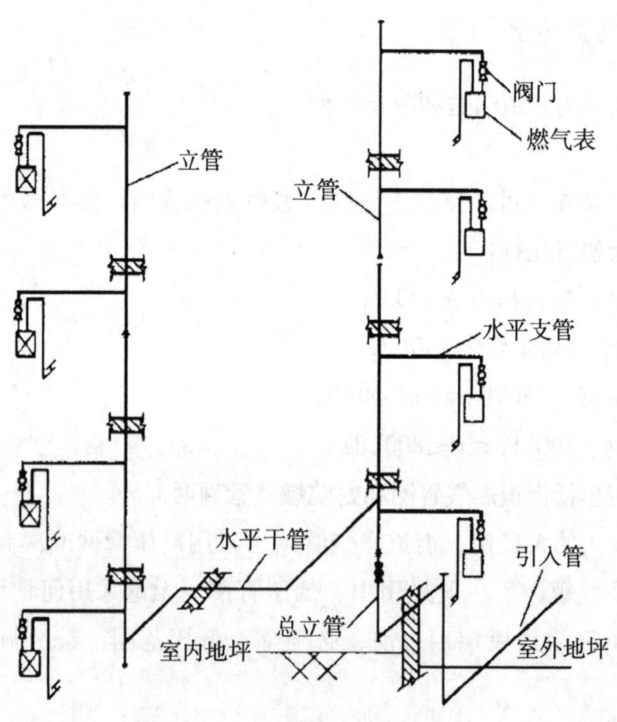

图5－52　室内燃气管道系统

引入管不得敷设在卧室、浴室、地下室及烟道等地方。所输入的为人工煤气时，管径不得小于25mm。引入管应有一定坡度，坡向入口一端，以防止或减少凝结水进入户内。在穿越建筑物基础或管沟时，均应加装套管。

室内燃气管道一般为明装。为了使用安全及布置合理，燃气管道应设在走廊的一端或在其他房屋角落处竖立安装，在不影响装拆的情况下，尽量靠近墙角。为了保证安全，室内燃气管道不得穿越卧室。立管（进户干管）上应设总阀门，阀门为旋塞式（严密性应良好）。立管一般采用同一管径从底层直通上部各楼层。每层接出的水平支管通过煤气表后再配送至用气点。水平支管沿顶棚下安装，然后再折向各用气点（煤气用具）。

当室内燃气管道系统设水平管时，水平管不得埋地敷设或在其他管沟内敷设。当建筑物有地下室时，分配管可敷设在有通风设施的地下室上部。分配管应有一定坡度，坡向引入管，以便于排除凝结水。在有可能出现冻结的地方，室内煤气管道应进行防冻措施处理。

2. 燃气计量表

燃气计量表是计量燃气用量的仪表。根据其工作原理可分为容积式、速度式和差压式计量表等多种形式。目前我国常用的为带有安全切断装置及预收费系统的智能卡式燃气表和干式皮膜式燃气计量表，前者额定流量为 $3m^3/h \sim 100\ m^3/h$，后者额定流量为 $2.8m^3/h \sim 260m^3/h$，这两种都适用于室内低压燃气供应系统。

干式皮膜式燃气计量表是目前我国民用建筑室内最常用的容积式燃气计量表，其外形为如图 5－53 所示。这种燃气计量表有一个方形金属外壳，外壳内有皮革制的小室，中间以皮膜隔开，分为左、右两部分，燃气进入表内，可使小室左、右两部分交替充气和排气，借助杠杆和齿轮传动机构，上部度盘上的指针即可指示出燃气用量的累计值。智能卡式燃气表如图 5－54 所示。

5－53　干式皮膜式燃气计量表

图 5－54　智能卡式燃气计量表

住宅建筑应每户装一只燃气表，集体、营业、专业用户、每个独立核算单位最少应装一只燃气表；燃气表宜安装在通风良好，环境温度高于 0℃，并且便于抄表及检修的地方。

燃气表安装必须平正，下部应有支撑；燃气表安装过程中不准碰撞、倒置、敲击，不允许有铁锈杂物、油污等物质掉入表内；应按计量部门的要求定期进行校验，以检查计量是否有误差。

燃气表金属外壳上部两侧有短管，左接进气管，右接出气管。高位表表底距地净距不得小于1.8m；中位表表底距地面不小于1.4m～1.7m；低位表表底距地面不小于0.15m。燃气表和燃气用具的水平距离应不小于0.3m，表背面距墙面净距为10m～15mm。一只皮膜式燃气表一般只在表前安装一个旋塞阀。

安装在过道内的皮膜式燃气表，必须按高位表安装。

（四）燃气用具

1. 民用燃具

根据我国居民的生活习惯和生活水平，一般家庭燃具设置多为燃气灶具（双眼灶或烤箱灶）和快速热水器的组合形式；部分居民用户配有燃气热水炉（用户独立采暖用）。

（1）民用燃气灶具

民用燃气灶具有单眼灶、双眼灶、三眼灶、烤箱灶、燃气火锅等。

（2）燃气热水器

我国家用燃气热水器多为快速式热水器。这种热水器体积小、热效率高、使用方便。随用随开，不需等候即可连续不断地供应温度稳定的热水（一般热水温度为40℃～60℃）。这种热水器按排烟方式可分为：直排式燃气热水器、烟道式燃气热水器、平衡式燃气热水器等。

①直排式燃气热水器。直排式热水器运行时，燃气燃烧所需要的空气取自室内，燃烧后的烟气也排放在室内（如图5－55所示）。这种热水器一般都是小型的，热水产率小于或等于6L/min。

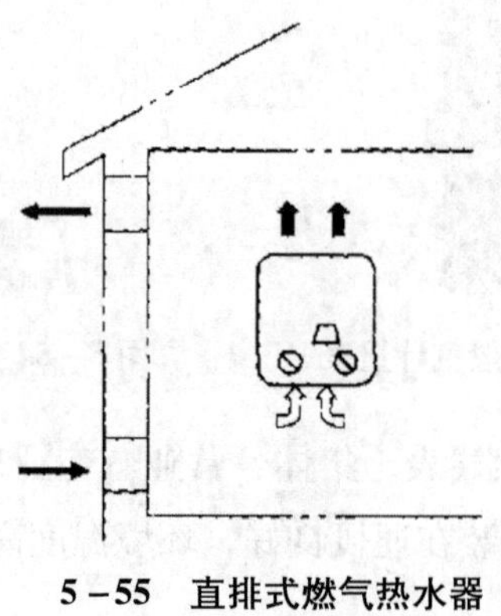

5－55　直排式燃气热水器

由于烟气直接排放在室内，容易造成室内空气污染，加上一些用户在使用过程中不注意通风，常常造成事故。因此，有关方面已规定，不再允许生产、销售直排式燃

气热水器。

②烟道式热水器。烟道式热水器运行时，燃气燃烧所需空气取自室内，而燃烧后的烟气通过烟道排至室外，烟气不会造成室内空气污染。烟道式热水器有两种排烟方法，一种是自然排烟式（见图5-56），其烟气靠烟道的自然抽力排出。烟气排放状况与烟道的安装和室外风压等因素有关：当烟道过长或室外风压较大时，烟气将不能很好地排出。另一种是强制排烟式（见图5-57），在这种热水器的烟道上装有一个小型抽风机，烟气靠抽风机强制排出，有效地防止了烟气在室内的存留。

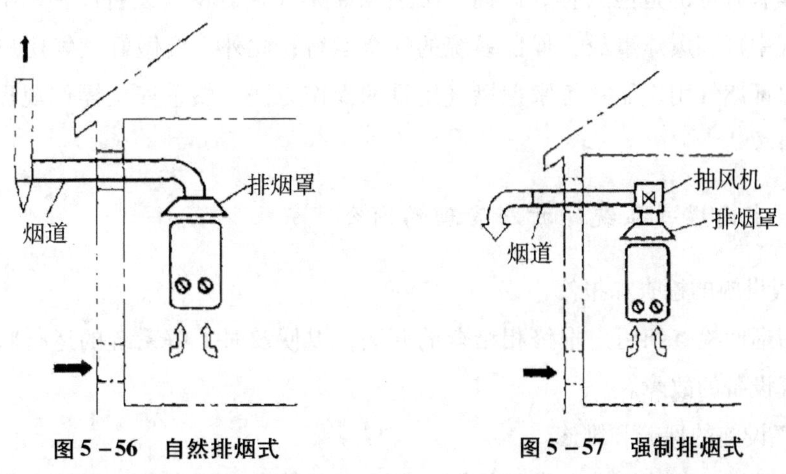

图5-56　自然排烟式　　　　图5-57　强制排烟式

③平衡式燃气热水器。这种热水器燃烧时所需空气通过进气筒取自室外，燃烧后的烟气通过排气筒排至室外（见图5-58）。这是一种封闭式燃气热水器，热水器的燃烧系统封闭在外壳内，与室内空气隔离，进气筒和排气筒通过墙壁伸向室外。这种热水器燃烧时不会造成室内空气污染，能有效防止中毒事故。但这种热水器安装时需要在墙壁上开较大的洞。因此，一般安装平衡式燃气热水器需要在建筑物设计时预留墙洞。

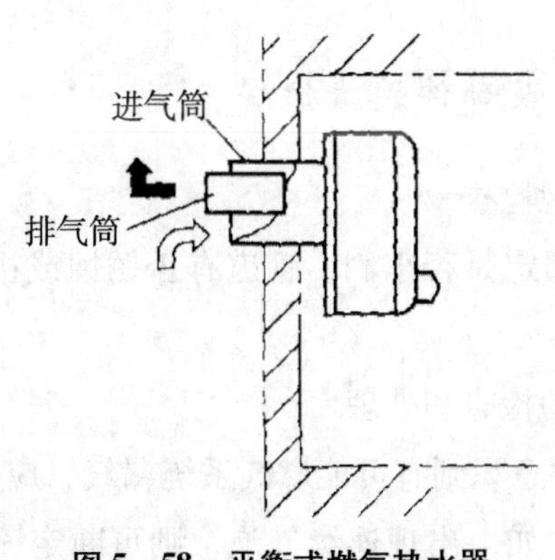

图5-58　平衡式燃气热水器

2. 商业用户燃具

商业用户使用的灶具主要有多火眼中餐灶、炸锅等。

商业用户及居民楼栋集中热水供应多使用全自动开水炉、茶浴炉等。

二、燃气供应系统的管理

一方面，城市燃气供应是城市的基础设施之一，关系到国计民生、千家万户，因而必须保证系统的正常供气，阀门开关灵活，燃气计量准确；另一方面，由于燃气是易燃、易爆和有毒的危险气体，因而，必须保证燃气管道及其设备严密、不漏气，避免发生燃气中毒和爆炸事故，保证系统的安全运行；此外，要做好燃气用户的安全教育工作，保证燃气用户能熟练掌握燃气用具的操作方法，熟悉安全操作规程，以避免发生操作事故。

（一）室内燃气系统维护与管理的内容

1. 燃气设施的检查和报修

可采用巡回检查和用户报修相结合的办法，以便及时了解系统的运行状况，发现和处理燃气设备的故障。

2. 燃气设施的保养和维修

为减少管道设备的机械和自然损坏，提高燃气的安全可靠性，延长中修和大修的周期，应对室内的燃气管道和设备进行养护维修。

3. 安全用气宣传

应通过各种方式宣传燃气安全使用知识，自觉保护好室内燃气设施。

4. 室内燃气设施的安全管理

燃气和设备的使用、销售等方面，必须严格执行国家颁布的《城市燃气管理规定》，切实做好管理。

（二）室内燃气管道及部件的维护

1. 室内燃气管道的外观检查

从外观上检查管道的固定是否牢固，管道有否锈蚀或机械损伤，管卡、托钩是否正确。

2. 室内燃气管道漏气的检查和处理

当室内出现异味时，要意识到有可能燃气系统漏气，应对燃气管道进行泄漏检查，用肥皂水涂抹怀疑漏气点，如果出现连续气泡，则可断定该处漏气，注意必须严禁用明火查找漏气点。找到漏气点后，可用湿布将其包好扎紧或将漏气点的阀门关闭，并

尽快报告燃气公司进行处理。

3. 燃气表的养护

应按计量部门的要求定期进行校验，以检查计量是否有误差。地区校验采用特制的标准喷嘴或标准表进行。

（三）室内燃气安全

1. 室内燃气作业的注意事项和安全措施

以下为室内燃气作业的注意事项和安全措施。

（1）作业人员要熟悉燃气系统情况，严格遵守操作规程。

（2）室内燃气设施维修，通常不允许带气作业，要关闭引入管总阀门，并把管道中的燃气排到室外，作业过程中要加强室内的通风换气。

（3）未经主管部门批准，对已供气的燃气管道不准采用气焊和电、气焊作业。

（4）维修结束后，用燃气置换管道中的空气时，作业范围及周围严禁一切火种。置换时的混合气体不准在室内排放，要用胶管接出排到室外，并注意环境和风向，避免发生人员中毒或其他事故。

（5）室内管道重新供入燃气后，在没有放散合格前，不准在燃气灶上点火试验，应从管道中取气样，在远离作业现场的地方点火试验。

（6）带有烟道和炉膛的燃气用具，不准在炉堂内排放所置换的混合气体。燃气用具如果一次点火不成功，应关闭燃气阀门，过几分钟后再二次点火。

（7）引入管的清通和总入口阀的检修，是危险的带气作业，要严格遵守操作规程。

2. 用户使用燃气的注意事项

（1）用户要有具备使用燃气条件的厨房，禁止厨房和居室并用；燃气灶不能同取暖炉火并用；厨房必须通风，一旦燃气泄漏能及时排出室外。

（2）点燃燃气灶时，要有人在旁看守，防止沸水溢出，将火浇灭。用小火时防止被风吹灭。

（3）要经常检查燃气胶管是否老化、破损，如有此情况，应及时更换新管。

（4）用完燃气后关闭燃气灶开关，并将燃气表后的阀门关闭。

（5）带有自动点火的灶具一次点不着时，应立即关闭灶具开关，不得将开关打开时间过长以免燃气泄漏。点燃灶火后要观察火焰燃烧是否稳定、正常，火焰燃烧不正常时需调节风门。

（6）教育儿童不要随意乱动燃气灶具开关，更不要在有燃气设施的房间内玩火。

（7）燃气泄漏时，应立即打开门窗。对发现的泄漏点及时处理，处理不了的立即报告燃气公司或有关部门采取措施。

【案例分析】

××××年××月××日，广西防城港市东兴大道一居民楼发生煤气泄漏事故，严重威胁附近居民群众的生命财产安全，防城港消防官兵接警后迅速赶到现场进行处置，成功将险情排除。

当晚20时36分，防城港市支队调度室接到群众报警，称该市东兴大道采珠市场左侧一居民楼发生煤气泄漏事故，严重威胁附近居民群众的生命财产安全，要求前往处置。接警后，支队迅速调动港口大队2辆消防车、12名官兵赶赴现场进行处置。

20时43分，消防官兵到达现场，此时，楼底下围观了大量的群众，先期到达现场的几名110民警已经划定警戒区，正在实施现场警戒。消防官兵在询问知情人后得知，发生煤气泄漏的是居民楼的3楼出租房。指挥员立即带领2名战斗员上至3楼进行侦察，发现房门紧锁，浓浓的煤气味正从紧锁的房门内散发出来，敲门也没人回应。但发现在3楼房门旁有一扇玻璃窗，可以将其破拆后进入室内排险。

根据现场情况，指挥员立即下达作战部署：关闭现场所有通信工具，切断居民楼电源；由一班组成疏散小组对该楼内的所有人员进行紧急疏散，以防万一；特勤班组成排险小组进入室内排险。

两分钟后，楼内所有人员都已撤离到安全区，特勤班两名战斗员利用铁锤敲碎窗户上的玻璃，钻进室内迅速查找煤气泄漏源头。经勘查，因煤气软管破裂加上液化气瓶开关没有关闭，导致煤气泄漏。排险小组迅速关闭液化气瓶开关，并打开室内所有门窗进行通风。

20时55分，险情被排除。此次事故无人员伤亡。

思考题：

1. 如果嗅到室内有煤气味，怀疑燃气管道泄漏，于是用打火机沿着管道检查漏气点，这种做法是否有错？如果你认为有错，请讲述正确的检查方法。

2. 如果经检查后，确定燃气管道漏气，如何修复燃气管道？

3. 你认为上述事件中，对楼内的所有人员进行疏散，这有必要吗？

【本章小结】

供暖系统主要由热媒制备、热媒循环输送和热媒利用三大部分组成。供暖系统有很多种分类方式，按热媒的不同分为热水供暖、蒸汽供暖和热风供暖三种。

供暖系统设备主要由热源设备、散热设备、循环设备和辅助设备组成。

供暖系统常用供暖设备有锅炉、散热器、换热器、水泵、膨胀水箱、集气罐、伸缩器、疏水器、减压阀和安全阀，要了解各种设备的作用和特点。

供暖系统管理的三方面内容：热源管理、热网管理和用户管理。

燃气供应部分介绍了人工煤气、液化石油气和天然气三种类型，城市燃气供应方式分为管道输送和瓶装两种。

常用燃气用具有燃气灶和燃气热水器等。

【复习思考题】

一、选择题

1. 高压锅炉是指（　　）。

A. 压力 >70kPa　　B. 压力 >70kPa，温度 >115℃

C. 温度 >115℃　　D. 温度 >100℃，压力 >70kPa

2. 自然循环系统的作用半径一般是（　　）。

A. >50m　　B. >100m　　C. <50m　　D. <100m

3. 某六层建筑有地下室、平屋顶，适合采用下列哪种供暖系统（　　）。

A. 上供下回式　　B. 上供上回式　　C. 下供下回式　　D. 下供上回式

4. 气态天然气的体积一般是液态天然气的（　　）。

A. 100 倍　　B. >300 倍　　C. 600 倍　　D. 800 倍

5. 瓶装的液化石油气经减压阀减压后的压力是（　　）。

A. (2.8 ±0.5)kPa　　B. (6.8 ±0.5)kPa　　C. (10 ±0.5)kPa　　D. (2.8 ±0.8)kPa

二、判断题

1. 疏水器的作用是疏通水路，所以它用于热水供暖系统。(　　)

2. 由于蒸汽供暖系统散热器的热媒平均温度较高，散热器表面温度也高，安全、卫生条件都不好，所以现在使用得不多。(　　)

3. 自然循环热水供暖系统，常用于大面积供热。(　　)

4. 供暖系统安装管路时，竖直放置的管要安装的尽量垂直，水平放置的管要安装的尽量水平。(　　)

5. 当天然气泄漏时，人们会闻到一种刺鼻的气味，这说明天然气是有味气体。(　　)

三、简答题

1. 简述建筑供暖系统的工作原理。

2. 什么是集中供热？它有哪些优越性？

3. 根据自然循环与机械循环原理图，比较说明二者的主要区别？
4. 热水采暖系统为何要设置膨胀水箱？
5. 简述蒸汽采暖与热水采暖的区别。
6. 水平式供暖系统与垂直式供暖系统相比有哪些优点？
7. 燃油燃气供暖比燃煤供暖有哪些优点？
8. 简述燃气供暖热水器的特点。
9. 简述散热器的工作原理。
10. 简述供暖管路中伸缩器的作用。
11. 为了使锅炉安全运行，必须做到哪些？
12. 简述供暖网络充水养护过程。
13. 简述供暖用户的管理内容。

【实践与训练】

一、实训内容

1. 组织学生参观考察某物业的供暖系统。
2. 现场考察系统的组成、管理制度以及具体的运行管理和日常维护方法等。

二、实训步骤

1. 联系学校锅炉房或热力公司考察。

2. 对供暖系统进行现场调查，简单绘出建筑的供暖系统图，并说明该系统属于何种供暖系统和有哪些供暖设备。

第六章　建筑通风与空气调节

动脑筋

为解决日益增长的家庭轿车停车问题，某小区仓促上马建设了一中小型地下停车场，建成后，使用时间不长，业主就发现，在停车场内停车时不敢长时间逗留，因为停车场内汽车尾气很难自行排出，夹杂着其他气味，人们待的时间长了，会感到胸闷、气短。假设你是该小区的物业管理人员，针对这种情况，你该如何提出自己的建议，进而解决这个问题？

学习目标

1. 掌握通风系统的组成和主要设备、设施，了解通风的分类。
2. 掌握自然通风和机械通风的原理和特点。
3. 了解空调系统的分类以及常用的空调系统。
4. 掌握制冷装置的组成及工作原理。
5. 掌握空调设备的使用要求以及空调系统的维护管理。
6. 了解通风和空调系统的常见故障，熟知常见故障的解决方法。

第一节　建筑通风基本知识

一、通风系统的作用

建筑通风，就是把室内被污染的空气直接或经净化后排到室外，再把新鲜空气补充进来，达到保持室内的空气环境符合卫生标准的需要。

可见，建筑通风是改善室内空气环境的一种手段，它包括从室内排除污浊空气和向室内补充新鲜空气两个方面，前者称为排风，后者称为送风。为实现排风和送风所采用的一系列设备、装置的总体称为通风系统。

二、通风系统的分类

建筑通风，按通风系统的工作动力不同，可分为自然通风和机械通风两种。

（一）自然通风

自然通风主要是依靠室外风所造成的自然风压和室内外空气温度差所造成的热压来迫使空气流动，从而改变室内空气环境。自然通风作为建筑节能很重要的一部分，对建筑物内部的能耗控制、环境质量控制起到不可或缺的作用。

自然通风可利用建筑物设置的门窗进行通风换气，是一种既经济又有效的措施。在对室内空气的温度、湿度、洁净度、气流速度等参数无严格要求的场合，应优先考虑自然通风。风压作用下的自然通风如图6－1所示。在建筑物的迎风面上，空气流动受到阻碍，将风的动压转化为静压，迎风面压力高于大气压力；在建筑物的背面和顶面形成涡流，且压力低于大气压。这样，压差的存在造成了室内空气流动。

热压作用下的自然通风如图6－2所示，是利用室内外空气温度的不同而形成的密度、压力差造成的室内外的空气交换。当建筑物受到风压和热压的共同作用时，在建筑物外围各窗孔上作用的内外压差等于其所受到的风压和热压之和。

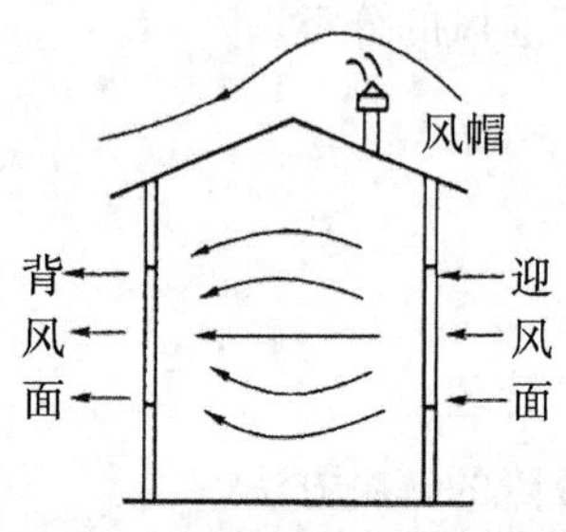

图6－1　风压作用下的自然通风

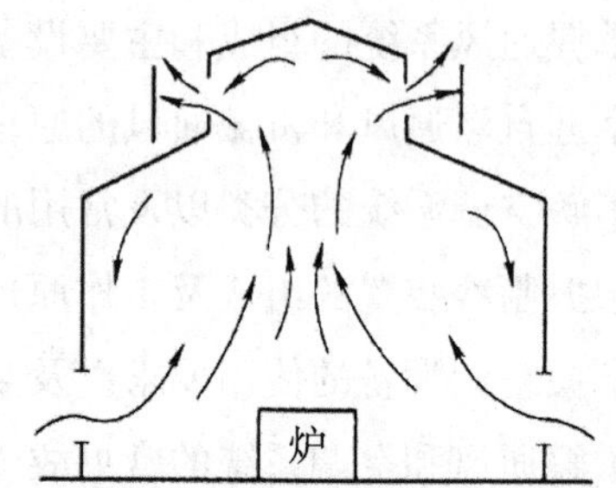

图6－2　热压作用下的自然通风

充分利用风压、热压作用下的自然通风是现代绿色环保建筑的重要内容之一，是改善室内空气质量、创造舒适环境优先采用的措施之一。

自然通风的优点是不消耗能源、经济实用、投资省；缺点是风压动力小，受室外自然条件影响大，空气不能进行预先处理，排出的空气没有进行除尘和净化，会污染周围环境。

（二）机械通风

依靠通风机所造成的压力，来迫使空气流动，进行室内外空气交换的方式叫做机械通风。

根据通风范围的不同，机械通风又可分为全面通风、局部通风和混合通风三种。采用哪种通风方式主要取决于有害物质产生和扩散的范围的大小，有害物质面积大则采用全面通风，相反可采用局部和混合通风。

1. 全面通风

全面通风是对整个控制空间进行通风换气，这种通风方式实际上是将室内污浊的空气稀释，从而使整个控制空间的空气质量达到容许的标准，同时将室内被污染的空气直接或经处理后排出室外。

图6－3所示是一种最简单的全面通风方式，装在外墙上的轴流风机把室内污浊空气排至室外，使室内造成负压（室内压力低于室外大气压力）。在负压作用下，室外新鲜空气经窗孔流入室内，补充排风，稀释室内污浊空气。采用这种通风方式，室内的有害物质不流入相邻的房间，它适用于室内空气较为污浊的房间，如厨房、厕所等。

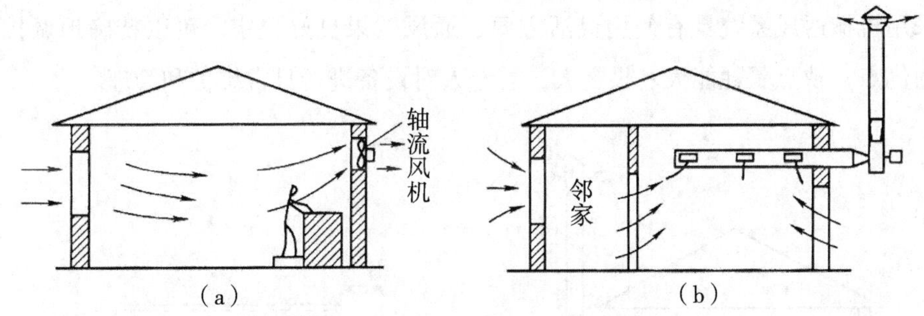

图6－3 用轴流式风机排风的全面通风

图6－4所示是利用离心式风机把室外新鲜空气（或经过处理的空气）经风管和送风口直接送到指定地点，对整个房间进行换气，稀释室内污浊空气。由于室外空气的不断送入，室内空气压力升高，使室内压力高于室外大气压力（即室内保持正压）。在这个压力作用下，室内污浊空气经门、窗及其他缝隙排至室外。采用这种通风方式，周围相邻房间的空气不会流入室内，它适用于清洁度要求较高的房间，如旅店的客房、医院的手术室等。

图6－5所示是同时设有机械进风和机械排风的全面通风系统。室外空气根据需要进行过滤和加热处理后送入室内，室内污浊空气由风机排至室外，这种通风方式的效果较好。

全面通风系统适用于有害物分布面积广以及某些不适宜采用局部通风的场合。

2. 局部通风

局部通风是只使室内局部工作地点保持良好的空气环境，或在有害物产生的局部地点设排风装置，不让有害物在室内扩散而直接排出的一种通风方法。局部通风系统又分局部排风和局部送风两类。

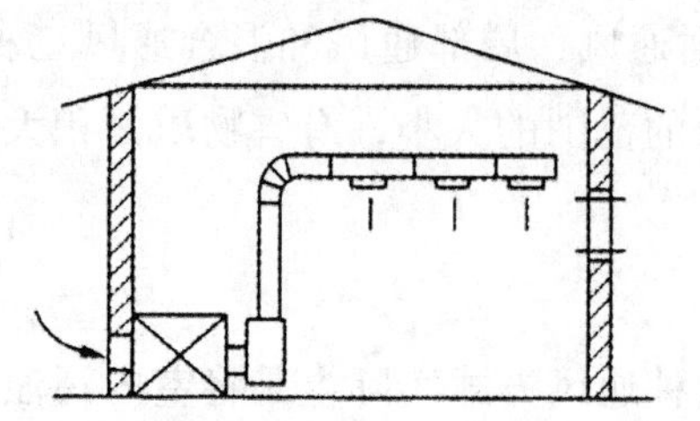

图 6－4　用风机送风系统的全面通风方式

图 6－5　同时设送风、排风风机的全面通风方式

图 6－6 所示是局部排风系统示意图。它是在有害物发生地点设置局部排风罩，尽可能把有害物源密闭，并通过风机的抽风，把污染气流直接排至室外。寒冷地区在设置局部排风系统的同时，需设置热风采暖系统。

图 6－7 所示为机械局部送风系统，通常将送风口设置在工作人员的工作地点，使人员周围的空气环境得以改善。

采用机械通风系统具有使用灵活方便、通风效果良好稳定、可以精确地调控室内环境的优点；缺点是耗能大、投资大，需专人对设备进行日常维护和管理。

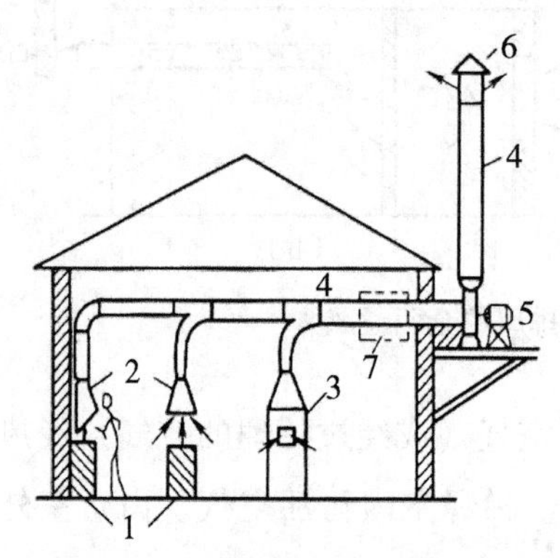

图 6－6　机械局部排风系统

1—工艺设备；2—局部排风罩；3—排风柜；4—风道；5—风机；6—排风帽；7—排风处理装置

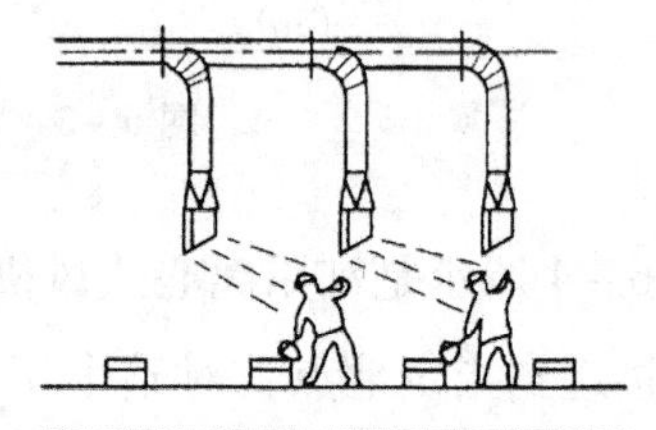

图 6－7　机械局部送风系统

三、通风系统的组成

通风工程一般包括风管、风管部件、配件、风机及空气处理设备等。风管部件指各类风口、阀门、排气罩、消声器、检查测定孔、风帽、托（支）架等；风管配件指弯管、三通、四通、异径管、静压箱、导流叶片、法兰及法兰连接件等。

（一）吸风口

将被污染的空气吸入排风管道内，其形式有吸风罩、吸风口、吹吸罩等。

（二）排风管道及管件

用于输送被污染的空气。

（三）排风机

利用排风机提供的机械动力强制排出被污染空气。

（四）风帽

将被污染的空气排入大气中，防止空气倒灌或防止雨水灌入管道。

（五）空气净化处理设备

当被污染的空气中有害物浓度超过卫生许可标准时，排放前需要净化处理，常用的设备是除尘器。

第二节　通风管道及设备

自然通风系统一般不需要设置设备，机械通风的主要设备有风机、风管或风道、风阀、风口和除尘设备等。

一、风机的分类及性能

1. 风机的分类

风机是通风系统中为空气的流动提供动力以克服输送过程中的阻力损失的机械设备。在通风系统中应用最广泛的是离心式通风机和轴流式通风机。

离心式通风机由叶轮、机壳、机轴、吸气口、排气口等部件组成，结构如图 6-8 所示。当叶轮旋转时，叶片间的气体也随叶轮旋转而获得离心力，气体跟随叶片在离心力的作用下不断流入与流出。

轴流式通风机的构造如图 6-9 所示。轴流式通风机通常将叶片通过轮毂与电动机直联装在机壳内，电动机带动叶轮旋转后，空气一方面随叶轮作旋转运动，另一方面又因为叶片具有斜面形状，使空气沿着机轴方向向前推进，并以一定速度被送出，其原理与家用电扇相类似。这种风机结构简单、噪声小、风量大，主要用于厂房、公共建筑和民用建筑的通风换气。

轴流式通风机可安装在建筑物的墙洞内、窗口上，亦可设在单独的支架上。在墙

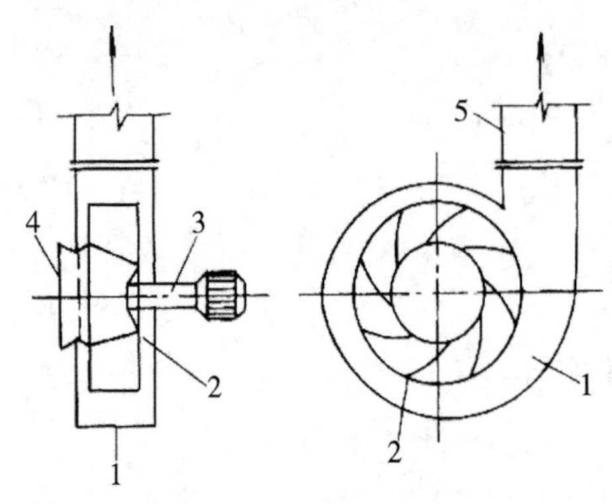

图 6-8 离心式通风机

1—机壳；2—叶轮；3—机轴；4—导流器；5—排气口

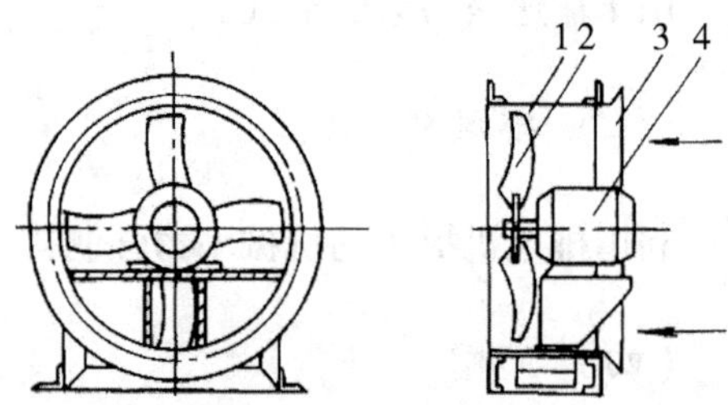

图 6-9 轴流式通风机

1—机壳；2—叶轮；3—吸入口；4—电动机

洞内设置轴流式通风机时，土建施工时应预留孔洞，预埋风机框架和支座。并应考虑遮阳、防雨措施，通常加设一个斜向下方45°的弯管。

2. 风机的技术性能

（1）风量：指风机在工作状态下，单位时间输送的空气量，单位为 m^3/h。

（2）风压：指风机所产生的压强，单位为 Pa。

（3）有效功率：指风机传送给空气的功率，它等于风量与风压的乘积，单位为 W。

二、通风管道

通风管道是通风系统的重要组成部分，其作用是输送气体。根据制作所用的材料不同可分为风管和风道两种。

（一）通风管道的材料

在工程中采用较多的是风管，风管是用板材制作的，风管的材料应根据输送气体的性质（如一般空气或腐蚀性气体等）来确定。常用的风管材料有：

1. 普通薄钢板：又称“黑铁皮”，结构强度较高，具有良好的加工性能，价格便宜，但表面易生锈，使用时应作防腐处理。

2. 镀锌铁皮：又称“白铁皮”，是在普通薄钢板表面镀锌而成，既具有耐腐蚀性能，又具有普通薄钢板的优点，应用广泛。

3. 不锈钢板：在普通碳素钢中加入铬、镍等惰性元素，经高温氧化形成一个紧密的氧化物保护层，这种钢就叫“不锈钢”。不锈钢板具有防腐、耐酸、强度高、韧性大、表面光洁等优点，但价格高，常用在化工等防腐要求较高的通风系统中。

4. 铝板：铝板的塑性好、易加工、耐腐蚀，由于铝在受摩擦时不产生火花，故常用在有防爆要求的通风系统上。

5. 塑料复合板：在普通薄钢板表面上喷一层 0.2mm ~ 0.4mm 厚的塑料层，使之既具有塑料的耐腐蚀性能，又具有钢板强度大的性能，常用在 -10℃ ~ 70℃ 的耐腐蚀通风系统上。

6. 玻璃钢板：玻璃钢是由玻璃纤维和合成树脂组成的一种新型材料。它具有质轻、强度高、耐腐蚀、耐火等特点，广泛用在纺织、印染等含有腐蚀性气体以及含有大量水蒸气的排风系统上。

在工程中有时还可以用砖、混凝土、矿渣石膏板等建筑材料制作成的风道。

（二）通风管道的连接

按金属板材连接的方法，金属板材的连接可分为咬接、铆接和焊接三种。

（三）垫料

垫料主要用于风管之间、风管与设备之间的连接，用以保证接口的密封性。

法兰垫料应为不招尘、不易老化和具有一定强度和弹性的材料，厚度为 5mm ~ 8mm 的垫料有橡胶板、石棉橡胶板、石棉绳、软聚氯乙烯板等。国内广泛推广应用的法兰垫料为泡沫氯丁橡胶垫，其中一面带胶，使用这种垫料操作方便，密封效果较好。

（四）风管的断面形状

风管的断面形状有圆形和矩形两种。在断面面积相同时，圆形风管的阻力小，材料省，强度大。在通风除尘工程中常采用圆形风管，在民用建筑空调工程中常采用矩形风管。

矩形风管的宽高比最高可达 8 : 1，在工程应用上应尽可能控制在 4 : 1 以下。

三、风阀

风阀装设在风管或风道中，主要用于空气的流量调节。通风系统中的风阀可分为一次调节阀、开关阀和自动调节阀等。其中，一次调节阀主要用于系统调试，调好阀门位置就保持不变，如三通阀、蝶阀、对开多叶阀、插板阀等；开关阀主要用于系统的启闭，如风机启动阀、转换阀等。自动调节阀是系统运行中需经常调节的阀门，它要求执行机构的行程与风量成正比，多采用顺开式多叶调节阀和密闭对开多叶调节阀。

四、风口

风口分为进气口和排气口两种，装设在风管或风道的两端，根据使用场合的不同，分为室内和室外两种形式。

（一）室外进气口

室外进气口是通风系统采集新鲜空气的入口，可设专门采气的进气塔，如图 6－10 所示，或设于外围结构的墙上，如图 6－11 所示，经百叶风格和保温阀进入。百叶风格是为了避免雨、雪或外部杂物被吸入而设置的；保温阀则用于调节进风，并防止冬季因温差结露而侵蚀系统。

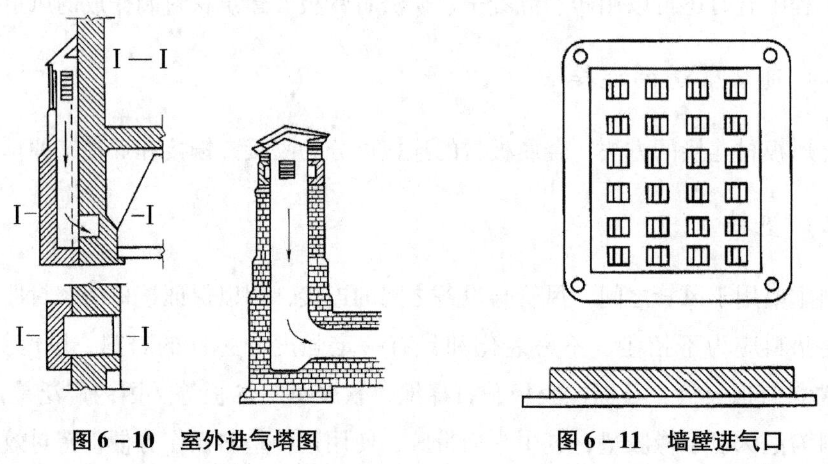

图 6－10　室外进气塔图　　图 6－11　墙壁进气口

为保证吸入空气的清洁度，进风口应该选择在空气比较新鲜、尘埃较少或离开废气排气口较远的地方。

（二）室外排风口

室外排风口是排风管道的出口，它负责将室内的污浊空气直接排到大气中去。排风口通常设置在高出屋面 1 米以上的位置，为防止雨、雪或风沙倒灌，出口处应设有百叶风格和风帽。

（三）室内进气口

室内进气口是送风系统的空气出口，它把风道送来的新鲜空气按一定的方向和速度均匀地送入室内。进气口的具体形式很多，一般采用可调节的活动百叶式风格，可调节风量和风向，如图 6－12 所示。当送风量较大时，需采用空气分布器，如图 6－13 所示。

五、除尘设备

为防止污染，在室内空气排出大气前应进行净化处理，使粉尘与空气分离，进行

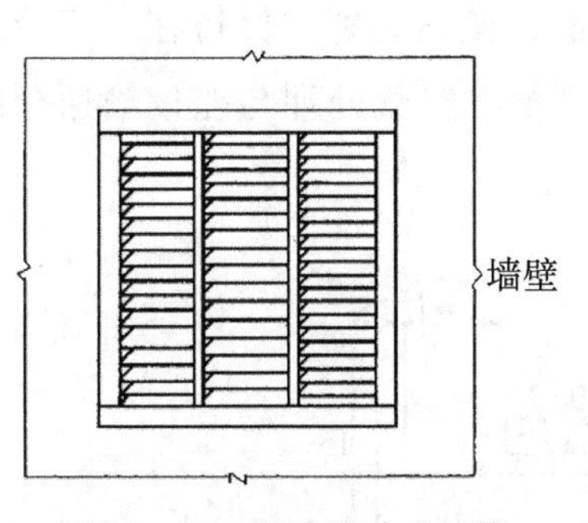

图 6－12　活动百叶式风格

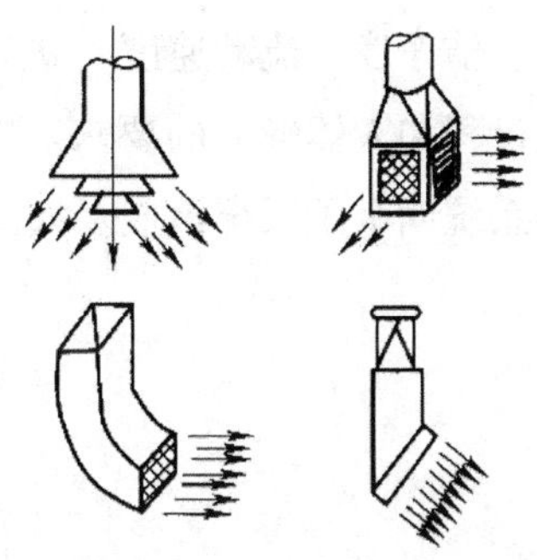

图 6－13　空气分布器

这种处理过程的设备称为除尘设备。除尘设备主要有挡板式除尘器、重力沉降室、旋风式除尘器、袋式除尘器和喷淋塔式除尘器五种类型。下面简单介绍重力沉降室和旋风除尘器。

1. 重力沉降室

是一种粗净化的除尘设备，其构造如图 6－14 所示。具有结构简单、制作方便、流动阻力小等优点，目前多用于双级除尘的第一级除尘。

2. 旋风除尘器

旋风除尘器的构造如图 6－15 所示。旋风除尘器可设置在墙体的支架上，也可设置在独立的支座上，可单独使用，亦可多台并联使用。旋风除尘器具有结构简单、体积小、维修方便等优点，所以，在通风除尘工程中应用广泛。

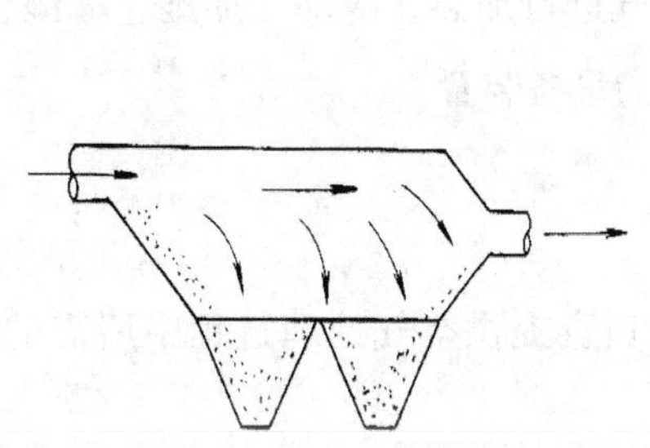

图 6－14　重力沉降室构造图

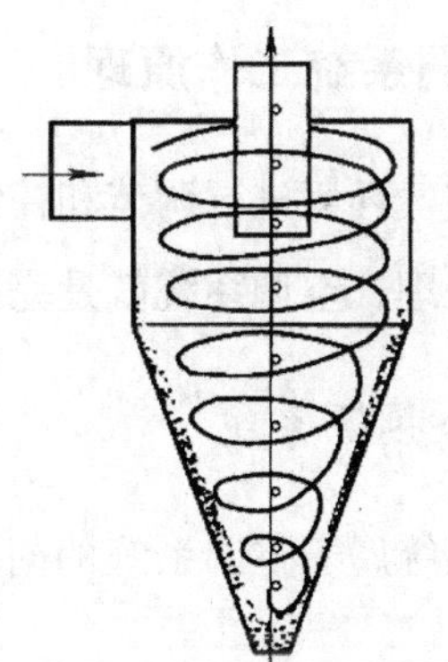

图 6－15　旋风除尘器构造图

第三节　空气调节系统工作原理

一、空调系统的概念

空气调节，就是通过采用一定的技术手段，在某一特定空间内，对空气环境（温度、湿度、洁净度、流动速度）进行调节和控制，使其达到并保持在一定范围内，以满足工艺过程和人体舒适的要求。它由冷热源系统、空气处理与能量输送分配系统和自动控制系统四个子系统组成。如图 6－16 所示。

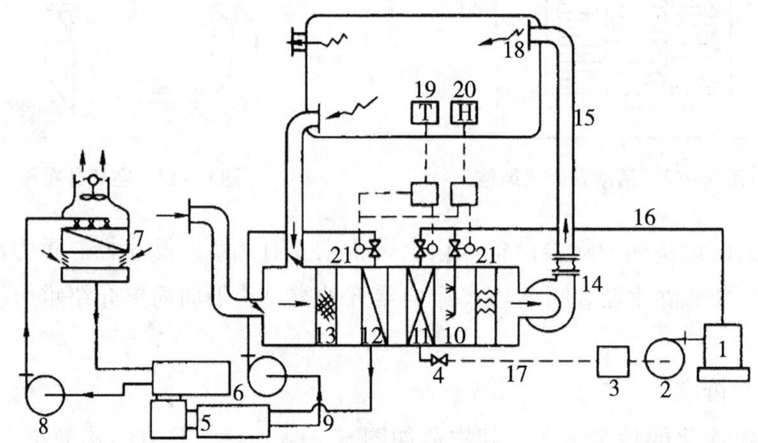

图 6－16　空调系统的基本构成

冷热源系统：1—锅炉；2—给水泵；3—回水滤器；4—疏水器；5—制冷机组；7—冷却水塔；8—冷却水循环泵；9—冷水管系

空气处理系统：10—空气加温器；11—空气加热器；12—空气冷却器；13—空气过滤器

空气能量输送与分配系统：6—冷水循环泵；14—风机；15—送风管道；16—蒸汽管；17—凝水管；18—空气分配器

自动控制系统：19—温度控制器；20—湿度控制器；21—冷、热能量自动调节阀

二、空调系统工作原理

为了对空气环境进行调节和控制，需对空气进行加热、冷却、加湿、减湿、过滤、输送等各种处理，空调系统就是完成这一工作的设备装置。

（一）冷热源系统

冷热源系统属于空调系统的附属系统，它负责提供空气处理过程中所需的冷量和热量。

冷源系统是利用制冷装置产生冷量，利用冷介质的循环将冷量输送到空气处理系统中，通过热交换设备提供空气调节过程中所需的冷量。热源系统的工作原理与前面所学的供暖系统相似，它利用热媒的循环将热量从热源输送到空气处理系统中，通过热交换设备提供空气调节过程所需的热量。

（二）空气处理系统与能量输送分配系统

空气处理系统与能量输送分配系统负责完成对空气的各种处理和输送，是空调系

统的主要环节。风机在风压作用下，室外空气从新风管进入系统，与从回风管引入的部分室内空气混合，经空气过滤器进行过滤处理，再经空气冷却器、空气加热器等进行空气的冷却和加热处理，然后经喷水室进行加湿或减湿处理，最后经送风管道输送到空调房间，从而实现对室内空气环境的调节和控制。

为了节省能源，系统将一部分室内空气与室外新鲜空气混合后再进行处理，这部分的室内空气称为回风，而室外新鲜空气称为新风。

（三）自动控制系统

自动控制系统用于对空调房间内的空气温度、湿度及所需的冷、热源的能量供给进行自动控制，它利用温度、湿度传感器对室内空气参数进行检测，并利用控制器对空气处理系统的冷、热介质管道的阀门进行控制，使其流量产生变化，以控制室内空气的状态参数。

空调系统还包括三大独立的循环管路，即制冷工质循环、热媒循环和冷媒循环管路。制冷工质在制冷装置中是制冷剂，它用其他能量作为动力，形成高温区和低温区。高温区的工质向热媒传送高温热量，使热媒温度升高；低温区的工质吸收冷媒中的热量，使冷媒温度降低。对工质的要求是性能稳定，安全高效，无污染。工质在制冷机中，温度、压力由高到低又由低到高地不停变化，形成一个独立的、封闭的管路循环系统。热媒即输热介质，负责把工质中的热量连续不断地输送出去，通常是水、水蒸气或空气。冷媒即输冷介质，负责把被工质冷却的介质连续不断地输送出去，通常是水、盐水或空气。空调制冷系统中常用的冷媒是水，这种水称为冷冻水。热媒和冷媒的循环有封闭系统也有开放系统。

第四节　空调系统的分类

空气调节系统按设备的设置情况可分为集中式、全分散式（独立式）和半集中式三种类型。

一、集中式空调系统

集中式空调系统是将空气处理设备集中设置，组成空气调节器（如图 6－17 所示），空气处理的全过程在空气调节器内进行，然后通过空气输送管道和空气分配器送到各个房间，这种空调系统又称为中央空调系统。这种空调系统处理空气量大，需要集中的冷源和热源，运行可靠，便于管理和维修，但机房占地面积大。

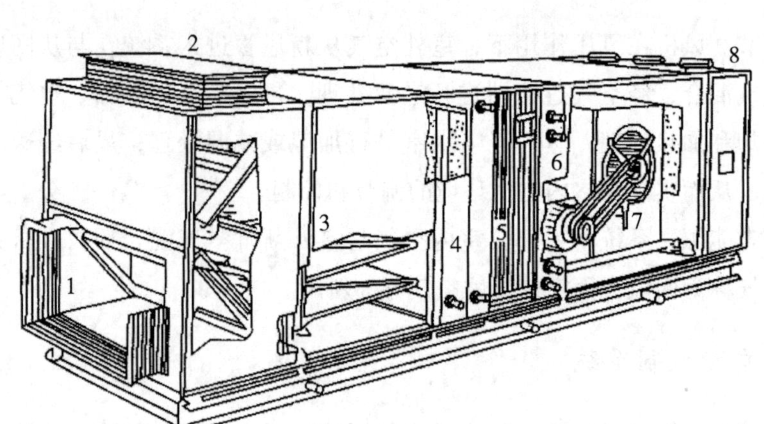

图 6－17 空气调节器

1、2—新风与回风进口；3—空气过滤器；4—空气加热器；5—空气冷却器；6—空气加湿器；7—离心风机；8—空气分配室及送风管

1. 集中式空调系统按其处理空气的来源，又可分为封闭式、直流式和混合式三种系统。如图 6－18 所示。

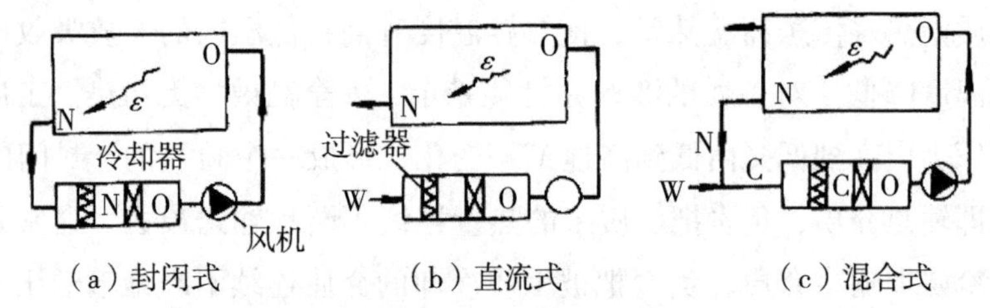

图 6－18 集中空调

N—表示室内空气；W—表示室外空气；C—表示混合空气；O—表示冷却器后空气状态

2. 按其处理空气的来源不同，可分为：

（1）封闭式集中空调系统：也称为全循环式集中空调系统。它所处理的空气全部来自空调房间，全部为再循环空气，没有室外新鲜空气补充到系统中来。这种系统卫生条件差，但能耗低。

（2）直流式集中空调系统：也称为全新风式集中空调系统。它所处理的空气全部来自室外，室外空气经处理后送入室内，使用后全部排出到室外。其处理空气的耗能量大。这种空调系统适用于室内空气不宜循环使用。

（3）混合式集中空调系统：也称为有回风式集中空调系统。从上述两种集中空调系统可见，封闭式系统不能满足卫生要求，而直流式系统又有利弊，故采用两种系统混合，即使用一部分室内再循环空气，又使用一部分室外新鲜空气，称为混合式集中空调系统。这种系统既能满足卫生要求，又经济合理，所以得到较广泛的应用。

二、半集中式空调系统

这种系统除设有集中空调机房外，还在空调房间内设有二次空气处理设备（又称为末端装置）。末端装置为诱导器者，又称为诱导器空调系统；末端装置为风机盘管者，又称为风机盘管系统。末端装置的作用主要是在空气进入空调房间之前，对来自集中处理设备的空气作进一步补充处理，以适应不同房间对空气温、湿度的不同要求。风机盘管也可对房间内空气单独处理。如图 6－19 所示。

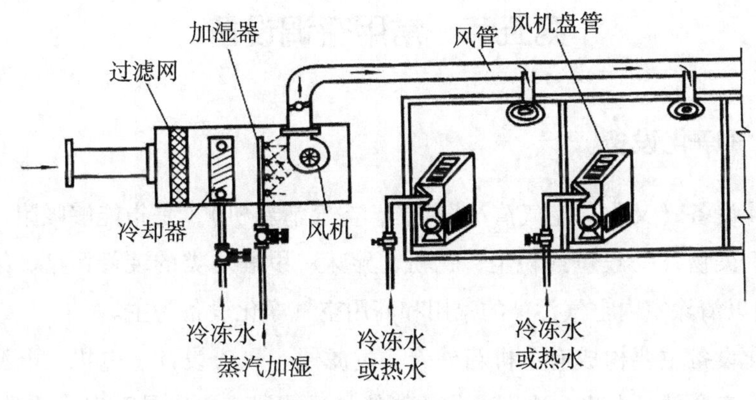

图 6－19 半集中式空调

三、全分散式空调系统

全分散式空调系统也称为局部空调。它的特点是把空气处理设备、冷热源（即制冷机组和电加热器）和输送设备（风机）集中设置在一个箱体中，组成空调机组，不需要集中空调机房，可把空调机组灵活而分散地设置在空调房间里。一个或几个邻近房间内单独设置空调机组（空调器），各空调器各自独立运行。一般有壁挂式、吊顶式、窗台式、窗户式和落地式等。这种系统的突出优点是空调设备使用灵活，安装方便，节省大量的风道。适用于面积小、房间分散和热湿负荷相差大的场合，如办公室、机房及家庭等。

空调器可按容量大小和供热方式两种方式分类。

按容量大小可分为：

1. 窗式空调器：容量较小，冷量一般在 7kW 以下，风量在 $1200m^3/h$。

2. 分体式空调器：由室外机和室内机两部分组成。将运转时产生较大噪声的压缩机及冷凝器安装在一个箱体内，装在空调房间外，称为室外机；将蒸发器及自动控制部件安装在一个箱体内，装在空调房间内，称为室内机。室内机和室外机中的制冷部件用管道连接起来。

选购空调的主要依据有两个：一是制冷量（功率），二是能效比。

正常情况下，空调器的能效比在 2.5 ~3.5，越高越好。

社会上常用一个不太准确的“匹”的概念。1 匹的制冷量大约为 2000 大卡，换算成国际单位应乘以 1.162，1 匹制冷量为 2000 大卡 ×1.162 =2324W。空调的制冷量为 2200W ~2600W 时都可称为 1 匹，在 3200W ~3600W 时称为 1.5 匹，在 4500W ~5100W 时称为 2 匹。

第五节　常用空调设备

一、空气净化设备

空气净化设备（又称“空气清洁设备”、空气清新机），是指能够吸附、分解或转化各种空气污染物（一般包括粉尘、花粉、异味、甲醛之类的装修污染、细菌、过敏原等），目前以清除室内空气污染的家用和商用空气净化设备为主。

空气净化设备主要构成有：机箱外壳、过滤段、风道设计、电机、电源、液晶显示屏等。决定寿命的是电机，决定净化效能的是过滤段，决定是否安静的是风道设计、机箱外壳、过滤段和电机。

目前，国内外空气净化产品普遍采用的净化技术主要有：紫外线净化、光触媒净化、等离子体净化、过滤净化（HEPA）、静电集尘、吸附净化、负离子净化、臭氧净化、分子络合、HIMOP 快速净化等方法。

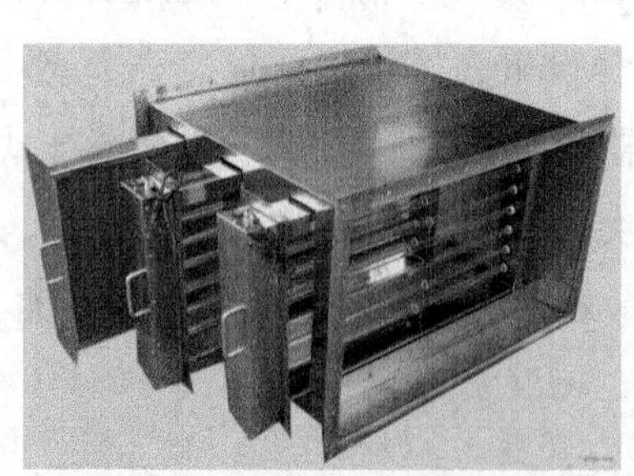

图 6 -20　小区空气净化设备

图 6 -21　家庭空气净化器

物业管理小专家

PM2.5 即细颗粒物。细颗粒物指环境空气中空气动力学当量直径小于或等于 2.5 微米的颗粒物。它能较长时间悬浮于空气中，其在空气中含量浓度越高，就代表空气污染越严重。虽然 PM2.5 只是地球大气成分中含量很少的组分，但它对空气质量和能

见度等有重要的影响。与较粗的大气颗粒物相比，细颗粒物粒径小，含大量的有毒、有害物质且在大气中的停留时间长、输送距离远，因而对人体健康和大气环境质量的影响更大。研究表明，颗粒越小对人体健康的危害越大。

细颗粒物对人体健康的危害要更大，因为直径越小，进入呼吸道的部位越深。10μm 直径的颗粒物通常沉积在上呼吸道，2μm 以下的可深入到细支气管和肺泡。细颗粒物进入人体到肺泡后，直接影响肺的通气功能，使机体容易处在缺氧状态。

2012 年联合国环境规划署公布的《全球环境展望》指出，每年有70 万人死于因臭氧导致的呼吸系统疾病，有近200 万的过早死亡病例与颗粒物污染有关。《美国国家科学院院刊》（PNAS）也发表了研究报告，报告中称，人类的平均寿命因为空气污染很可能已经缩短了 5 年半。

世界银行发布的报告表明，由室外空气污染导致的过早死亡人数，平均为每天 1000 人，每年有35 万~40 万的人面临着死亡。具体来讲，早在 1997 年，世界银行就预计有5 万中国人因为空气污染而过早死亡。总体来说，这份报告发现，中国的空气污染使得城市居民的寿命减少了 18 年。

二、空气加湿设备与减湿设备

（一）空气的加湿方法与处理设备

空气加湿的方式有两种：一种是在空气处理室或空调机组中进行，称为“集中加湿”；另一种是在房间内直接加湿空气，称为“局部补充加湿”。

用喷水室加湿空气，是一种常用的集中加湿方法。对于全年运行的空调系统，如果夏季是用喷水室对空气进行减湿冷却处理的，在其他季节需要对空气进行加湿处理时，可仍使用该喷水室，只需相应地改变喷水温度或喷淋循环水，而不必变更喷水室的结构。喷水室的结构如图 6－22 所示。

常用的加湿方法还有喷蒸汽加湿和水蒸发加湿。喷蒸汽加湿是用普通喷管（多孔管）或专用的蒸汽加湿器将来自锅炉房的水蒸气喷入空气中。水蒸发加湿是将常温水雾化后直接喷入空气中，水吸收空气中的热量而蒸发成水汽，增加空气的含湿量。常用水蒸发加湿设备有压缩空气喷水装置、电动喷雾器和超声波加湿器等，这种方式主要用于空调机组中。

（二）空气的减湿方法与处理设备

当空气湿度比较大时，可以用空气除湿设备降低湿度，使空气干燥。民用建筑中的空气除湿设备主要是制冷除湿机，其工作原理见图 6－23。

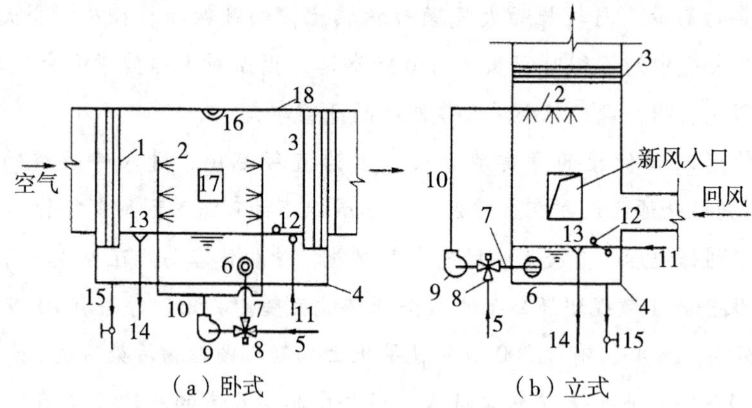

图 6-22 喷水室的结构图

1—前挡水板；2—喷嘴与排管；3—后挡水板；4—底池；5—冷水管；6—滤水器；7—循环水管；8—三通阀；9—水泵；10—供水管；11—补水管；12—浮球阀；13—溢水器；14—溢水管；15—泄水管；16—防水灯；17—检查门；18—外壳

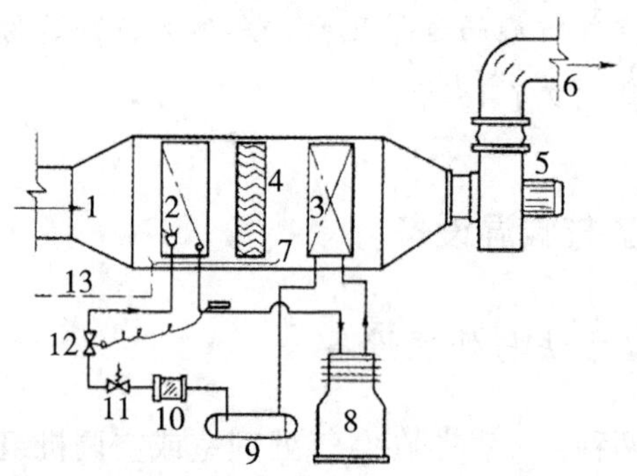

图 6-23 制冷除湿机工作原理

1—外界空气进口；2—空气冷却器（蒸发器）；3—冷凝器；4—挡水板；5—风机；6—干燥空气出口；7—盛水盘；8—压缩机；9—贮液器；10—过滤干燥器；11—电磁阀；12—膨胀阀；13—泄水管

制冷除湿机由制冷系统和风机等组成。待处理的潮湿空气通过制冷系统的蒸发器时，由于蒸发器表面的温度低于空气的露点温度，不仅使空气降温，而且能析出一部分凝结水，这样便达到了空气除湿的目的。冷却除湿的空气通过制冷系统的冷凝器时，又被加热升温，从而降低了空气的相对湿度。

三、表面式换热器

表面式换热器包括表面式空气加热设备和表面式空气冷却设备。它的原理是让媒质通过金属管道而对空气进行加热或冷却。见图 6-24。

（一）表面式空气加热器

在空调系统中，管内流通热媒（热水或蒸汽），管外加热空气，空气与热媒之间通

过金属表面换热的设备，就是表面式空气加热器。不同型号的加热器，其肋管（管道及肋片）的材料和构造形式多种多样。根据肋管加工的不同做法，可以制成穿片式、螺旋翅片管式、镶片管式、轧片管式等几种不同的空气加热器。

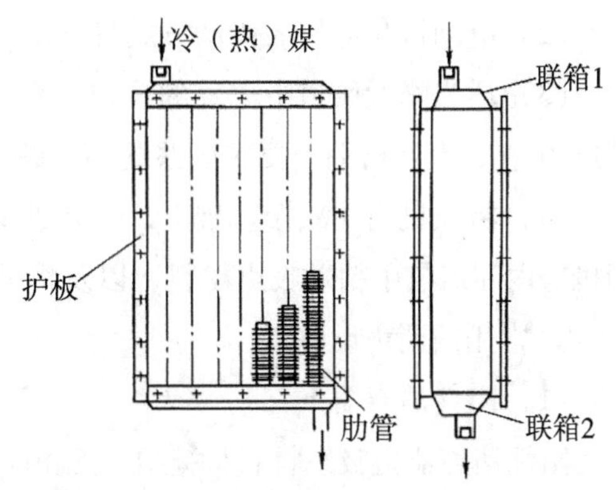

图 6－24 表面式空气换热器

用于半集中式空调系统末端装置中的加热器，通常称为“二次盘管”。有的专为加热空气用，也有的属于冷、热两用型，即冬季作为加热器，夏季作为冷却器。其构造原理与上述大型的加热器相同，只是容量小、体积小，并使用有色金属来制作（如铜管铝肋片等）。

（二）表面式空气冷却器

表面式冷却器分为水冷式和直接蒸发式两种类型。水冷式表面空气冷却器与表面式空气加热器的原理相同，只是将热媒（热水或蒸汽）换成冷媒（冷水）而已。直接蒸发式表面空气冷却器，就是制冷系统中的蒸发器。这种冷却方式，是靠制冷剂在其中蒸发吸热而使空气冷却的。

使用表面式空气冷却器，能对空气进行等湿冷却（使空气的温度降低但含湿量不变）和减湿冷却两种处理，这决定于冷却器表面的温度是高于还是低于空气的露点温度。

表面式换热器具有设备紧凑、机房占地面积小、冷源热源可密闭循环不受污染及操作管理方便等优点。其主要缺点是不便于严格控制和调节被处理空气的湿度。

四、消声和减振设备

（一）空调系统的消声设备

空调设备（主要是风机）在运行时产生噪声和振动，并通过风道或其他结构物传入空调房间。因此，对于要求控制噪声和防止振动的空调工程，应采取适当的消声和减振措施。

消声措施包括减少噪声的产生和在系统中设置消声器两个方面。

1. 减少噪声的措施

（1）选用低噪声型并且转速和叶轮圆周速度都比较低的风机，并尽量使其工作点接近最高效率点。

（2）电动机与风机的传动方式最好用直接传动，如不可能，则采用带式传动。

（3）适当降低风道中空气的流速，有一般消声要求的系统，主风道中的流速不宜超过8m/s，有严格消声要求的系统不宜超过5m/s。

（4）将风机安在减振基础上，并且进出口与风道之间采用柔性连接（软接）；在空调机房内和风道中粘贴吸声材料，以及将风机安装在单独的小室内等。

2. 常用的消声设备

（1）阻性消声器

阻性消声器把吸声材料固定在气流流动的管道内壁，利用吸声材料消耗声能，降低噪声。常用的有管式、片式、格式、声流式等。阻性消声器对中、高频噪声消声效果好，对低频噪声消声效果差。适合消除空调通风系统及以中、高频噪声为主的各类空气动力设备噪声。

（2）抗性消声器

抗性消声器多用于消除低频或低中频噪声。在结构上分为膨胀型、共振型、微穿孔板、阻抗复合型和消声静压箱消声器。

膨胀型消声器：利用气流通道断面的突然扩大，使沿通道传播的声波反射回声源方向。膨胀型消声器结构简单，不使用消声材料，耐高温和腐蚀，对中、低频噪声效果较好。为了保证消声效果，膨胀型消声器的膨胀比较大，通常为4～10倍，所以多用于小管道。

共振型消声器：由一段开有若干小孔的管道和管外一个密闭的空腔构成。小孔和空腔组成一个共振吸声结构，利用噪声频率与吸声结构固有频率相同时产生共振，导致共振吸声结构内的空气柱与结构体产生剧烈摩擦消耗声能，从而消声。吸声结构的固有频率由小孔直径、孔颈厚度和腔深所决定。共振型消声器具有强的频率选择性，对所选定的频率声消声效果好。用吸声材料消耗声能，降低噪声。常用的有管式、片式、格式、声流式等。阻性消声器对中、高频噪声消声效果好，对低频噪声消声效果差。适合消除空调通风系统及以中、高频噪声为主的各类空气动力设备噪声。

微穿孔板消声器：当共振消声器的穿孔板直径小于1mm时，就成为微穿孔板消声器。板上的微孔有较大的声阻，吸声性能好，微孔与共振腔组成一个共振系统，因此消声频程宽，对空气的阻力也小，不使用吸声材料，不起尘，特别适用于高温、潮湿以及洁净要求的管路系统消声。

阻抗复合消声器：阻性消声器和抗性消声器都有各自的频率范围。阻性适用于中、高频；而抗性对低、中频噪声有较好的消声效果。对脉动低频噪声源和变频带噪声源，单纯的阻性和抗性的消声效果都不好，所以结合阻性和抗性的消声原理做成宽频程的阻抗复合型消声器。但单从高频或低频段来看，同样尺寸的复合型消声器，消声性能

分别不如单独的阻性消声器和抗性消声器好。

消声静压箱消声器：消声静压箱是在风机出口处，或空气分布器前设置内壁面贴吸声材料空箱，达到既可稳定气流、又可起到消声的作用。

各种消声器应设在接近声源的位置，安装在直线段，通常应布置在靠近机房的气流稳定管段上，与风机出人口、弯头、三通等的距离宜大于4～5倍风管直径或相当直径。如系统所需的消声量较大或不同房间的允许噪声标准不同时，可在总管和支管上分段设置消声器。

各种消声器应注意保洁，避免油烟气体的污染，才能起到应有的作用。

（二）空调系统的减振设备

空调系统中的风机、水泵、制冷压缩机等设备运转时，会因转动部件的质量中心偏离轴中心而产生振动。该振动传给支撑结构（基础或楼板），并以弹性波的形式从运转设备的基础沿建筑结构传递到其他房间，再以噪声的形式出现，称为固体声。振动噪声会影响人的身体健康、工作效率和产品质量，甚至危及建筑物的安全，所以，对通风空调中的一些运转设备需要采取减振措施。

空调装置的减振措施就是在振源和它的基础之间安装弹性构件，即在振源和支承结构之间安装弹性避振构件（如弹簧减振器、软木、橡皮等），在振源和管道间采用柔性连接，这种方法称为积极减振法。对精密设备、仪表等采取减振措施，以防止外界振动对它们的影响，这种方法称为消极减振法。

空调设备常用橡胶减振垫、橡胶减振器、弹簧减振器等。

1. 橡胶减振垫

橡胶弹性好、阻尼比大、制造方便，是一种常用的较理想的隔振材料。它可以一块或多块叠加使用，但易受温度、油质、阳光、化学溶剂的侵蚀，易老化。该类减振装置主要是采用经硫化处理的耐油丁腈橡胶制成。使用时，将橡胶材料切成所需要的面积和厚度，直接垫在设备下面，一般不需要预埋螺栓固定，易加工制作，安装方便。实物图见图6－25。

2. 橡胶减振器

橡胶减振器是由丁腈橡胶制成的圆锥形状的弹性体，并粘贴在内外金属环上，受剪切力的作用。它有较低的固有频率和足够的阻尼，减振效果好，安装和更换方便，且价格低廉。一般情况下，设备转速 $n > 1200$r/min 时，宜采用橡胶减振器。实物图见图6－26。

3. 弹簧减振器

弹簧减振器由单个或数个相同尺寸的弹簧和铸铁护罩组成，用于机组座的安装及吊装。它的固有频率低，静态压缩量大，承载能力大，减振效果好，性能稳定，应用广泛，但价格较贵。另外，在弹簧减振器底板下面垫有10mm厚的橡胶板，还能起到隔音作用。当设备转速 $n<1200$r/min时，宜采用弹簧减振器。实物图见图6－27。

图6－25　橡胶减振垫

图6－26　橡胶减振器

图6－27　弹簧减振器

4. 金属弹簧与橡胶组合减振器

当采用橡胶减振器满足不了减振要求，而采用金属弹簧减振又阻尼不足时，可以采用金属弹簧和橡胶组合减振器。该减振器有并联和串联两种形式。

在实际工程中，为了方便设计和安装，一些设备如风机、水泵、制冷机组等会自带配套的减振装置，可以按照施工图纸直接安装。

五、空气输送与分配设备

空气调节系统中空气的输送与分配是利用风机、送、回风管及空气分配器（布风器）和空气诱导器来实现的。

（一）风机

空调系统的风机主要采用离心风机。离心风机的叶片形式主要有后弯、前弯两类，大、中型空调系统较多采用后弯叶片的离心风机，小型空调设备（如风机盘管、房间空调器等）中较多使用前弯叶片的离心风机。

（二）风管

风管用材料应表面光洁，质量轻，方便加工和安装，并有足够的强度、刚度，且抗腐蚀。常用的风管材料有薄钢板、铝合金板或镀锌薄钢板等，主要有矩形和圆形两种截面。为调节风管的空气流量，实现空气的合理分配，在风道和支管中常设有调风门。

（三）空气分配器

空气分配器用于低速空调系统，一般有辐射形空气分配器、轴向送风空气分配器、线形送风空气分配器、面形送风空气分配器、多用形送风空气分配器等形式。

（四）空气诱导器

诱导器为高速空调系统的主要送风设备，如图 6－28 所示立式诱导器基本结构、工作原理图。从空调器来的一次风在通过喷嘴时得到高速（约 20m/s～30m/s）。由于喷出气流的引射作用，室内的空气（称二次风）通过进风栅被吸入诱导器，这种吸入现象称为“诱导”。一次风与二次风在混合室内混合，最后从出风栅送出。

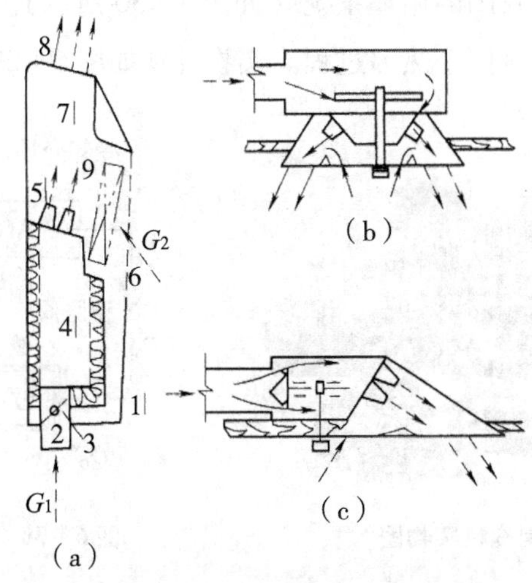

图 6－28　空气诱导器工作原理图

1—诱导器箱体；2——次风管；3—调风门；4—静压箱；5—喷嘴；6—二次风进风栅；7—空气混合室；8—混台风出风栅；9—换热器

空调室内的气流组织不但取决于诱导器和空气分配器的结构、工作性能、送风口布置等，而且回风口的结构、布置位置对气流组织也有一定影响。良好的回风能促使气流更加均匀、稳定。一般空调房间多采用百叶窗式回风口，并较多布置在房门或近于走廊的墙壁下面使回风直接进入走廊。

对某些空气污浊有气味的房间，如厕所、浴室等，一般不设专门送风装置，而只是从走廊引进一部分回风，然后再把这部分回风连同污浊空气一起通过排风管排至室外。

第六节　空调制冷

制冷系统是空调系统的“冷源”，它通过制备冷冻水提供给空气处理设备使用，从而向整个系统提供冷量，它由制冷装置、冷冻水管路和冷却水管路三个子系统组成。

一、制冷装置

制冷装置是制冷系统的核心，常见的制冷方式有压缩式、吸收式和蒸汽喷射式三大类。

1. 压缩式制冷机

利用“液体汽化时要吸收热量”这一物理特性，通过制冷剂（工质）的热力循环，以消耗一定量的机械能作为补偿条件来达到制冷的目的。

压缩式制冷机是由制冷压缩机、冷凝器、膨胀阀和蒸发器四个主要部件所组成，并用管道连接，构成一个封闭的循环系统（如图 6－30 所示）。制冷剂在制冷系统中历经蒸发、压缩、冷凝和节流四个热力过程。实物外观如图 6－29 所示。

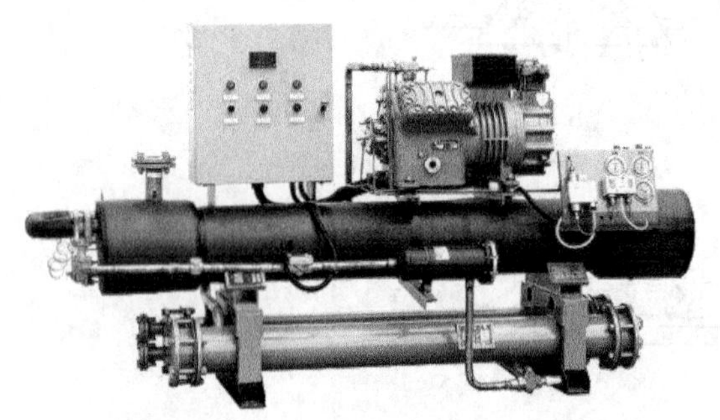
图 6－29　压缩式制冷机实物图

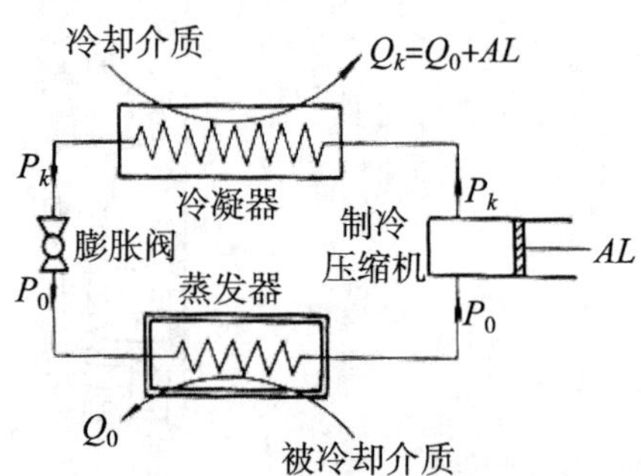

图 6－30　压缩式制冷循环原理图

在蒸发器中，低压低温的制冷剂液体吸取其中被冷却介质（如冷水）的热量，蒸发成为低压低温的制冷剂蒸汽，每小时吸收的热量 Q_0 即为制冷量。

低压低温的制冷剂蒸汽被压缩机吸入，并被压缩成高压高温的蒸汽后排入冷凝器。在压缩过程中，制冷压缩机消耗机械功 AL。

在冷凝器中，高压高温的制冷剂蒸气被冷却水冷却，冷凝成高压的液体，放出热量 Q_k（$Q_k = Q_0 + AL$）。

从冷凝器排出的高压液体，经膨胀阀节流后变成低压低温的液体，进入蒸发器再进行蒸发制冷。

由于冷凝器中所使用的冷却介质（水或空气）的温度比被冷却介质（水或空气）的温度高得多，因此，上述人工制冷过程实际上就是从低温物体夺取热量而传递给高温物体的过程。由于热量不可能自发地从低温物体移到高温物体，故必须消耗一定量的机械能 AL 作为补偿条件，正如要使水从低处流向高处时，需要通过水泵消耗电能才能实现一样。

目前常用的制冷剂有氨和卤代烃（俗名氟利昂），它们各具特点。氨有良好的热力学性质，价格便宜，但对人体有强烈的刺激作用，并且容易燃烧和爆炸。氟利昂是饱

和碳氢化合物的卤族衍生物的总称，种类很多，可以满足各种制冷要求，目前国内常用的是 R12（CF_2Cl）和 R22（CHF_2Cl）。这种制冷剂的优点是无毒、无臭、无燃烧爆炸危险，缺点是对大气臭氧层有破坏，渗透性强并且不易被发现。中小型空调制冷一般多采用这种制冷剂。现已有新型的替代制冷剂出现，如 R134a。

压缩式制冷系统，根据所采用的制冷剂不同，可分为氨制冷系统和氟利昂制冷系统两类。这两类制冷系统中，除具备上述四个主要部件外，为保证系统的正常运转，尚需配备一些辅助设备，包括油分离器（分离压缩后制冷剂蒸气夹带的润滑油）、贮液器（存放冷凝后的制冷剂液体，并调节和稳定液体的循环量）、过滤器和自动控制器件等。此外，氨制冷系统还配有集油器和紧急泄氨器等；氟利昂制冷系统还配有热交换器和干燥器等。

2. 吸收式制冷机

吸收式制冷机以溴化锂水溶液为工质，其中以水为制冷剂，溴化锂溶液为吸收剂。它利用溴化锂水溶液在常温下（特别是在温度较低时）吸收水蒸气的能力很强，而在高温下又能将所吸收的水分释放出来的特性，以及利用制冷剂水在低压下汽化时要吸收周围介质的热量的特性来实现制冷的目的。

水的蒸发温度与压力大小有关，压力越低，水越容易沸腾。在吸收式制冷中，作为制冷剂的水在实现制冷循环过程中都是在高真空度下进行的，这是吸收式制冷的工作特点。

图 6－31 所示为溴化锂吸收式制冷机组，它主要由发生器、冷凝器、蒸发器和吸收器四个主要部分组成。其工作过程如图 6－32 所示。

图 6－31　吸收式制冷机实物图

制冷剂水在蒸发器内夺取空调回水的热量（即制冷过程）而汽化形成水蒸气，水蒸气进入吸收器中被浓溴化锂水溶液吸收，吸收水蒸气的溴化锂水溶液浓度变稀后，被送至发生器加热浓缩，在加热过程中，溶液中的水重新汽化成水蒸气，再通过冷凝器将水蒸气冷凝为水，形成冷凝水，经节流装置又进入蒸发器中，再行汽化吸热，制备出空调冷冻水。

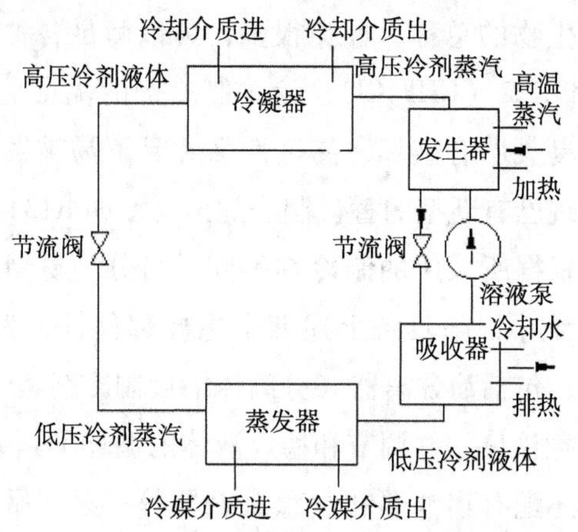

图 6－32　吸收式制冷机原理图

二、冷冻水系统

冷冻水系统负责将制冷装置制备的冷冻水输送到空气处理设备，一般可分为闭式系统和开式系统。

对于变流量调节系统，常采用闭式系统，其特点是和外界空气接触少，可减缓对管道的腐蚀，制冷装置采用管壳式蒸发器，常用于表面冷却器的冷却系统。而定流量调节系统，常采用开式系统，其特点是需要设置冷水箱和回水箱，系统的水容量大，制冷装置采用水箱式蒸发器，用于喷淋室冷却系统。

为了保证闭式系统的水量平衡，在总送水管和总回水管之间设置有自动调节装置，一旦供水量减少而管道内压差增加，使一部分冷水直接流至总回水管内，保证制冷装置和水泵的正常运转。

三、冷却水系统

冷却水负责吸收制冷剂蒸汽冷凝时放出的热量，并将热量释放到室外。它一般可分为直流式、混合式及循环式三种形式。

直流式冷却水系统将自来水或井水、河水直接打入冷凝器，升温后的冷却水直接排出，不再重复使用。

混合式冷却水系统是将通过冷凝器的一部分冷却水，与深井水混合，再用水泵压送至冷凝器使用。

循环式冷却水系统，是将来自冷凝器的升温冷却水先送入蒸发式冷却装置，使其冷却降温，再用水泵送至冷凝器循环使用，只需要补充少量的水。

第七节　建筑通风和空气调节系统管理

一、建筑通风系统管理

（一）建筑通风系统制度管理

通风系统是一个复杂的、自动化程度高的系统，除了依靠高技术素质和高度责任心的操作运行人员进行运转管理外，还要依赖于科学的管理制度。

1. 建立健全各项管理制度。

（1）岗位责任制。规定配备人员的职责范围和要求。

（2）巡回检查制度。明确定时检查的内容、路线和应记录项目。

（3）交接班制度。明确交接班要求、内容及手续。

（4）设备维护保养制度。规定设备各部件、仪表的检查、保养、检修、定检周期、内容和要求。

（5）清洁卫生制度。

（6）安全、保卫、防火制度。

2. 应有执行制度时的各种记录：运行记录、交接班记录、水质化验记录、设备维护保养记录、事故记录等。

3. 制定操作规程，保证风机及辅助设备得以正确、安全地操作。

（二）建筑通风系统的运行管理

1. 开车前的检查。开车前要做好运行准备，必须对设备进行检查。主要检查项目有风机等转动设备有无异常；打开应该开启的阀门；给测湿仪表加水等。

2. 室内、外空气温湿度的测定。根据当天的室内外气象条件确定运行方案。

3. 开车。开车指启动风机等其他各种设备，使系统运转，向通风房间送风。启动设备时，只能在一台转速稳定后才允许启动另一台，以防供电线路启动电流太大而跳闸。风机起动要先开送风机，后开回风机，以防室内出现负压。风机启动完毕，再开电加热器等设备。

4. 运行。认真按规定时间做好运行记录，尤其是对刚维修过的设备更要多加注意。发现问题应及时处理，重大问题应立即报告。

5. 停车。先关闭加热器，再停回风机，最后停送风机。停车后巡视检查，检查完毕方可离开。

（三）建筑通风系统的维护

通风及防排烟系统的维护主要包括四个方面：灰尘清理、巡回检查、仪表检定、系统检修。

1. 灰尘清理

通风系统灰尘来源主要是新风、漏风、风管内积尘以及回风从室内带出来的灰尘等，运行人员要针对灰尘来源进行清理，防止空气污染。

2. 巡回检查

经常检查并及时更换空气过滤器。新风等粗效泡沫塑料过滤器要经常清洗，一般15～30天清洗一次；风机盘管过滤器30～40天清洗一次；中效玻璃纤维过滤器当阻力为初阻力的两倍、其他型号过滤器当达到其规定终阻力时要更换。更换安装过滤器时，不准污染滤料，安装要严密不漏风。对于循环使用的泡沫塑料滤料，清洗和晾干都要在干净的环境中进行，使用中最好先测定其效率，不合格者应更换新的。保持通风系统洁净，经常打扫风机箱等，并定期上漆防锈，上漆要牢靠，不起粉尘。必要时要打扫风管内部。经常检查堵漏，尽量减少系统漏风点。消声器的材料要保持干净，当其积尘量大时要清洗或更换。同时还要保持房间环境整洁，确保通风房间内的正压。定期测定送风和室内的含尘量，以便及时发现问题并予以解决。

对设备状态进行巡回检查的目的是做到心中有数，出现问题及时解决，对暂时维修不了的设备，应采取应变措施，待非使用期时维修。巡回检查的主要项目包括送回风机、水泵、电动机声音是否正常，轴承发热程度如何，传动带松紧是否合格；风机箱、风管等内部是否锈蚀脱漆现象，水阀门是否严密，开关是否灵活；风管、水管保温是否有损坏；各个部位的空气调节阀门有否损坏，固定位置变化否；需定期清洗、更换的设备（如各级过滤器等）是否已到清洗更换限度；配电盘、各种电器接线头有否松脱发热现象，仪表动作是否正常等。

3. 仪表检定

仪表检定是指定期检验和校正测量、控制仪表设备，保证它们测量控制准确无误。

二、空调系统的管理

空调系统的管理主要是系统的运行管理和日常维护管理。

（一）空调系统的运行管理

空调系统的运行管理主要是系统的运行调节。空调系统在全年运行中，室内本身

的热、湿负荷也会随着生产情况和室内人员的变化而有所不同。因此，空调系统在全年运行期间就不能一成不变地按满负荷运行，而必须根据负荷的变化进行运行调节，才能保证室内温、湿度要求。

1. 集中式空调系统的运行调节

(1) 露点控制法

如果只有室外空气状态发生变化，可以采用露点控制法，即只需把喷水室（或换热器）出口的空气状态按需要进行控制，就能保证需要的送风状态，同时也保证了需要的室内状态。露点控制法是通过改变加热（冷却）量、调整新回风比例、调节喷水室（或换热器）的水温等方法来实现的。

(2) 其他方法

如果室内外负荷都发生变化时，也可采取加热、冷却、再热、加湿、减湿及改变风量等方法进行处理。

①温度调节：温度调节有两种方法，一是用阀门调节盘管内冷冻水或热水的流量；二是调节新风旁通阀，使部分新风不经过盘管而通过旁通管，改变加热新风和旁通新风的混合比例。

②湿度调节：湿度调节有控制露点温度和控制送风水蒸气分压两种方法。控制送风水蒸气分压就是改变送风状态的含湿量，在冬季可以用喷蒸汽加湿的方法，在夏季可以用固体或液体吸湿剂减湿的方法。

③风量调节：在负荷变化的情况下，用调节风量的方法来保证室内空气的温、湿度要求是一种有效并且节能的办法，这种系统通常称为变风量系统，风量的调节可通过风机变速或风量调节阀等实施。

2. 风机盘管空调系统的运行调节

(1) 风机盘管系统的局部运行调节

为了适应空调房间负荷在短时间内发生的变化，风机盘管系统设有两种局部调节方法。

①调节水量：当室内的冷负荷减少时，可通过安装在风机盘管供水管道上的二通或三通调节阀进行调整，以减少进入盘管中的水量，吸收房间内空气热量的能力下降，以适应室内的冷负荷变化。反之，当室内冷负荷增加时，则增加盘管中冷水的流量。

②调节风量：这种调节方法是将风机的转速分成 3 挡，转速的快慢变化使通过盘管的风量也发生变化。当室内的冷负荷减少时，降低风机的转速，使通过盘管的风量减少，空气在盘管中的热交换量也随之减少。

(2) 风机盘管系统的全年运行调节

当系统的新风不承担室内显热负荷时，只需将新风处理到和室温相同即可。新风对室温不起调节作用，而由盘管承担全部室内显热负荷，靠风机盘管局部调节来满足室内温、湿度的要求。

当系统的新风需承担围护结构温差传热所造成的冷（热）负荷时，可用新风处理设备中的二次加热（冷却）器集中升高（降低）新风的温度。

双水管系统的风机盘管，在同一时间内只能向所有风机盘管供应同一温度的水。在过渡季节运行时，随着室外温度的降低，应集中调节新风载热量，逐渐升高新风温度，以抵消传热负荷的变化。此时，进入盘管的水温仍保持不变，风机盘管靠水量调节，消除室内短时间负荷变化的影响。

（二）空调系统的维护

1. 实际送风量过大，原因如下：

（1）系统风管阻力小于设计阻力，使送风量增加。

（2）设计时送风机选择不合适，风量或风压偏大，使实际送风量增加；

解决方法是：①若送风量稍大于设计风量，在室内气流组织和噪声值允许的情况下，可不做调整；②在必须调整时，可采用改变风机转速的方法进行调节；③若无条件改变风机转速，可用改变风道调节阀开度的方法进行风量调节。

2. 实际送风量过小，原因如下：

（1）系统的实际送风阻力大于设计计算阻力，使空调系统的实际送风量减少；

（2）送风系统的风道漏风；

（3）送风机本身质量不好，或送风机不符合要求，或空调系统运行中对送风机的运行管理不善。

解决方法是：①若条件许可，可对风管的局部构件进行改造（如在风道弯头中增设导流叶片等），以减少送风阻力；②对送风系统进行认真检漏，对高速送风系统进行检漏试验，对低速送风系统应重点检查法兰盘和垫圈质量，看是否有泄漏现象，对空气处理室的检测门、检测孔的密封性作严格检漏；③更换或调整送风机，使其符合工作参数要求。

3. 送风状态参数与设计工况不符，原因如下：

（1）设计计算有误，所选用的空气处理设备的能力与实际需要偏差较大；

（2）设备性能不良或安装质量不好，达不到送风的参数要求；

（3）空调系统的冷热媒的参数和流量不符合设计要求；

（4）空气冷却设备出口带水，如挡水板的过水量超过设计估算值，造成水分再蒸发，影响出口空气参数；

（5）送风机与风道温升（温降）超过设计值，影响风道的送风温度；

（6）处于负压状态下的空气处理装置和回风风道漏风。

解决方法是：①通过调节冷热媒的进口参数和流量，改善空气处理设备的能力，以满足送风状态参数要求。若调节后仍不能明显改变空气处理的能力，则应更换空气处理设备；②当冷热媒参数和流量不符合设计要求时，应检查冷冻系统或热源的处理能力，看它们是否能满足工作参数的要求。另外，还要检查水泵的扬程是否有问题，以及冷热媒管道的保温措施或管道内部是否有堵塞；③冷却设备出口处空气带水时，若为表面冷却器系统可在其后增设挡水板，以提高挡水效果；若为喷水室系统，则要检查挡水板是否插入池底，挡水板与空气处理室内壁间是否有漏风等；④送风机和风道温升（温降）过大时，应检查过大的原因。若送风机运行超压使其温升过大，应采取措施降低送风机运行风压。如果是管道温升（温降）过大时，应检查管道的保温措施是否得当。

4. 室内空气参数不符合设计要求，原因如下：

（1）实际热湿负荷与设计计算负荷有出入，或送风参数不能满足设计要求；

（2）室内气流速度超过允许值；

（3）室内空气洁净度不符合要求。

解决方法是：①根据风机和空气处理设备的能力来确定送风量和送风参数。若条件许可，可采取措施减少建筑围护结构的传热量及室内产热量；②通过增加送风口面积来减小送风速度或减少送风量及改变送风口形式等措施，改善室内气流速度；③经常检查过滤器的效率和安装质量，增加空调房间换气次数和室内正压值，完善运行管理措施，以改善室内空气的洁净程度。

（三）空调设备的维护

1. 空调机组的维护

空调机组的维护主要包括空调机组的检查及清扫。空调机组的检查和清扫需在停机时进行，一般2~3人一起按照事先规定的程序进行。检查时关闭有关阀门，打开检修门，进行空调机组内部卸过滤网，检查盘管及风机叶片的污染程度，并彻底进行揩拭清扫。在清扫时检查盘管及箱底的锈和螺栓紧固情况，并在运转处加注润滑油。将过滤器在机外冲洗干净，晾干以后再稳固安装上去，发现有损坏应及时修复或更换。

内部检查完毕后，关闭检修门，打开有关阀门，然后把空调机组外体揩拭干净，再进行单机试车。单机试车时必须注意运行电流、电机温升、传动装置的振动及噪声等是否正常。单机试车结束后再进行运行试车，运行试车时检查送风温度和回风温度是否正常，进水电磁阀与风阀的动作是否可靠正确、温度设定是否灵敏等。一切正常后，该台空调机组可以正式投入使用。

2. 风机盘管的维护

风机盘管的主要维护项目如下表所示。

风机盘管的主要维护项目

设备名称	项目		
	巡视检查项目	维修项目	周期
空气过滤器	过滤器表面污垢情况	用水清洗	1 次/月
盘管	肋片管表面的污垢情况	清洗	2 次/年
	传热管的腐蚀情况	清洗	2 次/年
风机	叶轮沾污灰尘情况	清理叶轮	2 次/年
滴水盘	滴水盘排水情况	清扫防尘网和水盘	2 次/年
管道	隔热结构，自动阀的动作情况		及时修理

3. 换热器的维护

换热器的维护包括换热器表面翅片的清洗和换热器的除垢。清除垢层常用的方法有压缩空气吹污、手工或机械除污和化学清洗。

4. 离心式通风机的检修

风机的维修工作包括小修和大修两个部分。小修内容一般包括：清洗、检查轴承；紧固各部分螺栓、调整皮带的松紧度和联轴器的间隙及间轴度：更换润滑油及密封圈；修理进出风调节阀等。大修内容：小修内容，解体清洗，检查各零部件；修理轴瓦，更换滚动轴承；修理或更换主轴和叶轮，并对叶轮的静、动平衡进行校验等。

风机主轴的配合如果超出公差要求，一般予以更换。而叶轮磨损常用补焊修复。补焊时应加支撑，以防变形，焊后应做静平衡试验，大功率风机叶轮还应做动平衡试验。若磨损变形严重，应予更换。叶轮的前盘板、后盘板及机壳的磨损、裂纹，一般通过焊补修复，不能修复者应予以更换。

修复好或准备更换的零部件，应进行外形尺寸的复核和质量的检查，合格后再清洗干净，依次将轴套、轴承、轴承座、皮带轮、密封装置、叶轮与主轴固定好，再装配吸入口、各管道阀门。装配时不要遗漏挡油盘、密封圈、平键等小零件。调整各部间隙时应特别注意叶轮与蜗壳的间隙，电动机与联轴器的同轴度应满足使用要求。

（四）制冷机的运行与维护

制冷机是空调系统的冷源，制冷机运行正常与否是空调系统运行正常与否的关键。同时制冷机也是空调系统中最复杂的设备。

空调用制冷机组自动化程度较高。除有制冷量调节和润滑油恒温控制以外，还装

有高压继电器、低压继电器、油压继电器和冷冻水、冷却水流量信号器等保护装置，以实现冷凝压力过高保护、油压油温保护、蒸发压力过低保护和断水保护等，使系统正常运转，如有不正常情况就报警及自动停车。同时，还有有关参数的测量和记录仪表。

1. 制冷机的正常运行程序

（1）开车前检查准备工作

检查高压侧管路系统阀门是否开启，节流阀应为关闭状态；检查压缩机曲轴箱的油位是否在要求高度；检查冷冻水及冷却水系统是否充满水，如不足应补水；检查冷却器、冷冻水及冷却水循环泵工作是否正常；检查设备外观有无异常现象等。

（2）开车

①给压缩机冷却水套供水，关闭冷冻水及冷却水循环泵出口阀门，起动冷冻水和冷却水循环泵；再缓慢打开泵的出口阀门，使水正常循环；

②压缩机先盘车 2～3 圈，看是否顺当；

③打开压缩机的排气总阀（旧式带旁通阀的压缩机的起动，先打开旁通阀，待压缩机运转正常时，再打开排气总阀，并迅速关闭旁通阀），关闭吸气总阀；

④将压缩机容量调节器手柄搬到最小容量位置；

⑤接通电源，起动压缩机，当压缩机运转正常后，将油压调整到比要求的吸气压力高 0.15MPa～0.3MPa（$15kgf/cm^2$～$3kgf/cm^2$）后，再搬动容量调节器手柄，使指示位置由最小值到最大值；

⑥将压缩机吸气总阀慢慢开启。如果听到气缸有撞击声（液击），应立即将阀门关闭。再重复上述动作，直到没有撞击声，吸气总阀完全开启为止；

⑦开启调节阀，并调节到所需蒸发压力。

（3）运行

压缩机启动完毕，系统便进入正常运行状态，在运行过程中，值班人员要勤巡视、勤检查、勤调节，每 1h～2h 检查记录一次。既要保证系统运转正常，又能满足空调要求。一般需要检查的项目和要求如下：

①保证压缩机在正常的工作条件下工作。检查压缩机吸排气压力、温度以及润滑油的油压、油温、油量是否在要求范围内；检查轴封是否漏油漏气；倾听阀片和其他部件声音是否清晰、均匀，有否异常；检查冷却水套出水温度是否稳定，一般出水温度不高于 30℃～35℃；检查压缩机和电动机轴承温度。

润滑油液面，由压缩机曲轴箱侧盖上的油面玻璃观察。如上面装有两块油面玻璃者，正常油面应在两块油面玻璃中心线之间；如只装有一块油面玻璃，正常油面在油面玻璃的上边和下边之间。如油量不足，可用油三通阀不停机加油，具体操作是：将橡皮管或塑料管内先充满润滑油，然后一端套在三通阀的锥形接头上，并扎紧，另一端浸在油桶中，将三通阀手柄转到对准“加油”位置，机器即开始加油。加到规定油面时，将手柄扳回到“工作”位置，取去橡皮管，盖紧帽盖，加油时曲轴箱中的压力应保持低于0.2MPa（2kgf/cm^2），这可以通过稍将吸气总阀关闭而达到。如停车后要放油，套好橡皮管，将手柄扳至“放油”位置，油即放出。

②检查冷凝器冷却水进出口温度、冷凝压力和工质进出口温度，并调节冷却水与冷凝温度相适应。冷凝温度一般比冷却水出水温度高3℃～5℃。冷却水进出口温差为4℃～8℃。

③检查蒸发器工作情况；蒸发压力和温度、冷冻水进出口温度，并调节蒸发温度与冷冻水温度相适应。蒸发温度一般比冷水出口温度低4℃～6℃。当蒸发器直接作为空调的表面冷却器时，其蒸发温度应比空气出口的干球温度低8℃～10℃；满负荷时蒸发温度不可低于0℃；低负荷时，应防止表面结冰。

④检查各容器上的安全阀是否有泄漏；系统中工质循环量是否适当；油分离器表面温度；检查各水泵运转是否正常等。

⑤及时发现并查出故障原因。

（4）停车

①关上调节阀，停止给蒸发器供液；

②关闭吸气总阀；

③停机，同时逐步关小排气总阀，待机器全停时全部关上；

④待压缩机稍冷却后，关上水套冷却水；

⑤停止冷冻水循环泵、冷却水循环泵的运转。

2. 制冷机参数的测量

制冷机运行正常与否，主要是靠各种仪表的正常指示来保证的。正常运行时，应测量的参数有：

（1）冷冻水量及冷冻水进、出口温度；

（2）冷却水量及冷却水进、出口温度；

（3）蒸发压力和温度；

（4）冷凝压力和温度；

（5）室外干、湿球温度；

（6）压缩机吸、排气压力；

（7）油箱油压和油温；

（8）压缩机冷却水进、出口水温。

(五) 制冷机与辅助设备的常见故障处理

1. 压缩机

压缩机在运转中，主要故障及其原因有以下几个方面：

(1) 压缩机产生不正常声响的原因：基础不牢固或地脚螺栓松动；阀片、弹簧破损；活塞销、活塞环等零件磨损；气缸的余隙容积过小；制冷剂液体进入气缸造成液击；轴承磨损间隙过大等。应由外向里逐项检查、调整和更换零件。

(2) 吸气管道和气缸发热原因：吸气阀片破损，应更换阀片。

(3) 排气温度过高，产冷量降低原因：排气阀片破损；吸入气体过热度大；安全旁通阀漏气；气缸冷却水量不足等。应更换阀片，降低过热度（加大蒸发器内的工质量），检查校正安全旁通阀，加大冷却水量。

(4) 气缸中部强烈发热，产冷量降低原因：活塞环或气缸磨损，应更换活塞环或气缸套。

(5) 气缸拉毛原因：活塞与气缸装配间隙过小；活塞环装配间隙不当，或其锁口尺寸不对；气缸中落入铁屑、沙子等污物；气缸及活塞温度变化过大；曲轴水平与气缸垂直中心误差过大；润滑油不足，规格不符或含有杂质；气缸冷却水中断，或突然加大冷却水量等。应根据上述原因逐项检查处理。

(6) 轴封温度过高，严重漏油漏制冷剂原因：润滑油供应不正常；轴封磨损等。应清洗油管路，研磨轴封。

(7) 油压过高原因：油压表不准；油压调节阀开启太小，油管路阻塞等。应更换油压表，检查清洗调节阀和油管路。

(8) 油压过低原因：油压表不准；油压调节阀开启过大；油泵发生故障；连杆轴瓦磨损大，间隙大；滤油器阻塞等。应更换压力表，转动细滤油器手柄或拆卸清洗滤网，检修或调换油泵转子，更换轴衬套。

(9) 油温过高原因：冷却水套水量小；机房温度过高；排气温度过高等。应加大冷却水量，检查消除其他因素。

(10) 油耗量过大原因：活塞环、刮油环或气缸磨损过大；曲轴箱内加油太多。应按规定加油，停机检查更换新油环等。

(11) 卸载机构失灵原因：油压不够；油管阻塞，油缸内有污物卡死。应调节油压到 0.15MPa ~ 0.3MPa，清洗油管和油缸。

2. 冷凝器和蒸发器

冷凝器和蒸发器都是换热器，其换热是否良好是影响制冷机效率的重要因素，当冷凝器、蒸发器内有空气或换热管壁结水垢，都会造成制冷量下降。因此，冷凝器和蒸发器在工作时，必须注意以下几点：

（1）冷凝器和蒸发器工作时，冷却水和冷冻水进出管路、进气、出液、均压阀以及安全阀的截止阀必须全开（放空气阀关闭），以使制冷剂、冷却水、冷冻水进出无阻。

（2）经常检查冷却水和冷冻水的温度和水量。

（3）经常清除冷凝器管壁的污垢，尤其是使用水质较硬的冷却水更应注意。判断的方法是：在正常给水量和进水温度的情况下，对于冷凝器是冷凝温度同冷却水的温差过大，冷凝压力升高；对于蒸发器是蒸发温度同冷冻水的温差过大，蒸发压力降低，这表明可能是管子的内壁有水垢，或外有油污，应该清扫。清除水垢时，可用粗细合适的圆铁刷，进行反复刷洗。清油污时，放出制冷剂和润滑油，用压缩空气吹扫，直至从排油孔排出的空气干净为止。

（4）定期放空气。

3. 制冷机冷凝压力过高或过低

（1）冷凝压力过高可能的原因是：系统中有空气或其他不凝性气体；冷凝器冷却水量不足，或进水温度太高；冷凝器管子的内壁或外壁有水垢或油污；系统中加工质量过多等。

（2）冷凝压力过低可能的原因是：冷却水量太大或进水温度太低；系统加工质量不足；调节阀开启太小，或调节阀与液管阻塞；压缩机排气阀漏气，或卸载装置失灵等。

（3）吸气压力太高可能的原因是：调节阀开启过大；压缩机吸气阀漏气，或卸载装置失灵等。

（4）吸气压力太低有些会引起低压管路结霜，可能的原因是：供液管、调节阀或吸气滤网阻塞；系统中有水形成冰塞；系统中工质太少；系统中的油太多；调节阀开启太小等。

（六）大修后的制冷剂充注

制冷机大修之后，在充注制冷剂前，要进行清扫、检漏、抽空等过程，最后再充注制冷剂。

1. 系统清扫

系统施工时，虽然对每段管件、各个阀门等进行过清洗，但仍难免系统中存有泥垢、铁锈、金属屑和焊渣等脏物。而这些东西会堵塞阀门，会使轴承、气缸套、活塞等磨损加速，会损伤吸排气活塞门，影响它们的使用寿命。

2. 系统试压检漏

系统在充入制冷制以前，必须对管路和容器连接处进行气密性试验。一般在低压端以1.2MPa表压、高压端以1.8MPa表压进行试漏。要求是系统达到规定压力后保持24h，前6h内，压力允许下降不超过0.03MPa，后18h应保持不变。

3. 系统真空试验

经压力试漏后，将系统抽成真空，试验系统在真空下的密封性，同时也为系统充工质作好准备。要求是：系统的真空度应达97.3kPa（730mmHg），保持12h，系统真空度应无变化。

4. 系统加工质

在系统抽真空后，即可加入工质。开始加工质时，可以不开压缩机，利用系统真空将工质加入；当工质进入系统的速度缓慢时，再起动压缩机加入。

对于氟利昂系统，氟利昂充入后和正常运行中，可用卤素喷灯或卤素检漏仪进行检漏。

（七）冷却塔的维护

1. 冷却塔风机的保养

冷却塔的风机大都是直径700mm～6000mm的轴流风机。叶片材质有钢板、合金铝和玻璃钢三种。风机的运转正常与否，直接关系到冷却塔出水温度的高低。

（1）防腐蚀保养金属叶片腐蚀严重。为了减缓腐蚀，停机后应立即将叶轮拆下，彻底清除腐蚀物，并做静平衡校验后，均匀涂刷防锈漆和酚醛漆各一道。实践证明，在叶片上涂刷一层0.2mm厚的环氧树脂，其防腐性能很强，一般可维持2～3年。检修后将叶轮装回原位，以防变形。

（2）防变形保养停机期间，大直径的玻璃钢叶片容易变形，冬雪堆积叶片变形尤为严重。解决方法是：停机后马上把叶片旋转90℃，使叶片垂直于地面，如叶片拆下分解保存，应分成单片平放，两点或多点支承，不可堆置。

2. 减速器润滑油的检查与更换

减速器用润滑油多为HJ30或HJ40机械油，长期使用会使油中混入水分、脏物，而使油泵输油管堵塞、油量减少，致使运转部件很快磨损。润滑油质量应每年检查一次，其方法是：用玻璃量杯取100mL油和标准样品油对比。目测：污染的润滑油颜色较深；手拈：污染油比标准样品油黏度小；然后观察量杯底部如有沉淀物，说明应当更换新油。

换油时须用汽油将减速箱内部清洗干净，换油后将上盖和轴承盖做好密封。

3. 风机叶轮静平衡校验

由于风机叶轮较大，当不平衡时对减速器产生的破坏力和噪声都较大，因此，每年应做一次静平衡校验。

4. 喷淋管的清洁和防腐蚀

多数空调用制冷机，每年夏季运转3～6个月，停用时间比运转时间长。输水管道停用期间的腐蚀比运行中的腐蚀大，而停车期间在管道中产生的大量锈皮，次年开车运行时被冲到冷却塔内干管和支管末端，造成通水截面减少和喷嘴堵塞，致使制冷机冷却水量不足而无法稳定运转。为此，制冷机系统试运行前，先将冷却塔喷嘴拆下，对管道系统冲刷2h～4h，由于冲洗水压和流速较高，管道系统的锈皮和杂物便从管道末端排出。如在喷淋干管和支管末端加上盲板，清洗时按需要拆装更为方便。

喷淋主干管和支管处于湿热条件下运行，因而腐蚀严重。每年停用后应立即除锈刷漆，尤其对装配喷嘴的螺纹头，可采用永明漆涂刷，不可用油脂，以防油脂污染冷却水。如忽视螺纹头防腐，少则一年，多则数年，螺纹便会锈损喷嘴难以装配牢固。在运行期间，喷嘴脱落，水柱倾泻而下，会把填料砸成碎片并进入冷却水中。

5. 喷嘴的检修

冷却循环水大都经过沉淀和过滤，但仍有杂物、锈皮和纤维粉尘落入循环水池中而造成喷嘴堵塞。另外，喷嘴结垢也会降低喷水量，为了保证冷却塔热工性能，每年都应对喷嘴进行拆洗整修一次。清洗的具体方法如下：

（1）手工清洗将喷嘴拆开，把卡在喷嘴芯里的杂物取出，然后再组装成套。注意不要损伤螺纹，不要用力敲砸，以免损坏。

（2）化学清洗将喷嘴浸入质量分数为20%～30%的硫酸水溶液中，浸泡60min，水垢或泥垢即可全部清除。然后再用清水冲洗两次，直到清洗水呈中性（pH＝7）时为止，以防冷却水经喷嘴带酸而加剧制冷机传热管的腐蚀。

酸洗废液不可直接向地沟排放，应向酸液中加添碳酸钠进行中和，使其接近中性（pH＝6.5～7.5）时再行排放。

（八）制冷机房的维护与管理

制冷机房的管理主要是对安装在其中的制冷设备的管理和维护，制冷机房的管理目的是保证制冷设备的安全运行，制冷机房管理的关键是监控系统的运行状态，一旦系统发生故障，能及时采取相应的措施并发出信号，以保证系统安全运行。

对制冷机房中的设备要有可靠的维护保养措施，设备的维护保养主要包括以下几个方面。

（1）做好设备润滑

设备润滑要做到定人、定点、定质、定量、定时和三级过滤（油桶、油壶、加油点）。所有滤网要符合下列规定：冷冻机油、机械油等所用滤网，一级过滤为60目，二级过滤为80目，三级过滤为100目；汽油缸、齿轮油所用滤网；一级为40目，二级为60目，三级为80目。

要经常检查滤网、油位、油温、油压、油泵注油量，发现异常应及时处理；经常检查润滑部位，如轴承温度、声音是否正常；常用阀门丝杆和螺母之间，要定期注油润滑，不常用的阀门丝杆、螺母处，要用油封死；润滑油器具要经常检查，定期清洗或更换。

（2）做好对机房设备的巡回检查工作

日常巡回检查内容包括：检查有关部位的压力、温度、液位；检查传动皮带、链条的紧固情况和平稳度；检查紧固螺栓是否松动，设备运行中有无异常振动和杂音；检查控制计量仪表与调节器的工作情况；检查冷却系统工程情况；检查安全阀、制动器及事故报警装置是否良好；检查安全保护罩及栏杆是否良好；检查各密封点有无泄漏等。

（3）做到文明生产

操作人员必须对所负责设备、管道、仪表及岗位环境进行认真清扫，搞好卫生，做到无油污、无积灰、轴见光、沟见底、设备见本色；防腐保温层要保持完整：及时消除跑、冒、滴、漏。每个班次必须认真填写运行记录，做好设备的交接班工作。

【案例分析】

中央空调通风管藏污纳垢　上班族吹出军团菌肺炎

2010年7月，一位中年男性陈先生因持续高热来医院看病，在进行肺部检查时，医生发现其右侧肺叶有一大片阴影，这令陈先生感到很诧异，他从来不吸烟，而且有自己独立的办公室，不可能受到“二手烟”、粉尘的“毒害”，到底是什么让他的肺部出现阴影呢？经诊断，他患的是军团菌肺炎，肺叶里已经布满了军团菌，如果不及时治疗，可能有生命危险。

据了解，陈先生所在的办公大楼已经盖了10余年，别说空调的通风管多年无人清理，就是每个办公室的空调通风口也从来没人清洗，空调制冷系统成了军团菌最容易藏匿的地方，这些军团菌随冷风吹出，浮游在空气中，人吸入后会出现上呼吸道感染及发热症状，严重者可致呼吸衰竭和肾衰竭。

据美国环保机构统计，暖气通风装置和空调系统是室内助长细菌、产生化学污染的主要因素，美国每年用于治疗大楼疾病的医药费以及员工缺勤、产量降低、利润减少等造成的损失超过1000亿美元，有些物业管理部门还遭到投诉和要求赔偿。目前许多国家都规定，要根据不同使用场合经常对空调系统内部进行清洁性检查，根据检查结果决定建筑通风空调系统是否需要清洗。

国内的中央空调清洗行业刚刚起步，发展至今还不到十年，无论是清洗设备还是清洗技术都还不成熟，从业人员资质参差不齐，清洗质量也很难保证。2003年至今，国家有关部门已经先后下达《空调通风系统清洗规范》《空调通风系统运行管理规范》和《公共场所集中空调通风系统卫生管理办法》，规范空调通风系统的清洗。相信在不久的将来，国内的空调清洗行业可以和国际标准接轨。

思考题：上面的案例给我们哪些启示？

【本章小结】

通风系统可分为自然通风和机械通风，其中机械通风又可分为全面通风、局部通风和混合通风三种。

通风工程一般包括风管、风管部件、配件、风机及空气处理设备等。机械通风的主要设备有风机、风管或风道、风阀、风口和除尘设备等。

对通风系统的维护包括：灰尘清理、巡回检查、仪表检定和系统检修四个方面。

空调系统一般由冷热源系统、空气处理系统、能量输送分配系统和自动控制系统四个子系统组成。

空调系统按设备的设置情况划分，可分为集中式、独立式和半集中式三种类型；按空气的来源情况划分，可分为直流、闭式和再循环式系统三种形式。常见的集中式和半集中式空调系统，有集中式单风管空调系统、集中式双风管系统及风机盘管式空调系统。

常用的空调设备有喷水室、表面式换热器、空气的加湿或减湿处理设备、空气净化处理设备及空气的输送与分配设备。

制冷系统由制冷装置、冷冻水管路和冷却水管路三个子系统组成。制冷装置是制冷系统的核心，常见的制冷方式有蒸汽压缩式、吸收式等。

空调系统维护管理包括空调系统的运行管理、空调系统的维护、空调设备的维护及制冷机房的维护与管理。

【复习思考题】

一、填空题

1. 机械通风的主要设备有（　　）、（　　）、（　　）、（　　）和除尘设备等。

2. 除尘设备种类很多，主要有（　　）、（　　）、（　　）、（　　）和（　　）五种类型。

3. 空调系统由冷热源系统、（　　）、（　　）和（　　）四个子系统组成。

4. 空气加湿的方法可分成两类：一类是将水蒸气混入空气进行加湿，即（　　）；一类是由于水吸收空气中的显热而汽化进入空气的加湿，即（　　）。

5. 空气过滤器按作用原理可分为（　　）、（　　）和（　　）三类。

6. 按空气的来源情况划分，空调系统可分为（　　）、（　　）和（　　）系统三种形式。

7. 压缩式制冷机是由制冷压缩机、冷凝器、（　　）和（　　）四个主要部件所组成。

二、简答题

1. 自然通风和机械通风的原理是什么？
2. 风机的分类有几种？
3. 制冷压缩机的工作原理是什么？
4. 空调系统为什么要除尘？主要设备有哪些？
5. 制冷机的启动程序是什么？
6. 空调机组的维护有哪些内容？
7. 空调机组的管理有哪些内容？

【实践与训练】

空调系统的维护

一、实训内容

1. 机组的检查及清扫。
2. 风机盘管的维护。
3. 换热器的维护。
4. 离心式通风机的保养与检修。

二、实训步骤

1. 联系物业公司，将学生分成小组，每个小组交叉安排实训内容。

2. 由物业公司专业人员和实训指导教师现场指导学生，按预先安排内容分组实训。

3. 学生实训结束，写实训报告和体会，教师按实训报告和物业公司专业人员现场评定判断实训效果。

第七章　建筑电气系统

动脑筋

2010 年 12 月 17 日凌晨，上海闵行一幢住宅楼着火，6 楼楼梯间和过道火势熊熊，居民陈先生在避灾时怀抱出生才 13 天的婴儿向窗外攀爬。在攀爬过程中，因他体力不支，怀中婴儿掉落坠亡。

消防人员在扑灭火灾后，对现场进行了勘验，发现火灾发生地 6 楼的三户居民在过道大量堆物，有纸板箱、拉杆箱、躺椅、雨伞、塑料垃圾桶等，还在楼梯间和过道搭建木质阁楼，并放置了柜子等家具。《火灾事故认定书》认定，起火原因为 6 楼楼梯间内公共照明灯的电气短路，因楼梯间和过道堆有大量可燃杂物，导致火势迅速蔓延。

陈先生的孩子死亡后，他将责任归咎于物业管理公司，认为其疏于管理，才造成了公用部位的电气短路，继而引发火灾。他在起诉时要求被告物业管理公司赔偿孩子的抢救费、丧葬费，以及其他财产损失等计 70 余万元。

物业公司认为，如无堆放着的杂物是不会引发火灾的，6 楼 3 户居民堆放可燃物的行为是引发火灾的根本原因。陈先生如要求赔偿，应向其他两家堆物的邻居索赔。

你怎么认为呢？法院会怎么审理呢？

学习目标

1. 了解电力系统和电力网的组成。
2. 了解线路敷设的基本方法。
3. 掌握供配电系统的维护与管理。
4. 掌握照明设备的管理与维修。
5. 掌握建筑防雷与接地的相关知识。
6. 掌握安全用电管理及电气保护措施。

第一节　建筑供配电系统概述

一、电力系统

由各种电压等级的电力线路将一些发电厂、变电所和用户联系起来的发电、输电、变电、配电和用户的整体，称作电力系统（或供电系统）。

目前我国采用的电压有220kV、110kV、35kV、10kV、6kV和0.4kV，380V、220V等。超过1kV的叫高压，1kV以下的叫低压。电力的生产与输配系统如图7－1所示，建筑电气工程是指电源进户装置之后的高压配电、变压器、低压配电、照明等。高压供电是高压配电及变压器部分的电气工程。变压器之后为低压配电工程，即对电压为380/220V的动力用电和生活及照明用电的输配电工程，其运行操作和维护管理属于物业管理工作范围。

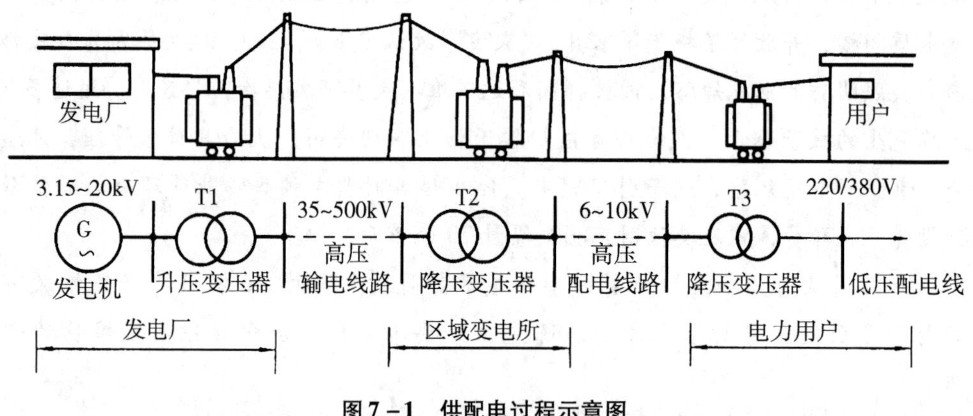

图7－1　供配电过程示意图

二、供配电系统

住宅小区或高层楼宇要保持正常的使用功能，就离不开电能的正常供应。供电设备管理是物业服务企业为保证住宅小区或高层楼宇电能正常供应所采取的一系列管理活动的总称。建筑供配电系统一般由总降压变电所、高压配电线路、分变电所、低压配电系统和用电设备组成。

（一）建筑的供电方式

一般用电单位都从供电局的供电线路上取得电源。物业服务企业管辖的供配电设备与电能的供应方式有着密切关系。根据需要将电能分配到各个用电点，称为配电。

配电的接线原则上应考虑简单、经济、安全、操作方便、调度灵活和有利发展等因素。但由于配电系统直接和用电设备相连，故对接线的可靠性、灵活性和方便性方面有更高的要求。低压配电方式一般分为以下三种：

1. 树干式

树干式配电是指各用电设备共用一条供电线路。其优点是有色金属耗量少、造价低，缺点是干线故障时影响范围大，可靠性较低。一般用于用电设备的布置比较均匀、用量不大、无特殊要求的场合。它是目前照明设备中配电常用的一种方式。

2. 放射式

放射式配电是指各用电设备至电源都有单独的线路。其优点是各个负荷独立受电，故障范围仅限于本回路。发生故障需要检修时，只需切断本回路电源而不影响其他回路，并且回路中电动机的启动引起的电压波动对其他回路的影响也较小。缺点是所需开关和线路较多，建设费用较高。因此，放射式配电多用于比较重要的建筑中。

3. 混合式

混合式配电是将放射式与树干式相混合的供电方式，兼有以上两者的特点，这种方式多用于多层及高层建筑。

（二）供电系统的主要设备

1. 高压配电设备

（1）高压负荷开关

高压负荷开关是一种专门用于接通和断开负荷电流的高压电气设备。在装有脱扣器时，在过负荷情况下也能自动跳闸。但它仅有简单的灭火装置，所以不能切断短路电流。在多数情况下，负荷开关与高压熔断器串联，借助熔断器切断短路电流。高压负荷开关分为户内和户外式。户内压气式高压负荷开关的外形和隔离开关很相似。如图 7－2 所示。

（2）高压隔离开关

高压隔离开关主要用于用电设备与电源的连通或隔离。其主要结构特点是无灭弧装置，分闸时有明显的断点。因此它仅能在空载下起通断作用，不能带负荷操作，主要作用是在检修时用于隔离电源。如图 7－3 所示。

（3）高压断路器

高压断路器的主要结构特点是有较完善的灭弧装置，分闸时无明显断点。可通、断正常的负荷电流、过负荷电流和一定的短路电流。如图 7－4 所示。

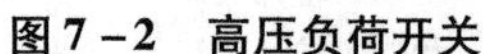
图 7－2　高压负荷开关

图 7－3　高压隔离开关

图 7－4　高压断路器

（4）高压熔断器

高压熔断器主要用于电路的短路保护，主要分为 RN 型和 RW 型两类。RN 型的熔断器如图 7－5 所示，具有较强的灭弧能力，可在电路短路电流达到最大值之前断开电路。RW 型的熔断器灭弧能力较弱，在电路短路电流达到最大值以前不能断开电路。

（5）电流、电压互感器

电流、电压互感器都是特殊变压器。其主要作用有两个：一是使高电压高电流的电路和测量仪表、继电保护电器隔离，以保障观察人员的安全；二是扩大仪表的量程。电流、电压互感器使用时应注意两点：一是电流互感器在使用中副边绝对不允许开路，如果开路则将产生不能允许的高压，击穿绝缘且造成事故，如图 7－6 所示。二是电压互感器使用中副边不允许短路，如果短路则会被烧毁，如图 7－7 所示。

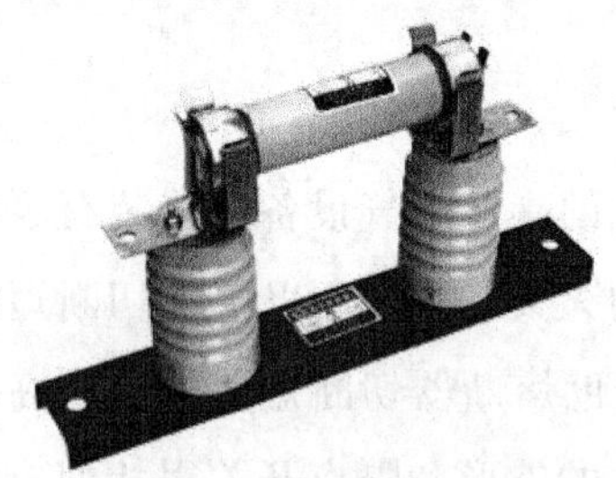
图 7－5　RN 型高压熔断器

图 7－6　电流互感器

图 7－7　电压互感器

2. 低压配电设备

低压电器通常是指工作在交流电压为 1kV 及以下的电气设备，它对电能的产生、运输、分配与应用起着开关、控制、保护与调节的作用。按照低压电器的用途，它可以分为配电电器和控制电器。常用的低压电器主要有刀开关、熔断器、自动空气开关、漏电保护器等，而低压成套设备常用的有配电箱（盘）。

（1）刀开关

刀开关如图 7－8 所示，是最简单的手动控制电器，可用于非频繁接通和切断容量

不大的低压供电线路，并兼作电源隔离开关。刀开关断开的负荷电流不应大于设计容许的断开电流值。一般结构的刀开关通常不允许带负荷操作。有灭弧罩的低压刀开关可通、断负荷电流，没有灭弧罩的低压刀开关只能作隔离电源用。

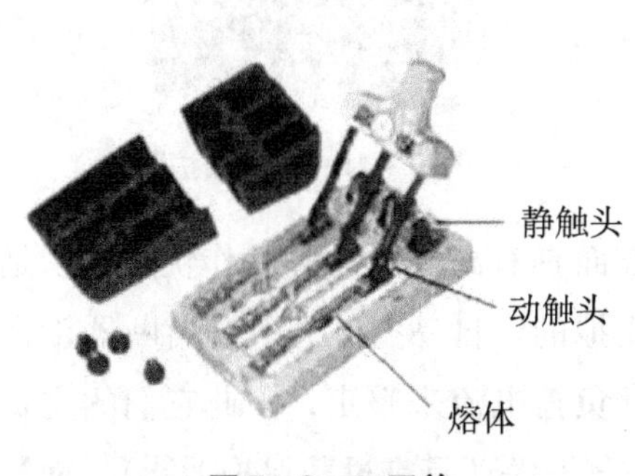

图 7－8　刀开关

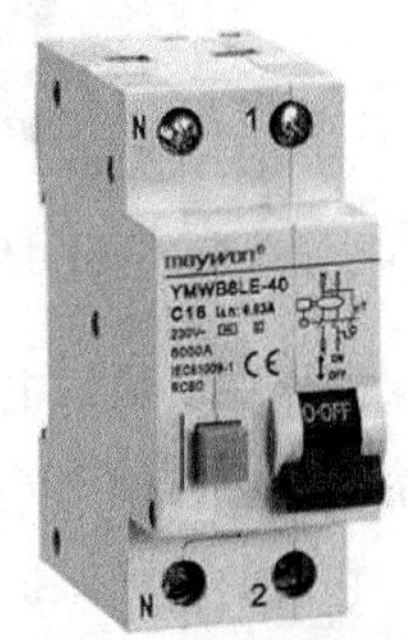

图 7－9　自动空气开关

（2）自动空气开关

自动空气开关如图 7－9 所示，属于一种能自动切断电路故障的控制兼保护电器。在正常情况下，可起控制电路"开"与"合"的作用；在电路出现故障时，能自动切断故障电路从而起到保护作用。主要用于配电线路的电器设备的过载、失压和短路保护。自动空气开关动作后，只要排除故障，一般不需要更换零件，又可以投入使用。自动空气开关的分断能力较强，应用广泛，是低压电路中非常重要的一种保护电器。

（3）熔断器

熔断器是一种保护电器，它主要由熔体和安装熔体用的绝缘器组成。它在低压电网中主要用于短路保护，有时也用于过载保护。熔断器的保护作用是靠熔体来完成的。一定截面的熔体只能承受一定值的电流，当通过的电流超过规定值时，熔体将熔断，从而起到保护作用。熔断器主要可分为 RN 型、RM 型等几类。RN 型熔断器可在短路电流到达最大值以前断开电路，RM 型熔断器则不能，如图 7－10 所示。

（4）漏电保护器

漏电保护器又称触电保安器，是一种自动电器，装有检漏元件和联动执行元件，自动分断发生故障的线路。漏电保护器能迅速断开发生人身触电、漏电和单相接地故障的低压线路。漏电保护器按其保护功能及结构特征，可分为漏电继电器和漏电断路器，如图 7－11 所示。

漏电继电器由零序电流互感器和继电器组成。它仅具备判断和检测功能，由继电器触头发生信号，控制断路器分闸或控制信号元件发出声、光信号。而漏电断路器具有过载保护和漏电保护功能，它是在断路器上加装漏电保护器而构成的。

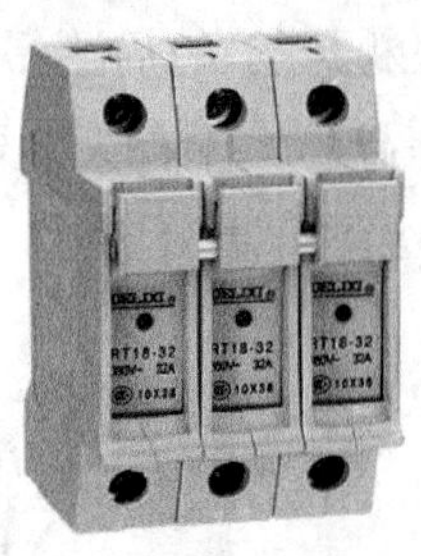

图 7－10　熔断器

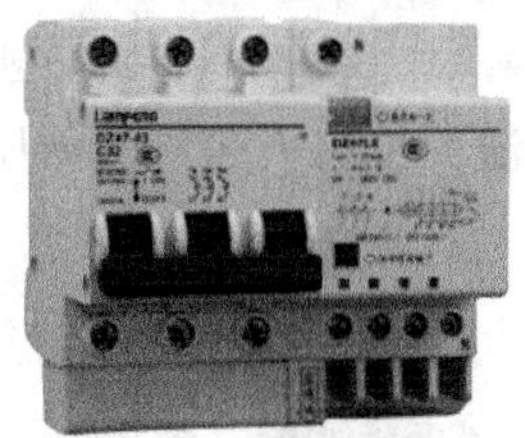

图 7－11　漏电保护器

漏电保护器在反应触电和漏电保护方面具有高灵敏性和动作快速性，是其他保护电器，如熔断器、自动空气开关等无法比拟的。自动空气开关和熔断器正常时要通过负荷电流，它们的动作保护值要避越正常负荷电流来整定，因此它们的主要作用是用来切断系统的相间短路故障（有的自动空气开关还具有过载保护功能）。而漏电保护器是利用系统的剩余电流反应和动作，正常运行时系统的剩余电流几乎为零，故它的动作整定值可以整定得很小（一般为 mA 级），当系统发生人身触电或设备外壳带电时，出现较大的剩余电流，漏电保护器则通过检测和处理这个剩余电流后可靠地动作，切断电源。

低压配电系统中设漏电保护器是防止人身触电事故的有效措施之一，也是防止因漏电引起电气火灾和电气设备损坏事故的技术措施。但安装漏电保护器后并不等于绝对安全，运行中仍应以预防为主，并应同时采取其他防止触电和电气设备损坏事故的技术措施。

3. 配电柜与配电盘

为了集中控制和统一管理供配电系统，常把供配电系统中的开关、计量表、保护设备等集中布置在一起。于是在高压系统中，就形成了各种高压配电柜；在低压系统中，就形成了各种低压配电盘或配电柜，如图 7－12 所示。

配电盘是直接向低压用电设备分配电能的控制、计量盘。按用电设备的种类，配电盘分为照明配电盘和照明动力配电盘。配电盘的位置应尽量置于用电负荷中心，以缩短配电线路和减少电压损失。

配电柜零用于成套安装供配电系统中受、配电设备的定型柜，分为高压、低压配电柜两大类，各类规格有统一的外形尺寸。按照供配电过程中不同功能的要求，选用不同标准的接线方案。

4. 电力变压器

电力变压器的功能是对电能的电压进行变换，是交流供电系统中的重要设备。一般将高压配电柜送来的高压电 6kV 或 10kV 转变成 380V 或 220V 低压电的变压器，称为降压变电器。表明变压器容量的单位是“千瓦”（kW）。

变压器有油浸式变压器及环氧树脂干式变压器两种。过去应用较广泛的是油浸式变压器。油浸式变压器如图 7－13 所示，依靠变压器油的循环散热来冷却变压器，体积大、噪声大。环氧树脂干式变压器为空气冷却式，如图 7－14 所示，绕组由铜铝导线或铜铝箔带绕制后用环氧树脂真空浇注经固化密封成一体，具有良好的电器性能和机械性能，且降低了变压器的噪声。由于后者没有封闭的外壳式冷却油箱，而其具有防爆、防火性能较好的特点，因此经常用于高层建筑以及易燃易爆场所。目前，干式变压器在我国广泛应用，中国已成为世界上干式变压器产销量最大的国家。

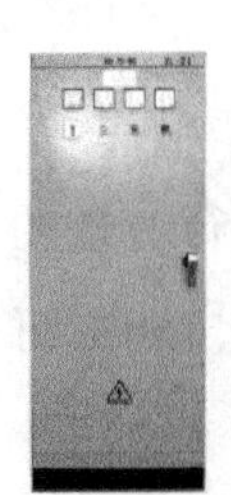

图 7－12　配电柜

图 7－13　油浸式变压器

图 7－14　环氧树脂干式变压器

变压器的频率为 50Hz。变压器适宜环境是要有良好的通风，无严重的振动，无有害气体及灰尘污染。变压器室内不允许有水、煤气等管道穿越，消防灭火应采用气体灭火方式。变压器按额定负荷 20 年的寿命设计，其寿命主要受绝缘材料老化程度的影响。

（三）供电线路的敷设方式

从供电局的供电线路上将电能引进，一直到将它送至各个用电器具，整个电能输送过程都需要通过导线来完成。由于各用电设备的容量、电压以及使用条件和需要均不同，线路的安装敷设方式也各不相同。

1. 室内线路的敷设

室内缆线的敷设可分为明敷设和暗敷设两种。

（1）室内明敷设

室内电缆通常采用金属托架或金属托盘明敷设。在有腐蚀性介质的房屋内明敷设的电缆宜采用塑料护套电缆。明敷设方式比较简单，费用较低，但易受外界碰撞，不够美观，适用于低标准的房间内。

（2）室内暗敷设

室内电缆通常采用埋地、穿墙等方式暗敷设。室内电缆埋地、穿墙及穿楼板时，均应穿管或采取其他保护措施，其内径应不小于电缆外径的 1.5 倍。室内导线暗敷设采用金属管或塑料管等敷设在看不到的部位，再在管内穿入绝缘导线。暗敷设不易被人们碰到，线路不易被看见，室内整洁、美观，但安装费用较高，工程量较大。

2. 室外线路的敷设

室外线路的敷设分为明设和暗设两种。

（1）明设可沿墙用瓷瓶架设，也可用电杆架设导线，俗称架空线。架空线的优点是造价低、取材方便、分支容易、便于维修，缺点是美观性较差。

（2）暗设可使用电缆地下埋设，较小距离时还可以使用金属管地下埋设。电缆埋地敷设施工简单、费用省、电缆散热条件好。电缆沟内应考虑排水的问题。

三、建筑供配电系统的维护与管理

为了保障住宅小区或楼宇设备的正常运转，就必须对建筑供配电系统进行有效的维护与管理。为此，物业管理企业应该了解和掌握全部设备的各项资料，制定相应可行的维护与管理办法。

（一）供配电系统管理范围的界定

依据《全国供用电规则》对维护管理与产权分界的界定，供电部门与用户电气设备的维护管理范围应该遵照以下原则：

1. 低压供电的，以供电接户线的最后支持物为分界点，支持物属供电局。

2. 10kV 及以下变压供电的，以用户厂界外或配电室前的第一断路器或进线套管为分界点，第二断路器或进线套管的维护责任由双方协商确定。

3. 35kV 及以上高压供电的，以用户厂界外或用户变电站外第一基电杆为分界点，第一基电杆属供电局。

4. 采用电缆供电的，本着便于维护管理的原则，由供电局与用户协商确定。

5. 产权属于用户的线路，以分支点或以供电局变电所外第一基电杆为分界点，第一基电杆维护管理责任由双方协商确定。

6. 计费电表及附属件的购置、安装、移动、变更、校验、拆除、加封、启封等，均由供电局负责办理。

7. 供电局和用户分工维护管理的供电、用电设备，未经分管单位同意，对方不得操作或更动。如因紧急事故必须操作或更动者，事后应迅速通知分管单位。

8. 供电局由于工程施工或线路维护上的需要，在用户处凿墙、挖沟、掘坑、巡线等时，用户应给予方便，供电局人员应遵守用户的有关安全保卫制度。用户到供电局维护的设备区工作，应征得供电局同意并在供电局人员监护下进行工作。

（二）供配电系统的维护与管理

供配电系统维护与管理范围，必须以供电规则中所规定的产权分界点为依据。维护与管理的主要内容包括供配电系统的接管验收、安全管理、正常运行管理、维修管理和档案管理。主要有以下几方面的内容：

1. 了解管理范围内各建筑物用电内容、供电方式、分配方案、配线方法等。

2. 负责供电运行和维修人员必须持证上岗，并配备相应的主管电气工程技术人员。

3. 做好定期巡查维护和重点设备检测，建立24小时值班制度，做到发现故障及时排除。

4. 做好日常维护，确保公共使用的照明灯、指示灯、显示灯的完好。

5. 停电、限电时要提前告知业主，以防意外事故发生及造成不必要的经济损失。

6. 对临时施工工程和住户装修要事先制定用电管理措施，做好临时用电管理。

7. 发生火灾、水灾、地震等特殊情况时，要做到及时切断电源，保证应急灯在停电状态下能正常使用。

8. 严禁管理区域内乱拉、乱接供电线路。

9. 积极有效地宣传安全用电、合理用电、节约用电的知识。

10. 建立各项设备档案。如设备原理图、维修记录、各种设备的保修卡等。

对供配电系统的维护建立日常巡视维护和定期检查保养制度。供配电系统的维护保养工作以不影响物业的正常运营为原则，特殊情况要报主管人员，及时通知受影响的用户，以免造成更大的纠纷。

第二节 电气照明

一、电气照明的种类

照明按其作用可分为：正常照明、事故照明、警卫值班照明、障碍照明、彩灯和装饰照明等。

（一）正常照明

满足一般生产、生活需要的照明称为正常照明。所有居住的房间和供工作、运输、人行的走道，以及室外场地，都应设置正常照明。正常照明按照照明装置的分布特点又分为一般照明、局部照明和混合照明三种方式。

1. 一般照明

为整个房间普遍需要的照明称为一般照明。这种照明一般都很均匀，所以又称一般均匀照明。其灯具通常分布在天花板下面距工作面有足够高的距离。采用单独一般照明的房间，可在所有工作面和通道上得到同等的照度。

2. 局部照明

在工作地点附近设置照明灯具，以满足某一局部工作地点的照度要求。它又分为固定式和移动式两种，前者的灯具是固定安装，后者的灯具是可以移动的，例如临时照明用的手提灯等。

3. 混合照明

它由一般照明和局部照明共同组成。两者搭配要适当，若采用过低的一般照明和过高的局部照明，则会造成背景和工作面的亮度对比相差太大，这容易引起视觉疲劳。

（二）事故照明

正常照明因事故而中断，供继续工作和人员疏散而设置的照明称为事故照明。在下列场所，例如影剧院、博物馆、餐厅、营业厅、百货大楼等公共场所、高层建筑的疏散楼梯、医院的手术室、急救室等，均应设置事故照明。

事故照明应采用能瞬时点燃的照明光源，一般采用白炽灯。当事故照明是正常照明的一部分而经常点燃，在发生故障时又不需要切换电源的情况下，也可以采用荧光灯。事故照明不允许采用荧光高压汞灯，不允许采用金属卤化物灯和高压钠灯。

（三）警卫值班照明

在值班室、警卫室、门卫室等地方所设置的照明叫警卫值班照明。它可利用正常照明的一部分，但应能单独控制，也可利用事故照明的一部分或全部作为值班照明。

（四）障碍照明

在建筑物上装设用于障碍标志的照明称为障碍照明。例如装设在高层建筑物顶上作为飞行障碍标志的照明，装在水上航道两侧建筑物上作为航道障碍标志的照明，这些照明应按照交通部门有关规定设置，尽量采用能透雾的红光灯具。

（五）彩灯和装饰照明

为美化市容夜景，以及节日装饰和室内装饰而设计的照明叫彩灯和装饰照明，一般采用 15 瓦左右的白炽灯和彩色灯。

二、照明质量的要求

照明设计首先应考虑照明质量，在满足照明质量的基础上，再综合考虑投资省、安全可靠、便于维护管理等问题。照明质量包括以下内容：

（一）照度均匀

如果被照面的明亮程度不均匀，使眼睛经常处于亮度差异较大的适应变化中，将会导致视觉疲劳。为了使照度均匀，灯具布置时其相互间的距离和对被照面的高度有一定比例，这个比例要选得恰当。

（二）照度合理

亮度反映了眼睛对发光体明暗程度的感觉，原则上应规定合适的亮度，由于确定照度比确定亮度要简单得多，因此在照明设计中一般规定照度标准。对人最舒适的照度平均值为2000lx左右。

（三）合适的亮度分布

当物体发出可见光（或反光），人才能感知物体的存在，越亮，看得就越清楚。若亮度过大，人眼会感觉不舒服，超出眼睛的适应范围，则灵敏度下降，反而看不清楚。照明环境不但应使人能清楚地观看物体，而且要给人以舒适的感觉，所以在整个视场（如房间）内各个表面都应有合适的亮度分布。

（四）光源的显色性

在需要正确辨色的场所，应采用显色指数高的光源。如白炽灯、日光色荧光灯和日光色镝灯等。

（五）照度的稳定性

照度变化引起照明的忽明忽暗，不但会分散人们的注意力，给工作和学习带来不便，而且会导致视觉疲劳，尤其是5～10次/秒到1次/分的周期性严重波动，对眼睛极为有害。因此，照度的稳定性应予以保证。

照度的不稳定主要是由于光通量的变化所致，而光源光通量的变化主要由于电源电压的波动所致。因此，必须采取措施保证照明供电电压的质量。如将照明和动力电源分开，或用调压器等。另外，光源的摆动也会影响视觉，而且影响光源本身的寿命。所以，灯具应设置在没有气流冲击的地方或采取牢固的吊装方式。

（六）限制眩光

当人观察高亮度的物体时，眩光会使视力逐渐下降。为了限制眩光，可适当降低光源和照明器具表面的亮度。如对有的光源，可用漫射玻璃或格栅等限制眩光，格栅保护角为30°~45°。

（七）频闪效应的消除

交流供电的气体放光电源，其光通量也会发生周期性的变化。最大光通量和最小光通量差别很大。使人眼发生明显的闪烁感觉，即频闪效应。当观察转动物体时，若物体转动频率是灯光闪烁频率的整数倍时，则转动的物体看上去好像没有转动一样，因而造成错觉，容易发生事故。

三、常用电光源及灯具

灯具是指能透光、分配光和改变光源光分布的器具，以达到合理利用和避免眩光的目的。灯具由电光源和灯罩（控制器）配套组成。

（一）光源及其选用

1. 电光源

电气照明采用的电光源按发光原理可分为两大类：一类是热辐射光源，如白炽灯、卤钨灯等。另一类是气体放电光源，如荧光灯、高压汞灯、高压钠灯、管形氙气灯等。电光源的性能与特点主要有光通量输出、发光效率、寿命等参数反映。

（1）白炽灯

白炽灯是最早被发明、应用广泛的热辐射光源，发光基本原理是利用电流通过灯丝产生热量，把灯丝加热到白炽状态而发光。如图7－15所示。

白炽灯有以下特点：构造简单、价格便宜、使用方便。灯丝加热迅速，一般加热到输出90%的光通量只需0.07s~0.38s，表现为瞬时点燃，照明可靠，事故照明都采用白炽灯。白炽灯光谱中红光成分较显著，照在红颜色物体上显得更鲜艳，但照在蓝颜色物体上会产生失真，它属于暖色光。点燃和熄灭对其使用寿命影响较小。白炽灯最适宜用于不常使用或照明时间很短的地方。由于白炽灯电光效率低，将逐步被其他高效节能灯具代替。

（2）卤钨灯

卤钨灯是白炽灯的一种，如图7－16所示，它由灯丝和耐高温的石英管组成，灯丝由钨丝绕制，比白炽灯更密，因此工作稳定性更高，管内除充入惰性气体外，还充

入适量卤族元素，如碘和溴等。使用时灯丝在高温下工作，蒸发出来的钨和卤素在管壁附近化合成卤化钨，使钨不会沉积在管壁上。当卤化钨向管心扩散时，在灯丝高温作用下又分解成钨和卤素，从而在灯丝周围形成一层钨蒸气，一部分钨又重新回到灯丝上，从而有效地抑制了钨的蒸发。钨丝卤化钨循环不断进行，将蒸发的钨不断送回钨丝，不仅避免了管壁发黑，还保证灯管在较高温度下工作，从而提高灯丝的使用寿命和发光效率。

卤钨灯有碘卤钨灯和溴卤钨灯两种，溴钨灯比碘钨灯的发光效率提高 4%～5%。卤钨灯的性能特点：与白炽灯比，寿命明显增加，平均达 1500h；发光效率提高，达 20LW/W～40LW/W；色温增高，适合电视摄影和投光照明；工作温度提高，管壁达 600℃；耐振性差；耐电压波动性差；尺寸较小。

（3）荧光灯

荧光灯俗称日光灯，如图 7－17 所示，是应用很广泛的一种电光源。荧光灯主要由灯管、启辉器、镇流器组成，荧光灯的主要特点是：发光效率很高，约为普通白炽灯的 4 倍，可达到 50LW/W～60LW/W；耗电省，包括镇流器损耗在内，它的耗电仅仅是普通白炽灯泡的 1/5；使用寿命长，长达 2000h～3000h；光线柔和，发光面积大，亮度低，没有强烈眩光；荧光灯受环境温度影响大，最适宜 18℃～25℃的温度，环境温度过高或过低都会造成启辉困难和光效下降。

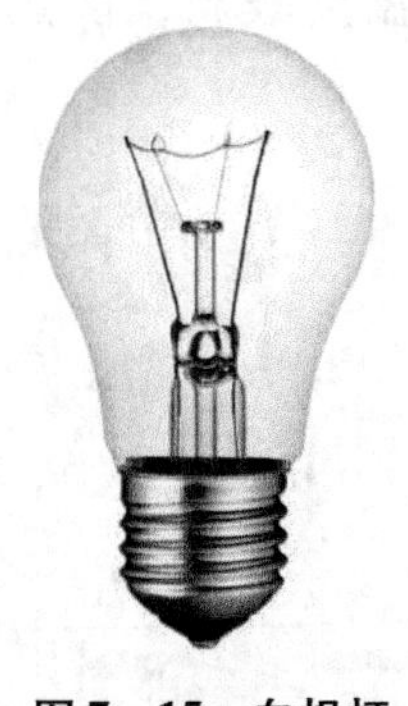

图 7－15　白炽灯

图 7－16　卤钨灯

图 7－17　荧光灯

（4）节能灯

采用高频交流电源供电的荧光灯称为节能灯，研究表明：提高荧光灯的交流供电电源频率，可以提高发光效率，交流电源频率从 20Hz 提高到 20kHz 以上时，发光效率提高 10% 以上。如图 7－18 所示。目前我国节能灯电源频率范围在 25kHz～50kHz。节能灯的发光原理与荧光灯相同，但由于电源频率远高于 50Hz 工频交流电源，为使节能灯能直接使用工频 220V 交流电源，必须把工频电源变换为高频电源，这部分工作通常由电子镇流器完成。电子镇流器首先对 220V 交流电进行整流得到 310V 的直流电，然后经逆变电路产生高频交流电源。此外，对节能灯管的改进设计也能有效地提高节能效率。

节能灯的主要特点：与普通荧光灯相比，电子镇流器不但要保障节能灯管在它的特性下提供启动电流和启动高压，而且在正常工作时要提高灯管的高频稳定的交流电流。

（5）高压汞灯

高压汞灯又称为高压水银荧光灯，也是荧光灯的改进产品，属于高气压汞蒸气放电光源。如图 7 - 19 所示。高压汞灯的性能特点：发光效率较高，可达 50LW/W ~ 60LW/W；自镇流荧光高汞灯可直接接入市电工作；寿命长，光通量输出衰耗到 70% 时寿命 5000h；受环境影响大，低温启动困难，玻璃外壳温度较高，散热要求高；光谱缺乏红色，显色性差，室内一般不用。但蓝绿色丰富，照到树木上效果好；频闪严重，点灭对寿命影响大；启动慢，再启动时间长，约 5min ~ 10min，故不能用于事故照明和频繁开关的场所。

（6）高压钠灯

高压钠灯是利用内管高压钠蒸气放电发光的一种光源。如图 7 - 20 所示。高压钠灯发光效率是照明光源里最高的，高达 120LW/W；使用寿命长，光通量输出衰耗到 70% 时，寿命约 12000h；透雾性很强，光色较好，为金白色；光谱狭窄，显色性差，一般为 20，显色改良型可以达到 60 甚至 80；玻璃外壳温度较高，散热要求高。

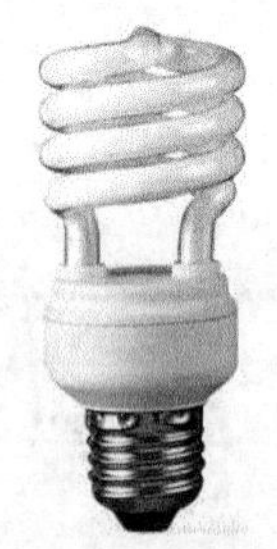

图 7 - 18　节能灯

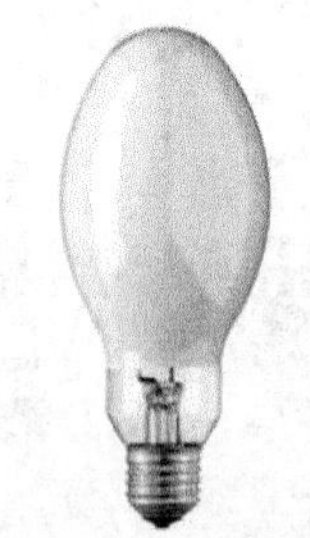

图 7 - 19　高压汞灯

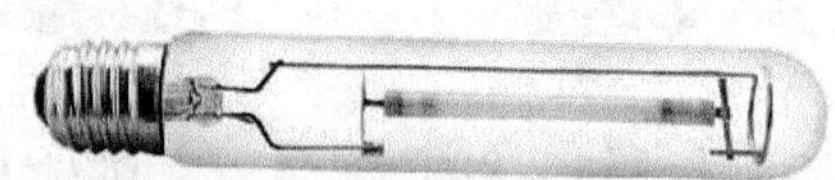

图 7 - 20　高压钠灯

（7）金卤灯

金卤灯又叫金属卤化灯，是在高压汞灯的基础上发展起来的新型电光源。如图 7 - 21 所示。金属卤化灯发光效率高，可达 80LW/W，光色好，接近自然光。但使用寿命比高压汞灯短、电压波动不宜超过额定电压的 ±5%，否则会引起光效、光色的变化，电压过低会引起自行熄灭。使用时需要配相应的镇流器。

（8）管型氙灯

管型氙灯是一根封接有钍钨电极和氙气的石英玻璃管，如图7－22所示。管型氙灯功率大，发光效率高，发光稳定，可瞬时点燃，适用于广场、机场、海港等照明使用。

图7－21　金卤灯

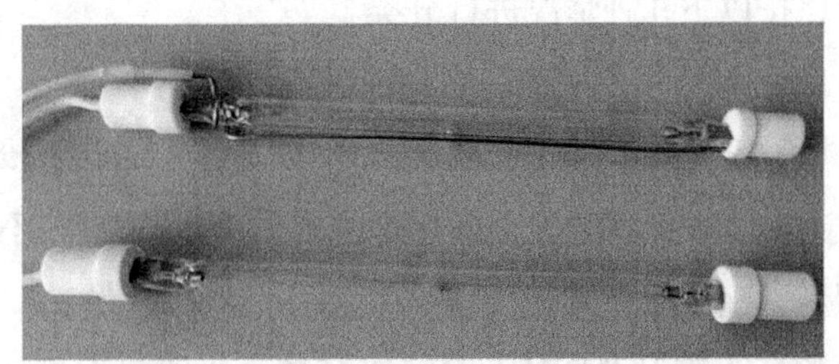

图7－22　管型氙灯

2. 电光源的选用

光源的种类应根据对照明的要求、使用场所的环境条件和光源的特点合理选用。

白炽灯的优点是体积小，容易借助于灯罩得到准确的光通量分布，显色性比较好，费用较低，因此在许多场所得到广泛应用。在要求显色性、方向性照明的场合，如展览陈列室、橱窗照明和远距离投光照明等常采用白炽灯作为光源。由于其启动性能好，能够迅速点燃，所以事故照明一般也采用白炽灯。在有特殊艺术装饰要求，如会堂、高级会客室、宴会厅等需要表现庄严、华丽、温暖、热烈的场合，也常采用白炽灯。白炽灯的光效较低，寿命短。

荧光灯则与白炽灯相反，所以在办公室、学校、医院、商店、住宅等建筑中得到广泛应用。因为荧光灯有一定的启动时间，其寿命受启动次数的影响很大，所以在开关比较频繁和使用时间较短的场所，不宜采用荧光灯。

荧光高压汞灯、金属卤化物灯、高压钠灯等高强度放电灯的功率大，发光效率高，寿命长，光色也较好，在经常使用照明的高大厅堂及露天场所，特别是维护比较困难的体育馆和其他体育竞赛场所等广泛采用。为了改善这类放电灯的光色，在室内场所常采用混光照明方式，例如荧光灯、高压汞灯与白炽灯混光，或荧光高压汞灯与高压钠灯混光等。

（二）灯罩

灯罩是光源的附件。其主要作用是重新分配光源发出的光通量、限制光源的眩光作用、减少和防止光源的污染、保护光源免遭机械破坏、安装和固定光源、与光源配合起一定的装饰作用。

灯罩的材料一般为金属、玻璃或塑料制成。

（三）灯具

在实际的照明过程中，电光源裸露点燃显然是不合理的，它总要和一定形式的灯具配合使用。灯具与光源在一起组成一个完整的照明器。灯具的类型是很复杂的，大体可以按以下几种情况进行分类。

1. 按光线在空间的分布情况进行分类

（1）直射型灯具。能够使90%以上的光线向下投射，绝大部分的光线集中在工作面上，使工作面得到充分的照度。直射型灯具又根据光线的分布是否集中分成广照型、配照型、深照型灯具。

（2）半直射型灯具。能够使60%的光线向下投射，光线既能大部分集中在工作面上，同时也能对空间环境（如顶棚、墙壁）得到适当的照明，使整个空间比较明亮，阴影变淡。

（3）漫射型灯具。空间各个方向上的光线分布基本相同，可以达到无眩光。如乳白罩玻璃圆球灯就属于这一类灯具。

（4）半间接型照明灯具。能够使60%以上的光线向上投射，而向下投射的光线只是一小部分。此种灯具光线利用率比较低，但是光线柔和，阴影基本被消除。

（5）间接型灯具。能够使90%以上的光线向上投射。利用反射使整个顶棚作为第二发光体。这种灯具可以使光线变得非常柔和均匀，完全避免了眩光。光线的利用率是最低的。如金属制反射型吊灯、金属制反射型壁灯等。

2. 按照灯具在建筑物上的安装方式分类

（1）吸顶式。在顶棚上直接安装的照明器为吸顶式。适用于顶棚比较光亮并且比较低的房间作直接照明。特点是顶棚比较明亮，可以形成全房间的明亮感；缺点是容易产生眩光，灯的效率较低。

（2）嵌入顶棚式。将照明器嵌入顶棚内，人眼看不到照明器。适用于低顶棚，要求眩光少的房间。缺点是顶棚有阴影感，并且照明的经济效益较差。

（3）悬挂式。用软线、链子、管子等将灯具从顶棚吊下来的方式称为悬挂式。是在一般建筑物照明中应用较多的一种方式。

（4）墙壁式。用托架将照明器直接装在墙壁上称为墙壁灯。它主要作为室内装饰用，是一种辅助性的照明器。

（5）可移动式。这种照明器往往是作为辅助性照明器。如桌上的台灯，放在地上的落地灯、床头灯等。因为这种灯具一般可以自由移动，所以在选择灯具时，应注意其稳定性。

3. 特殊照明器类型

为了适应某些特殊环境的需要，还有一些特殊的照明器，主要有以下几种：

（1）防潮型。在湿度高的环境中，采用普通照明器会使安全性能降低，需要采用防潮型灯具。这种灯具主要是将光源用透光罩密封起来，使光源与外界隔离。适用于浴室、潮湿或有水蒸气的车间、隧道等场所的照明。

（2）防爆安全型。这种灯具采用高强度的透光罩和灯具外壳，将光源和周围环境隔离。可以将灯具在正常运行的情况下产生的电火花密封在泡壳内，与周围易爆炸气体相隔离。适用于在正常情况下有可能形成爆炸危险的场所。

（3）隔爆型。这种灯具不是靠密封性防爆的，而是在透光罩与灯座之间有隔爆间隙。当气体在灯内发生爆炸，经过间隙溢出灯外时，高温气体即可被冷却，从而不会引起外部易爆气体的爆炸。它主要应用于在正常情况下有可能发生爆炸的场所。

（4）防腐蚀型。将光源封闭在透光罩内，不使具有腐蚀性的气体进入灯内。灯具的外壳是用耐腐蚀的材料制成的。

物业管理小专家

LED 节能灯是继紧凑型荧光灯（即普通节能灯）后的新一代照明光源。是人类继爱迪生发明白炽灯泡之后，最伟大的发明之一。相比普通节能灯，LED 节能灯环保不含汞，可回收再利用，功率小，高光效，长寿命，即开即亮，耐频繁开关，光衰小，色彩丰富，可调光，变幻丰富。大量使用普通节能灯，会造成汞污染，污染土壤水源，从而间接的污染食品，环境危害不可小觑。

一个好的 LED 节能灯，应该由四部分组成：优质的 LED 芯片，恒流隔离电源，相对灯具功率的合适的散热器，光扩散效果柔和不见点光源的灯罩。

LED 芯片很重要：好的 LED 芯片，光效高，温升低，显色指数高，结温高，抗静电。

散热很重要：如果一味强调 LED 是冷光源，不需要散热，那是完全错误的，在还没有开发出真正低发热的 LED 芯片之前，LED 不加优质散热器，那么它的寿命可能还远不及现行的普通节能灯。因为光衰到初始光通量 70% 时，就已经标识着 LED 节能灯寿命终了。

电源很重要：是否经得了高温高湿，是否过得了高压安规（UL），是否过得了电磁兼容（EMC/EMI），也都是些硬性指标，也决定了 LED 节能灯的真实寿命，木桶效应中，电源可能就是 LED 节能灯的短板。

灯罩很关键：灯罩是 LED 节能灯的二次配光，现行的有不加灯罩、透明灯罩、磨砂灯罩、乳白灯罩和光扩散灯罩几种。不加灯罩和透明灯罩，无二次配光，看得见 LED，多 LED 即多光源，直视刺眼，且物体照射发虚。磨砂灯罩点亮能看见 LED 光源，物体也部分发虚。乳白灯罩点亮看不见LED光源但透光率偏低。优质的LED节能灯，普遍采用光扩散材料，在LED光线到达灯罩时，将光线扩散开去，点亮后看不见LED光源，LED节能灯成为一个大的光源，照射物体不发虚，且光扩散型灯罩普遍透光率在80%以上，效果好。

2012年春晚与元宵晚会的舞美让观众耳目一新。据有关统计，晚会舞台改造以及设备的总费用超过1.2亿元，动用了大量的LED拼接屏、大型工程投影、水雾、烟雾等大型显示系统。8000平方米的LED，还有全息投影技术，可以从360°的任何角度观看影像的不同侧面。当萨顶顶演唱着《万物生》时那美轮美奂的花瓣从天而降，还有杨丽萍的《雀之恋》，这亦真亦幻的场景与绝美舞蹈配合得天衣无缝，灯光对于舞台艺术渲染可谓功不可没。而如今在建筑照明方面，LED照明已经是未来照明的发展趋势，在越来越多的室外、室内应用LED技术来满足人们对于多样化艺术的追求。

四、电气照明的常见故障与排除

从电源配电箱，经过熔断器、开关线路，直到每个灯都需要进行检查维修。照明装置故障，与其他用电设备相同，大体分为以下三种。

（一）短路故障的分析与排除

短路是回路电流趋于最大的现象。短路发生时电源外电路无负载，阻抗极小，此时电流不通过用电器，而是直接流经电源外电路导线，与电源内电路形成闭合回路。由于电流的热效应，短路发生时，短路电流会迅速产生热能，以致烧坏载流导线和电源等，严重的短路会引起火灾。因此，在电器连接后正式供电前，首要的任务之一就是检查电路是否有短路发生。

（二）断路故障的分析与排除

断路即电源外电路与电源内电路未能形成闭合回路。其原因有，因短路或超负荷造成保险丝或保险管熔断，形成断路；电器连接不牢，接头脱落，造成断路；导线选用不当，被较大电流熔断；电器连接有误等。

查找断路故障点一般使用试电笔，沿火线依次查找，至试电笔氖泡不亮处，即为断路故障点。对自流低压电路，查找断路故障点则常用电表，测量不同极性导线间的电压值，至电压值为零处，即断路故障点。另外，查找断路故障点也可使用“挑担法”。

（三）漏电故障的分析与排除

漏电主要是由于电线或电气设备的绝缘因外力损伤或长期使用，绝缘发生老化，或

受到潮气侵袭或被污染导致绝缘不良，而引起漏电。照明线路发生漏电时，不但浪费电力，还可能引起电击事故。漏电与短路只是程度上的差别，严重的漏电就会造成短路。因此，应将漏电看成短路的前兆。对漏电切不可漠然视之，要定期检查照明线路的绝缘情况，尤其是当发生漏电现象后，应立即查找故障点及漏电原因，对症处理，尽早消除。

五、电气照明设施的维护

为了避免电气照明故障的发生，必须对电气照明设施加强维护。

（一）日常维护

要对配电箱、熔断器、开关线路及每个灯都进行日常检查和维护，维护时要断电操作。对异常现象及时进行处理。

（二）定期维护

要定期（半年或一个季度）对照明设施进行维护，具体内容是：

1. 配电箱、灯座和插座等装置上的各种接线、接头是否有松动，是否被擅自拆装过，线头是否被接错。
2. 配电箱、灯座和插座等装置的结构是否完整，操作是否灵活可靠，通电触片的接触是否良好，是否有被电弧灼伤的痕迹。
3. 带接地线的线路是否被拆除或接错，电源引线有否被擅自接长，导线绝缘是否良好。
4. 灯泡的功率是否符合要求，是否被擅自换成大功率的灯泡。
5. 是否有被擅自加接灯座或插座的情况。
6. 导线绝缘是否损坏或老化，中间连接处有否松散现象，线路是否被移位。
7. 各级保护熔断器中的熔体是否被换粗。

第三节　安全用电与建筑防雷

一、安全用电

（一）常见的触电方式

1. 单相触电

单相触电是指人体在地面或其他接地导体上，人体某一部分触及一相带电体的触电事故。大部分触电事故都是单相触电事故。单相触电的危险程度与电网运行方式有

关。图 7-23 所示为电源中性点接地运行方式时，单相的触电电流途径。图 7-24 所示为中性点不接地的单相触电情况。一般情况下，接地电网里的单相触电比不接地电网里单相触电的危险性大。

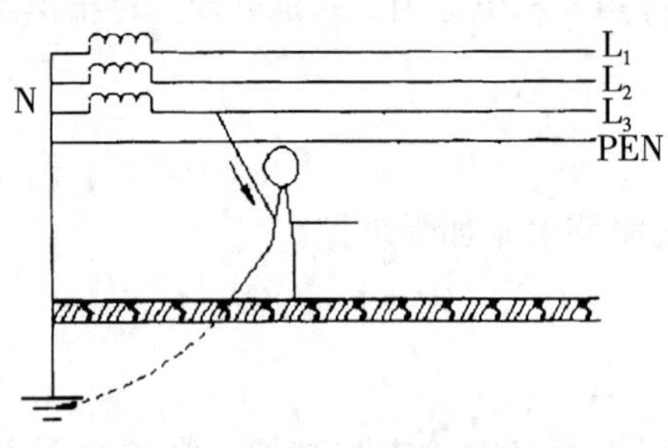

图 7-23 中性点接地的单相触点

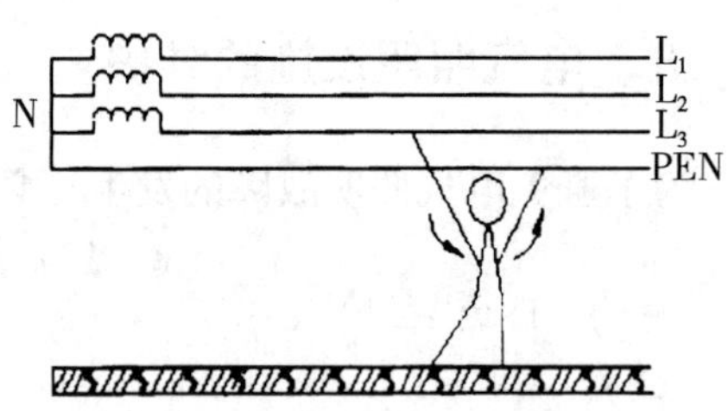

图 7-24 中性点不接地的单相触电

2. 两相触电

两相触电是指人体两处同时触及两相带电体的触电事故。其危险性一般是比较大的。

3. 跨步电压触电

当带电体接地有电流流入地下时，电流在接地点周围土壤中产生电压降。人在接地点周围，两脚之间出现的电压即跨步电压。由此引起的触电事故叫跨步电压触电，如图 7-25 所示。高压故障接地处，或有大电流流过的接地装置附近都可能出现较高的跨步电压。离接地点越近、两脚距离越大，跨步电压值就越大。一般 10 米以外就没有危险。

图 7-25 跨步电压触电

（二）触电急救

被电击的人能否获救，关键在于能否尽快脱离电源和施行正确的紧急救护。因此，懂得触电急救的正确方法尤为重要。触电急救的要点是要镇静、迅速。据统计，触电 1 分钟后开始急救，90% 有良好效果，6 分钟后 10% 有良好效果，12 分钟后救活的可能性就很小了。具体的急救步骤：

1. 使触电者尽快脱离电源

当人体触电后，由于失去自我控制能力而难以自行摆脱电源，这时，使触电者尽快脱离电源是救活触电者的首要因素。抢救时必须注意，触电者身体已经带电，直接把他脱离电源对抢救者来说是十分危险的。为此，如果开关或插头离救护人员很近，应立即拉掉开关或拔出插头。如果距离电源开关太远，抢救者可以用电工钳或有干燥

木柄的刀、斧等切断电线，或用干燥、不导电的物件如木棍、竹竿等拨开电线，把触电者拉开。抢救者应穿绝缘鞋或站在干木板上进行这项工作。触电者如在高空作业时发生触电，抢救时应采取适当的防止摔伤的措施。

2. 脱离电源后的急救处理

触电者脱离电源后，应尽量在现场抢救，抢救的方法根据伤害程度的不同而不同。如果触电人所受伤害并不严重，神志尚清醒，只是有些心慌、四肢发麻、全身无力或者虽一度昏迷，但未失去知觉时，则应让他安静休息，不要走路，并严密观察其病变，并召请医生。如触电者已失去知觉，但还有呼吸或心脏还在跳动，应使其舒适、安静地平卧，劝散围观者，使空气流通，解开其衣服以利呼吸。如天气寒冷，还应注意保温，并迅速请医生诊治。如发现触电者呼吸困难，并有痉挛现象，应准备在心脏停止跳动、呼吸停止后立刻进行人工呼吸和心脏按压。如果触电人伤害得相当严重，心跳和呼吸都已停止，人完全失去知觉时，则需采用口对口人工呼吸和人工胸外心脏按压两种方法同时进行抢救，千万不要认为已经死亡而不去急救。

抢救触电者往往需要很长时间，有时要进行 1h ~ 2h，必须连续进行，不得间断，直到触电人心跳和呼吸恢复正常，触电者面色好转，嘴唇红润，瞳孔缩小，才算抢救完毕。

二、电气设备保护措施

（一）接地保护

接地保护就是把电气设备正常情况下不带电，而在故障情况下可能出现危险的对地电压的部分同大地紧密连接起来。其目的是使它的对地电压降到安全数值，以保护人身安全。具体做法是将电器、电机等的金属外壳用电阻很小的导线与接地体可靠地连接起来。

电气设备采用接地保护措施后，设备外壳已通过导线与大地有良好的接触，则当人体触及带电的外壳时，人体相当于接地电阻的一条并联支路。由于人体电阻远远大于接地电阻，所以通过人体的电流很小，避免了触电事故。

接地保护适用于中性点不接地的供电系统。根据规定，在电压低于 1000V 且中性点不接地的电力网中，或电压高于 1000V 的电力网中，均须采用接地保护。

（二）接零保护

接零保护，就是把电气设备在正常情况下不带电的金属部分与电网的零线紧密地连接起来。在三相四线制电网中性点直接接地的电力系统中，应采用接零保护。接零保护利用电源零线使设备形成单相短路，促使线路上保护装置迅速动作切断电源。

在三相四线制电力系统中，不允许对某些设备采取接零保护，对另外一些设备采取接地保护而不接零。正确的做法是采取重复接地保护装置，就是将零线上的一处或多处通过接地装置与大地再次连接。通常是把用电设备的金属外壳同时接地和接零。还应该注意，零线回路中不允许装设熔断器和开关。

（三）漏电保护

漏电是指由于电气线路、设备的绝缘层损坏，绝缘层的绝缘等级不达标或安装错误等原因导致线路、设备带电的现象。

漏电所带来的危害性主要有以下几种：

1. 损坏电气设备。漏电会引起线路产生过压、过流、过热现象，从而可能损坏电气设备。

2. 危及人身安全。当导线的绝缘层损坏，与电气设备（如电动机、家用电器等）的外壳相触，会导致金属外壳带电。当人体接触外壳时，便会遭到电击，损害身体，甚至威胁生命。

3. 引起火灾。漏电往往会产生电弧或过热现象，从而引发电气火灾。这是漏电最为严重的后果。漏电已成为目前电气火灾防范的重点对象。

为了防止漏电而引发的故障和触电事故，就必须采取漏电保护措施，通常的做法是在线路中装设漏电保护器。漏电保护器的作用是在发生触电时能够及时准确地向保护装置发出信息，使之有选择地切断电源，同时，漏电保护器往往兼有短路、过载保护等功能。

漏电保护器可分为电磁式和电子式。电磁式漏电保护器主要由检测元件、电磁式脱扣器和主开关等几部分组成，电子式漏电保护器是在电磁式漏电保护器基础上加装具有放大、比较功能的电子电路，使之动作更加灵活可靠，在保护原理上与电磁式相同。

三、建筑防雷

（一）雷电的形成及危害

1. 雷电的形成

雷电是由雷云（带电的云层）对地面建筑物及大地的自然放电引起的，它会对建筑物或设备产生严重破坏。由于静电感应，带电荷的雷云在大地表面感应相反的电荷，这样雷云与大地间形成了一个大的电容器，当电场的强度达到 25 ~ 30kV/cm 时，空气

被击穿，开始放电，闪电就是放电时产生的强烈的光和热。

雷电的形成与气象条件（空气湿度、空气流动速度）及地形（山岳、高原、平原）有关。湿度大、气温高的季节（尤其是夏天）以及地面的突出部分较易形成闪电，突出的高耸建筑物、树木、山顶容易遭受雷击。

2. 雷电的危害

根据雷电造成危害的形式和作用，一般可分为直接雷、感应雷和雷电波侵入三类。

（1）直接雷的危害

直接雷是雷云对建筑物或地面上的其他物体直接放电的现象。雷云放电时，引起很大的雷电流，雷电流可达几万甚至几十万安培，从而产生极大的破坏作用。雷电流通过被雷击物体时，产生大量的热量，使物体燃烧。被击物体内的水分由于突然受热，急骤膨胀，还可能使被击物劈裂。所以当雷云向地面放电时，常常发生房屋倒塌、损坏或者引起火灾，发生人畜伤亡。

（2）感应雷的危害

感应雷是雷电的第二次作用，即雷电流产生的电磁效应和静电效应作用。雷云在建筑物和架空线路上空形成很强的电场，在建筑物和架空线路上便会感应出与雷云电荷相反的电荷。在雷云向其他地方放电后，雷云与大地之间的电场突然消失，但聚集在建筑物的顶部或架空线路上的电荷不能很快全部泄入大地，残留下来的大量电荷相互排斥而产生强大的能量，使建筑物震裂。同时，残留电荷形成的高电位，往往造成屋内电线、金属管道和金属设备放电，击穿电气绝缘层或引起火灾、爆炸。

（3）雷电波侵入的危害

当架空线路或架空金属管道遭受雷击，或者与遭受雷击的物体相碰，以及由于雷云在附近放电，在导线上感应出很高的电位，沿线路或管路将高电位引进建筑物内部，称为雷电波侵入，又称高电位引入。出现雷电波侵入时，可能发生火灾及触电事故。架空线路或架空金属管道还有可能遭受直接雷击，从而使雷电波沿线路进入建筑物，引发火灾或爆炸等事故。

（二）民用建筑防雷分类

根据建筑物的重要程度、使用性质以及所造成后果的严重程度，按《建筑电气设计技术规程》规定，民用建筑物的防雷可以划分为以下三类：

1. 一类防雷建筑物

凡建筑中制造、使用或贮存大量爆炸物品，易因火花而引发爆炸，并造成巨大破坏和人身伤亡者。

2. 二类防雷建筑物

凡制造、使用或贮存爆炸物质的建筑物，且电火花不易引起爆炸或不致造成巨大破坏和人身伤亡者。如国家级重点文物保护的建筑物，国家级的会堂、办公建筑物、大型展览和博览建筑物、大型火车站、国宾馆、国家级档案馆、大型城市的重要给水水泵房等特别重要的建筑物，国家级计算中心、国际通信枢纽等对国民经济有重要意义且装有大量电子设备的建筑物等。

3. 三类防雷建筑物

不属于一类与二类的爆炸、火灾危险场所。根据当地情况确定需要防雷的建筑物，如大型商场、大型影剧院等，高度在15m及以上的烟囱、水塔等孤立的高耸建筑物，省级重点文物保护的建筑物及省级档案馆等。

（三）建筑物常用防雷措施

建筑物是否需要进行防雷保护，应采取哪些防雷措施，要根据建筑物的防雷等级来确定。对于一类民用建筑，应有防直接雷、防感应雷和防雷电波侵入的措施；对于二类民用建筑，应有防直接雷和防雷电波侵入的措施；对于三类民用建筑，应有防止雷电波沿低压架空线路侵入的措施，至于是否需要防直接雷，要根据建筑物所处的环境以及建筑物的高度、规模来确定。

1. 防直接雷

建筑物防直接雷的防雷装置由接闪器、引下线和接地装置三部分组成。如图7－26所示。

接闪器也叫做受雷装置，是接受雷电流的金属导体。接闪器的作用是使其上空电场局部加强，将附近的雷云放电诱导过来，通过引下线注入大地，从而使离接闪器一定距离内一定高度的建筑物免遭直接雷击。接闪器的基本形式有避雷针、避雷线、避雷带、避雷网、避雷器等。

引下线又称引流器，接闪器通过引下线与接地装置相连。引下线的作用是将雷电流引入大地。可以建筑物柱中钢筋作为引下线，也可以专设引下线。专设引下线一般采用圆钢或扁钢制成，宜优先采用圆钢。

接地装置的作用是把雷电流疏散到大地中去。接地体有自然接地体、基础接地体和人工接地体三种形式。自然接地体是指直接与大地可靠接触的各种金属构件、金属管道（自来水管、燃气管等除外）；基础接地体多指建筑物基础中的钢筋；人工接地体是专设的金属导体，埋于土壤中的人工垂直接地体宜采用角钢、钢管或圆钢；埋于土壤中的人工水平接地体宜采用扁钢或圆钢。

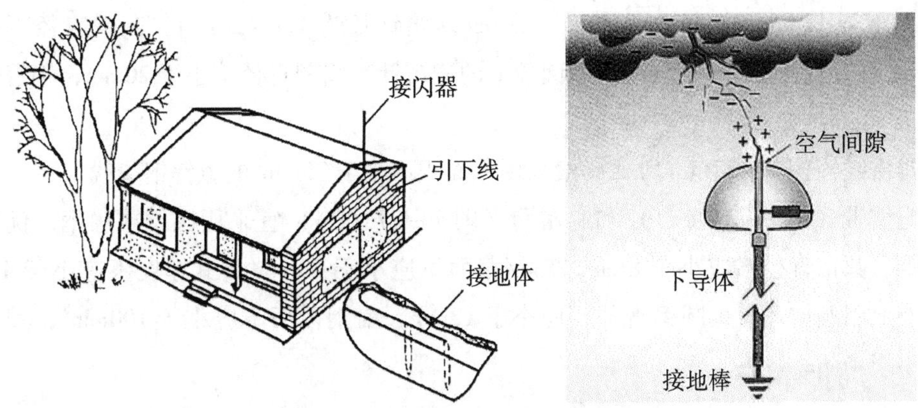

图 7－26　建筑物防雷装置示意图

2. 防感应雷

为防止雷电感应产生火花，建筑物内部的设备、管道、构架、钢窗等金属物均应通过接地装置与大地作可靠的连接，并减小接地电阻，以便将雷云放电后在建筑上残留的电荷迅速引入大地，避免雷害。对平行敷设的金属管道、构架和电缆外皮等，当距离较近，应按规范要求每隔一段距离用金属线跨接起来。

3. 防雷电波侵入

据调查统计，低压线路上雷电波侵入引发的雷害占总雷害事故的 70% 以上。为了防止这种雷害，最好采用电缆供电，并将电缆外皮接地；或者对架空供电线路在进入建筑物前 50m～100m 采用电缆供电，并在架空线与电缆连接处设置阀形避雷器，邻近的电杆上绝缘子的铁脚亦采取接地措施。对于架空管道，可在接近建筑物处采用一处或几处接地措施，其接地电阻不宜大于 30Ω。

此外，还要防止雷电流流经引下线产生的高电位对附件金属物体的雷电反击。当防雷装置接受雷击时，雷电流沿着接闪器、引下线和接地体流入大地，并且在它们上面产生很高的电位。如果防雷装置与建筑物内外电气设备、电线或其他金属管线的绝缘距离不够，它们之间就会产生放电现象，这种情况称之为“反击”。反击的发生，可引起电气设备绝缘被破坏，金属管道被烧穿，甚至引起火灾、爆炸及人身事故。防止反击发生的措施有两种：一种是将建筑物的金属物体（含钢筋）与防雷装置的接闪器、引下线分隔开，并且保持一定的距离；另一种是当防雷装置不易与建筑物内的钢筋、金属管道分隔开时，则将建筑物内的金属管道系统，在其主干管道外与靠近的防雷装置相连接，有条件时，宜将建筑物每层的钢筋与所有的防雷引下线连接。

（四）建筑物防雷装置

1. 接闪器

避雷针（图 7－27（a））宜采用圆钢或焊接钢管制成，当针长在 1m 以下时，圆钢

直径不小于 12mm，钢管直径不小于 20mm。当针长为 1m ~ 2m 时，圆钢直径不小于 16mm，钢管直径不小于 25mm。烟囱顶上的避雷针，圆钢直径不小于 20mm，钢管直径不小于 40mm。

避雷线（图 7 – 27（b）），一般采用截面积不小于 35mm^2的镀锌钢绞线。

避雷带（图 7 – 27（c））和避雷网（图 7 – 27（d））宜采用圆钢或扁钢，优先采用圆钢。圆钢直径不应小于 8mm，扁钢截面不应小于 48mm^2，其厚度不应小于 4mm。当烟囱上用避雷环时，圆钢直径不应小于 12mm，扁钢截面不应小于 100mm^2，其厚度不应小于 4mm。

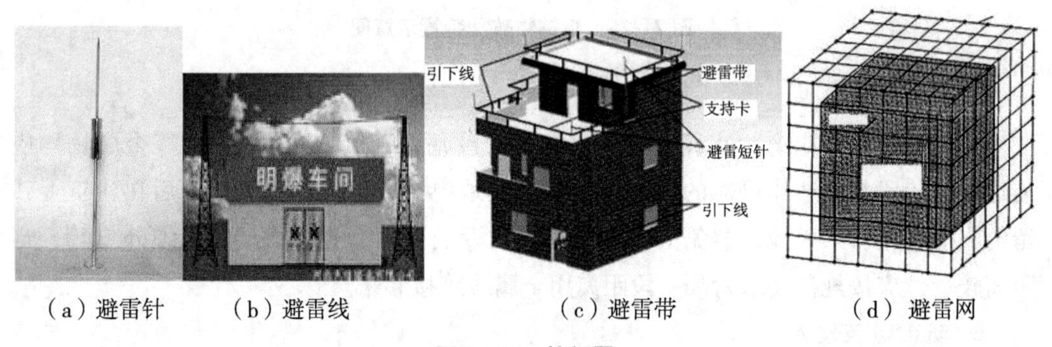

（a）避雷针　（b）避雷线　（c）避雷带　（d）避雷网

图 7 – 27　接闪器

2. 引下线

引下线应取最短的途径，尽量避免弯曲，一般采用圆钢或扁钢制成，宜优先采用圆钢，采用圆钢时其直径不应小于 8mm；采用扁钢时其截面不得小于 48mm^2，厚度大于 4mm。当烟囱上的引下线采用圆钢时，其直径不应小于 12mm，采用扁钢时，其截面不应小于 100mm^2，厚度不应小于 4mm；在易遭受腐蚀的部位，其截面应适当加大。若利用建筑物柱中钢筋作引下线，钢筋截面积不小于 90mm^2，构件内钢筋连接处应绑扎或焊接。

3. 接地装置

埋于土壤中的人工垂直接地体宜采用角钢、钢管或圆钢；埋于土壤中的人工水平接地体宜采用扁钢或圆钢。圆钢直径不应小于 10mm；扁钢截面不应小于 100mm^2，其厚度不应小于 4mm；角钢厚度不应小于 4mm；钢管壁厚不应小于 3. 5mm。接地体埋设深度不得小于 0. 6m，且必须在冻土层以下。在腐蚀性较强的土壤中，应采取热镀锌等防腐措施或加大截面，且地下部分不得涂漆。接地体的接地电阻要小（一般不超过 10Ω），这样才能迅速地疏散雷电流。接地体不应该在回填垃圾、灰渣等地带埋设，还应远离由于高温影响使土壤电阻率升高的地方。接地体埋设后，应将回填土分层夯实。

（五）防雷设施的维护

防雷装置应定期检查，确保安全可靠。10kV 以下的防雷装置每三年应检查一次，但是避雷器应在每年雨季前检查一次，雷雨过后还应注意对防雷保护装置的防雷装置的检查，包括外观检查和测量两方面内容。外观检查主要检查接闪器、引下线等各部分的连接是否牢固可靠；检查各部分的腐蚀和锈蚀情况，若腐蚀或锈蚀超过 30% 以上应给予更换。也应注意各部分安装是否符合规范。测量的内容是检查接地电阻值。

【案例分析】

强电井管理不善　安全隐患无穷

2007 年 4 月 14 日中午，某项目维修前台连续接到三家业主报修家中停电，后经查看发现 227 号的 3 楼和 9 楼母线插件处（该项目使用铜排作为母线），有明显的短路电灼现象，及时向母线厂家报修。厂方对烧坏的母线插件拆开检查，发现插件内部很潮湿，分析是由于潮湿原因造成了三相短路。潮湿原因在排除了强电井存在渗水以后，分析可能有人小便造成。该项目在业主入住时给业主配置有楼道水表井钥匙，由于水表井与强电井都使用通锁，业主往往打开楼道内强电井存放物品。

案例解析：

1. 业主有强电井的钥匙，随时可以打开强电井存放物品，有业主可能打开门不及时上锁，小孩有可能进去小便。由于强电井内使用铜排做母线，防护能力很低，如果小孩小便尿在铜排上立刻会触电，后果是不堪设想的。

2. 拥有强电井钥匙的业主数量较多，大部分业主不能意识到井道内存在触电危险，业主在强电井内存放物品可能碰到铜排，风险是巨大的。

案例启示：

1. 作为专业物业管理公司，基本要求是识别客户身边的风险，及时排除，保障客户的生命财产安全不受威胁。业主长期持有强电井的钥匙，没有发现其中的巨大风险或没有及时采取措施，反映了物业管理人员对风险的麻木和迟钝。强电井内一旦发生触电事故，物业必须承担不可推脱的法律责任和道义责任。

2. 有时候采取措施规避风险需要成本投入，实际工作中物业对较大的成本投入存在顾虑，没有清楚判别风险的严重性。

【本章小结】

本章首先介绍了供配电系统的组成及高低压设备的管理和维护方法，其次介绍了照明设备的管理和维护方法，最后介绍了建筑防雷措施与接地形式、安全用电电压、安全用电管理、安全用电常识及触电的急救处理方法。通过本章的学习，能较全面地掌握建筑电气设备管理和维护工作需要掌握的技术。

【复习思考题】

一、选择题

1. 电能生产、输送、分配及使用全过程（　　）。

A. 不同时间实现　　B. 同一瞬间实现

C. 按生产—输送—分配—使用顺序实现　　D. 以上都不对

2. 低压配电系统起漏电保护的设备是（　　）。

A. 刀开关　　B. 熔断器　　C. 自动空气开关　　D. 漏电保护器

3. 按《供配电系统设计规范》的要求，正常运行情况下，应急照明设备的电压偏差允许值为（　　）。

A. ±5%　　B. ±10%　　C. +5%，－10%　　D. +10%，－5%

4. 当建筑物大部分用电设备为中小容量，且无特殊要求时，宜采用（　　）配电。

A. 树干式　　B. 放射式　　C. 混合式　　D. 环式

5. 对于消防设备的供电，其配电系统宜采用（　　）网络结构供电。

A. 树干式　　B. 放射式　　C. 混合式　　D. 环式

6. 下列（　　）措施可以降低接触电压。

A. 提高设备绝缘等级　　B. 提高地表面电阻

C. 设置漏电保护装置　　D. 采用网状接地装置

二、简答题

1. 低压配电方式有哪几种？

2. 供电线路有哪几种敷设方式？

3. 电气设备管理的主要内容有哪些？

4. 电气设备维修系统的管理有哪些基本要求？

5. 简述安全用电管理的内容。

6. 对直击雷、感应雷和雷电侵入波分别采用什么防雷措施？
7. 避雷针的主要功能是什么？
8. 避雷针、避雷器、避雷带主要用在什么场合？
9. 保证电气安全的一般措施有哪些？

【实践与训练】

一、实训内容

1. 参观学校配电室或者物业小区的供配电系统，注意安全。
2. 拟写相关管理制度。

二、实训步骤

1. 为配电室值班人员制定“值班记录表格”，内容包括值班期间的设备使用状况描述；运行设备基本描述；发生的异常情况和原因；工具、量具状况的描述；值班期间接受和执行的指令或通知。
2. 书写实训报告和实训体会。

第八章　电梯

动脑筋

2011 年 7 月 5 日早 9：36，北京地铁四号线动物园站 A 口上行电扶梯发生设备故障，正在搭乘电梯的部分乘客由于上行的电梯突然之间进行了倒转，原本是上行的电梯突然下滑，很多人防不胜防，人群纷纷跌落，导致踩踏事件的发生，事故造成 1 人死亡，2 人重伤，26 人轻伤。北京市质监局发布，此事故是一起责任事故。扶梯制造单位对此次事故的发生负有主要责任。由于北京地铁四号线动物园站 A 出口便梯的固定零件损坏，导致扶梯驱动主机发生位移，造成驱动链的断裂，致使扶梯出现逆向下行的现象。

对此事件，北京市质监局、北京市交通委等相关部门表示，正研究制定《北京市交通运输行业特种设备安全使用规范》，拟对地铁扶梯的选型、加强人员值守疏导、增加日常维护保养频次等提出更加严格的要求。将研究建立公共场所电梯安全责任“终身制”制度，由电梯制造厂家终身负责本品牌电梯安全工作，落实电梯制造厂主体责任。此外，还将着手制定《电梯主要零部件报废标准》，使电梯主要零部件的报废有标准可依。

学习目标

1. 了解电梯的分类及其基本构造；
2. 熟悉电梯的基本工作原理；
3. 掌握电梯日常运行维护与管理技能。

第一节　电梯的种类和结构

电梯是指用电力拖动的轿厢沿铅垂方向或与铅垂方向倾斜角不大于 15°，在刚性井道之间运送乘客或货物的固定设备。电梯被广泛应用于住宅、办公楼、宾馆、商场、医院和工厂等场所。然而，由于电梯是较为复杂的机电结合体，技术含量很高，而且其运行的安全性直接关系到乘载者的人身安全，确保电梯运行安全就显得尤为重要。

一、电梯的分类

（一）按用途分类

1. 乘客电梯：为运送乘客而设计的电梯，必须有十分安全可靠的安全装置。

2. 载货电梯：主要是为运送货物而设计的，通常有人伴随的电梯，有必备的安全保护装置。载货电梯适用于工厂、商场、仓库等场所，主要用于运送货物上下楼，并可搭载随行工作人员，是搬运工作的最佳搭档，使繁重的货物搬运工作变得轻松而快捷。

3. 客货梯：主要是用作运送乘客，但也可以运送货物的电梯。它与乘客电梯的区别在于轿厢内部装饰结构和使用场合不同。

4. 病床电梯：为运送医院病人及其病床而设计的电梯，其轿厢具有相对窄而长的特点。

5. 住宅梯：供住宅楼使用的电梯控制系统和轿厢，装饰较简单，也必须具有电梯所具有的安全保护装置。

6. 杂物电梯：供图书馆、办公楼运送图书、文件，饭店运送食品等。而绝不允许人员进入，为防止人员进入轿厢，轿厢内部尺寸必须小到人无法进入。

7. 消防梯：火警情况下能适应消防员专用的电梯，非火警情况下可作为一般客梯或客货梯使用。

8. 船舶电梯：专用于船舶上的电梯，能在船舶正常摇晃中运行。

9. 观光电梯：轿厢壁透明，供乘客游览观光建筑物周围外景的电梯。

10. 汽车电梯：运送汽车的电梯，其特点是大轿厢、大承重量，常用于立体式车场及汽车库等场所。

（二）按驱动方式分类

1. 交流电梯：用交流感应电动机作为驱动力的电梯。

2. 直流电梯：用直流电动机作为驱动力的电梯。

3. 液压电梯：一般利用电动泵驱动液体流动，由柱塞使轿厢升降的电梯。

4. 齿轮齿条电梯：将导轨加工成齿条，轿厢装上与齿条啮合的齿轮，电动机带动齿轮旋转使轿厢升降的电梯。

5. 螺杆式电梯：将直顶式电梯的柱塞加工成矩形螺纹，再将带有推力轴承的大螺母安装于油缸顶部，然后通过电动机经减速机（或皮带）带动螺母旋转，从而使螺杆顶轿厢上升或下降的电梯。

6. 直线电机驱动的电梯：其动力源是直线电机。

（三）按速度分类

电梯无严格的速度分类，我国习惯上按下述方法分类。

1. 低速梯：常指低于 1.00m/s 速度的电梯。

2. 中速梯：常指速度在 1.00m/s ~ 2.00m/s 的电梯。

3. 高速梯：常指速度大于 2.00m/s 的电梯。

4. 超高速梯：速度超过 5.00m/s 的电梯。

随着电梯技术的不断发展，电梯速度越来越快，区别高、中、低速电梯的速度限值也在相应地提高。

（四）按操纵控制方式分类

1. 手柄开关操纵

电梯司机在轿厢内控制操纵盘手柄开关，实现电梯的启动、上升、下降、平层、停止的运行状态。

2. 按钮控制电梯

这是一种简单的自动控制电梯，具有自动平层功能，常见有轿外按钮控制、轿内按钮控制两种控制方式。

3. 信号控制电梯

这是一种自动控制程度较高的有司机电梯。除具有自动平层、自动开门功能外，还具有轿厢命令登记、层站召唤登记、自动停层、顺向截停和自动换向等功能。

4. 集选控制电梯

这是一种在信号控制基础上发展起来的全自动控制的电梯，与信号控制的主要区别在于能实现无司机操纵。其主要特点是把轿厢内的选层信号和各层外呼信号集合起来，自动决定上、下运行方向顺序应答。这类电梯必须在轿厢上设置称重装置，以免电梯超载。轿门上须设有保护装置，防止乘客出入轿厢时被夹伤。

5. 并联控制电梯

两至三台电梯的控制线路并联起来进行逻辑控制，共用层站外召唤按钮，电梯本身都具有集选功能。

两台并联集选控制组成的电梯，基站设在大楼的底层，当一台电梯执行指令完毕后，自动返回基站。另一台电梯在完成其所有任务后，就停留在最后停靠的层楼作为备行梯。备行梯是准备接受基站以上出现的任何指令而运行的。基站梯可优先供进入大楼的乘客服务，备行梯主要应答其他层楼的召唤。当重新出现召唤指令时，备行梯首先应答、启动、运行，当备行梯运行后方出现召唤信号时，基站梯则接收信号启动出发。三台并联集选组成的电梯，有两台电梯作为基站梯，一台为备行梯。

6. 群控电梯

这是用微机控制和统一调度多台集中并列的电梯。群控可以分为下列两种主要控制方式。

（1）梯群的程序控制。控制系统按预先编制好的交通模式程序集中调度和控制，如将一天中的客流分成上行客流量高峰状态、客流量平衡状态、下行客流量高峰状态、上行客流量较下行大的状态、下行客流量较上行大的状态、空闲时的客流量状态，电梯工作中按照当时客流量情况，以轿厢的负载、层站的召唤频繁程度，运行一周时间间隔等为依据，自动选择或人工变换管制程序。如在上行高峰期，对电梯实行下行直驶控制等。

（2）梯群智能控制。智能控制电梯有数据的采集、交换、存贮功能，还有进行分析、筛选、报告的功能。控制系统可以显示出所有电梯的运行状态，通过专用程序可分析电梯的工作效率、评价电梯的服务水平。计算机根据当前的客流情况，自动选择最佳的运行控制程序，是目前最先进的电梯控制系统。

（五）特殊电梯

1. 斜行电梯。轿厢在倾斜的井道中沿着倾斜的导轨运行，是集观光和运输于一体的输送设备。特别是由于土地紧张而将住宅移至山区后，斜行电梯发展迅速。

2. 立体停车场用电梯。根据不同的停车场可选配不同类型的电梯。

3. 建筑施工电梯。这是一种采用齿轮齿条啮合方式（包括齿传动与链传动，或采用钢丝绳提升），使吊笼作垂直或倾斜运动的机械，用以输送人员或物料，主要应用于建筑施工与维修。它还可以作为仓库、码头，船坞、高塔、高烟囱的长期使用的垂直运输机械。

二、电梯的基本结构

电梯的基本结构如图 8 – 1 所示，电梯结构中的机械装置通常有轿厢、门系统、导向系统、曳引系统、对重系统及机械安全保护系统等。

（一）轿厢

轿厢是电梯的主要设备之一。在曳引钢丝绳的牵引作用下，沿敷设在电梯井道中

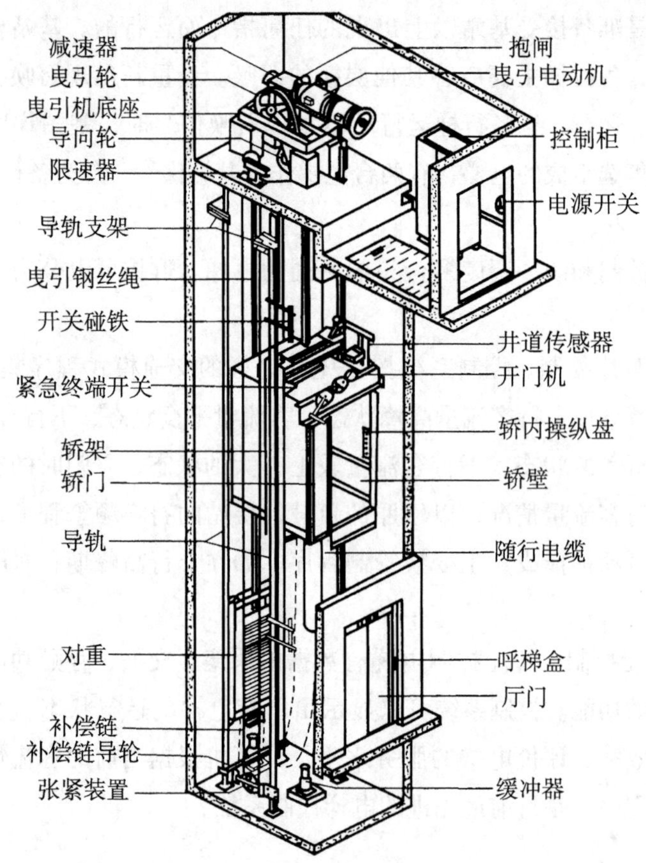

图 8－1　电梯基本结构示意图

的导轨，做垂直上、下的快速、平稳运行。

轿厢是乘客或货物的载体，由轿厢架及轿厢体构成。轿厢架上、下装有导靴，滑行或滚动于导轨上。轿厢体由厢顶、厢壁、厢底及轿厢门组成。

轿厢门供乘客或服务人员进出轿厢使用，门上装有连锁触头，只有当门扇密闭时，才允许电梯起动；而当门扇开启时，运动中的轿厢便立即停止，起到了电梯运行中的安全保护作用。门上还装有安全触板，若有人或物品碰到安全触板，依靠连锁触头作用使门自动停止关闭并迅速开启。

现代电梯轿厢形式较多，但轿厢的设计必须遵照现行电梯设计与制造规范（如 GB 7588—2003《电梯制造与安全规范》等）。高层建筑的客梯对轿厢的要求较为严格。厢内设有空调通风设备、照明设备、防火设备、减振设备等，使轿厢安静、舒适、豪华。轿厢内的电气控制装置完备无缺，主令控制器、指层信号灯、急停开关、警铃及对讲机等，设计合理、美观大方。

（二）门系统

门系统是由电梯门（厅门和厢门）、自动开门机、门锁、层门联动机构及门安全装置等构成。

电梯门由门扇、门套、门滑轮、门导轨架等组成。轿厢门由门滑轮悬挂在厢门导轨架上，下部通过门靴与厢门地坎配合；厅门由门滑轮悬挂在厅门导轨架上，下部通过门滑块与厅门地坎配合。

电梯门类型可分为中分式、旁开式及闸门式等。

电梯门的作用是打开或关闭电梯轿厢与厅站的出入口。

电梯门（厢门和后门）的开启与关闭是由自动开门机实现的。自动开门机是由小功率的直流电动机或三相交流电动机带动的具有快速、平稳开、关门特性的机构。根据开、关门方式不同，开门机又分为两扇中分式、两扇旁开式及交栅式。现以两扇中分式自动开门机为例，说明自动开门机结构。图 8－2 表示了两扇中分式自动开门机结构。

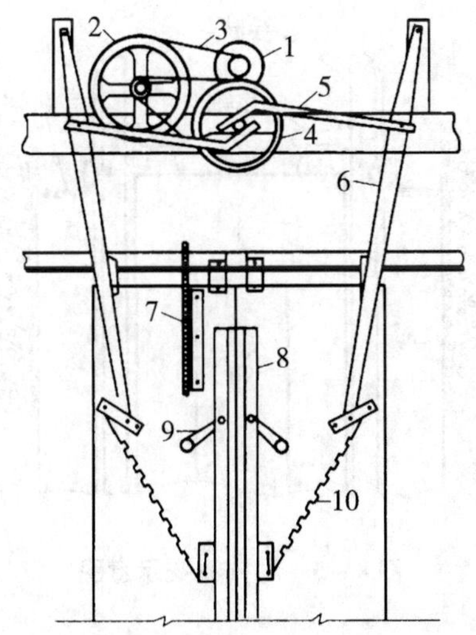

图 8－2 两扇中分式开门机结构简图

1—开、关门电机；2—二级传动轮；3—三角皮带；4—驱动轮；5—连杆；6—开门杠杆；7—开门刀；8—安全触板；9—触板活动轴；10—触板拉链

自动开门机的驱动电机依靠三角皮带驱动开、关门机构，形成两级变速传动，其中驱动轮（曲柄轮）是二级传动轮。若曲柄轮逆时针转动 180°，左右开门杠杆同时推动左、右门扇，完成一次开门行程；当曲柄轮顺时针转动 180°，左右开门杠杆则使左、右门扇同时合拢，完成一次关门行程。

电梯门开、闭时的速度变化可根据使用者的要求设定，只要适当控制驱动电机

（交流或直流），便可以实现满意的开、关门过程。

门锁也是电梯门系统中的重要部件。门锁按其工作原理可分为撞击式门锁及非撞击式门锁。前者与装在厢门上的门刀配合使用，由门刀拨开门锁，使厅门与厢门同步开或闭。非撞击式门锁（位置型门锁）与压板机构配合使用，完成厅门与厢门的同步开、闭过程。

门系统中还有厅门联运机构。厅门是被动门，由厢门带动。但厅门的门扇之间的联运则需要专门设计的联运机构来完成。旁开式厅门联运机构又常常分为单撑臂式、双撑臂式及摆杆式。中分式厅门联动机构常采用钢丝绳式结构。

（三）导向系统

电梯导向系统由导轨架、导轨及导靴等组成。导轨限定了轿厢与对重在井道中的相互位置，导轨架是导轨的支撑部件，它被固定在井道壁上，导靴被安装在轿厢和对重架两侧，其靴衬（或滚轮）与导轨工作面配合，使轿厢与对重沿着导轨做上下运行。电梯导向系统结构如图 8－3 所示。

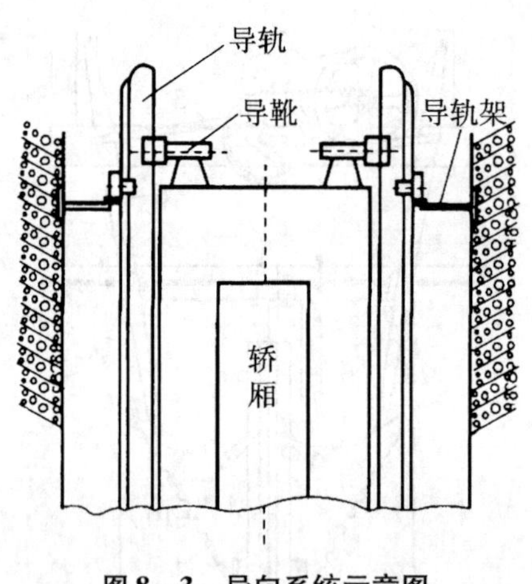

图 8－3　导向系统示意图

（四）曳引系统

曳引系统由曳引机组、曳引轮、导向轮、曳引钢丝绳及反绳轮等组成。

曳引机组是电梯机房内的主要传动设备，由曳引电动机、制动器及减速器（无齿轮电梯无减速器）等组成，其作用是产生动力并负责传送。曳引电动机通常采用适用于电梯拖动的三相（交流）异步电动机。制动采用的是闭式电磁制动器，当电机接通时松闸，而当电机断电即电梯停止时抱闸制动。减速器通常采用蜗轮蜗杆减速器。

曳引轮是具有半圆形带切口绳槽轮，与钢丝绳之间的摩擦力（牵引力）带动轿厢与对重做垂直上下运行。

钢丝绳一方面连接轿厢与对重，另一方面与曳引轮之间产生摩擦牵引力。

导向轮安装在曳引机机架上或承重梁上，使轿厢与对重保持最佳相对位置。

反绳轮是指设置在轿厢顶和对重顶上的动滑轮及设置在机房的定滑轮，曳引钢丝绳绕过反绳轮可构成不同曳引比的传动方式：

（五）对重系统

对重系统包括对重及平衡补偿装置。对重系统也称重量平衡系统，其构成如图 8 - 4 所示。

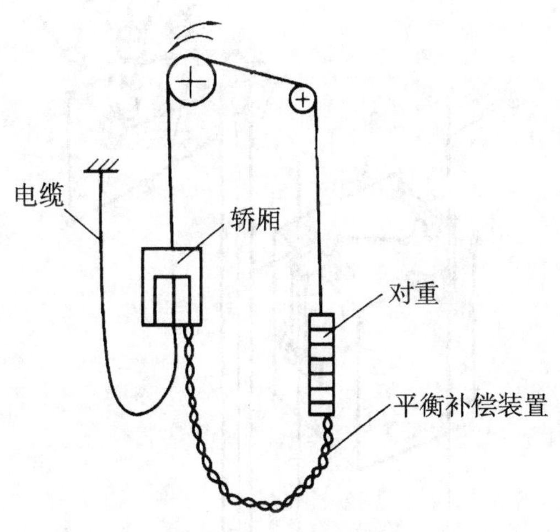

图 8 - 4　对重系统示意图

对重起到平衡轿厢自重及载重的作用，从而可大大减轻曳引电动机的负担。而平衡补偿装置则是为电梯在整个运行中平衡变化时设置的补偿装置。对重产生的平衡作用在电梯升降过程中是不断变化的，这主要是由电梯运行过程中曳引钢丝绳在对重侧和在轿厢侧的长度不断变化造成的。为使轿厢侧与对重侧在电梯运行过程中始终都保持相对平衡，就必须在轿厢和对重下面悬挂平衡补偿装置。

（六）机械安全保护装置

电梯安全保护系统分为机械系统和电气系统。机械系统中的典型机械装置有机械限速装置、缓冲装置及端站保护装置等。

限速装置由限速器与安全钳组成。限速器安装在电梯机房楼板上，在曳引机的一侧，安全钳则是安装在轿厢架上底梁两端。限速器的作用是限制电梯运行速度超过规定值。图 8 - 5 表示了立轴离心式（也称甩球式）限速器结构及工作原理。

例如，当电梯超速下降时，限速器甩球离心力增大，通过拉杆和弹簧装置卡住绳轮，限制了钢丝绳的移动。但由于惯性作用轿厢仍会向下移动，此时钢丝绳就会把拉杆向上提起，通过传动装置再把轿厢两侧的安全钳提起，卡住导轨，禁止轿厢再移动。

缓冲器安装在电梯井道的底坑内，位于轿厢和对重的正下方，如图 8－1 所示。它是电梯安全保护的最后一种装置，当电梯上、下运行时，由于某种事故原因发生超越终端层站底层或顶层时，将由缓冲器起缓冲作用，以避免轿厢与对重直接冲顶或撞底，保护乘客和设备的安全。

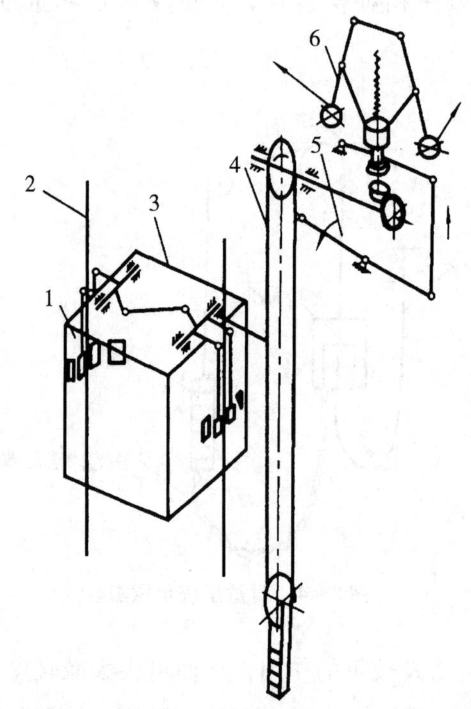

图 8－5　甩球式限速器结构及工作原理示意图

1—安全钳；2—轿厢导轨；3—轿厢；4—钢丝绳；5—钢丝绳制动机构；6—限速器

第二节　电梯的工作原理

虽然电梯的外形和结构多种多样，但其主要组成部分的作用基本相同，如图 8－6 所示。其工作原理如下：

首先，电梯主要由升降机械的电动机带动曳引轮，驱动曳引钢丝绳与悬吊装置，拖动轿厢和对重在井道内作相对运动，轿厢上升，对重下降；轿厢下降则对重上升。于是，轿厢就在井道中沿导轨上下运行。

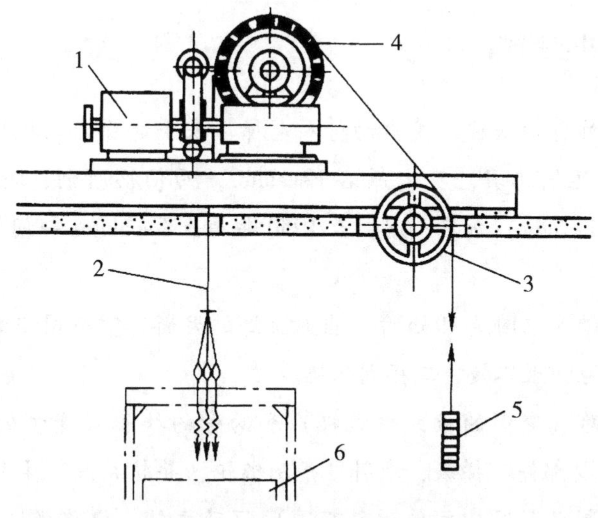

图 8-6　电梯工作原理示意图

1—电动机；2—曳引钢丝绳；3—导向轮；4—曳引轮；5—对重；6—轿厢

其次，电梯的轿厢和对重架两侧装有导靴，导靴从三个方面箍紧在导轨上，以便使轿厢和对重在水平方面准确定位。一旦发生运行超速或曳引钢丝绳拉力减弱的情况，安装在轿厢上（有的在对重上）的安全钳启动，牢牢地把轿厢卡在导轨上，避免事故发生。当轿厢和对重的控制系统发生故障时急速坠落，为了避免与井道地面发生碰撞，在井坑下部设置了挡铁和弹簧式缓冲器，以缓和着地时的冲击。

轿厢与对重能作相对运动是靠曳引绳和曳引轮间的摩擦力来实现的。以下是两种常用的绕绳方式。

1. 在曳引比为 1∶1 的电梯中，钢丝绳的一端连在轿厢的绳头上，另一端通过导向轮，连在对重架的绳头板上。如图 8-7 所示。

2. 在曳引比为 2∶1 的电梯中，钢丝绳的一端垂直下降，绕过轿厢顶轮后，连到井道顶部的绳头板上。另一端通过导向轮垂直下降，绕过对重架顶轮，接到井道顶部的另一个绳头板上。如图 8-8 所示。

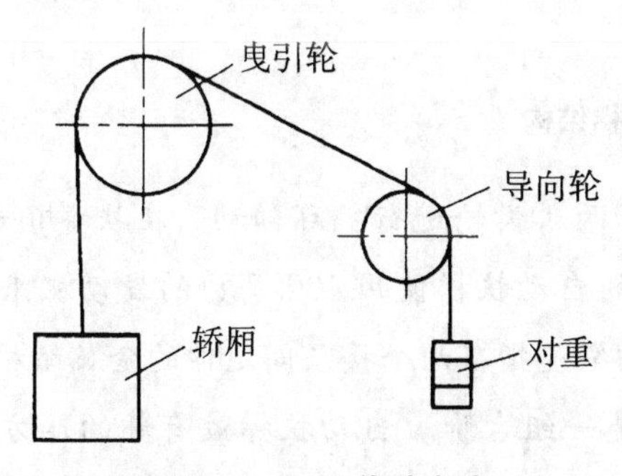

图 8-7　1∶1 传动方式

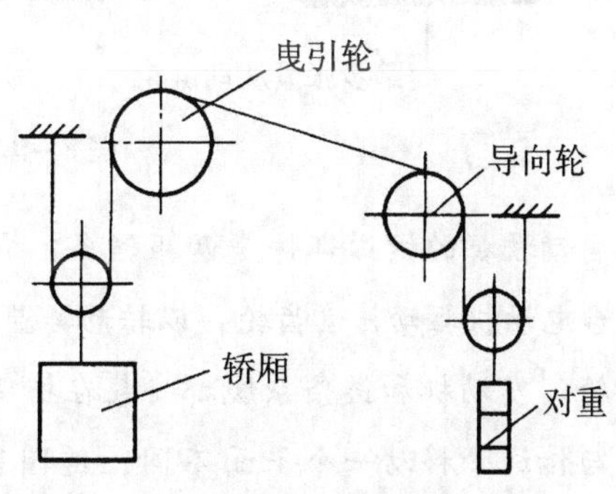

图 8-8　2∶1 传动方式

物业管理小专家

电动扶梯，亦称自动扶梯，或自动行人电梯、扶手电梯、电扶梯，是一种以运输带方式运送行人的运输工具。英文原名 Escalator，西伯格所创，把拉丁文梯（Escalade）及升降机（Elevator）加在一起，至 1950 年为止 Escalator 一词一直是奥的斯公司的注册商标。

电动扶梯最先进入中国是 1935 年。当时上海的大新百货公司安装了两台奥的斯单人电动扶梯，连接地面至二楼，二楼到三楼。

自动扶梯由梯路（变型的板式输送机）和两旁的扶手（变型的带式输送机）组成。如图 8－9，主要部件有梯级、牵引链条及链轮、导轨系统、主传动系统（包括电动机、减速装置、制动器及中间传动环节等）驱动主轴、梯路张紧装置、扶手系统、梳板、扶梯骨架和电气系统等。梯级在乘客入口处作水平运动（方便乘客登梯）以后逐渐形成阶梯；接近入口处阶梯逐渐消失，梯级再度作水平运动。这些运动都是由梯级主轮、辅轮分别沿不同的梯级导轨行走来实现的。

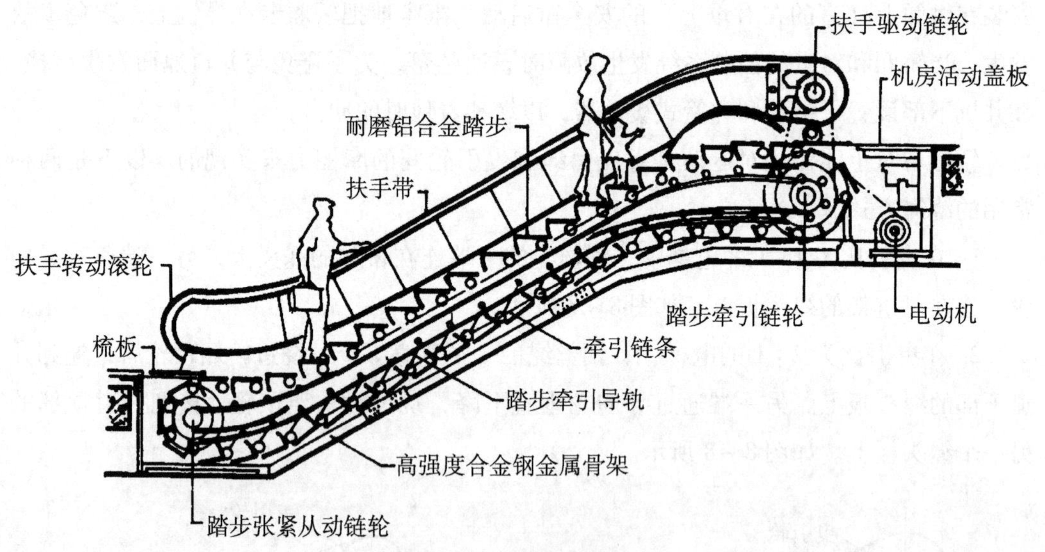

图 8－9　电动扶梯结构

自动扶梯的核心部件是两根链条，它们绕着两对齿轮进行循环转动。在扶梯顶部，有一台电动机驱动传动齿轮，以转动链圈。典型的自动扶梯使用 100 马力的发动机来转动齿轮。发动机和链条系统都安装在桁架中，构架是指在两个楼层间延伸的金属结构。

与传送带移动一个平面不同，链圈移动的是一组台阶。自动扶梯最有趣的地方是这些台阶的移动方式。链条移动时，台阶一直保持水平。在自动扶梯的顶部和底部，台阶彼此折叠，形成一个平台。这样使上、下自动扶梯比较容易。

自动扶梯上的每一个台阶都有两组轮子，它们沿着两个分离的轨道转动。上部装置（靠近台阶顶部的轮子）与转动的链条相连，并由位于自动扶梯顶部的驱动齿轮拉动。其他组的轮子只是沿着轨道滑动，跟在第一组轮子后面。

两条轨道彼此隔开，这样可使每个台阶保持水平。在自动扶梯的顶部和底部，轨道呈水平位置，从而使台阶展平。每个台阶内部有一连串的凹槽，以便在展平的过程中与前后两个台阶连接在一起。

除转动主链环外，自动扶梯中的电动机还能移动扶手。扶手只是一条绕着一连串轮子进行循环的橡胶输送带。该输送带是精确配置的，以便与台阶的移动速度完全相同，让乘用者感到平稳。

自动扶梯系统不像电梯那样能够使人上升几十层楼，但很适用于提供短距离运输。这是因为自动扶梯的高负载率。电梯满员后，必须等它到达指定楼层并返回后其他人才能上电梯。而在自动扶梯上，只要有一个人到达上层，就会为其他人腾出位置。

第三节　电梯的检查及使用管理

电梯如果使用得当，有专人负责管理和定期保养，出现故障能及时修理，并彻底把故障排除掉，不但能够减少停机待修时间，还能够延长电梯的使用寿命，提高使用效果；相反，如果使用不当，又无专人负责管理和维修，不但不能发挥电梯的正常作用，还会降低电梯的使用寿命，甚至出现人身和设备事故，造成严重后果。实践证明，一部电梯的使用效果好坏，取决于电梯制造、安装、使用过程中管理和维修等几个方面的质量。对于一部经安装调试合格的新电梯，交付使用后能否取得满意的效益，关键就在于对电梯的管理、安全检查合理使用、日常维护保养和修理等环节的质量了。

一、电梯的检查

（一）电梯的日常检查

电梯的日常检查是电梯维护管理人员必须经常进行的检查工作，主要检查以下方面：

1. 厅门锁闭装置。每周应对各层厅门、门锁进行检查，当电梯正常工作时，如有任一层厅门被开启，则电梯应停止运行或不能启动。厅门关闭时用外力不应将厅门扒开。

2. 轿门。每周检查轿门的防护装置是否自动使门重新开启，当自动门在关闭过程中触及安全触板，轿门应能自动打开。

3. 消防功能。对有消防专用功能的电梯，每周应对其功能进行检查。

4. 报警和应急功能。每周检查轿内警铃、对讲系统、电话等紧急报警装置。与建筑物内的管理部门应能及时应答紧急呼救。

5. 备用电源。每周应检查备用电源的工作情况，正在运行的电梯如突然中断供电，备用电源应能使轿厢停靠在最近的楼层。

（二）电梯的季度检查

使用单位按季度对机房的主要设备进行一次全面的检查。主要包括曳引机运行时有无异常噪声、减速机是否漏油、减速箱及电机的温升情况、制动器的可靠制动情况、限速器运转是否灵活可靠、控制柜内电气元件动作是否可靠、极限开关动作是否可靠等。

（三）电梯的年度检查

由使用单位组织的年度检查是针对电梯运行过程中的整机性能和安全设施进行全面的检查。整机性能主要包括乘坐舒适感，运行的噪声、振动、速度和平层准确度五个方面。安全设施主要包括超速保护、断相保护、缓冲装置等保护功能的检查，同时还应进行电气设备的接地、接零的装置、设备的耐压绝缘的检查。根据检查的结果确定是否需要修理。

（四）定期安全检查

定期安全检查是根据政府主管部门的规定，由负载电梯注册登记的有关部门或主管部门委派电梯注册或认证工程师进行的安全检查。检查的周期、内容由各地主管部门决定。检查合格的电梯发给使用许可证，证书注明安全有效期并应悬挂在轿厢内，超过期限的电梯应禁止使用。定期检查的主要部件有门厅锁闭装置、钢丝绳、制动器、限速器、安全钳、缓冲器、报警装置的安全可靠性等。对每一项检查内容均应给出试验及检验报告，合格后由主管部门存档并予以发证。

二、电梯的使用管理

电梯的使用管理包括岗位职责、交接班制度、机房管理、安全使用管理、维修管理、技术档案管理等。为了使这些管理工作有章可循，需要建立以下管理制度。

（一）岗位责任制

这是一项明确电梯司机和维修人员工作范围、承担的责任以及完成岗位工作的质和量的管理制度，也是管理好电梯的基本制度。岗位职责制定得越明确、具体，就越有利于在工作中得到执行。因此，在制定此项制度时，要以电梯的安全运行管理为宗旨，将岗位人员在驾驶和维修保养电梯时应该做什么以及达到的要求和标准具体化、条理化和程序化。

（二）电梯的交接班制度

对于多班运行的电梯岗位，应建立交接班制度，以明确交接双方的责任，交接的内容、方式和应履行的手续。否则，一旦遇到问题，电梯的使用管理易出现推诿、扯皮现象，影响工作。交接班应明确以下内容：

1. 交接班时，双方应在现场共同查看电梯的运行状态，清点工具、备件和机房内配置的消防器材，当面交接清楚，而不能以见面打招呼的方式进行交接。

2. 明确交接前后的责任。通常，在双方履行交接签字手续后再出现的问题，由接班人员负责处理。若正在交接时电梯出现故障，应由交班人员负责处理，但接班人员应积极配合。若接班人未能按时接班，在未征得领导同意前，待交班人员不得擅自离开岗位。

（三）机房管理制度

机房的管理以满足电梯的工作条件和安全为原则，主要内容有：

1. 非岗位人员未经管理者同意不得进入机房。

2. 机房内配置的消防灭火器材要定期检查，并放在明显易取部位。

3. 保证机房照明、通信电话的完好通畅。

4. 经常保持机房地面、墙面和顶部的清洁及门窗的完好，门锁钥匙不允许转借他人。

5. 保持机房内温度在5℃～40℃范围内，有条件可安装空调设备，但通风设备必须满足机房通风要求。

6. 注意防水、防鼠的检查，严防机房顶和墙体渗水、漏水以及鼠害。

7. 注意电梯电源配电盘的日常检查，保证其完好、可靠。

（四）安全使用管理制度

这项制度的核心是通过制度的建立使电梯得以安全合理地使用，避免人为损坏而

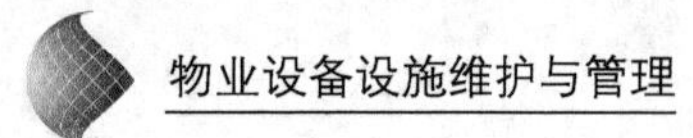

发生事故，对于主要为乘客服务的电梯，还应制定单位职工使用电梯的规定，以免影响对乘客的服务质量。

（五）维修保养制度

为了加强电梯日常运行检查和预防性检修，防止突发事故，使电梯能够安全、可靠、舒适、高效地提供服务，应制定详细的操作性强的维修保养制度。制定时，应参考电梯厂家提供的使用维修保养说明及国家有关标准、规定，结合电梯使用的具体情况，将日常检查、周期性检查和定期检修的具体内容、时间及要求，做出计划性安排。

（六）技术档案管理制度

电梯是建筑物中大型设备之一，应对其技术资料建立专门的技术档案。对于多台电梯，每台电梯都应有各自独立的技术档案，不能互相混淆。技术档案主要包括以下内容：

1. 新梯的移交资料。主要有：电梯井道及机房土建图和设计变更文件；产品质量合格证书；使用维修保养说明书，电气控制原理图、接线图，主要部件和电气元件的技术说明书等随机技术资料；安装、调试、试验、检验记录和报告书；电梯安装方案或工艺卡以及隐蔽工程验收记录等。

2. 设备档案卡。设备档案卡是以表格、卡片的形式将每台电梯产品的名称、性能特征、技术参数、安装启用日期、安装地点等内容表示出来。

3. 电梯运行阶段的各种记录。包括运行值班记录、维修保养记录、大中修记录、各项试验记录、故障或事故处理记录、改造记录等。对于主管部门的安全技术检验记录和报告书应一起归档管理。

物业管理小专家

在我国，如今有超过100万台的电梯服务于写字间、公寓、商场等各种场所。快速和节能已经逐渐成为了人们关注电梯的重点，但是售后维保却并未受到足够的重视。现在电梯维保带来的隐患已经慢慢上演，维保不到位也许将造成电梯市场未来大灾。电梯商、业主、开发商还是物业，到底谁该来为电梯维保埋单，而电梯维保又应该如何监管，这些问题都应该引起我们的重视。

据有关数据显示，2008年我国电梯市场的销售额约为500亿美元，其中住宅电梯占据70%。我国电梯协会数据显示，近年来我国备案在册的电梯数量正以每年高于20%的速度增长，2008年年底已超过100万台，我国成为全球电梯保有量最大的国家。

但是，在新梯市场不断增长的同时，也有一部分电梯在逐渐地老去。据悉，目前我国电梯使用频率偏高，一部电梯一天的运行频率往往达到了上千次。如果维修、保养跟不上，电梯出现故障在所难免。目前国内在用的电梯使用年限在10年以上的超过4万台。各大电梯企业都认为，电梯的维修保养及改造是一个巨大的市场。

然而，国家电梯质量监督检验中心副主任马培忠一语道破电梯改造中的难点：政策和资金落实。

“目前已进入更新、改造期的电梯，原来多是国家、单位或某组织拥有产权，或者目前房产产权已经出售给私人，原来的产权管理单位已经不复存在，这样带来的问题往往是维修、改造资金无从落实，致使许多服役多年的电梯无法落实改造。这个问题需要政府出面解决，相关政策引导以及管理方面，都需要政府以法规、规章的管理形式来引导。”

国务院近日公布了新修改的《特种设备安全监察条例》于2011年5月1日起施行。《条例》首次强调，国家鼓励实行特种设备责任保险制度，以提高事故赔付能力。

三、电梯常见故障的检查和排除

电梯出现故障后，电梯维修人员应能迅速、准确地判断故障的所在，及时排除故障。电梯的故障可分为机械故障和电气系统故障两大类。

（一）机械系统的故障和排除

机械系统的故障比较少见，但机械系统发生故障时造成的后果却较严重。所以，做好日常的维护保养，减少机械系统故障是电梯管理的主要任务之一。

1. 机械系统的常见故障

（1）润滑系统的故障。由于润滑不好或润滑系统某个部件故障，造成转动部位发热或抱轴现象，使滚动和滑动部位的零件损坏。

（2）机件带伤运转。忽视了日常的检修，未发现机械零件的转动、滑动和滚动部件的磨损，使机械零件带伤工作，造成电梯故障，被迫停机修理。

（3）连接部位松动。电梯的机械系统中，有许多部件是由螺栓连接的。运行过程中，由于振动等原因使螺栓松动、零部件移位造成磨损或撞毁机械零件，被迫停机。

（4）平衡系统的故障。当平衡系数与标准要求相差较远时，会造成轿厢蹲底或冲顶，限速器、闸瓦动作，被迫停机。

2. 机械系统常见故障的预防与修理

加强电梯的维护和保养是减少或避免电梯机械故障的关键，对机械故障的出现起到预防作用。一是要及时润滑有关部件；二是要紧固螺栓。做好这两项工作，机械系统的故障就会大大减少。发生故障后，维修人员要向司乘人员了解故障时的情况和现象。若电梯还能运行，维修人员应到轿厢内亲自控制电梯上下运行数次，通过眼看、耳听、鼻闻、触摸等实地考察、分析和判断，找出故障部位，并进行修理。修理时，应按照有关文件的技术要求和修理步骤，认真地把故障部件进行拆卸、清洗、检查、测量。符合要求的部件重新安装使用，不符合要求的部件一定要更换。修理后的电梯在投入使用前必须经过认真的调试和试运行后，才能投入使用。

（二）电气系统的故障和检修

电梯出现的故障多为电气系统故障，而且绝大多数是控制系统故障。

1. 电气控制系统的常见故障

电梯电气系统的故障多种多样，但大致分为四种类型：

（1）门系统故障。采用自动开关门的电梯，其故障多为各种电气元件的触点接触不良所致，而触点接触不良主要是由于元器件本身的质量、安装调整的质量和维护保养的质量等存在问题所致。

（2）继电器故障。用继电器组成的电梯控制电路，故障一般出在继电器的触点上。触点通断时的电弧使触点烧坏，使其不能闭合或长期粘连，造成断路或短路。

（3）电气元件绝缘老化。电气元件受潮通电时产生的热量加速了绝缘的老化，使绝缘击穿造成短路。

（4）外界干扰。电子技术的发展，使可编程控制器和计算机等先进设备应用在电梯的控制系统中发展为无触点电气控制系统。这种控制系统避免了继电控制系统的触点故障。但是，这种系统中的控制信号较小，容易受到外界干扰，如果屏蔽不好，常使电梯产生错误动作。

2. 电气系统故障的排除

电梯的电气控制系统结构复杂而又分散，要想迅速排除电气系统的故障，维修人员应做到：掌握电梯电气控制系统的电原理图、接线图、安装位置图；熟悉电梯的启动、加速、满速运行、到站提前换速、平层、开门等全部控制过程；掌握各电气元件间的控制关系，继电器、接触器接点的作用；了解各电气元件的安装位置和机电间的配合关系。

四、电梯发生异常情况处置管理

当电梯工作中出现异常情况时，司梯人员和乘梯人员都要冷静，保持清醒的头脑，以便寻求比较安全的解决方案。

（一）发生火灾时的处置

1. 当楼层发生火灾时，电梯的机房值班人员应立即设法按动“消防开关”，使电梯进入消防运行状态。电梯运行到基站后，疏导乘客迅速离开轿厢。迅速拨打119电话报警，并通知工程部。

2. 井道或轿厢内失火时，司机应立即停梯并疏导乘客离开，切断电源后用干粉灭火器灭火。同时，打电话通知工程部。若火势较猛，就应拨打火警电话报警，以便保证高层建筑内的人员和财产安全。

（二）电梯困人救援的安全管理

规范电梯困人援救工作，以确保乘客的安全是电梯困人援救管理工作的目的。凡遇故障，司梯人员应首先通知电梯维修人员和管理人员，如电梯维修人员和管理人员五分钟仍未到达，工程部经过培训的救援人员可根据不同情况设法先行释放被困乘客。

1. 电梯困人援救的程序

告知被困人员等待救援：当发生电梯困人事故时，电梯管理员或援救人员通过电梯对讲机喊话与被困人员取得联系，务必使其保持镇静，静心等待救援人员的援救。被困人员不可将身体任何部位伸出轿厢外。如果轿厢门属于半开闭状态，电梯管理员应设法将轿厢门完全关闭。

准确判断轿厢位置，做好援救准备：根据楼层指示灯、PC显示、选层器横杆或打开厅门判断轿厢所在位置，然后设法援救乘客。

2. 救援步骤

轿厢停于接近电梯口的位置时的援救步骤：关闭机房电源开关，用专门外门锁钥匙开启外门，在轿厢顶用人力慢慢开启轿门，协助乘客离开轿厢，重新关好厅门。

轿厢远离电梯口时的援救步骤：进入机房，关闭该故障电梯的电源开关，拆除电机尾轴端盖，按上旋柄座及旋柄，救援人员用力把住旋柄，另一救援人员手持制动释放杆，轻轻撬开制动，注意观察平层标志，使轿厢逐步移动至最接近厅门（0.5m）为止。当确认刹车制动无误时，放开盘车手轮。然后按上述相同步骤救援。

遇到其他复杂情况时，应请电梯公司帮助救援。援救结束时，电梯管理员填写援救记录并存档。此项工作的目的是积累救援经验。

【案例分析】

电梯伤人事故纠纷的管理责任

2009年8月，住某高层住宅17楼、年近70岁的周老太太，乘电梯下楼时，电梯突然向下坠落，然后又极不正常地上下升降数次。受惊的周老太太站立不稳，摔倒在电梯里，伤了骨盆，当场昏迷。后来被其他业主发现，紧急呼叫120急救车送医院抢救，留院治疗3个多月后方才出院，花费了各项医疗费约6万元。

2010年年初，周老太将物业公司起诉至法院。周老太诉称，由于物业公司维护电梯不力，没有及时地保障电梯各项设备的安全，导致电梯失控，致使她受重伤住院，应当对她的各项损失承担全责，因此，要求物业公司在一个月内支付她各项医疗费用6万元。

物业公司辩称，公司方面已经尽责，且电梯的维保工作是由专业的电梯维保工程公司定期实施的，物业公司只是替电梯维保工程公司向业主代收电梯维护费而已。周老太平日身体有恙，伴有眩晕症；事发时她独自一人，不能证明受伤是由于电梯故障所致；再则，电梯本身老化严重，已到了需要大笔资金进行更换的地步。基于此，物业公司要求法院驳回原告的诉讼请求。

法院经审理认为，物业公司作为电梯的管理人，对其证明没有过错负有举证责任。在庭审过程中，物业公司一直拒绝提供相关证据，因此，法院在综合权衡有关涉案因素之后，判决物业公司赔偿周老太各项医疗费用共计3万元。

【本章小结】

电梯设备给人们提供高效、便捷和舒适的工作生活环境的同时，由于管理和使用不当常常会造成人身伤亡，也会给物业服务管理企业造成重大经济损失。所以电梯管理是物业服务企业的重中之重。在了解电梯结构、分类和工作原理的基础上，重点掌握电梯的使用安全管理、电梯的运行管理、电梯的维修管理等内容。

【复习思考题】

一、选择题

1. 我国习惯把速度大于（　　）的电梯称为高速电梯。

A. 1.00m/s　　B. 2.00m/s　　C. 4.00m/s　　D. 5.00m/s

2. 能把轿厢内选层信号和各层外呼信号集合起来，自动决定上、下运行方向顺序应答的操控方式属于（　　）。

A. 按钮控制电梯　　B. 信号控制电梯

C. 集选控制电梯　　D. 并联控制电梯

3.（　　）系统能限制轿厢和对重的活动自由度，使轿厢和对重只能沿着导轨作升降运动。

A. 导向系统　　B. 重量平衡系统　　C. 门系统　　D. 曳引系统

4. 交接班过程中电梯出现故障应由（　　）负责处理。

A. 交班人员　　B. 接班人员　　C. 交接班人员共同　　D. 维修人员

5. 电梯机房曳引轮对铅垂线的偏差应（　　）。

A. ≤1.0mm　　B. >1.0mm　　C. >2.0mm　　D. ≤2.0mm

二、简答题

1. 电梯按驱动方式分为哪几类?

2. 电梯由哪几大部分构成？各包括哪些主要器件?

3. 电梯的重量平衡系统的作用是什么?

4. 电梯使用过程中主要检查哪些内容?

5. 电梯的常见故障有哪些方面?

【实践与训练】

一、实训内容

1. 考察校园、住宅小区、办公楼、商业楼电梯的运行情况。

2. 熟悉有关电梯运行与维护的各种规章制度。

二、实训步骤

1. 分小组组织学生参观，要求对轿厢和机房设备型号、参数、状态记录并拍照。

2. 电梯相关（管理）制度的拟写，如电梯机房管理制度、电梯管理服务规则、电梯维修保养操作规程等。

第九章　建筑消防系统

动脑筋

2011年8月30日凌晨4时30分，黄石市江天世纪苑小区地下车库发生火灾，造成5台摩托车、2台电瓶车和部分保温材料被烧毁，16辆私家小轿车不同程度地受到烟熏，过火面积约80余平方米，直接经济损失8万余元，幸无人员伤亡。

消防支队通报火灾原因称，起火部位位于地下车库北侧，火灾原因不排除电气火灾，但由于小区物业管理人员对消防设施管理不善，关闭自动喷水灭火系统管网上的信号阀，导致自动喷水灭火系统不能自动喷水灭火，造成火灾损失扩大。

为吸取火灾事故教训，消防部门还组织全市百余名物业公司负责人，参观狼藉不堪的火灾现场，以及大火过后的杂物残骸，警示物业服务小区消防安全管理，增加消防设施投入，全力做好火灾防范工作。

请问：建筑消防设施包括哪些？如何避免火灾的发生？应该如何扑救呢？

学习目标

1. 掌握建筑消防系统的组成及各部分的功能。
2. 熟悉火灾自动报警及联动系统中各构成组件及其功能。
3. 熟悉消防联动各系统的组成、功能及工作流程。
4. 熟悉消防系统的管理制度与维护内容。

第一节　建筑消防系统概述

一、建筑火灾的成因及特点

（一）火灾的成因

火灾是指在时间或空间上失去控制的燃烧所造成的灾害。燃烧是可燃物与氧化剂

作用发生的一种放热发光的剧烈化学反应。燃烧不是随便可以发生的，而是必须要具备一定的条件。简单地说，就是必须具备三个必要条件，即可燃物、助燃物、点火源。

建筑物起火的原因是多种多样的，主要原因可以归结于生活用火不慎引起火灾、生产活动中违规操作引发火灾、化学或生物化学的作用造成的可燃物和易燃物自燃，以及因为用电不当而造成的电气火灾等。随着我国经济的飞速发展，人民生活水平的日益提高，用电场合和用电量剧增，电气火灾在建筑火灾中所占的比重越来越大。

（二）建筑火灾的特点

一般来说，火灾形成及蔓延分为三个阶段，即初始阶段、阴燃阶段和火焰燃烧阶段。建筑火灾与其他火灾相比，具有火势蔓延迅速、扑救困难、容易造成人员伤亡事故和经济损失严重的特点。

1. 火势蔓延迅速

由于烟囱效应的影响和风力的作用，建筑火灾的火势蔓延速度是非常快的。

2. 火灾扑救困难

建筑物的面积较大，高度较高，而且结构较为复杂，一旦着火，扑救难度较大。

3. 容易造成人员伤亡事故

建筑物一旦着火，人员疏散较为困难，而且火灾现场会产生大量烟尘和各种有毒有害的气体，从而造成大量人员伤亡。

4. 经济损失严重

建筑火灾所造成的损失不仅是建筑本身的价值，而且还包括建筑内各种物质的经济损失。

二、建筑消防系统的特点和重要性

建筑消防系统是建筑设备自动化系统的一个组成部分。所谓建筑消防系统就是在建筑物内建立的自动监控、自动灭火的自动化消防系统。一旦建筑物发生火灾，该系统就是主要灭火者。目前，建筑消防系统已经可以实现自动监测现场火情信号、确认火灾、发出声光报警信号、启动相应设备进行自动灭火、排烟、封闭着火区域、引导人员疏散等功能，还能与上级消防控制单位进行通信联络，发出救灾请求。

现代化建筑消防系统，尤其是服务于高层建筑的建筑消防系统，是一个功能齐全的具有先进控制技术的自动化系统。消防系统的设计与制造，已经大量融入了计算机控制技术、电子技术、通信技术、网络技术等现代科技，消防设备的生产已经走向通用化、系列化、标准化。在结构上，组成建筑系统的设备、器件，具有结构紧凑、反应灵敏、可靠性高、模块化设计、易于组装等特点，同时因为采用了冗余技术、自诊断技术等先进技术，使系统具有良好的性能指标。

自动消防系统在建筑物防火灭火中意义重大，建筑消防系统的设计、施工与应用是贯彻“预防为主，防消结合”这一消防工作指导方针的重要内容。在我国，建筑消防系统的实施已经提高到法制化的高度。有关消防系统的施工、应用、管理等工作已经制定了一系列强制实施的法律法规和技术规范，必须严格执行。

三、建筑物高度分界线

建筑物的高度是指建筑物室外地面到建筑物檐口或女儿墙顶部的高度。此高度对建筑消防系统的规划与实施有重要影响。国家标准《民用建筑设计通则》（GB 50352—2005）中将10层以上的住宅建筑划归为高层建筑。公共建筑及综合性建筑总高度超过24m为高层建筑，但是高度超过24m的单层建筑不算高层建筑。超过100m的民用建筑为超高层建筑。需要注意，对高层建筑的规定，各国的规定并不一致。

四、建筑消防系统的结构与组成

一个完整的建筑消防系统应该包括火灾自动报警系统、灭火消防联动控制系统。火灾自动报警系统主要有火灾探测器和火灾自动报警控制器等组成。灭火及消防联动

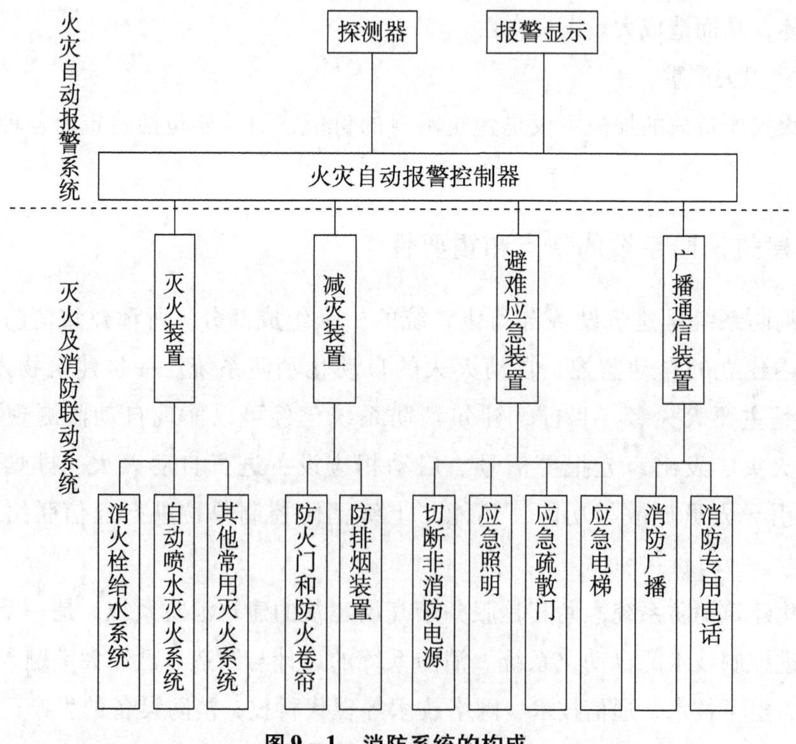

图9-1　消防系统的构成

控制系统包括紧急广播系统、事故照明系统、消防给水系统、自动喷淋装置、气体灭火控制装置、防排烟控制系统等子系统。其组成和结构如图 9－1 所示。

第二节 消防给水系统

水是目前建筑消防的主要灭火剂。水的来源广泛，易于获取和贮存，价格相对低廉，同时具有很高的汽化潜热和热容量，冷却性能好，在灭火过程中对生态环境没有影响。水冷却法灭火系统主要有两种形式，即消火栓灭火系统和自动喷水灭火系统。

一、室内消火栓给水系统

建筑消火栓给水系统是把室外给水系统提供的水量，经过加压（外网压力不满足需要时），输送到用于扑灭建筑物内的火灾而设置的固定灭火设备，是建筑物中最基本的灭火设施。

（一）室内消火栓给水系统的设置范围

低层建筑室内消火栓给水系统的任务是扑救建筑物初期火灾，对于较大火灾还要求助于城市消防车。我国《建筑设计防火规范》（GB 50016—2006）下列建筑必须设置室内消防给水系统并设置 DN65 的室内消火栓。

1. 高度不超过 24m 的厂房、库房和高度不超过 24m 的科研楼（存有与接触能引起燃烧爆炸或助长热蔓延的物品除外）。

2. 超过 800 个座位的影剧院、电影院、俱乐部和超过 1200 个座位的礼堂、体育馆。

3. 超过 5000m^3的火车站、码头、机场建筑物、展览馆、商店、病房楼、门诊楼、教学楼、图书馆等建筑物。

4. 超过 7 层的单元式住宅、超过 6 层的塔式住宅、通廊式住宅，底层设有商业网点的单元式住宅。

5. 超过 5 层或体积超过 10000m^3的其他民用建筑。

6. 国家级文物保护单位的重点砖木结构的古建筑。

《高层民用建筑设计防火规范》（GB 50045—95）规定，高层建筑必须设置室内外消火栓给水系统。

一般建筑物或厂房内，消防给水常常与生活或生产给水共用一个给水系统。只在建筑物防火要求高，不宜采用共用系统，或共用系统不经济时，才采用独立的消防给水系统。

（二）室内消火栓系统的设置场所和要求

1. 高层建筑和裙房的各层除无可燃物的设备层外，每层均应设置室内消火栓。

2. 消防电梯前室应设置室内消火栓。

3. 超高层建筑的避难层（区）、停机坪应设置室内消火栓。

4. 屋顶应设置装有压力显示装置的检查用消火栓。

5. 室内消火栓应设置在楼内走道、楼梯附近等明显易于取用之地。

6. 高层建筑中的宾馆、重要的办公楼，一类建筑的商业楼、展览楼等和超高层建筑中，其楼内应设置消防卷盘，避难层也应设置消防卷盘。

7. 低层建筑中设有空调系统的旅馆、办公楼，以及超过 1500 个座位的剧院、会堂，其闷顶内安装有面灯部位的马道处，宜增设消防卷盘。

8. 室内消火栓的布置，应保证有两支水枪的充实水柱同时到达室内任何部位。

9. 室内消火栓栓口的静水压应不超过 0.8MPa，如超过 0.8MPa 时，应采用分区给水系统，消火栓栓口处的出水压力超过 0.5MPa 时，应有减压设施。

（三）室内消火栓的使用方法

当建筑物某层发生火警时，首先打开箱门，迅速取下挂架（挂轴）上的水带和弹簧夹上的水枪，将水带接口连接在消火栓接口上，开启消火栓，即可灭火。同时按动远距离启动消防水泵的按钮，此时消火栓箱上的红色指示灯亮，给消防控制中心和消防水泵房发出声、光报警信号，以便及时报告险情、组织灭火。使用消防卷盘自救或灭火时，首先打开箱门将卷盘旋出，拉出胶管和小口径水枪，开启供水闸阀即可进行灭火。使用完毕后，先关闭供水闸阀，待胶管排出积水后卷回卷盘，将卷盘转回消火栓箱内。

（四）室内消火栓给水系统的组成

室内消火栓给水系统一般由水枪、水带、消火栓、消防卷盘、消防管道、消防水池、消防水箱、水泵结合器、增压水泵及远距离启动消防水泵的设备等组成，如图 9－2 所示。

1. 水枪、水带和消火栓

室内一般采用直流式水枪，喷嘴口径有 13mm、16mm 和 19mm 三种。喷嘴口径 13mm 的水枪配 50mm 水带，16mm 的水枪配 50mm 或 65mm 水带，19mm 的水枪配 65mm 水带。

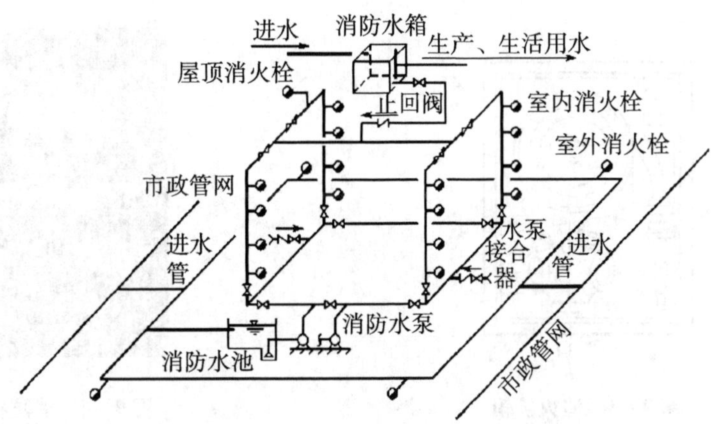

图 9－2　消火栓系统的组成

室内消防水带口径有 50mm、65mm 两种，水带长度一般为 15m、20m、25m 和 30m 四种；水带材质有麻织和化纤两种，有衬胶与不衬胶之分，其中衬胶水流阻力小。水带长度应根据水力计算确定。

消火栓均为内扣式接口的球形阀式龙头，进水口端与消防立管相连接，出水口端与水带连接。消火栓按其出口形式分为单出口和双出口两大类。双出口消火栓直径为 65mm，单出口消火栓直径有 50mm 和 65mm 两种。当消防水枪最小射流量小于 5L/s，时，应采用 50mm 消火栓；当消防水枪最小射流量大于等于 5L/s 时，应采用 65mm 消火栓。

为了便于维护管理与互换使用，同一建筑物内应选用同一型号规格的消火栓水枪和水带。水枪、水带和消火栓以及消防卷盘平时置于有玻璃门的消火栓箱内，如图 9－3 所示。

2. 消防卷盘

室内消火栓给水系统中，有时因喷水压力和消防流量较大，对没有经过消防训练的普通人员来说，难以操纵，影响扑灭初期火灾效果。因此，在一些重要的建筑物内，如高级旅馆、一类建筑的商业楼、展览楼、综合楼等和建筑高度超过 100m 的其他超高层建筑，消火栓给水系统可加设消防卷盘（又称消防水喉）（如图 9－4 所示），供没有经过消防训练的普通人员扑救初期火灾时使用。

消防卷盘由 25mm 或 32mm 小口径室内消火栓、内径不小于 19mm 的输水胶管、喷嘴口径为 6.8mm 或 9mm 的小口径开关和转盘配套组成，胶管长度为 20m～40m，整套消防卷盘与普通消火栓可设在一个消防箱内，也可从消防立管接出独立设置在专用消防箱内。消防卷盘一般设置在走道、楼梯附近明显易于取用地点，其间距应保证室内地面的任何部位有一股水柱能够到达。

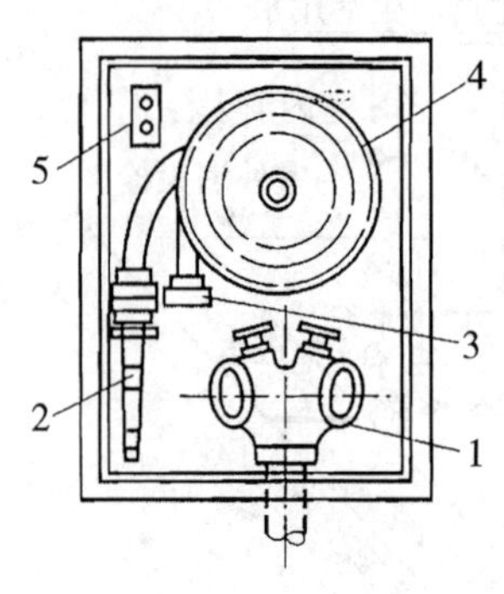

图 9-3　消火栓箱

1—消火栓；2—水枪；3—水带接口；4—水带；5—启泵按钮

图 9-4　消防卷盘

3. 消防水箱

消防水箱的作用是供给扑灭初期火灾的消防用水量，并保证相应的水压要求。为确保其自动供水的可靠性，应采用重力自流供水方式；消防水箱宜与生活（或生产）高位水箱合用，以防止水质变坏；水箱的安装高度应满足室内最不利点消火栓所需的水压要求，并应保证贮存有该建筑室内 10min 的消防用水量。

4. 消防水池

当生产、生活用水量达到最大时，市政给水管道和进水管或天然水源不能满足室内外消防用水量，或市政给水管道为枝状或只有一条进水管时，且消防用水量之和超过 25L/s，应设消防水池。

消防水池用于室外不能提供消防水源的情况下，贮存火灾持续时间内的室内消防用水量。消防水池可设于室外地下或地面上，也可设在室内地下室，或与室内游泳池、水景水池兼用。消防水池应设有水位控制阀的进水管和溢水管、通气管、泄水管、出水管及水位指示器等附属装置。可根据各种用水系统的供水情况，将消防水池与生活或生产贮水池合用，也可单独设置。

5. 水泵结合器

在建筑消防给水系统中均应设置水泵接合器。水泵接合器是连接消防车向室内消防给水系统加压供水的装置，一端由消防给水管网水平干管引出，另一端设于消防车易于接近的地方。

当室内消防水泵发生故障或室内消防用水量不足时，消防车从室外消火栓、消防水池或天然水源取水，通过水泵接合器将水送至室内消防管网，保证室内消防用水。水泵接合器有地上、地下和墙壁式 3 种，水泵接合器宜采用地上式（如图 9-5 所示），当采用地下式水泵接合器，应有明显的标志。

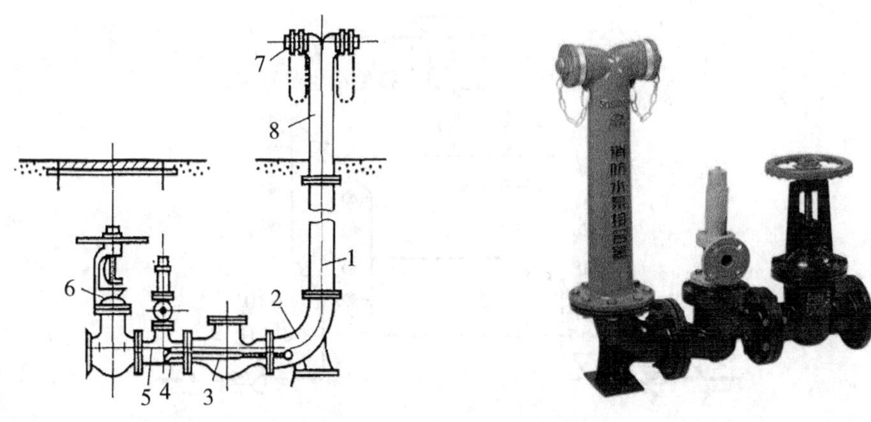

图 9－5　地上式水泵接合器

1—法兰接管；2—弯管；3—单向阀；4—放水阀；5—安全阀；6—闸阀；7—消防出水口；8—本体

（五）室内消火栓给水系统的类型

按照高度来分，建筑高度在 24m 以下的建筑物室内消火栓给水系统，属于低层建筑室内消火栓给水系统，这种灭火系统是仅供楼内人员扑救建筑物初期火灾时使用；在 24m 以上的，属于高层建筑室内消火栓给水系统，它是扑灭高层建筑火灾的主要灭火设备。

1. 低层建筑室内消火栓给水系统分类

（1）无消防水箱、加压水泵的室内消火栓给水系统：该方式适用于室外给水管网的流量和水压能满足室内消火栓给水系统所需的水量和水压时。如图 9－6 所示。

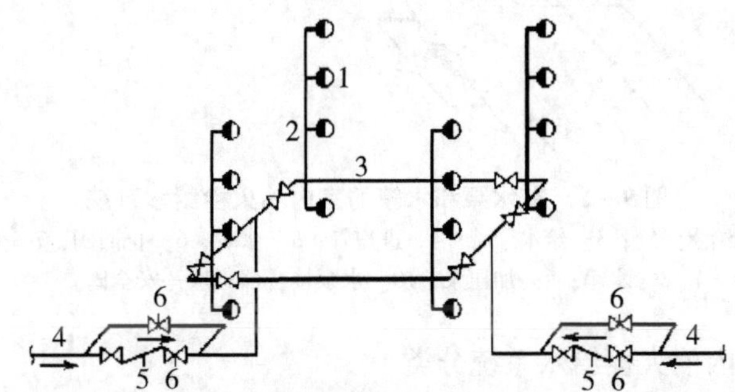

图 9－6　无水泵和水箱的室内消火栓给水系统

1—消火栓；2—给水竖管；3—给水干管；4—进户管；5—止回阀；6—旁通管及阀门

（2）仅设消防水箱，不设加压水泵的消火栓给水系统：该方式适用于室外给水管网压力变化较大，但水量能满足。这种方式管网应独立设置。如图 9－7 所示。

（3）设有消防泵和消防水箱的室内消火栓给水系统（10min 室内消防用水量）。如图 9－8 所示。

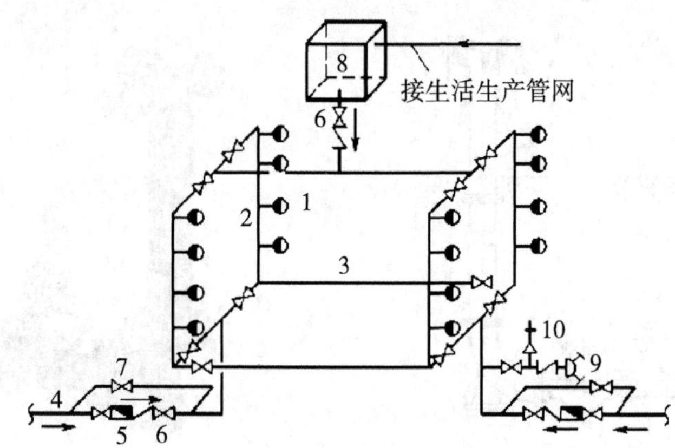

图9-7 有消防水箱的室内消火栓给水系统

1—消火栓；2—给水竖管；3—给水干管；4—进户管；5—水表；6—止回阀；7—旁通管及阀门；8—水箱；9—水泵接合器；10—安全阀

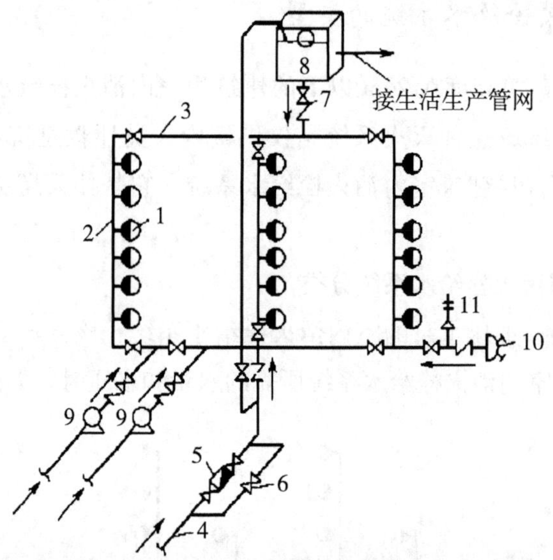

图9-8 有水泵和水箱的室内消火栓给水系统

1—消火栓；2—给水竖管；3—给水干管；4—进户管；5—水表；6—止回阀；7—旁通管及阀门；8—水箱；9—加压泵；10—水泵接合器；11—安全阀

2. 高层建筑室内消火栓给水系统分类

（1）不分区供水的室内消火栓给水系统：建筑高度低于50m的高层建筑，消火栓处静水压力不超过0.8MPa时，宜采用这种系统，如图9-9所示。

（2）分区供水的室内消火栓给水系统：当建筑高度超过50m或消火栓处静水压力超过0.8MPa时，宜采用这种方式。即将供水管网分成若干个区，每区分别用各自的水泵和水箱供水。按照分区方法的不同，又可分为并联式分区供水系统和串联式分区供水系统。

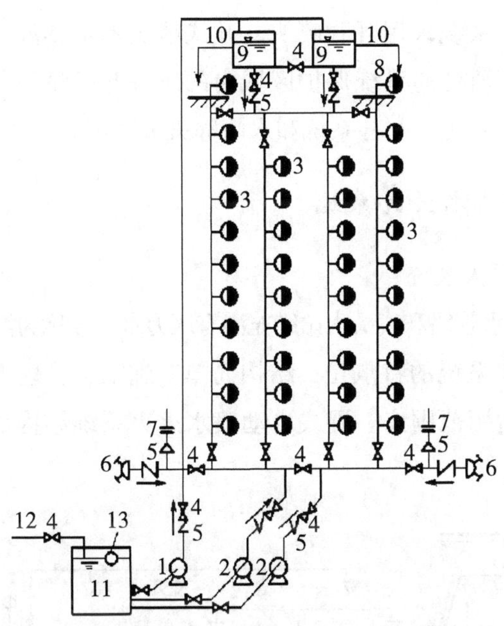

图 9－9　不分区的室内消火栓给水系统

1—生活水泵；2—消防水泵；3—消火栓；4—阀门；5—止回阀；6—水泵接合器；7—安全阀；8—屋顶消火栓；9—高位水箱；10—生活用水；11—贮水池；12—市政供水；13—浮球阀

二、自动喷水灭火系统

自动喷水灭火系统是一种在发生火灾时，能自动打开喷头喷水灭火并同时发出火警信号的消防灭火设施。是当今世界上公认的最有效的自救灭火设施，也是应用最广泛、用量最大的自动灭火系统。

在国外，有些国家的公共建筑都要求设置自动喷水灭火系统。鉴于我国的经济发展状况，目前要求在人员密集不易疏散，外部增援灭火与救生较困难或火灾危险性较大的场所设置自动喷水灭火系统。

（一）自动喷水灭火系统的种类

自动喷水灭火系统虽然种类有别，但均由水源、加压贮水设备、喷头、管网、报警装置（水力警铃、压力开关、水流指示器）等组成。根据系统中所使用的喷头型式的不同，自动喷水灭火系统分为闭式自动喷水灭火系统和开式自动喷水灭火系统两大类。

闭式自动喷水灭火系统采用闭式喷头，它是一种常闭喷头，喷头的感温、闭锁装置只有在特定的温度环境中才会脱落和开启喷头。因此，在发生火灾时，只有处于火焰中或临近着火点的喷头才会开启喷水。此类系统又可细分为湿式、干式、预作用、重复启闭预作用等几种形式。

开式自动喷水灭火系统采用开式喷头，开式喷头不带感温闭锁装置，处于常开状态，发生火灾时，火灾所处的系统保护区域内的所有开式喷头一起出水灭火。此类系统又可细分为雨淋灭火系统、水幕系统和水喷雾灭火系统。

（二）闭式自动喷水灭火系统

1. 湿式自动喷水灭火系统

这种系统由于其供水管路和喷头内始终充满有压力水，故称为湿式自动喷水灭火系统。

湿式自动喷水灭火系统的特点是：结构简单，施工、管理方便；经济性好；灭火速度快，控制率高；适用范围广。湿式自动喷水灭火系统结构如图 9－10 所示，工作原理如图 9－11 所示。

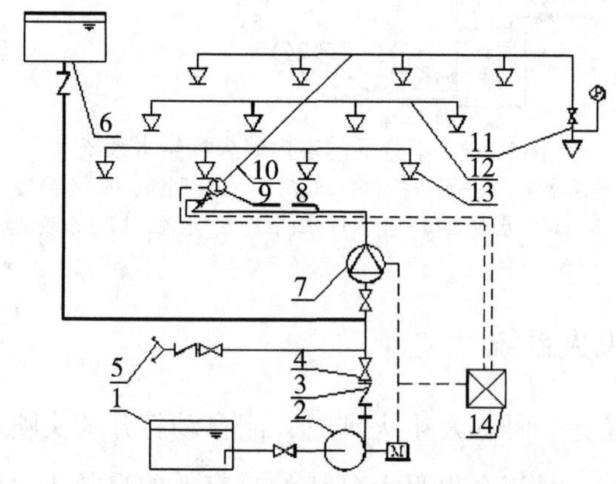

图 9－10　湿式自动喷水灭火系统结构示意图

1—水池；2—水泵；3—止回阀；4—闸阀；5—水泵接合器；6—消防水箱；7—湿式报警阀组；8—配水干管；9—水流指示器；10—配水管；11—末端试水装置；12—配水支管；13—闭式喷头；14—消防控制器

由于湿式系统管网中充有压力水，当环境温度低于 4℃时，管网内的水有冰冻的危险；当环境温度高于 70℃时，喷头易误喷，且管网内水汽化的加剧有破坏管道的危险。因此，湿式系统适用于环境温度不低于 4℃并不高于 70℃的建筑物。湿式报警装置最大工作压力为 1. 2MPa。

2. 干式自动喷水灭火系统

干式系统的组成与湿式系统的组成基本相同，但报警阀组采用是干式的。干式系统管网内平时不充水，充有有压空气（或氮气），与报警阀前的供水压力保持平衡，使报警阀处于紧闭状态。其结构示意如图 9－12 所示。其工作原理如图 9－13 所示。

当建筑物发生火灾时，着火点温度上升到开启闭式喷头时，喷头开启（或借助排气阀加速排气阀排气），排除管网中的压缩空气，干式报警阀后管网压力下降。干式报警阀开启，水流向配水管网输入，并从已开启的喷头喷水灭火。

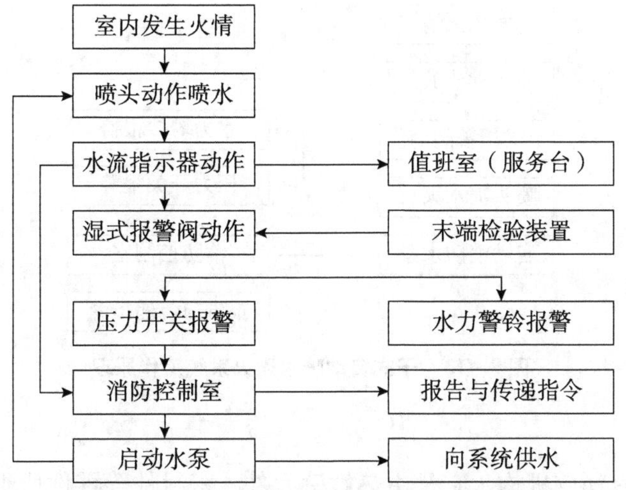

图 9－11　湿式自动喷水灭火系统工作原理

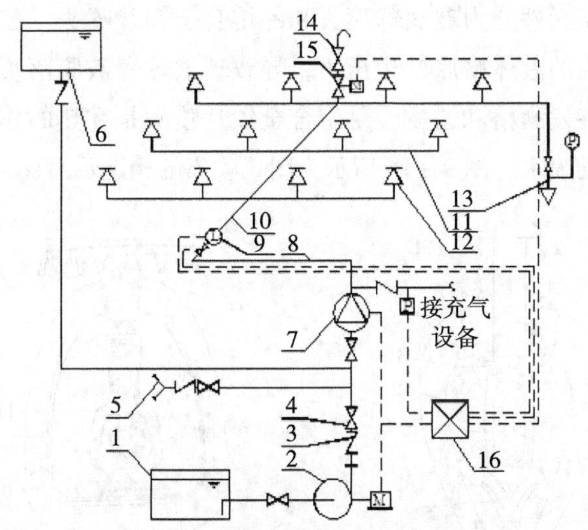

图 9－12　干式自动喷水灭火系统示意图

1—水池；2—水泵；3—止回阀；4—闸阀；5—水泵接合器；6—消防水箱；7—干式报警阀组；8—配水干管；9—水流指示器；10—配水管；11—配水支管；12—闭式喷头；13—末端试水装置；14—快速排气阀；15—电动阀；16—消防控制器

由于在报警阀后的管网无水，干式系统灭火时不受环境温度的制约，对建筑装饰无影响，但为保持气压，需要配套设置补气设施，因而提高了系统造价，比湿式系统投资高。又因为喷头受热开启后，首先要排除管道中的气体，然后才能喷水灭火，延误了灭火的时机。因此，干式系统的喷水灭火速度不如湿式系统快。

干式系统可用于一些无法使用湿式系统的场所或采暖期长而建筑内无采暖的场所。干式喷头应向上安装（干式悬吊型喷头除外）。干式报警装置最大工作压力不超过 1.2MPa。干式喷水管网的容积不宜超过 1500L，当有排气装置时，不宜超过 3000L。

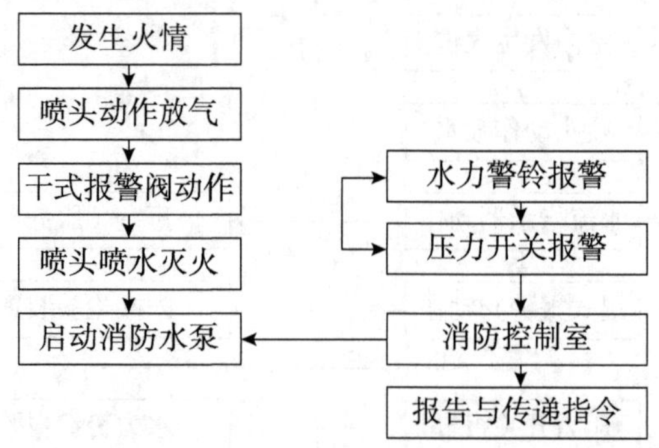

图 9-13　干式自动喷水灭火系统工作原理

3. 闭式喷头

闭式喷头具有释放机构，它是由热敏感元件、密封件等零件所组成的机构。平时喷头出水口用释放机构封闭住，灭火时释放机构自动脱落，喷头开启喷水。

闭式喷头按感温元件分为玻璃球喷头和易熔合金锁片喷头。玻璃球喷头是在热的作用下，使玻璃球内的液体膨胀产生压力，导致玻璃球爆破脱落喷水。玻璃球泡内的工作液体通常是易挥发酒精和乙醚。易熔合金锁片喷头是在热的作用下，使易熔合金锁片熔化脱落而启动喷水。图 9-14 所示为闭式喷头的构造示意图。

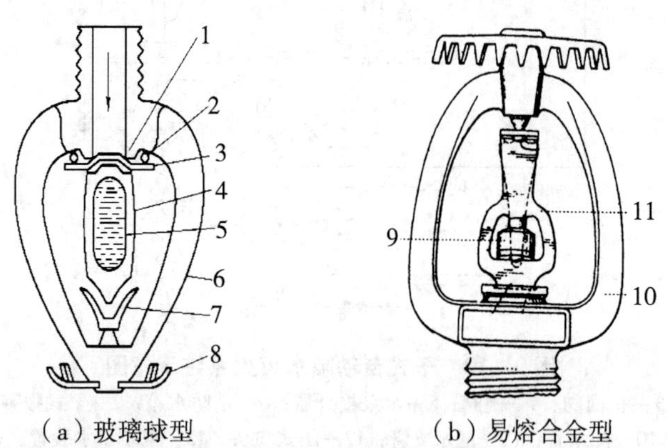

（a）玻璃球型　　（b）易熔合金型

图 9-14　闭式喷头

1—阀座；2—垫圈；3—阀片；4—玻璃球；5—色液；6—支架；7—锥套；8—溅水盘；9—易熔元件；10—框架；11—释放机构

（三）开式自动喷水灭火系统

1. 雨淋灭火系统

雨淋灭火系统具有出水量大，灭火控制面积大，灭火及时等优点，但水渍损失大于闭式系统。通常用于燃烧猛烈、蔓延迅速的某些严重危险级场所。

2. 水幕系统

水幕系统不具备直接灭火的能力，而是利用密集喷洒所形成的水墙或水帘，或配合防火卷帘等分隔物，阻断烟气和火势的蔓延，冷却防火分隔物，保护火灾邻近的建筑。

3. 水喷雾灭火系统

主要用于扑救固体火灾、闪点高于60℃的液体火灾和电气火灾。喷洒在燃烧物表面时会产生表面冷却、窒息、冲击乳化和稀释四种作用，提高了水的灭火效率。

三、其他常用灭火系统

（一）气体灭火系统

以气体为灭火介质的灭火系统称为气体灭火系统。根据介质的不同，可以分为二氧化碳灭火系统、惰性气体灭火系统、卤代烷灭火系统和热气溶胶灭火系统。气体灭火系统主要用于保护大型计算机、通信控制机房、资料档案库、博物馆、珍藏库等不适宜用水来灭火的场所。

（二）干粉灭火系统

是一种由干粉供应源通过输送管道连接到固定的喷嘴上，通过喷嘴喷放干粉的灭火系统。它依靠高压气体（氮气、二氧化碳等）的压力，携带干粉，通过输送管道，经喷头施放到保护区域或对象，达到灭火的目的。

（三）泡沫灭火系统

是将蛋白泡沫液、水成膜泡沫液等施放到燃烧物表面，形成泡沫层，以达到降低温度、隔绝空气，从而灭火的目的。主要用于扑救易燃液体的火灾或大面积的流淌火灾。在石油化工行业应用较多。

四、建筑消防给水系统的管理

建筑消防系统投入运行后，使用单位必须做好安全可靠的管理和维护，保证系统常备不懈地处于准工作状态，一旦发生火情，能立刻投入供水灭火的工作状态。

（一）室内消火栓给水系统的管理和维护

1. 系统必须有日常监督、检测、维护制度，保证系统处于准工作状态。

2. 负责系统维护管理的专职人员必须熟悉消火栓给水系统的原理、性能和操作维护规程。

3. 定期巡检消火栓、消防箱内的水枪和水带等组件。消火栓和消防卷盘供水闸间不应有渗漏现象。消防水枪、水带、消防卷盘以及全部附件应齐全良好，卷盘转动灵活，压力表指针指示正常。

4. 供水水源必须保证供给设计所需的水量和水压，每年或半年应对水源的供水能力进行一次测定。每两年应对贮水设备的结构材料进行检查，修补缺损和重新油漆。

5. 消防水泵应每月启动运转一次，确保报警启泵按钮、指示灯以及控制线路功能正常，无故障。消火栓、供水阀门以及消防卷盘等所有转动部位应定期加注润滑油。

6. 室外阀门井中，进水管上的控制阀门应每个季度检查一次，核实其处于全开启状态。

7. 消防水泵接合器的接口及附件应每月检查一次，并应保证接口完好、无渗漏、闷盖齐全。

（二）自动喷水灭火系统的管理和维护

自动喷水灭火系统的管理与维护主要包括以下几个方面。

1. 每月自动或手动检查火灾报警控制器的控制显示功能是否正常，每天检查总控制键、报警阀及供水压力是否正常。

2. 每周检测水流指示器、信号阀及末端试水装置是否正常。

3. 每月应检查消防水池、高位水箱的贮水情况，保证主贮水不被他用，如果有故障，及时修复，并避免腐蚀。

4. 每月对喷头进行外观检查，发现漏水、腐蚀、玻璃球变色或玻璃球内液体数量减少现象应立即更换。

5. 喷淋水泵应每月启动运转一次（≥5min），定期加注润滑油和进行保洁。

6. 每个月应通过末端试水装置放水进行系统模拟试验，对系统功能进行全面检查。

7. 每年需要由市消防检测中心进行年度检测，检测合格后才能继续使用。

第三节　高层建筑的防火排烟

一、概述

高层建筑在发生火灾时，会产生大量浓烟。据测定，烟气中含有一氧化碳、二氧化碳、氟化氢、氯化氢等多种有毒成分，这些有毒烟气是火灾致死的首要原因。同时

烟气有遮光作用，使人的能见距离下降，妨碍人员疏散和火灾扑救。因此高层建筑的防火、防烟、排烟问题尤为重要。

防火的目的是防止火灾的发生与蔓延，以及有利于扑灭火灾；而防烟、排烟的目的是将火灾产生的大量烟气及时予以排除，阻止烟气向防烟分区以外扩散，以确保建筑物内人员的顺利疏散，安全避难和为消防队员创造有利扑救条件。

火灾的烟气控制主要有以下 3 种方法：

1. 隔断和阻挡。墙、楼板、门等都具有隔断烟气传播的作用。

2. 排烟。利用自然或机械的作用力，将烟气排到室外，称之为排烟。利用自然作用力的排烟称为自然排烟。利用机械（风机）作用力的排烟称为机械排烟。

3. 加压防烟。用风机将室外空气源源不断地送入某区域内，使该区域的空气压力高于火灾区域的空气压力，阻止烟气的侵入，控制火势的蔓延。

我国《高层民用建筑设计防火规范》（GB 50045—2005）对设置防烟、排烟设施的范围做出了规定：

1. 一类高层建筑和建筑高度超过 32m 的二类高层建筑的下列部位应设排烟设施：

（1）长度超过 20m 的内走道。

（2）面积超过 100m^2 且经常有人停留或可燃物较多的房间。

（3）高层建筑的中庭和经常有人停留或可燃物较多的地下室。

2. 高层建筑的下列部位应设置独立的机械加压送风设施：

（1）不具备自然排烟条件的防烟楼梯间、消防电梯前室或合用前室。

（2）采用自然排烟措施的防烟楼梯间，其不具备自然排烟条件的前室。

（3）封闭避难层（间）。

（4）建筑高度超过 50m 的一类公共建筑和建筑高度超过 100m 的居住建筑的防烟楼梯间及其前室、消防电梯前室或合用前室。

二、高层建筑防排烟形式

建筑的防烟排烟系统由防烟系统和排烟系统两个相互关联的系统构成。

（一）防烟系统

1. 防火分区与防烟分区

（1）防火分区

所谓防火分区，是指用防火墙、防火门、耐火楼板等耐火构件将建筑物分隔而成的若干个面积较小的防火单元。以能在一定时间内将火灾限制于起火区而不向同一建筑的其他部位蔓延，减小火灾损失，同时可以为人员安全疏散、消防扑救提供有利条件。

防火分区的划分，主要考虑建筑物耐火等级、层数、消防设施的设置情况、火灾危险性类别等因素。我国现行的防火规范对各类建筑的耐火等级以及防火分区的划分均有明确的规定。

比较可靠的防火分区应包括楼板的水平防火分区和垂直防火分区两部分，所谓水平防火分区，就是用防火墙或防火门、防火卷帘等将各楼层在水平方向分隔为两个或几个防火分区；所谓垂直防火分区，就是将具有1.5h或1.0h的耐火极限的楼板和窗间墙（两上、下窗之间的距离不小于1.2m）将上下层隔开。当上下层设有走廊、自动扶梯、传送带等开口部位时，应将相连通的各层作为一个防火分区考虑，即应把连通部位作为一个整体看待，其建筑总面积不得超过规定，如果总面积超过规定，应在开口部位采取防火卷帘分隔设施，使其满足要求。在建筑设计中，通常规定：楼梯间、通风竖井、风道空间、电梯、自动扶梯升降通路等形成竖井的部分要作为防火分区。

根据我国现行《高层民用建筑设计防火规范》中规定，防火区的分区面积为：一类建筑1000m^2；二类建筑1500m^2；地下室500m^2；设有自动灭火系统时，其允许最大建筑面积可按上述规定增加一倍；高层建筑内的商业营业厅、展览厅等，设有火灾自动报警系统和自动灭火系统，且采用不燃或难燃材料装修者，地上部分可达4000m^2，地下部分可达2000m^2。

（2）防烟分区

所谓防烟分区，是指用挡烟垂壁、挡烟梁、挡烟隔墙等划分的可把烟气限制在一定范围的空间区域。防烟分区是对防火分区的细分化，防烟分区内不能防止火灾的扩大。它是为了有利于建筑物内人员安全疏散与有组织排烟而采取的技术措施。防烟分区使烟气集中于设定空间，通过排烟设施将烟气排至室外。防烟分区范围是指以屋顶挡烟隔板、挡烟垂壁或从顶棚向下突出不小于500mm的梁为界，从地板到屋顶或吊顶之间的规定空间。

防烟分区和防火分区的划分方法基本相同，即按每层楼面作为一个垂直防烟分区；每个楼面的防烟分区可在每个水平防火分区内划分出若干个。防烟分区不应跨越防火分区。每个防烟分区的面积不应超过500m^2，对装有自动灭火设备的建筑物其面积可增大一倍。此外还应注意竖井分区，如商场的中央自动扶梯处是一个大开口，应设置用感烟探测器控制的隔烟防火卷帘。

2. 防烟系统的分类

（1）密闭防烟

密闭防烟是指当火灾发生时，将着火房间封闭起来，使之因缺氧而缓解火势，同

时防止烟气蔓延扩散。它多用于面积较小，且其墙体、楼板耐火性能较好、密闭性好并采用防火门的房间。

（2）机械加压送风防烟

机械加压送风防烟系统主要由加压送风机、送风道、送风口、余压阀及自动控制部件组成。它依靠加压送风机提供给被保护区域新鲜空气，使该区域的室内空气压力高于火灾区域空气压力，形成压力差，防止烟气侵入被保护区域，如图 9－15 所示。

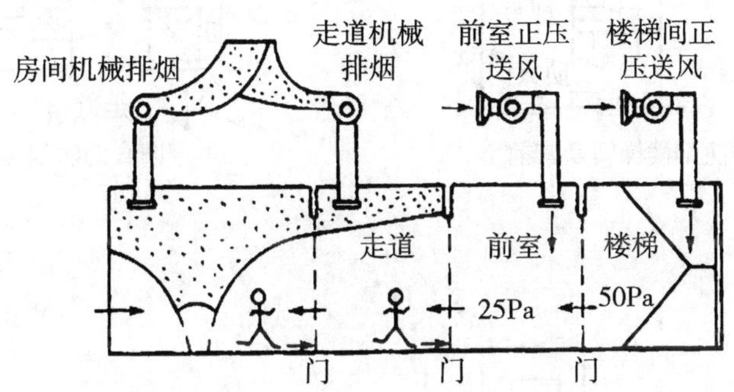

图 9－15 机械加压送风防烟系统

为保证疏散通道不受烟气侵害使人员安全疏散，发生火灾时，从安全性的角度出发，高层建筑内可分为四个安全区：第一类安全区为防烟楼梯间、避难层；第二类安全区为防烟楼梯间前室、消防电梯间前室或合用前室；第三类安全区为走道；第四类安全区为房间。依据上述原则，加压送风时应使防烟楼梯间压力 > 前室压力 > 走道压力 > 房间压力，同时还要保证各部分之间的压差不要过大，以免造成开门困难影响疏散。我国现行规范规定，防烟楼梯间与非加压区的设计压差为 50Pa，防烟楼梯间前室、合用前室、消防电梯间前室、封闭避难层与非加压区的设计压差为 25Pa。

（二）排烟系统

1. 自然排烟

自然排烟是利用火灾产生的高温烟气的浮力作用或自然界本身的风压，通过建筑物的对外开口（如门、窗、阳台等）或排烟竖井，将室内烟气排至室外。

自然排烟的优点是不需电源和风机设备，可兼作平时通风用，避免设备的闲置。其缺点是受室外风向、风速和建筑本身的密封性或热作用的影响，排烟效果不大稳定。当开口部位在迎风面时，不仅降低排烟效果，有时还可能使烟气流向其他房间。

靠外墙的防烟楼梯间及其前室、消防电梯间前室和合用前室以及净空高度小于 12m 的中庭均宜用自然排烟方式。自然排烟主要有两种方式：一是利用外窗、阳台、凹廊或排烟楼梯间进行的无组织排烟。如图 9－16（a）、（b）、（c）所示。二是利用专设的排烟竖井和排烟口进行排烟。如图 9－16（d）所示。在高层建筑中，第二种方式因为排烟竖井会占用较大的建筑面积，且维护困难、排烟效果不理想，所以这种自然排烟方式已经较少采用。

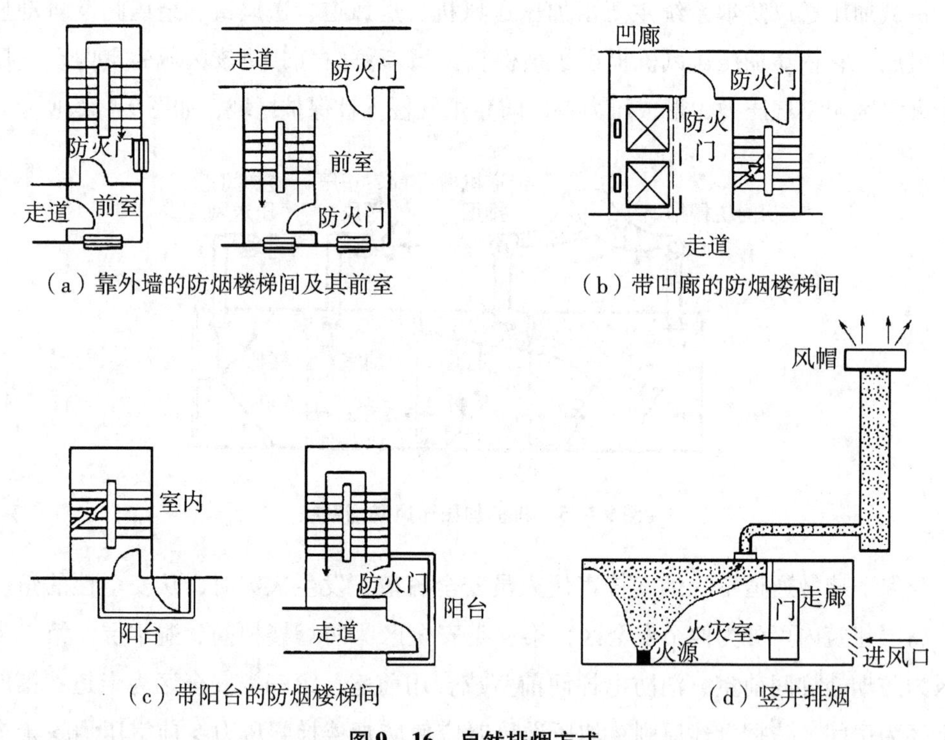

（a）靠外墙的防烟楼梯间及其前室

（b）带凹廊的防烟楼梯间

（c）带阳台的防烟楼梯间

（d）竖井排烟

图 9－16　自然排烟方式

2. 机械排烟

机械排烟方式是将火灾产生的烟气通过排烟风机排到室外。机械排烟可分为局部排烟和集中排烟两种方式。局部排烟方式是在每个需要排烟的部位设置独立的排烟风机直接进行排烟；局部排烟方式投资大，而且排烟风机分散，维修管理麻烦，所以很少采用。如采用时，一般与通风换气要求相结合，即平时可兼作通风排风使用。集中机械排烟就是把建筑物划分为若干个系统，每个系统设置一台大型排烟机，系统内的各个房间的烟气通过排烟口进入排烟管道引到排烟机直接排至室外。如图 9－17 所示。机械排烟的优点是受室外风压影响小，能有效地保证疏散通路，使烟气不向其他区域扩散。缺点是有关设备要能耐受高温烟气的影响，管理和维护相对较复杂。

机械排烟系统是由挡烟垂壁（或挡烟隔墙、挡烟梁）、排烟口、排烟道、排烟阀、排烟防火阀、排烟风机等组成。在设计和布置时要满足以下要求：

（1）走道的机械排烟系统宜竖向设置；房间的机械排烟系统宜按防烟分区设置。

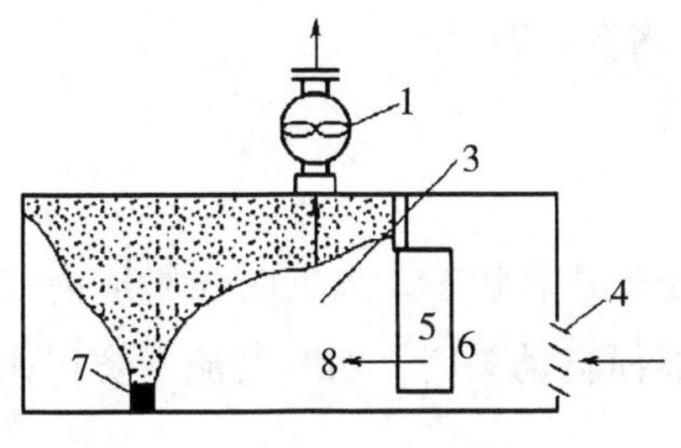

（a）自然进风，机械排烟

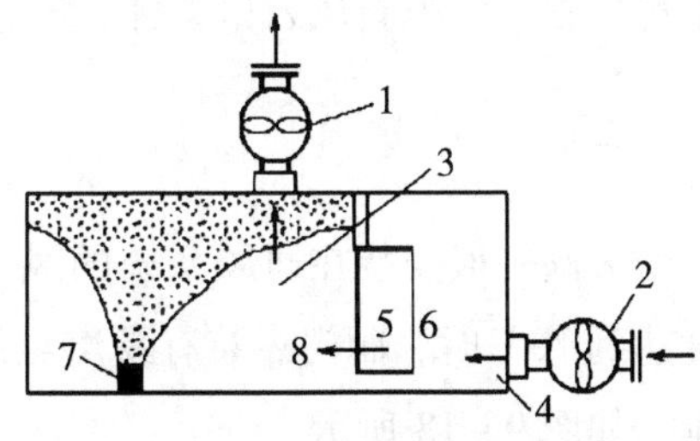

（b）机械进风，机械排烟

图 9－17　机械排烟方式

1—排烟风机；2—进风风机；3—排烟口；4—进风口；5—门；6—走廊；7—着火点；8—火灾室

（2）排烟风机的排烟量应根据其所负担的防烟分区的空间大小和建筑结构特征等因素确定。

（3）排烟风机可采用离心风机或采用排烟轴流风机，并应在其机房入口处设有当烟气温度超过 280℃时能自动关闭的排烟防火阀。当任一排烟口或排烟阀开启时，排烟风机应能自行启动。排烟风机应保证在 280℃时能连续工作 30min。

（4）排烟口应设在顶棚或靠近顶棚的墙壁上，并且与附近安全出口沿走道方向相邻边缘之间的最小水平距离不小于 1.5m。设在顶棚上的排烟口与可燃构件或可燃物品的距离不小于 1m。排烟口应尽量布置在与人流疏散方向相反的地方。排烟口平时应关闭，并应设有手动和自动开启装置。手动开关设置在距地面 0.8m～1.5m 的地方。

（5）排烟管道必须采用不燃材料制作。安装在吊顶内的排烟管道，其隔热层应采用不燃烧材料制作，并应与可燃物保持不小于 150mm 的距离。

（6）机械排烟系统与通风空气调节系统宜分开设置。若合用时，必须采取可靠的防火安全措施，并应符合排烟系统要求。

（7）防烟分区内的排烟口距最远点的水平距离不应超过 30m。在排烟支管上应设有当烟气温度超过 280℃时能自动关闭的排烟防火阀。

三、防火排烟设备及部件

（一）风机

风机有离心式和轴流式两类，离心式风机具有噪声低、风压高、流量范围广的特点，轴流式风机则具有体积小、噪声高、风压低、流量大的特点。排烟系统中一般采用离心式风机。在构造性能上要具有一定的耐燃性和隔热性。排烟风机的位置一般设在该风机所在的防火分区的排烟系统的最高排烟口的上部，并设在该防火分区的风机机房内。风机外缘与风机房墙壁或其他设备的间距应保持在 0.6m 以上。

防烟系统中的加压送风机可采用中、低压离心式风机或轴流式风机，其位置可根据电源位置、室外新风入口条件、风量分配情况等因素来确定。

（二）防火阀

防火阀一般安装在通风系统的风管上，平时处于开启状态，火灾时当管道内气体温度达到70℃时，阀门靠装有易熔金属温度熔断器而自动关闭，切断气流，防止火灾蔓延，如图9－18所示。

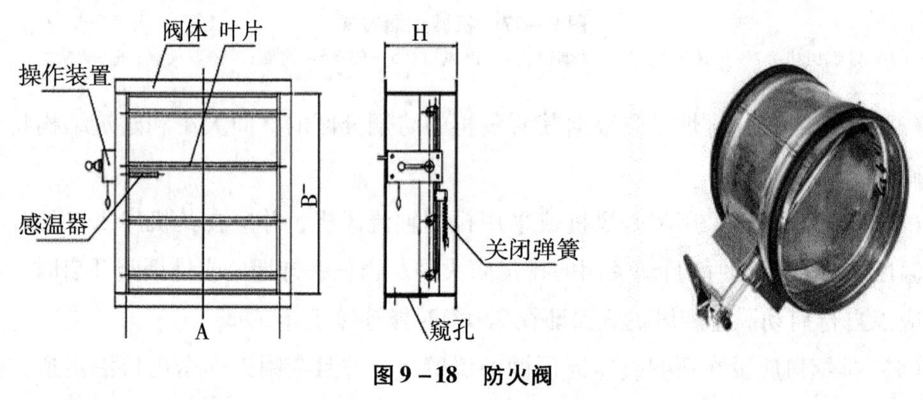

图9－18　防火阀

（三）排烟阀

排烟阀结构与防火阀类似，应用于排烟系统的风管上，平时处于关闭状态。火灾发生时，感烟探测器发出火警信号，控制装置使排烟阀打开，通过排烟口进行排烟。

（四）排烟防火阀

排烟防火阀结构与防火阀类似，适用于排烟系统管道上或风机吸入口处，兼有排烟阀和防火阀的功能。平时处于关闭状态，需要排烟时，其动作和功能与排烟阀相同，可自动开启排烟。当管道气流温度达到280℃时，阀门的易熔金属熔断而自动关闭，切断气流，防止火势蔓延。

（五）防火门

防火门是指在一定时间内能满足耐火稳定性、完整性和隔热性要求的门，是建筑物防火分隔措施之一。通常用在防火墙上、疏散楼梯间出入口或管井开口部位。按其耐火极限分为甲、乙、丙三级。防火门分为手动型和自动型。手动型防火门一般为常闭状态，平时或发生火灾时，人员都可以手动开启通过。自动型防火门平时处于开启状态，人员可以自由通过。发生火灾时，可以通过手动或自动控制来关闭。自动控制是由火灾探测器或联动控制盘来发送控制信号。防火门关闭后，应有关闭信号反馈到

控制盘或消防控制中心。

重点保护建筑中的电动防火门，应在现场自动关闭，不宜在消防控制室集中控制。为了实现现场控制，防火门两侧应设有专用的感烟探测器组成探测控制电路。

（六）挡烟垂壁

挡烟垂壁是建筑物内大空间防排烟系统中作烟区分隔的装置。用不燃烧材料制成，分为固定式和活动式两种。如图 9－19 所示。为了具有良好的挡烟分隔效果，固定垂壁要从顶棚向下突出 0.5m 以上。为了美观，活动垂壁平时处于收起状态，发生火灾时，要手动或自动放下。

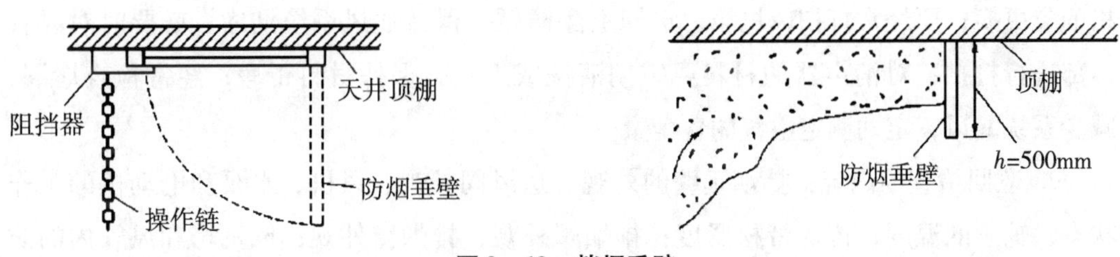

图 9－19　挡烟垂壁

（七）防火卷帘

是一种活动的防火分隔物，一般用钢板、无机布等材料制作，以扣环或铰接的方法组成，平时卷起在门窗上口的转轴箱中，起火时将其放下展开，用来阻止火势从门窗洞口蔓延。

四、通风与防排烟系统的维护与管理

（一）通风与防排烟系统的管理

通风与防排烟系统是一个复杂的、自动化程度高的系统，除了依靠拥有高技术素质和高度责任心的操作运行人员进行运转管理外，还要依赖于科学的管理制度。

通风与防排烟系统的管理要建立以下规章制度：

（1）岗位责任制，规定配备人员的职责范围和要求；

（2）巡回检查制度，明确定时检查的内容、路线和应记录项目；

（3）交接班制度，明确交接班要求、内容及手续；

（4）设备维护保养制度，规定设备和仪表的检查、保养周期，检查的内容和要求等；

（5）清洁卫生制度，包括人员的配备和要求等；

(6) 安全保卫和防火制度;

(7) 制定安全操作规程。

同时还应有执行制度时的各种记录，例如运行记录、交接班记录、设备维护保养记录、事故记录等。

(二) 通风与防排烟系统的维护

通风与防排烟系统的维护包括清理灰尘、巡回检查、仪表检验和系统检修。

1. 要经常清洗、更换过滤器，并不得污染滤料，安装过滤器要严密不漏风；对于循环使用的泡沫塑料滤料，要在干净的环境中进行清洗和晾干，并测定其效率，不合格的应更换；要经常打扫风机箱，定期上漆防锈，保持通风系统洁净，必要时对风管内部进行打扫；对消声器的材料要定期清洗或更换，保持材料干净；经常检查堵漏，减少系统漏风，定期测定空气的含尘量。

2. 巡回检查的内容：挡烟垂壁的外观、送风阀外观、风机、水泵和电动机的工作状态，轴承的温度，传送带松紧度；排烟阀外观、排烟窗外观；风机箱和风管内的防锈油漆是否脱落，水阀门是否严密，开关是否灵活；管道及设备保温是否损坏，风道阀门是否工作正常，电气导线的接头是否松动、发热。

3. 单项检查的内容：风机控制柜；排烟系统的功能；送风加压系统的功能；测试风速、风压值；电动排烟阀的启闭功能；电动挡烟垂壁的控制功能。

对发现的问题要做到及时记录、上报，认真分析原因，并寻找解决办法，及早解决问题。若不能立即解决，必须及时联系相关部门或单位，共同处理，并采取必要的补救措施，确保系统正常运行。

第四节　火灾自动报警及联动控制系统

一、概述

火灾自动报警及联动控制系统是建筑消防系统的核心。它不仅能够实时自动监控探测现场，发现火情信号，而且也为建筑内其他消防装置，如水灭火系统、防排烟系统、广播与疏散系统等，提供自动控制信号，从而实现自动灭火、自动排烟等功能。

随着科学技术的发展，当前的火灾自动报警及联动控制系统已经是融计算机控制技术、微电子技术、传感器技术、通信技术等为一体的现代自动控制系统。涉及的设备和组件也日趋智能化、微型化、多功能化，不仅反应灵敏、结构紧凑，而且操作简

便、可靠性高。

二、火灾自动报警及联动控制系统的基本组成

火灾自动报警及联动控制系统的组成形式多种多样，具体组成部分的名称也有所不同。从控制结构上看，火灾自动报警及联动控制系统是一个典型的闭环自动控制系统，如图9－20所示；从组成结构上看，主要由三部分组成：火灾探测、报警控制和联动控制，如图9－21所示。

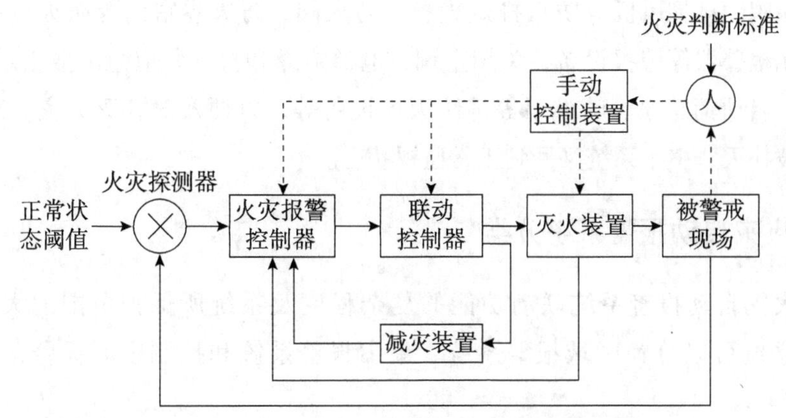

图9－20　火灾自动报警及联动控制系统控制结构图

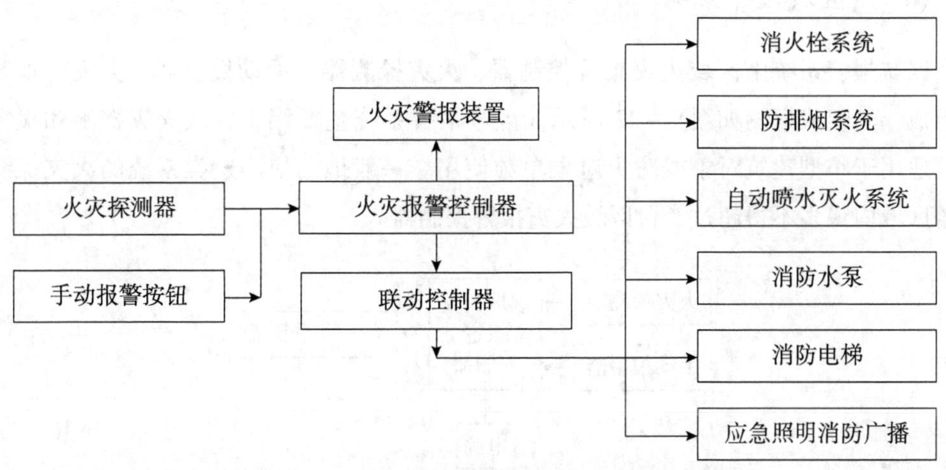

图9－21　火灾自动报警及联动控制系统的组成

火灾探测部分主要由各种火灾探测器组成，是整个系统的检测元件，当被警戒的现场发生火灾时，火灾探测器检测到火灾发生初期所产生的烟雾、高温、火焰及火灾特有的气体等信号，并将其转换成电信号，经过与正常状态阈值比较后，给出火灾报警信号，然后送入报警控制器。

火灾报警控制部分是整个系统的核心，它担负着为探测器提供稳定的电源，并时刻监视探测器及系统自身工作状态的任务。更重要的是，还负责接收、转换探测器发来的报警信号，经过判断确认发生火灾后，在报警器上发出声光报警，同时处理各种状态信号和监测信号，将得到的消防控制指令发给联动控制装置，以控制相应的外控消防设备，进行消防灭火和人员疏散。

联动控制部分由一系列控制系统组成，如声光报警、喷淋灭火、防烟排烟、广播和消防通信等。它负责接收报警控制器发来的消防控制指令，经预先设置好的控制逻辑处理后，向相应的控制点发出联动控制信号，经过执行器去控制相应的外控消防设备，如排烟阀、排烟风机等防烟排烟设备；防火阀、防火卷帘门等防火设备；警铃、警笛和声光报警器等警报设备；关闭空调、电梯迫降和打开各应急疏散指示灯，指明疏散方向，启动消防泵、喷淋泵等消防灭火设备等，以便及时扑灭火灾、疏散人员。一旦火灾被扑灭，整个系统又回到正常监视状态。

三、火灾自动报警系统分类

根据火灾自动报警系统联动功能的复杂程度及系统所保护范围的大小，火灾自动报警系统可以分为区域报警系统、集中报警系统和控制中心报警系统三种基本形式。

（一）区域报警系统

区域报警系统由区域火灾报警控制器、火灾探测器、手动报警器、火灾警报装置等组成，其组成框图如图 9－22 所示。区域报警系统主要用于完成火灾探测和报警任务，适用于小型建筑对象或防火对象单独使用。一般地，使用这类系统的火灾探测和报警区域内最多不得超过 3 台区域火灾报警控制器。

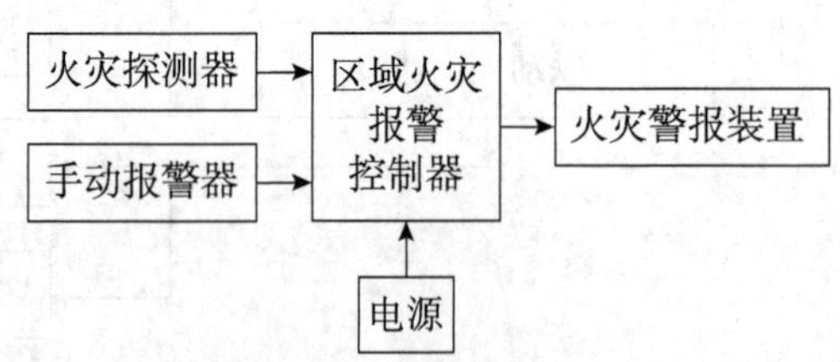

图 9－22　区域报警系统

区域报警系统比较简单，但使用面很广。它既可单独用在工矿企业的计算机房等重要部位和民用建筑的塔楼、公寓、写字楼等处，也可作为集中报警系统和控制中心系统中最基本的组成设备。现在区域报警系统多数由环状网络构成，也可由支状线路构成，但必须加设楼层报警确认灯。

（二）集中报警系统

集中报警系统通常由集中火灾报警控制器、至少两台区域火灾报警控制器（或楼层显示器）、火灾探测器、手动火灾报警按钮、火灾警报装置等组成，其系统组成框图如图 9－23 所示。

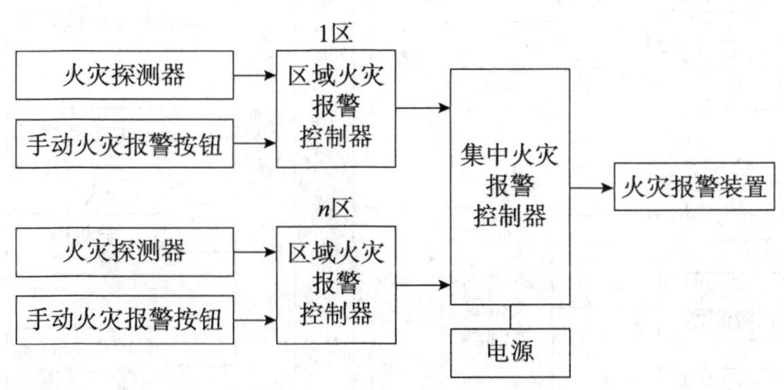

图 9－23　集中报警系统

集中报警系统通常用于功能较多的建筑，如高层宾馆、饭店等场所。根据情况，集中火灾报警控制器应设置在有专人值班的消防控制室或值班室内，区域火灾报警控制器（或楼层显示器）设置在各层服务台处。

（三）控制中心报警系统

控制中心报警系统是由设置在消防控制中心（或消防控制室）的消防联动控制设备、集中火灾报警控制器、区域火灾报警控制器和各种火灾探测器等组成的功能复杂的火灾报警系统。其中消防控制设备主要包括火灾警报装置、火警电话、火灾应急照明、火灾应急广播、防烟排烟、通风空调、消防电梯等联动装置以及固定灭火系统的控制装置。控制中心报警系统是高层建筑及智能建筑中自动消防系统的主要类型，是楼宇自动化系统的重要组成部分。其组成如图 9－24 所示。

集中火灾报警控制器必须设置在消防控制室内。各消防设备工作状态的反馈信号，必须集中显示在消防控制室的监视或总控制台上，以便对建筑物内的防火安全设施进行全面的控制与管理。

四、火灾自动报警系统常用设备

火灾自动报警系统的主要组件包括火灾探测器、火灾报警控制器、联动控制装置及其他组件。

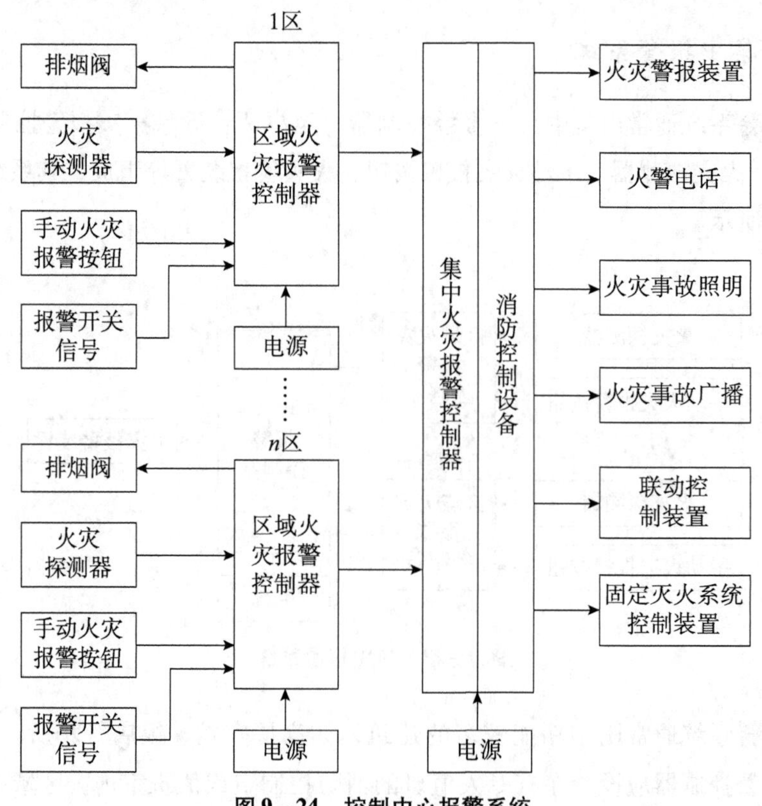

图 9－24 控制中心报警系统

（一）火灾探测器

火灾探测器是探测火灾信息的传感器，是能对火灾参数（如烟雾、温度、光、可燃气体浓度等）进行响应，并产生火灾报警电信号的器件。根据火灾探测器对不同火灾参量的响应，以及不同的响应方式，可分为感烟、感温、感光、可燃气体和复合五种类型。同时，根据探测器警戒范围不同，可分为点型和线型两种类型。火灾探测器分类如图 9－25 所示。

1. 感烟火灾探测器

感烟火灾探测器是利用一个小型传感器来响应悬浮在周围空气中的烟雾粒子和气溶胶粒子，随着烟雾粒子浓度的增大，使传感器的物理效应发生变化，这种变化经电路处理后转化为电信号。

常用的主要有：离子型感烟探测器、光电型感烟探测器和电容型感烟探测器等。

2. 感温火灾探测器

这种探测器是对警戒范围中火灾热（温度）参量，即环境气流的异常高温或升温速率做出响应的探测器。感温火灾探测器的优点是结构简单，电路少，与感烟探测器

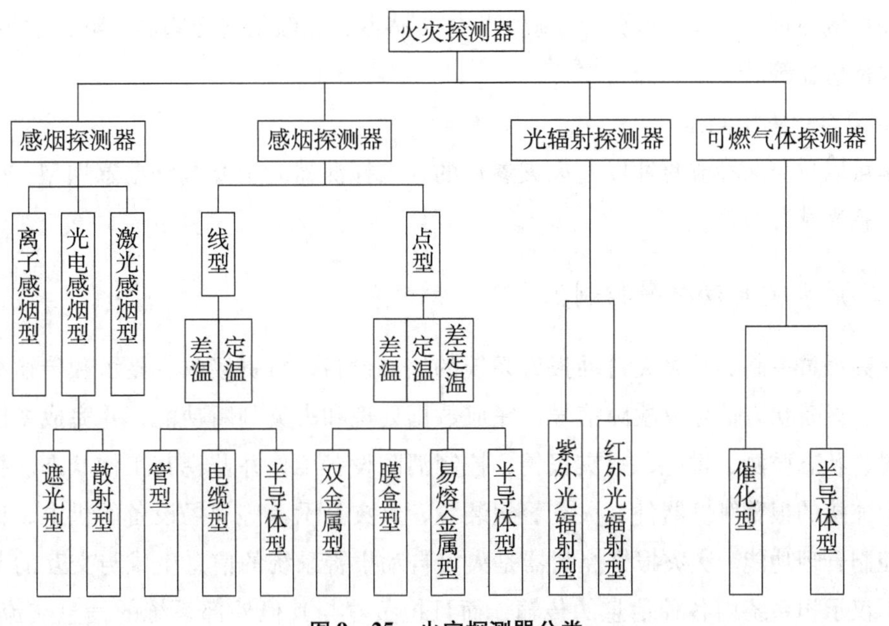

图 9－25　火灾探测器分类

相比可靠性高、误报率低。且可以做成密封结构，防潮防水防腐蚀性好。可在恶劣环境（风速大、多灰尘、潮湿等）中使用。它的缺点是灵敏度低，报警时间迟。

感温式火灾探测器的响应过程是环境温度的升高使探测器中的热敏元（器）件发生物理变化，这种变化经机械或电路处理后转化为电信号。由于热敏元（器）件的种类较多，所以感温火灾探测器的形式也较多。如双金属型、易熔合金型、酒精玻璃球型、热电耦型、水银接点型、热敏电阻型、半导体型、膜盒型等；结构上，经常做成点型或线型。

3. 感光火灾探测器

这种探测器是对警戒范围中火灾火焰的光学特性，即辐射光的波长和火焰的闪烁频率，做出响应的探测器，通常又称火焰探测器，且都是点型火灾探测器。工程中主要用的有两种，紫外火焰探测器及红外火焰探测器。

火焰探测器的特点是响应速度快，这类探测器对快速发生的火灾（特别是可燃液体火灾）或爆炸引起的火灾能及时响应，故适用于突然起火而又无烟雾的易爆易燃场所。尤其是紫外火焰探测器不受风雨、阳光、高湿度、气压变化、极限环境温度等影响，能在室外使用。

4. 可燃气体探测器

是利用各种气敏元件或传感器来响应空气中可燃气体浓度的探测器。其探测的主要气体种类有天然气、液化气、酒精、一氧化碳等。目前主要用于宾馆、厨房或油泵房、炼油厂、液化气充装车间、储备库等存在可燃气体的场所。

按探测原理的不同，可分为气敏半导体传感器、热催化型传感器、电化学传感器、光学式传感器等。

5. 复合火灾探测器

是可以响应两种或两种以上火灾参数的火灾探测器。主要有感温感烟型、感光感烟型、感光感温型等。

（二）火灾自动报警控制器

火灾报警控制器是火灾自动报警系统的核心设备，负责接收、显示和传输火灾报警信号、设备状态信号及故障信号，完成数据处理和火灾判断功能，并完成系统的参数设置、状态监测、供电、火灾报警，控制消防设备工作并监视其工作状态。担负着为其所连接的报警触发器件、火灾警报装置、火灾显示盘等现场设备的供电、信息处理和控制管理功能。火灾报警控制器是火灾自动报警系统的信息生成与交互的节点设备，不仅承担系统内各种信息的传输，而且担负着与其他外部系统的信息交流功能；同时也是人员与火灾自动报警系统进行人机交互的设备。

火灾报警控制器主要由主控单元、回路控制单元、显示操作单元、报警控制输出单元、直接联动控制单元、通信控制单元和电源控制单元组成。其硬件结构包括微处理器（CPU）、电源、只读存贮器（ROM）、随机存贮器（RAM）、总线、接口电路等部分。主控单元在系统程序的控制下，不断地向系统所连接的探测器或功能模块发出巡检信号，以监测被控区域的火灾参数和所连接设备的状态，并进行相应的处理，判断是否有火灾发生、系统是否有故障。

随着计算机硬件和软件技术的发展，主流火灾报警控制器已经普遍采用模块化设计，数字化控制。控制器和探测器间采用无极性二总线技术，通过数字化总线进行通信。因此，不仅整个系统的可靠性大大提高，同时，也极大地简化了系统布线，便于工程安装、线路维修，降低了工程造价。

（三）火灾显示盘

又称楼层显示器。它是接收火灾报警控制器发出的信号，显示发出火警部位，并能发出声光报警信号的装置。一般不挂接其他报警触发设备，可以挂接火灾警报装置。通常设置在经常有人员存在或活动而没有设置火灾报警控制器的现场区域。一般来说，每一个防火分区或楼层应设置一台火灾显示盘。

（四）手动报警按钮

是手动触发的用来向火灾报警控制器发出火灾报警信号的装置。现在绝大部分手

动报警按钮都是总线式部件，在系统中占一个地址。通常安装在楼梯口、走道、疏散通道或经常有人出入的地方。每个防火分区应至少设置一个手动火灾报警按钮。

（五）消火栓报警按钮

是人工向控制器发送火灾信号并启动消防水泵的部件，一般安装在消火栓箱内。其外形同手动报警按钮类似。

（六）现场接口模块

1. 输入模块

可将各种消防输入设备的开关信号（报警信号或动作信号）接入系统，传送给火灾报警控制器，从而实现报警或控制的目的。

一般用来连接水流指示器、报警阀、压力开关、老式消火栓报警按钮等。

2. 输入/输出模块

用于将现场各种单个动作并有动作返回的被动型设备，如排烟阀、卷帘门等接入到控制器上。

3. 总线隔离器

总线隔离器接在各分支回路与总线的连接处。当总线发生故障时，将总线隔离器后发生故障的部分与整个系统隔离开来，以保证系统的其他部分能够正常工作。

五、消防联动控制

所谓消防联动，是指发生火灾后，探测器首先探知火灾信号，然后传送给控制器，控制器接收信号后，按照设定的程序和控制逻辑，启动声光报警、消防广播、排烟风机、喷水灭火等设备，并切断非消防电源，进行火灾的自动扑救，引导人员有序安全疏散。所有这些动作，都是在控制器发出控制指令后才开始动作的，这些动作就称为消防联动。

一般来说，火灾报警控制器都具有一定的联动功能，但是现代建筑的消防设备类型多种多样，且控制策略也相对复杂。要实现对这些设备的精细、准确、可靠的控制，必须配置相应的联动控制器。

按照《火灾自动报警系统设计规范》的要求，火灾自动报警系统应具备对室内消火栓系统、自动喷水灭火系统、气体灭火系统、防排烟系统等的联动控制功能，其联动控制逻辑与要求一般按照实际工程需要来确定，并且都是在火灾报警确认后自动或手动启动联动控制功能。对消防设备的联动控制操作及消防设备的运行监测是在消防控制室中实现的。

（一）室内消火栓系统

室内消火栓系统由蓄水池、加压送水装置（水泵）及室内消火栓等主要设备组成。这些设备的联动控制包括水池的水位控制、消防水泵和加压水泵的启动。按照规范规定，消防控制设备对室内消火栓系统应有下列控制显示功能：

1. 显示消防水泵电源的状态。

2. 显示消防水泵的启停状态和故障状态，并能显示消火栓按钮的工作状态、物理位置、消防水箱（池）的水位、管网压力报警等信息。

3. 能自动或手动控制启动消防水泵，手动控制泵停，并能接收和显示消防水泵的反馈信号。

（二）自动喷水灭火系统

自动喷水灭火系统由喷头、压力开关、水流指示器、喷淋水泵等组成。水流指示器和压力开关是自动喷水灭火系统联动控制的关键部件。按规范规定，消防控制设备对自动喷水和水喷雾灭火系统应有下列控制显示功能：

1. 能手动或自动控制系统的启停，并接收其反馈信号。

2. 显示喷淋水泵的工作、故障状态。

3. 显示水流指示器、报警阀、安全信号阀的工作状态、动作状态等信息。

（三）防排烟系统

防排烟系统由风机、排烟口、排烟阀、防火阀、挡烟垂壁等组成。发生火灾时，控制器发出指令开启排烟口、排烟阀，启动排烟风机，降下挡烟垂壁，以约束烟气扩散路径，并将其排除室外。同时，关闭常开防火门、降下防火卷帘，启动加压送风风机，对人员疏散的通道和区域进行加压送风，以创造一个安全的逃生环境。其联动控制结构如图 9 – 26 所示。

消防控制系统应具备以下对防烟排烟设施的联动控制功能：

1. 控制风机的启停。

2. 显示风机的状态信息。

3. 控制排烟口、排烟阀的打开或关闭，并接收其反馈信号，监测其运行状态。

4. 控制并显示防火门、防火卷帘、挡烟垂壁的状态。

（四）电梯控制系统

发生火灾时，普通电梯常常会因为断电或不防烟而停止使用，不能作为疏散逃生

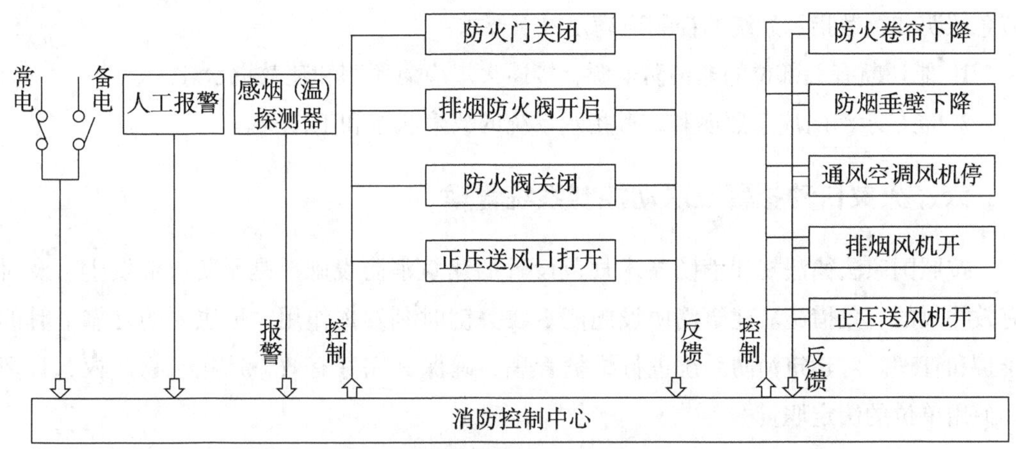

图 9－26　防排烟系统的联动控制

的设施。电梯的联动控制应满足以下要求：

1. 能控制所有电梯全部回降到首层并开门，切断电源停用。

2. 显示所有电梯的故障状态和停用状态。

（五）消防电话系统

一种专用的通信系统，通过消防电话可以及时了解火灾现场的情况，及时通知消防人员救援。消防控制室对消防电话系统的控制应满足以下要求：

1. 能与各消防分机通话，并具有插入通话功能。

2. 能接收来自消防电话插孔的呼叫，并能通话。

3. 有消防电话录音功能。

4. 显示消防电话的故障状态。

（六）消防广播系统

主要由音源设备、功率放大器、输出模块、音箱等设备组成，火灾发生时，应急广播信号由音源设备发出，给功率放大器放大后，由模块切换到指定区域的音箱进行应急广播。消防控制室对消防广播系统的控制应满足以下要求：

1. 能显示处于应急广播状态的广播分区、预设广播信息。

2. 能手动或自动控制选择广播分区、启动或停止应急广播。

3. 能显示广播系统的故障状态。

（七）消防应急照明和疏散指示系统

由消防电源、应急照明灯、疏散指示灯等组成。火灾发生时，消防控制室对消防应急照明和疏散指示系统的控制应满足以下要求：

1. 能切断有关部位的非消防电源，接通火灾应急照明和疏散指示灯。

2. 能显示消防应急照明和疏散指示系统的故障状态和工作状态。

六、火灾自动报警及联动控制系统管理

按照国家法律法规和消防技术规范设置的建筑消防设施，是预防火灾发生、及时有效扑救的有效措施。建筑消防设施能否在关键时刻发挥作用，最主要的是靠平时的维护和管理。对建筑消防系统进行维护管理，确保其完好有效，是建筑物产权、管理和使用单位的法定职责。

（一）一般要求

火灾自动报警及联动系统投入运行前，应具备以下条件：

1. 系统的使用单位应有经过专门培训并考试合格的专人负责系统的管理操作和维护。

2. 系统正式启用前，应具备下列文件资料：

（1）系统竣工图及设备的技术资料；

（2）系统操作规程；

（3）值班员职责；

（4）值班记录和使用图表。

3. 应建立系统的技术档案。主要包括系统设计的有关图纸、系统施工、调试、维护等记录。

4. 系统应定期检查和试验，检查方式包括日检、季检和年检。

5. 系统应保持连续正常运行，不得随意中断。

（二）定期检查和试验

系统的所有设备都应当做好日常维护保养工作，主要防潮、防尘、防静电、防电磁干扰、防碰撞等各项安全防护工作，保持设备处于完好状态。

1. 每日应检查火灾报警控制器的功能。通过自检或巡检来检查其报警、报故障、消音等功能是否正常。

2. 每季度应检查和试验火灾自动报警系统的下列功能，填写检查登记表。

（1）采用专用检测仪器分期分批试验探测器的动作及确认灯显示；

（2）试验火灾警报装置的声光显示；

（3）试验水流指示器、压力开关等报警功能、信号显示；

（4）对备用电源进行 1 ~ 2 次充放电试验；对主电源和备用电源进行 1 ~ 3 次自动切换试验；

（5）用自动或手动检查消防控制设备的控制及显示功能：

①室内消火栓、自动喷水、泡沫、气体、干粉等灭火系统的控制设备；

②抽验电动防火门、防火卷帘门，数量不小于总数的 25%；

③选层试验消防应急广播设备，并试验公共广播强制转入火灾应急广播的功能，抽检数量不小于总数的 25%；

④火灾应急照明与疏散指示标志的控制装置；

⑤送风机、排烟机和自动挡烟垂壁的控制设备；

⑥检查消防电梯迫降功能；

⑦应抽取不小于总数 25% 的消防电话和电话插孔在消防控制室进行对讲通话试验。

3. 每年检查和试验火灾自动报警系统下列功能：

（1）应用专用检测仪器对所安装的全部探测器和手动报警装置试验至少 1 次；

（2）自动和手动打开排烟阀，关闭电动防火阀和空调系统；

（3）对全部电动防火门、防火卷帘的试验至少一次；

（4）强制切断非消防电源功能试验。

4. 火灾探测器投入运行 2 年后，应每隔 3 年至少全部清洗一遍，并做响应阈值及其他必要的功能试验，合格者方可继续使用，不合格者严禁重新安装使用。

5. 不同类型的探测器应有 10% 但不多于 50 只的备品。

6. 系统维护一般应由产品生产企业或有资格的单位承担。

【案例分析】

租房开店不慎着火，物业也要担责任吗

刘先生在某小区承租了一间底商，装修后用来开超市。平时，刘先生就住在超市里。一日，因为刘先生忘记关闭电暖气，不慎将被褥引燃，燃起大火。刘先生发现后，迅速打开位于室内的消火栓，但是发现没有水，屋顶上的自动喷水系统也没有启动。只好眼看着大火将小店化为灰烬。事后，刘先生将物业告上法庭，要求赔偿全部损失 12 万元。

法院经审理认为，当火灾发生时，消防栓无水、喷淋也未能正常启动，物业公司作为消防系统的管理者和维护者，未能履行物业服务合同的约定，导致业主人身、财产安全受到损害，应当依法承担相应的法律责任。而火灾的发生主要原因是刘先生自

己用火不慎造成的，应当承担主要责任。为此法院判决物业公司承担刘先生全部损失的40%，共计赔偿刘先生4万8千元整。

【本章小结】

建筑消防系统包括火灾自动报警系统、灭火消防联动控制系统。火灾自动报警系统主要由火灾探测器和火灾自动报警控制器等组成。灭火及消防联动控制系统包括紧急广播系统、事故照明系统、消防给水系统、自动喷淋装置、气体灭火控制装置、防排烟控制系统等子系统。

高层建筑防火排烟的主要方法为：自然排烟、机械防烟、机械排烟。主要设备部件为防火阀、排烟阀及排烟风机等。

火灾报警及联动控制系统的基本组成、分类、常用设备和消防联动控制等。

建筑消防系统设备设施的管理与维护，是物业管理工作的重中之重。整个消防系统健康有序的运行，将对建筑物内人、财、物提供重要的安全保障。

【复习思考题】

一、填空题

1. 自动喷水灭火系统根据喷头形式的不同，分为（　　）自动喷水灭火系统和（　　）自动喷水灭火系统两大类。

2. 火灾自动报警系统主要有（　　）和（　　）等组成。

3. 火灾探测器是探测火灾信息的（　　）。

4. 建筑高度在（　　）m以下的建筑物属于低层建筑室内消火栓给水系统，这种灭火系统仅供楼内人员扑救建筑物初期火灾时使用。

5. 火灾报警控制器是火灾自动报警系统的核心设备，负责（　　）、（　　）和（　　）火灾报警信号、设备状态信号及故障信号，完成数据处理和火灾判断功能，并完成系统的参数设置、状态监测、供电、火灾报警，控制消防设备工作并监视其工作状态。

二、简答题

1. 火灾探测器有哪些种类？分别用于何种场合？

2. 简述火灾自动报警及联动系统的工作原理。

3. 常用的消防联动控制系统有哪些？

4. 为了保证系统的正常工作，火灾自动报警系统要做哪些日常维护工作？

5. 火灾自动报警系统主要由哪些设备构成？各设备的功能是什么？

6. 防烟排烟系统有哪些类型？是如何工作的？

【实践与训练】

一、实训内容

1. 实地勘察建筑消防系统的构成。

2. 查询并列出建筑排水系统中主要设备的功能、参数规格、使用方法。

3. 收集、整理、编制建筑排水系统中主要设备的维护保养方法、维护保养制度。

二、实训步骤

1. 学生分组，实地勘察某建筑物的消防系统。可根据不同使用功能的建筑进行分组，如针对某小区、写字楼、商场或医院来分组。或根据不同的消防子系统分组，不同组的学生分别负责消火栓系统、防排烟系统、自动喷淋系统等。

2. 实物拍照、测量、查资料、列表。查找其所配置的消防设施和设备。弄清各种设备的名称、作用、类型、安装位置等信息。

3. 每组将调查成果做出 PPT 演示并讲解，教师点评。

第十章　公共安全防范系统管理

动脑筋

2010年5月的一天，某物业公司值勤保安员接到住户联网的报警信号，值班保安人员立即赶到现场，但却敲不开门，保安人员随即采取措施控制现场，并与业主取得联系，业主返家后打开房门，并未发现被盗现象。后经检查，原来是报警探测器误报警。防盗报警系统为什么会误报警？采取什么措施可以减少误报警的发生？

学习目标

1. 了解安全防范系统的组成。
2. 理解安全防范系统的结构和工作原理。
3. 掌握各子系统主要设备以及安防系统故障的判断与维修。

第一节　安全防范系统概述

安全防范系统是随着智能建筑智能化的发展而兴起的一个行业，近几十年来，随着生活水平的不断提高，人们对自身的生命和财产的安全日益重视，安全防范系统逐渐从专业领域向民用领域转化，并取得突飞猛进的发展。

一、安全防范基础

（一）安全防范系统的基本概念

1. 安全防范

安全防范是指一切以保障安全为目的的防被盗、防侵入、防破坏和安全检查等的方法和措施。安全防范包括人工防范、技术防范和物理防范三大类。

人工防范是指依靠人力资源进行防范，如住宅小区的保安站岗、人员巡更等。

物理防范是以实体进行防护从而阻隔犯罪的，其主要措施如使用保险柜、周界栅栏、防盗门等。

技术防范则以各种技术设备、集成系统和网络来构成安全保证的屏障。它以现代物理和电子技术及时发现侵入破坏行为，产生声光报警阻吓犯罪，实录事发现场图像和声音提供破案凭证，提醒值班人员采取适当的物理防范措施。技术防范方式目前已被广泛地认同和使用。

2. 安全防范系统

安全防范系统是指以维护社会公共安全和预防、制止重大治安事故为目的，综合运用技防产品和其他相关产品所组成的电子系统或网络。

（二）防护对象的风险等级和防护级别

根据受到威胁和承受风险程度的大小，被防护对象分为高风险目标和一般目标。高风险目标一般有文物保护单位、博物馆、银行营业场所、民用机场、铁路车站、重要物资储备仓库等。

高风险防护对象的风险等级分为三级，按风险由大到小定为一级风险、二级风险和三级风险。

安全防范系统的防护级别应与风险等级相对应，防护级别也分为三级，按其防护能力由高到低定为一级防护、二级防护和三级防护。

（三）安全防范系统的功能

1. 防范

安全防范系统使入侵者在尚未进入时就能被察觉，从而采取措施。把入侵者拒之门外的设施主要是机械式的，例如安全栅、防盗门、保险柜等。为了实现防范，报警系统应具有布防和撤防功能，即当夜间、非工作时间或工作人员离开时应能实施布防，保持对防范区域的警戒。

2. 报警

当发现安全受到破坏时，系统应能在保安中心和有关地方发出各种特定的声光报警，并把报警信号通过网络送到有关保安部门。

3. 监视与记录

在发生报警的同时，系统应能迅速地把出事现场的图像和声音传送到保安中心进行监视，并实时记录下来。

此外，系统应有自检和防破坏功能，一旦线路遭到破坏，系统能触发报警信号。

二、安全防范系统的构成

（一）安全防范的结构模式

在智能建筑和社区安全防范中，形成了融防盗报警、视频监控、出入口控制、访客查询、保安巡更、停车库（场）管理等集系统综合监控与管理于一身的集成式安全技术防范系统。

安全防范的结构模式主要有以下三种：

1. 分散式安全技术防范系统：各子系统分别单独设置，各自独立运行或实行简单的联动。

2. 组合式安全技术防范综合管理系统：各子系统分别单独设置，通过专用的通信接口与专用的软件将各子系统联网，实现全系统的集中管理和集中控制。

3. 集成式安全技术防范综合管理系统：各子系统分别单独设置，通过统一的通信平台和管理软件将各子系统联网，实现全系统的自动化管理和监控。

上述三种模式中，后者是安全技术防范系统发展的方向，一体化集成模式是目前正在发展中的一种高标准模式。

（二）常见安全防范子系统

1. 入侵报警系统

入侵报警系统是利用传感器技术和电子信息技术探测并指示非法进入或试图非法进入设防区域的行为、处理报警信息、发出报警信息的电子系统或网络。系统工作时，预先对防范区域中一些特定的场所，如保险柜、住宅小区周界等安装的报警探测器进行布防，当该场所出现异常时发出报警，及时提醒值班人员关注，也可与电视监控系统联动拍摄情况异常时的图像。

2. 闭路电视监控系统

电视监控系统是利用视频技术探测监视设防区域并实时显示记录现场图像的电子系统或网络。系统工作时，首先由安装在现场的前端摄像设备将防范区域的情况拍摄成视频信号，然后该视频信号经由传输设备送至处于监控中心内的显示和记录设备，供监控人员使用，监控人员则可以在监控中心通过对控制设备的操作完成对各设备的控制和图像切换。电视监控系统也可以与防盗防侵入探测报警系统等联动运行。

3. 出入口控制系统

出入口控制系统又称门禁系统，是利用自定义符识别或模式识别技术对出入口目标进行识别并控制出入口执行机构启闭的电子系统或网络。主要用于对进出防范区域

的人员和车辆进行管理，包括限制出入的权限，记录出入时间、出入口等，对车辆还有停车和收费问题的管理。

4. 电子巡更系统

电子巡更系统是对保安巡查人员的巡查路线、方式及过程进行管理和控制的电子系统。该系统可按预先编制的保安巡查人员巡更软件程序，通过读卡器、信息采集器或其他方式对保安巡查人员的工作状态进行监督记录，并能对意外情况及时报警。

5. 停车场管理系统

停车场管理系统是对进出停车场的车辆进行自动登录监控和管理的电子系统或网络。主要用于记录车辆出入时间、显示车位、停车收费等工作。

6. 楼宇对讲系统

楼宇对讲系统是用户通过声音或图像信号对来访者进行身份确认并遥控开锁的电子系统。有的楼宇对讲系统还兼有将住户室内防盗、火灾、煤气及紧急求助信号传至小区监控中心的功能。

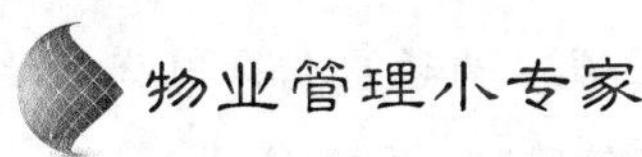

安全防范系统的发展趋势

1. 数字化

21世纪是数字化的世纪，它是以信息技术为核心的通信自动化技术发展的必然，随着时代的发展，我们的生存环境将变得越来越数字化。目前，在安全防范技术中仍有许多技术沿用的是模拟技术，特别是音、视频传输技术。在系统布线时，采用的是专门的音、视频线路，若不对音、视频进行任何压缩与处理，将造成带宽资源的严重浪费。虽然现在有许多厂家都宣传自己利用了先进的音视频技术，但还没有完全应用于实际中，随着科技的进步，音、视频必将进行合理的压缩与处理，以便进行分析、传输和存贮。在信号检测处理单元部分，将更多地利用无线技术，减少布线，特别是一些新的技术将会应用在这个领域中，如多媒体技术、流媒体技术、软交换技术、蓝牙技术、WiFi无线高保真技术、ZigBee技术等。

2. 网络化

目前，在每个安全防范系统中，都单独建有自己的专用网络，由于现在的安全防范技术中个别技术没有得到很好的应用，安全防范系统的网络化并没有真正地实现。安全防范系统实现网络化后，人们可以利用互联网随时随地地了解自己的安全状况，当有警情发生时，可以随时知道并第一时间通知相关部门进行及时处理，减少损失。而网络化又将使安全防范系统向着IP智能安防系统方向发展。

3. 智能化

随着各种相关技术的不断发展，人们对安防系统提出了更高的要求，安防系统将进入智能化阶段。在安防系统智能化后，可以实现自动数据处理、信息共享、系统联动、自动诊断，并利用网络化的优势进行远程控制与维护。先进的语音识别技术、图像模糊处理技术将是安防系统智能化的具体表现。

4. 集成化

如前所述，目前安防系统在智能楼宇系统中是一项专门的系统，它是5A中的1A，即SAS（Safety Automation System）集成系统，使弱电电缆用量大量增加，而且种类繁多，难于管理，极不符合智能楼宇的整体发展。随着各种相关技术的不断发展，5A集成在一起，是安防系统未来发展的必然趋势。

5. 规范化

目前，在安防系统中，世界各国都有自己的规范文件，但是对使用的技术却没有统一的技术规范，因此可能会使信息的通信、共享、管理混乱。为适应信息时代的要求，需要充分利用各种新技术，不断完善安全系统，造就一个和谐、安全的社会。

第二节　入侵报警系统

入侵报警系统是通过采用物理方法和电子技术，自动探测发生在布防监测区域内的侵入行为，产生报警信号，并向值班人员辅助提示发生报警的区域、显示可能采取对策的安全保卫装置。

入侵报警系统一般分为周界防护、建筑内区域/空间防护和对实物目标的防护。报警系统可以是独立的系统，还可以与闭路电视监控系统进行联动，一旦发现有报警或其他突发事件，自动启动电视监控系统，对现场进行实时录像，以协助管理机构尽快找到事件发生的原因。

一、入侵报警系统结构、组成及功能

（一）系统的结构

入侵报警系统主要负责建筑内外各个点、线、面和区域的侦测任务，其结构如图10－1所示。

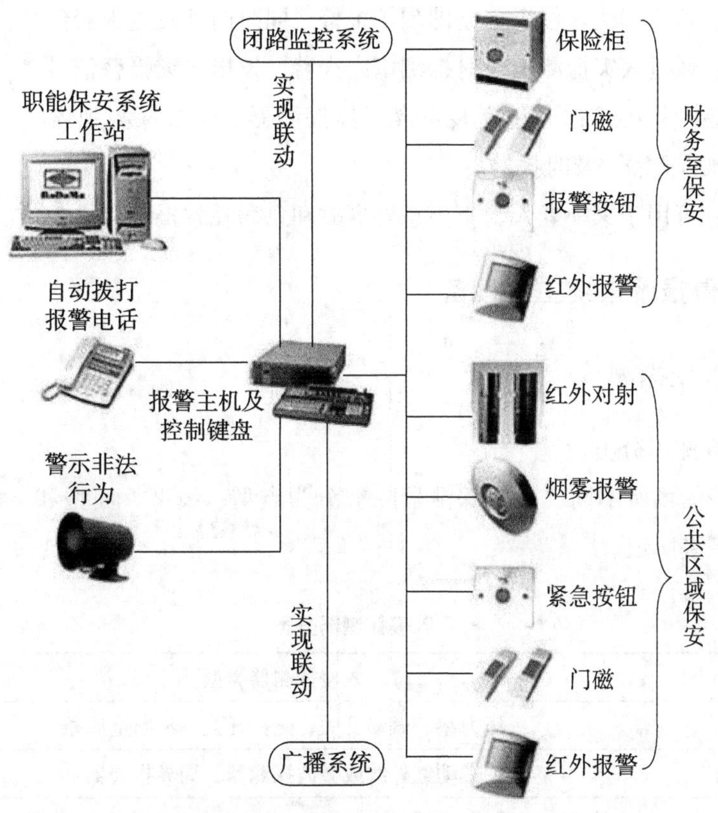

图 10－1　入侵报警系统的结构

（二）系统的组成

入侵报警系统一般由以下几部分组成：

1. 各种类型的探测器：按各种使用目的和防范要求，在报警系统的前端安装一定数量的各种类型探测器，负责监视保护区域现场的任何入侵活动。

2. 信号传输系统：包括有线传输和无线传输两大类，它是联络控制中心与探测器的物理通道，将探测器所感应到的入侵信息传送至监控中心。

3. 监控中心：包括控制主机和报警器，它负责监视从各种保护区域送来的探测信息，并经终端设备处理后，以声、光等形式报警或在报警屏显示、打印。

4. 报警验证：在较复杂的报警系统中要求对报警信号进行复核，以检验报警的准确性。

5. 安全警卫力量：对警情进行处理的保安队伍。

（三）系统的功能

入侵报警系统采用有线/无线传输方式，技术先进、性能可靠、使用方便，主要功能如下。

1. 防盗：若有非法入侵者，立即现场报警，同时向外发送报警信号。

2. 防火：通过火灾探测器及时探测室内火警，发出火灾报警信号。

3. 防可燃气体中毒：通过安装可燃气体探测器，能够探测到煤气、液化石油气、天然气等气体的泄漏，及时报警。

4. 求助：可用于家中老人、小孩意外事故和急病呼救报警。

二、入侵报警系统主要设备

（一）入侵探测器

1. 入侵探测器分类

按照防护的场所不同，入侵探测器一般分为点型、线型、面型和空间型四类，其分类方法如下表所示。

入侵探测器分类

防护场所	入侵探测器类型
点型	压力垫、微动开关、磁控开关、易断金属条
线型	主动红外线或微波探测器、周界报警器
面型	红外线探测器、电视图像报警器、玻璃破碎探测器、墙壁振动探测器
空间型	微波探测器、被动红外线微波探测器、声控微波探测器、双鉴或三鉴微波探测器

2. 常用入侵探测器

（1）开关报警探测器

开关报警器属于点控型报警器，经常用于被测对象的位置、形状等有明显变化的场合，如门、窗的开关，物体的移动，压力、振动的变化等。常见的开关报警探测器有磁控开关、微动开关、压力垫、易断金属导线等。

①磁控开关

磁控开关由带金属触点的两个簧片封装在充有惰性气体的玻璃管（也称干簧管）和一块磁铁组成，如图 10－2 所示。

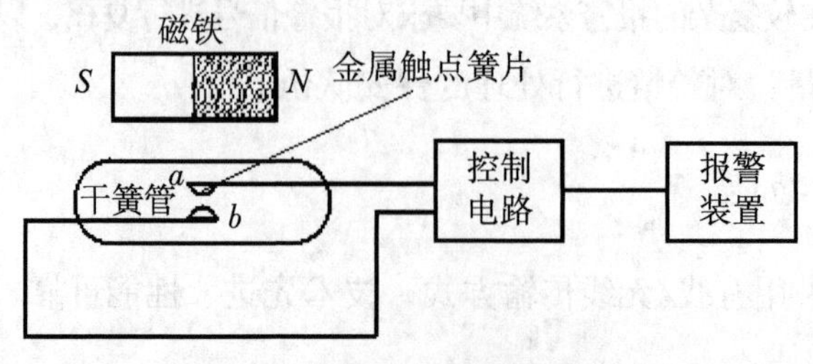

图 10－2　磁控开关结构示意图

安装时，一般把磁铁安装在被防范物体（如门、窗）的活动位，把干簧管装在固定部位（如门框、窗框）。磁铁与干簧管的位置需保持适当距离，以保证门、窗关闭时干簧管触点在磁场下可靠动作。当门窗打开时，磁场远离干簧管，干簧管触点断开，控制器产生断路报警信号。门磁（如图 10－3 所示）是典型的磁控开关。

（a）有线门磁开关

（b）无线门磁开关

图 10－3　门磁开关

②微动开关

微动开关是一种依靠外部机械力的推动实现电路通断的电路开关，结构如图 10－4 所示。

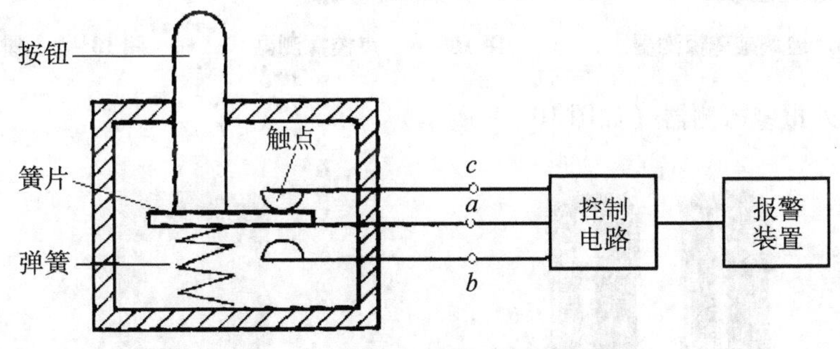

图 10－4　微动开关报警器结构示意图

微动开关一般安放在被保护物之下，一旦保护物被意外移动或抬起时，引起报警装置产生声、光报警信号。

③易断金属导线

易断金属导线布设时，可将其一端捆绕在被保护物体上，另一端安装在固定点上，一旦被保护物体移动时，金属线断开，控制电路通断发生变化，产生报警信号。

④压力垫

压力垫通常放在防范区域的地毯下面，当入侵者踏上地毯时，地毯相应部位受重力作用产生凹陷，使地毯下压力垫的两条金属带接触。控制电路通断发生变化，产生报警信号。

（2）玻璃破碎探测器

玻璃破碎入侵探测器（如图 10 - 5 所示）

玻璃破碎探测器要尽量靠近所要保护的玻璃，尽量远离噪声干扰源，如尖锐的金属撞击声、铃声、汽笛的啸叫声等，减少误报警。玻璃破碎探测器是一种面型探测器。

（3）声控探测器

声控探测器（如图 10 - 6 所示）用微音器做传感器，用来监测入侵者在防范区域内走动或作案活动时发出的声响。声控探测器易产生误报，通常与其他类型的报警装置配合使用，作为报警复核装置，可以大大降低误报及漏报率。

（4）震动探测器

震动探测器（如图 10 - 7 所示）是以探测入侵者走动或破坏活动时产生的震动信号来触发报警的探测器。

图 10 - 5　玻璃破碎探测器

图 10 - 6　声控探测器

图 10 - 7　震动探测器

（5）红外报警探测器（如图 10 - 8 所示）

（a）主动式红外探测器

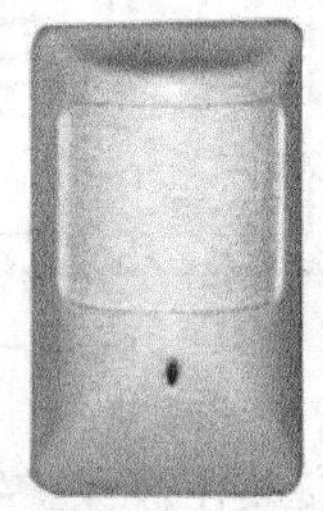

（b）被动式红外探测器

图 10 - 8　红外线探测器

①被动红外报警探测器

在室温条件下，任何物品均有辐射。温度越高的物体，红外辐射越强。人是恒温动物，红外辐射也最为稳定。所谓被动红外，即指探测器本身不发射任何能量而只被动接收、探测来自环境的红外辐射。探测器安装后数秒钟即已适应环境，在无人或动物进入探测区域时，现场的红外辐射稳定不变，一旦有人体红外线辐射进来，经光学系统聚焦就使热释电器件产生突变电信号，而发出警报。被动红外入侵探测器形成的

警戒线一般可以达到数十米。

被动式红外探测器（英文缩写 PIR）根据其结构不同、警戒范围及探测距离也有所不同，大致可以分为单波束型和多波束型两种。单波束 PIR 作用距离较远，可长达百米。因此又称为直线远距离控制型被动红外探测器，适合保护狭长的走廊、通道以及封锁门窗和围墙。多波束型 PIR 的警戒视场角比单波束型大得多，水平可以大于90°，垂直视场角最大也可以达到90°，但作用距离较近。所有透镜都向内部设置的热释电器件聚焦，因此灵敏度较高，只要有人在透镜视场内走动就会报警。

被动式报警探测器由于探测性能好、易于布防、价格便宜而被广泛应用。其缺点是相对于主动式探测误报率较高。

②主动式红外探测器

主动红外探测器由红外发射机、红外接收机和报警控制器组成。分别置于收、发端的光学系统一般采用的是光学透镜，起到将红外光束聚焦成较细的平行光束的作用，以使红外光的能量能够集中传送。

红外光在人眼看不见的光谱范围，有人经过这条无形的封锁线，必然全部或部分遮挡红外光束。接收端输出的电信号的强度会因此产生变化，从而启动报警控制器发出报警信号。主动式红外探测器遇到小动物、树叶、沙尘、雨、雪、雾遮挡则不应报警，人或相当体积的物品遮挡将发生报警。因此主动式探测器所探测的是点到点，而不是一个面的范围。

主动式红外探测器有单光束、双光束、四光束之分。以发射机与接收机设置的位置不同分为对向型安装方式和反射式安装方式，反射型安装方式的接收机不是直接接收发射机发出的红外光束，而是接收由反射镜或适当的反射物（如石灰墙、门板表面光滑的油漆层）反射回的红外光束。当反射面的位置与方向发生变化或红外发射光束和反射光束之一被阻挡而使接收机无法接收到红外反射光束时发出报警信号。

主动红外探测器的特点是探测可靠性非常高。但若对一个空间进行布防，则需有多个主动式探测器，价格昂贵。主动式探测器常用于博物馆中单体贵重文物展品的布防以及工厂仓库的门窗封锁、购物中心的通道封锁、停车场的出口封锁、家居的阳台封锁等。

（6）微波探测器

微波探测器（如图 10－9 所示）分为雷达式和墙式两种。

①雷达式微波探测器

雷达式微波探测器是一种将微波收、发设备合置的探测器，工作原理基于多普勒效应。微波信号遇到移动物体反射后会产生多普勒效应，即经反射后的微波信号与发射波信号的频率会产生微小的偏移。此时可认为报警产生。

微波段的电磁波由于波长较短，穿透力强，玻璃、木板、砖墙等非金属材料都可穿透。所以在安装时不要面对室外，以免室外有人通过引起误报。金属物体对微波反射较强，在探测器防范区域内不要有大面积（或体积较大）物体存在，如铁柜等，否则在其后阴影部分会形成探测盲区，造成防范漏洞。

②墙式微波探测器

墙式微波探测器利用了场干扰原理或波束阻断式原理，是一种微波收、发分置的探测器。墙式微波探测器由微波发射机、发射天线、微波接收机、接收天线、报警控制器组成。

微波指向性天线发射出定向性很好的调制微波束，工作频率通常选择在 9 ~ 11GHz，微波接收天线与发射天线相对放置。当接收天线与发射天线之间有阻挡物或探测目标时，由于破坏了微波的正常传播，使接收到的微波信号有所减弱，以此来判断在接收机与发射机之间是否有人侵入。

墙式微波探测器在发射机与接收机之间的微波电磁场形成了一道看不见的警戒线，可以长达几百米、宽 2 ~ 4 米、高 3 ~ 4 米，酷似一道围墙，因此称为墙式微波探测器或微波栅栏。

（7）双鉴探测器

双技术报警探测器又称为双鉴器、复合式探测器或组合式探测器，是将两种探测技术结合以“相与”的关系来触发报警，即只有当两种探测器同时或者相继在短暂时间内都探测到目标时才可发出报警信号。常见的双技术报警探测器有微波—被动红外双鉴器和超声波—被动红外双鉴器，常见双鉴探测器如图 10 – 10 所示。从实际的可信度和误报率来看，微波—被动红外双鉴探测器性能最佳，因此被广泛地应用到实际的工程项目之中。

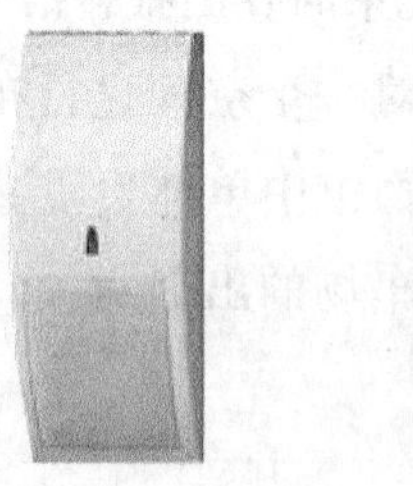

（a）雷达式微波探测器

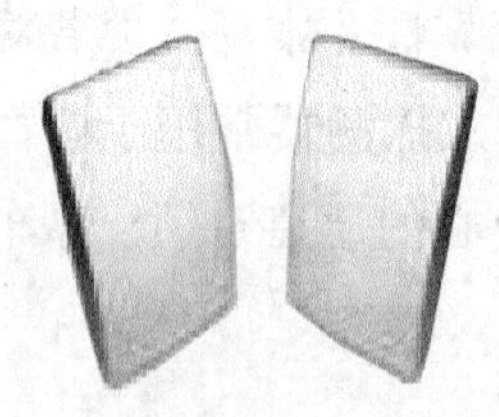

（b）墙式微波探测器

图 10 – 9　微波线探测器

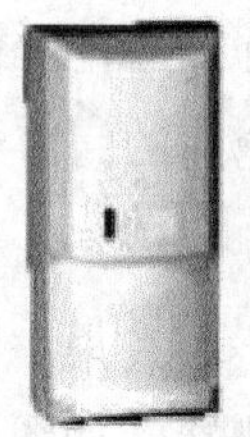

图 10 – 10　双鉴探测器

（8）周界报警探测器

这类报警器可以固定安装在现有的围墙或栅栏上，有人翻越或破坏时即可报警。传感器也可以埋设在周界地段的地层下，当入侵者接近或越过周界时产生报警信号，

使值守及早发现，及时采取制止入侵的措施。常用的周界报警探测器有泄漏电缆传感器和平行线周界传感器。

（二）报警控制器

报警控制器如图 10－11 所示，是一种电子装置，它是在入侵报警系统中实施设置警戒、解除警戒、判断、测试、指示、传送报警信息以及完成某些控制功能的设备。通常安装在各单元大门内附近和墙上，以方便有控制权的人员在出入单元时进行设防和撤防。

图 10－11　报警控制器

防盗报警控制器按防护功能分为 A、B、C 三级：A 级为较低保护功能级；B 级为一般防护功能级；C 级为较高防护功能级。

一般的报警控制器具有以下几方面的功能：布防与撤防、布防延时、防破坏、报警联动、自检保护等。

（三）报警控制中心设备

报警控制中心设备主要是与各报警控制器联网的装有报警控制软件的计算机系统。它用来识别各报警控制器送来的报警信号，并通过软件转换为便于操作人员识别的报警信号，同时它还可以对各报警控制器进行设置和检测。

报警控制中心还应具备完善的事件记录设备，系统中发生的各种事件都应被完整、详细地记录。

第三节　电视监控系统

电视监控系统是安全技术防范体系中的一个重要组成部分，是一种先进的、防范能力极强的综合系统，它可以通过遥控摄像机及其辅助设备（如镜头、云台等）直接观看被监视场所的一切情况，能实时、形象、真实地反映被监视控制对象的画面，已成为人们在现代化管理中监控的一种极为有效的观察工具。

一、电视监控系统概述

（一）电视监控系统分类

电视监控系统按信号的传输方式分为闭路（有线）电视监控系统和无线电视监控系统。

无线电视监控系统的信号采用无线传输，不需布线，施工简单，但信号传输不够稳定，易受干扰，图像质量不如闭路电视监控系统，因此一般不采用。

闭路（有线）电视监控系统（Closed Circuit Television，CCTV）的信号由于采用有线传输，具有保密性强、不易受干扰、传输信号稳定可靠、图像质量高、设备投资少、不占用无线电资源等优点，应用十分广泛。

CCTV 按用途可分为工业电视系统和安防电视监控系统。

（二）电视监控系统的组成

如图 10－12 所示，电视监控系统由摄像机部分（有时还有麦克风）、传输部分、记录和控制部分以及显示部分四大块组成。在每一部分中，又含有更加具体的设备或部件。

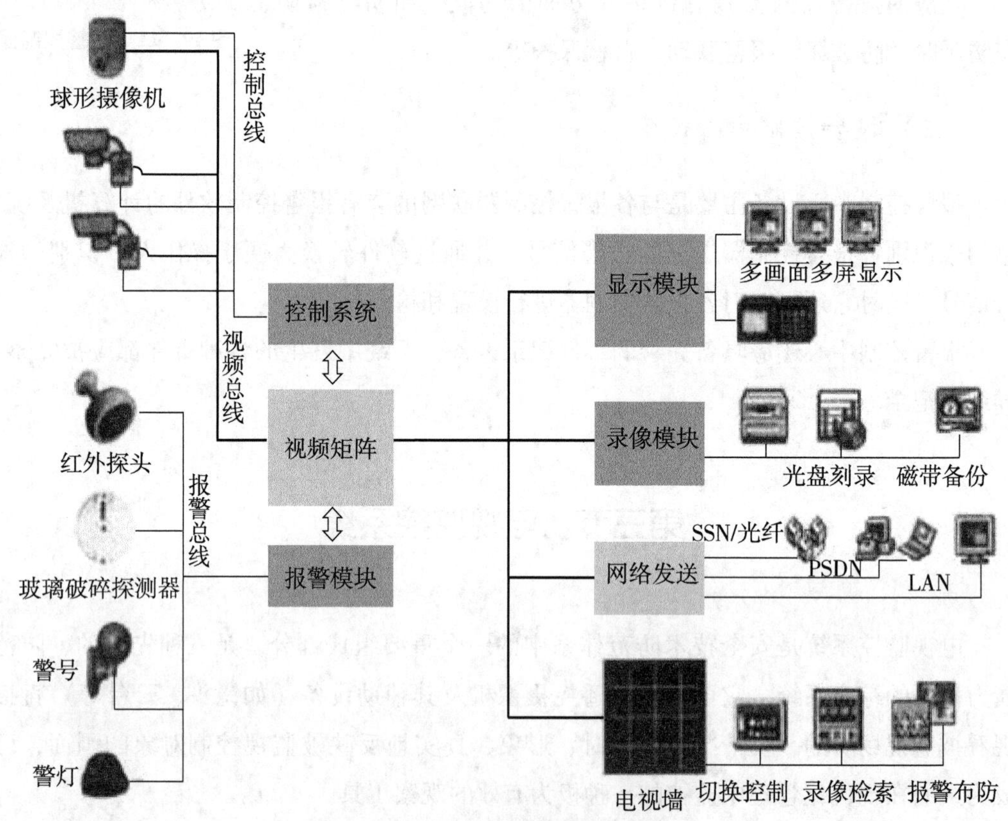

图 10－12　电视监控系统的组成

1. 摄像机部分

摄像机部分是电视监控系统的前端，把它监视的内容变为图像信号，传送给控制中心的监视器上。对于摄像部分来说，在某些情况下，特别是在室外应用的情况下，为了防尘、防雨、抗高低温、抗腐蚀等，对摄像机及其镜头还应加装专门的防护罩，

甚至对云台也要有相应的防护措施。摄像机部分主要由摄像机、镜头、云台、解码器和防护罩等组成。

2. 传输部分

传输部分就是系统的图像信号通路。我们这里所讲的传输部分，通常是指所有要传输的信号形成的传输系统的总和（电源传输、视频传输、控制传输等）。在传输方式上，目前电视监控系统多半采用视频基带传输方式。如果在摄像机距离控制中心较远的情况下，也有采用射频传输方式或光纤传输方式，特殊情况下还可采用无线或微波传输。

3. 记录和控制部分

控制部分主要的功能有：图像信号的切换、记录以及校正和补偿，摄像机及其辅助部件（如镜头、云台、防护罩等）的控制（遥控）等。控制部分主要由视频切换控制器、控制键盘、录像机等组成。

4. 显示部分

显示部分一般由几台或多台监视器（或带视频输入的普通电视机）组成。它的功能是将传送过来的图像一一显示出来。

（三）常见电视监控系统的结构

根据对监视对象的监视方式不同，电视监控系统的结构一般有四种类型。

1. 单头单尾方式

这是最简单的组成方式，如图 10－13 所示。头指摄像机，尾指监视器。由一台摄像机和一台监视器组成，用在一处连续监视一个目标或一个区域的场合。如图 10－13（b）所示增加了控制器件，可实现某些控制功能，如遥控电动云台左右、上下旋转，调节摄像机镜头的焦距长短、光圈大小、远近焦距等。摄像机加上专用外罩即可在特殊的环境条件下工作。这些功能的调节都是靠控制器完成的。

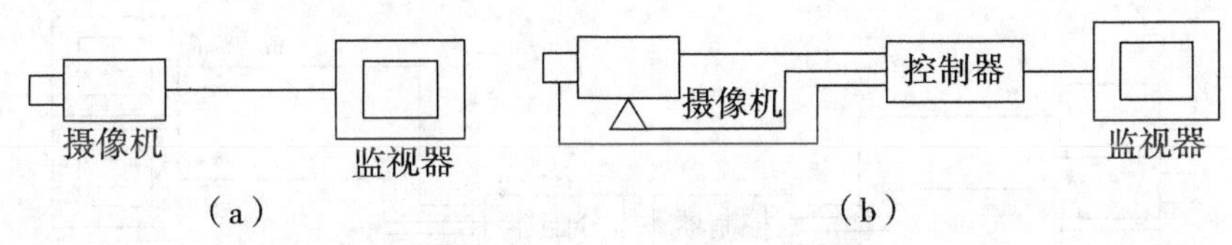

图 10－13　单头单尾方式

2. 单头多尾方式

单头多尾监控系统如图 10－14 所示，它是由一台摄像机向许多监视点输送图像信号，由各个点上的监视器同时观看图像。这种方式用在多处监视同一个目标或一个区域的场所。

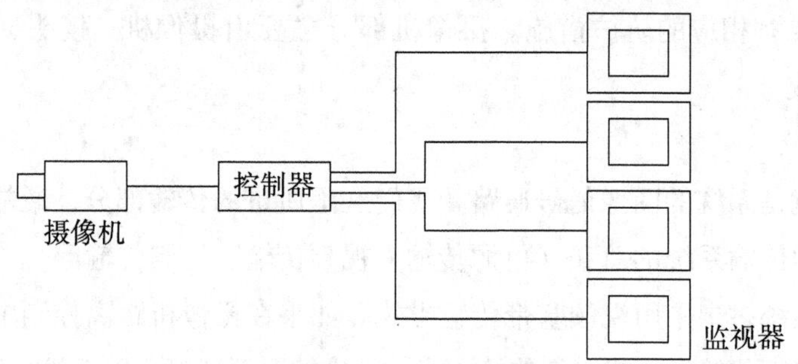

图 10－14　单头多尾方式

3. 多头单尾方式

如图 10－15 所示为多头单尾系统，用在一处集中监视多个目标的场合。除了控制功能外，它还具有切换信号的功能。如果系统中设有动作控制的要求，那么它就是一个视频信号选切器。

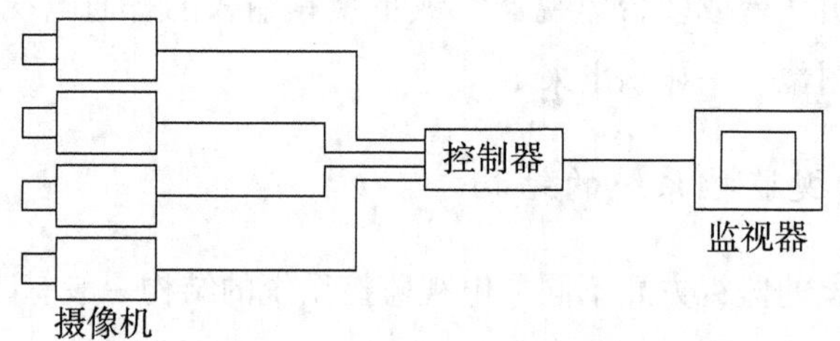

图 10－15　多头单尾方式

4. 多头多尾方式

如图 10－16 所示为多头多尾任意切换方式的系统，用于多处监视多个目标的场合。此时宜结合对摄像机功能遥控的要求，设置多个视频分配切换装置或短阵网络。每个监视器都可以选切各自需要的图像。

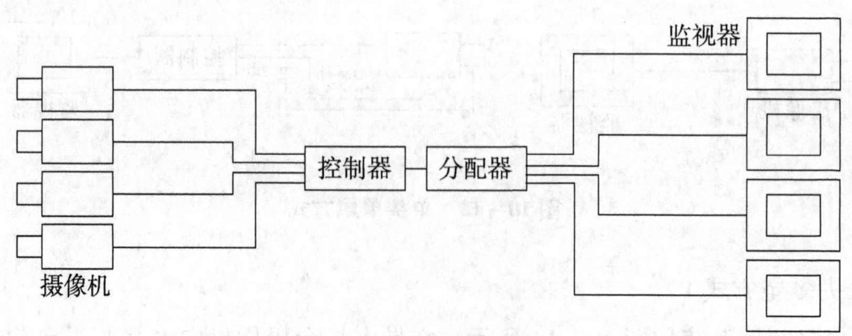

图 10－16　多头多尾方式

二、电视监控系统主要设备

(一)摄像机

摄像机如图 10-17 所示,是获取监视现场图像的前端设备,摄像机按摄像器件类型分为电真空管摄像机和电荷耦合器件(Charge Coupled Device,CCD)摄像机。CCD 摄像机以面阵 CCD 图像传感器为核心部件,外加同步信号产生电路、视频信号处理电路及电源等。近年来,新型的低成本 MOS 图像传感器有了较快速的发展,基于 MOS 图像传感器的摄像机已开始被应用于对图像质量要求不高的可视电话或会议电视系统中。由于 MOS 图像传感器的分辨率和照度等主要指标目前还比不上 CCD 图像传感器,因此,在电视监控系统中使用的摄像机仍为 CCD 摄像机。

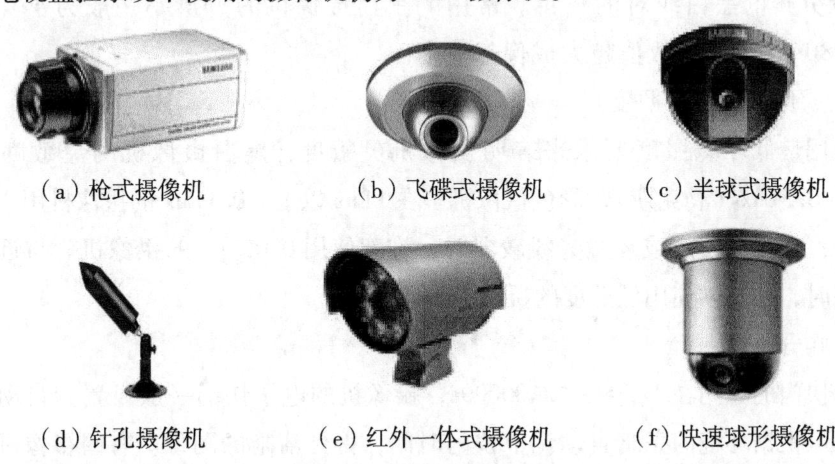

(a)枪式摄像机 (b)飞碟式摄像机 (c)半球式摄像机

(d)针孔摄像机 (e)红外一体式摄像机 (f)快速球形摄像机

图 10-17 电视监控摄像机

1. 摄像机的分类

摄像机的分类方式有多种,如按图像色彩分类、按分辨率分类、按结构组成分类、按扫描制式分类、按摄像器件分类等,这里介绍几种常见的分类方式。

(1)按图像色彩分类:分为彩色摄像机、黑白摄像机、彩色/黑白两用摄像机。

(2)按图像信号处理方式分类:数字视频(DV)格式的全数字式摄像机、带数字信号处理功能的摄像机、模拟式摄像机。

(3)依分辨率灵敏度等划分:25 万像素,彩色分辨率为 330 线、黑白分辨率为 400 线以下的为低档型;影像像素在 38 万以上,彩色分辨率大于或等于 480 线、黑白分辨率为 600 线以上的为高档型;两者之间的为中档型。

(4)按靶面大小划分:目前采用的芯片大多数为 1/3in 和 1/4in。

(5)按扫描制式划分:PAL 制,NTSC 制。

（6）按结构组成分类：普通单机型摄像机、机板型摄像机、球形摄像机、针孔摄像机等。

（7）按灵敏度划分：精通型、月光型、星光型、红外照明型。

2. 摄像机的几个重要技术参数

（1）CCD芯片的尺寸

芯片的尺寸CCD的成像尺寸常用的有1/2in、1/3in、1/4in等，成像尺寸越小，摄像机的体积可以做得更小些。在相同的光学镜头下，成像尺寸越大，视场角越大。

（2）分辨率的选择

评估摄像机分辨率的指标是水平分辨率。水平分辨率，其单位为线对，即成像后可以分辨的黑白线对的数目。常用的黑白摄像机的分辨率一般为420～650，彩色为380～530，其数值越大成像越清晰。

（3）成像灵敏度（照度）

通常用最低环境照度要求来表明摄像机灵敏度，黑白摄像机的灵敏度大约是0.02Lux～0.5Lux（勒克斯），彩色摄像机多在1Lux以上。0.1Lux的摄像机用于普通的监视场合；在夜间使用或环境光线较弱时，推荐使用0.02Lux的摄像机。与近红外灯配合使用时，也必须使用低照度的摄像机。

（4）电子快门

电子快门的时间在1/50s～1/100000s，摄像机的电子快门一般设置为自动电子快门方式，可根据环境的亮暗自动调节快门时间，得到清晰的图像。有些摄像机允许用户自行手动调节快门时间，以适应某些特殊应用场合。

（5）制式

摄像机同家用电视机、录像机一样，也有制式之分，有PAL制和NTSC制等。由于我国电视信号的制式是PAL制，所以摄像机一般选用PAL制。

3. 摄像机的部分功能

（1）自动增益控制（AGC）

AGC为英文Automatic Gain Control的缩写。摄像机的自动增益控制（AGC）具有AGC功能的摄像机，在低照度时的灵敏度会有所提高。

（2）自动白平衡

对彩色摄像机而言，白平衡是衡量红、绿、蓝三种基色是否平衡的参数。彩色摄像机的自动白平衡就是让其实现自动调整。

（3）背光补偿

背光补偿也称作逆光补偿或逆光补正，它可以有效补偿摄像机在逆光环境下拍摄

时画面主体黑暗的缺陷。整个视场的可视性得到改善。有此功能的摄像机价格较高，设计系统时应尽量选择顺光布置摄像机。

（二）镜头

镜头（图 10－18）是一种光学成像器件，是摄像机的眼睛，一般摄像机与镜头是可以根据需要进行不同组合的。监控图像的质量很大程度上取决于镜头的成像质量，要获得高质量的图像和摄像范围，镜头选择十分关键。

（a）定焦镜头　（b）变焦镜头　（c）手动光圈镜头　（d）手动三可变镜头

（e）电动变倍镜头　（f）电动光圈镜头　（g）电动三可变镜头　（h）视频驱动光圈镜头

图 10－18　摄像机镜头

1. 镜头的分类

（1）按焦距上分类：可分为短焦距、中焦距、长焦距和变焦距镜头。

（2）按视场的大小分类：可分为广角、标准、远摄镜头。

（3）按结构分类：可分为固定光圈定焦镜头、手动光圈定焦镜头、自动光圈定焦镜头、手动变焦镜头、自动光圈电动变焦镜头、电动三可变镜头（指光圈、焦距、聚焦这三者均可变）。

（4）按接口安装方式分类：可分为 C 安装座接口镜头和 CS 安装座接口镜头。

（5）按镜头参数可调项目分类：可分为固定镜头、一可变镜头、二可变镜头、三可变镜头。

由于镜头选择得合适与否直接关系到摄像质量的优劣，因此，在实际应用中必须合理选择镜头。

（6）按摄像机镜头规格分类：可分为 1in、2/3in、1/2in、1/3in、1/4in 等规格。镜头规格应与摄像机的靶面尺寸相对应，即摄像机靶面大小为 1/3in 时，镜头同样应选择 1/3in 的，否则不能获得良好的配合。

2. 镜头的技术指标

（1）焦距

所谓焦距，就是指透镜中心到CCD光靶的距离。镜头的焦距是镜头的一个非常重要的指标。镜头焦距的长短决定了被摄物在成像介质（CCD）上成像的大小，也就是相当于物和像的比例尺。当对同一距离的同一个被摄目标拍摄时，镜头焦距长的所成的像大，镜头焦距短的所成的像小。较常见的焦距有8mm、15mm等。

镜头根据焦距是否可变分为定焦镜头和变焦镜头，在相同的技术水准条件下，变焦镜头的成像质量低于定焦镜头，大倍率变焦镜头的成像质量低于小倍率变焦镜头。

（2）光圈

光圈是用来控制光线透过镜头进入机身内感光面的光量的装置，它通常是在镜头内。常见的光圈值系列如下：F1、F1.4、F2、F2.8、F4、F5.6、F8等，光圈F值越小，在同一单位时间内的进光量便越多，而且上一级的进光量刚好是下一级的一倍，例如光圈从F8调整到F5.6，进光量便多一倍，我们也说光圈开大了一级。

光圈分为固定光圈、可变光圈、猫眼式光圈、瞬时光圈等几种。

在实际施工中，如果被监视场所的照度是恒定的，可选择固定光圈镜头；如果监视场所的照度是变化的（如室外），则应选择自动光圈镜头。这样才能获得清晰的图像。

（3）景深

所谓景深，就是当镜头焦距对准某一点时，其前后的景物仍有一段清晰结像的范围，此段范围即景深。景深与镜头使用光圈、镜头焦距、拍摄距离以及对像质的要求有关，这些主要因素对景深的影响如下：光圈越大景深越小，光圈越小景深越大；镜头焦距越长景深越小，焦距越短景深越大；距离越远景深越大，距离越近景深越小。

（三）云台与防护罩

1. 云台

云台（图10－19）是安装、固定摄像机的支撑设备，它分为固定和电动云台两种。

（a）重型云台

（b）球形护罩云台

图10－19　云台

固定云台适用于监视范围不大的情况，在固定云台上安装好摄像机后可调整摄像机的水平和俯仰的角度，达到最好的工作姿态后只要锁定调整机构就可以了。

电动云台适用于对大范围进行扫描监视，它可以扩大摄像机的监视范围。电动云台内装两个电动机，它们一个负责水平方向的转动，另一个负责垂直方向的转动。水平转动的角度一般为350°，垂直转动则有±45°、±35°、±75°等。水平及垂直转动的角度大小可通过限位开关进行调整。电动机接受来自控制器的信号精确地运行定位，在控制信号的作用下，云台上的摄像机既可自动扫描监视区域，也可在监控中心值班人员的操纵下跟踪监视对象。

（1）云台分类

按安装环境：分为室内云台和室外云台。室外用云台有防雨装置，部分高档室外云台还有防冻加温装置，室内云台则没有。

按承载能力：分为重载云台、轻载云台和微型云台。目前的重载云台承重量大约为7kg~50kg，轻载云台承重量大约为1.5kg~7kg，还有些云台是微型云台，比如与摄像机一起安装在半球型防护罩内或全天候防护罩内的云台。

（2）云台的控制方式

电动云台由微电机驱动，多采用有线控制。

2. 防护罩

防护罩（图10-20）用于保护摄像机免于自然或人为的破坏。防护罩一般分为室内用防护罩和室外防护罩。室内防护罩结构简单，价格便宜，其主要功能是防止摄像机落尘并有一定的安全防护作用，如防盗、防破坏等；室内防护罩具有体积小，外形美观等特点，其功能主要是防尘，防破坏。室外防护罩密封性能好，能有效保证雨水不能进入防护罩内部侵蚀摄像机。有的室外防护罩还带有排风扇、加热板、雨刮器等，可以更好地保护设备。

（a）普通防护罩　　（b）球形防护罩

图10-20　摄像机防护罩

（四）解码器

解码器（图10-21）是属于前端设备，它一般安装在配有云台及电动镜头的摄像机附近，通过多芯控制电缆直接与云台及电动镜头相连，另有通信线（通常为两芯护套线或两芯屏蔽线）与监控室内的系统主机相连。同一系统中有很多解码器，所以每个解码器上都有一个拨码开关，它决定了解码器在该系统中的编号（即 ID 号），在使用解码器时首先必须对拨码开关进行设置。

（五）视频分配器

视频分配器（图 10 – 22）是将一路视频输入信号均匀分配为多路视频信号输出，以供多台视频设备同时使用的视频传输设备。经视频分配器分配输出的每一路视音频信号的带宽、峰值电压和输出阻抗与输入的信号格式相一致。

（六）视频放大器

视频信号经同轴电缆长距离（200m ~ 300m）传输后会有一定的衰减，特别是高频部分的衰减尤为严重。视频放大器（图 10 – 23）主要用于解决同轴电缆在远距离传输中信号质量问题，它采用视频放大器进行级连放大提高传输距离，并同时对信号的高频量放大，从根本上解决了同轴电缆传输过程中的问题。

一般用 SYV – 75 – 5 的同轴电缆传输视频信号的最远距离为 500m 左右，用 SYV – 75 – 3 电缆为 300m 左右。虽然超过这一距离后仍可看到较为稳定的图像，但图像的边缘部分已变得模糊。因此，进行长距离视频信号传输时，必须使用视频放大器进行中间放大。

图 10 – 21　解码器

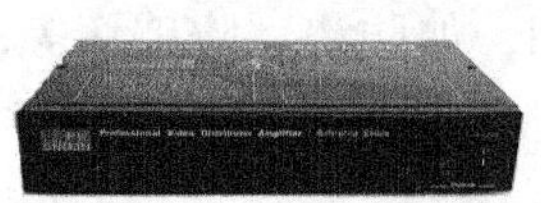

图 10 – 22　视频分配器

图 10 – 23　视频放大器

（七）录像存贮设备

目前，电视监控系统中的录像存贮设备一般为数字式硬盘录像机（英文缩写 DVR）。数字式硬盘录像机（图 10 – 24）是一套进行图像存贮处理的计算机系统，具有对图像/语音进行长时间录像、录音、远程监视和控制的功能。目前，DVR 集合了录像机、画面分割器、云台镜头控制、报警控制、网络传输五种功能于一身，用一台设备就能取代模拟监控系统很多设备的功能，而且在价格上也占有优势。DVR 代表了电视监控系统的发展方向，是目前电视监控系统的首选产品。

系统结构数字式硬盘录像机可以分为两大类：基于 PC 架构的 PC 式 DVR 和脱离 PC 架构的嵌入式 DVR。

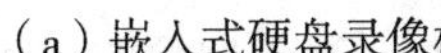
（a）嵌入式硬盘录像机

（b）PC式硬盘录像机

图 10－24　数字硬盘录像机

1. PC 式硬盘录像机

这种架构的 DVR 以传统的 PC 机为基本硬件，以 Win98、Win2000、WinXP、Vista、Linux 为基本软件，配备图像采集或图像采集压缩卡，编制软件成为一套完整的系统。不能用于工业控制领域，只适合于对可靠性要求不高的商用办公环境。

2. 嵌入式硬盘录像机

嵌入式系统一般指非 PC 系统，有计算机功能但又不称为计算机的设备或器材。它是以应用为中心，软硬件可裁减，对功能、可靠性、成本、体积、功耗等有严格要求的微型专用计算机系统。

简单地说，嵌入式系统集系统的应用软件与硬件融于一体，特别适合于要求实时和多任务的应用。嵌入式 DVR 系统建立在一体化的硬件结构上，整个视音频的压缩、显示、网络等功能全部可以通过一块单板来实现，大大地提高了整个系统硬件的可靠性和稳定性。

（八）视频信号切换器（矩阵）

在电视监控系统中通常会出现图像信号输入数量多于显示设备的矛盾，视频矩阵就是用来解决此类问题的设备。视频矩阵（图 10－25）是指通过阵列切换的方法将 m 路视频信号任意输出至 n 路监看设备上的电子装置，一般情况下矩阵的输入大于输出即 $m>n$。例如：会议室中一般输入的设备很多，如摄像头、DVD、VCR、实物展台、台式电脑、笔记本信号等，而显示终端很少，如投影机、等离子、大屏幕显示等，它们不是一一对应的。矩阵的作用就是把提供信号源的设备的任意一路的信号送到任意一路的显示终端上。

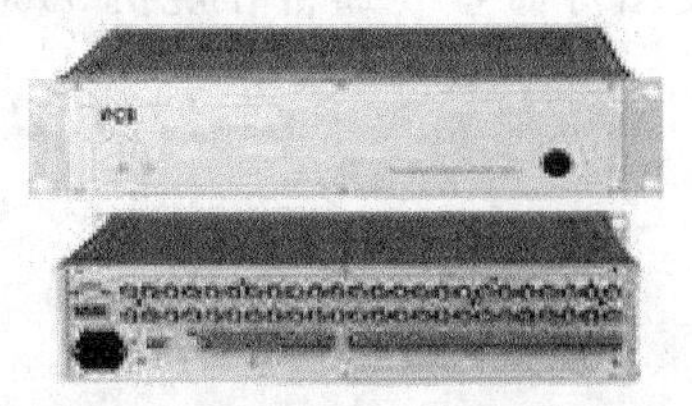
（a）视频信号切换器主机

（b）视频信号切换器控制键盘

图 10－25　视频信号切换器

目前的视频矩阵的分类有几种，就其实现方法来说有模拟矩阵和数字矩阵两大类；根据接口类型也可划分 VGA、AV、RGB 等，当然还有混合矩阵，就是设备中有不同的接口类型；根据接口数量来划分，如 8 系列的有 8 进 2 出、8 进 4 出、8 进 8 出等。

一个矩阵系统通常包括以下基本功能：字符信号叠加；解码器接口以控制云台和摄像机；报警器接口；控制主机，以及音频控制箱、报警接口箱、控制键盘等附件。矩阵系统的发展方向是多功能、大容量、可联网以及可进行远程切换。一般而言，矩阵系统的容量达到 64×16 即为大容量矩阵。如果需要更大容量的矩阵系统，也可以通过多台矩阵系统级联来实现。矩阵容量越大，所需技术水平越高，设计实现难度也越大。

（九）画面分割器

画面分割器是最常用的设备之一，主要用于在一台监视器上同时显示一个或多个图像信号的设备。画面分割器有四分割、九分割、十六分割几种，可以在一台监视器上同时显示 4、9、16 个摄像机的图像，也可以送到录像机上记录。大部分分割器除了可以同时显示图像外，也可以显示单幅画面，可以叠加时间和字符，设置自动切换，连报警器材等。多画面分割可节省监视器。

（十）监视器

监视器是监控系统的标准输出设备，有了监视器我们才能观看前端送过来的图像。监视器分彩色、黑白两种，常用的是 14～21 英寸。监视器也有分辨率，同摄像机一样用线数表示，实际使用时一般要求监视器线数要与摄像机匹配。另外，有些监视器还有音频输入、S－Video 输入、RGB 分量输入等，除了音频输入监控系统用到外，其余功能大部分用于图像处理工作，在此不作介绍。

传统的监视器是使用阴极射线显像管（CRT）的监视器（图 10－26），目前已出现使用液晶显示屏（LCD）的彩色监视器（图 10－27）。CRT 监视器主要特点是价格低廉、亮度高、视角宽、使用寿命较高（平均寿命可达 3 万小时以上）；而 LCD 监视器的主要特点是体积小（平板形）、重量轻、图像无闪动无辐射，但造价高、视角窄（侧面观看时图像变暗、彩色漂移甚者出现反色）、使用寿命短（通常在烧机 5000 小时之后其亮度下降为正常亮度的 60% 以下）。

物业管理小专家

RS－485 通信接口是基于 RS－485 通信接口标准的信号收发器，具有双向通信能力，最大传输速率为 10Mb/s，通信距离为几十米至上千米。

图 10－26　CRT 监视器　　图 10－27　LCD 监视器

传送数据时，RS－485 收发器先在发送端将 TTL 电平转换成 A、B 两个相差 180°的±（－7～＋12）V 的差分信号发送出去，然后在接收端将 A、B 信号合成为原始信号。因此，RS－485 接口分 A（收/发正）、B（收/发负）端和公共的 GND（地）端。

RS－485 接口一般采用二线制连线方式，即只需两根连线。尽管其组成的网络为半双工工作方式（两条数据线在同一时间只能接收或发送），但它可实现真正的多点双向通信。四线制连线方式中一组连线专门负责发送数据，另一组连线专门负责接收数据，为全双工工作方式（在同一时间可同时发送和接收数据），但其组成的网络设备有主从之分，只能实现点对多的通信。但无论四线制还是二线制连接方式，总线上均可连接多达 32 个设备。

由于目前计算机与通信工业中应用最广泛的一种串行接口是 RS－232，但其传送距离最大约为 15 米，所以 RS－232 适合本地设备之间的通信。如果控制器通过 485 方式与计算机通信，需要在计算机一端增加一个 485 转换器，以便将 485 信号转换成计算机能够接收的 232 信号，同时也可延长通信距离。RS486－232 转换器如图 10－28 所示。

图 10－28　RS486－232 转换器

第四节　出入口控制系统

出入口控制系统，俗称门禁系统，是一种通过采用现代电子与信息管理技术，以感应卡或生物识别等技术来取代钥匙开门的方式，在出入口对人（或物）的进、出进行控制的电子自动化系统。

一、出入口控制系统结构及组成

出入口控制系统的结构如图 10－29 所示。一般由以下四部分组成：

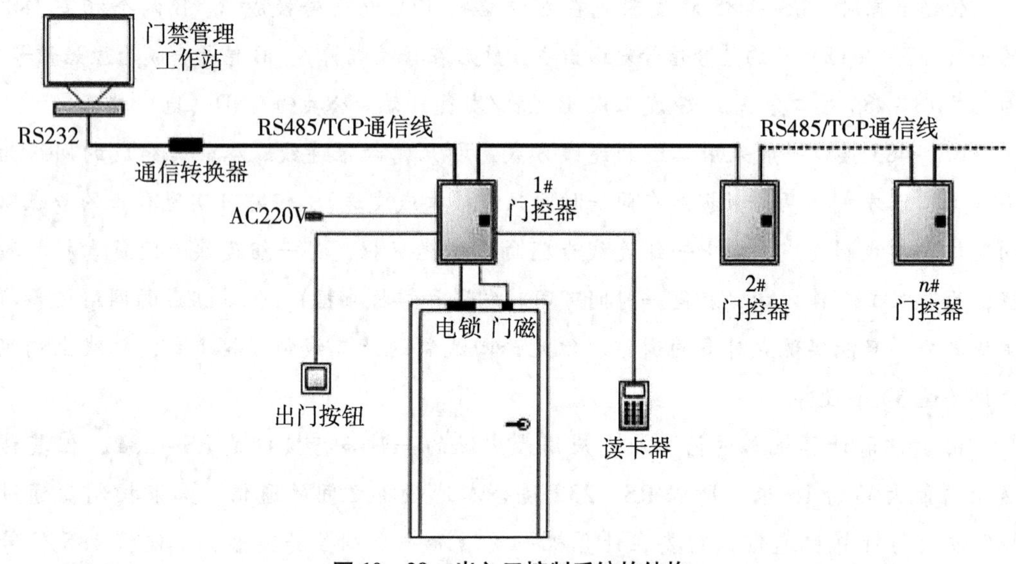

图 10－29　出入口控制系统的结构

（一）识读单元

包括读卡机、密码键盘、生物识别设备等，它们用来接收人员输入的信息，再转换成电信号送到控制器中。

（二）传输单元

包括 RS－485 或 TCP 通信线、RS485－232 通信转换器等，用于信号传输和转换。

（三）管理/控制单元

包括控制器和监控计算机等。控制器接收底层设备发来的有关人员的信息，同自己存贮的信息相比较以做出判断，然后再发出处理的信息；管理计算机管理着系统中所有的控制器，向它们发送控制命令，对它们进行设置，接收其发来的信息，完成系统中所有信息的分析与处理。

（四）执行单元

包括电子门锁、出口按钮、报警传感器和报警喇叭等。电子门锁、出口按钮根据来自控制器或人的信号完成开锁、闭锁等工作；报警传感器和报警喇叭主要完成对门状态的检测并发出报警信号。

二、出入口控制系统的分类

（一）按识别方式分类

1. 密码识别：通过检验输入密码是否正确来识别进出权限。这类产品又分两类：一类是普通型，一类是乱序键盘型（键盘上的数字不固定，不定期自动变化）。

2. 卡片识别：通过读卡或读卡加密码方式来识别进出权限，按卡片种类又分为：磁卡、射频卡等。

3. 生物识别：通过检验人员生物特征等方式来识别进出。有指纹型、虹膜型、面部识别型等。

（二）按通信方式分类

1. 单机控制型门禁：就是一个机子管理一个门，不能用电脑软件进行控制，也不能看到记录，直接通过控制器进行控制。特点是价格便宜，安装维护简单，不能查看记录，不适合人数多于50或者人员经常流动（指经常有人入职和离职）的地方，也不适合门数量多于5的工程。

2. 485联网门禁：就是可以和电脑进行通信的门禁类型，直接使用软件进行管理，包括卡和事件控制。所以有管理方便、控制集中、可以查看记录、对记录进行分析处理以用于其他目的。特点是价格比较高、安装维护难度加大，但培训简单，可以进行考勤等增值服务。适合人多、流动性大、门多的工程。

3. TCP/IP网络门禁：也叫以太网联网门禁，也是可以联网的门禁系统，但是通过网络线把电脑和控制器进行联网。除具有485门禁联网的全部优点以外，还具有速度更快，安装更简单，联网数量更大，可以跨地域或者跨城联网。但存在设备价格高，需要有电脑网络知识。适合安装在大项目、人数多、对速度有要求、跨地域的工程中。

三、出入口控制系统功能及应用

（一）对进出权限的管理

1. 进出通道的权限管理：就是对每个通道设置哪些人可以进出，哪些人不能进出。

2. 进出通道的方式管理：就是对可以进出该通道的人进行进出方式的授权，进出方式通常有密码、读卡（生物识别）、读卡（生物识别）+密码三种方式。

3. 进出通道的时段管理：就是设置可以进出该通道的人在什么时间范围内可以进出。

（二）实时监控功能

系统管理人员可以通过微机实时查看每个门区人员的进出情况（同时有照片显示）、每个门区的状态（包括门的开关，各种非正常状态报警等）；也可以在紧急状态打开或关闭所有的门区。

（三）出入记录查询功能

系统可贮存所有的进出记录、状态记录，可按不同的查询条件查询，配备相应考勤软件可实现考勤、门禁一卡通。

（四）异常报警功能

在异常情况下可以通过门禁软件实现微机报警或外加语音声光报警，如：非法侵入、门超时未关等。根据系统的不同门禁系统还可以实现以下一些特殊的报警功能：

1. 反潜回功能：是指在使用双向读卡的情况下，防止一卡多次重复使用，即一张有效卡刷卡进门后，该卡必须在同一门刷卡出门一次，才可以重新刷卡进门，否则将被视为非法卡拒绝进门。

2. 防尾随功能：通常用在银行金库，也叫AB门，它需要和门磁配合使用。当门磁检测到一扇门没有锁上时，另一扇门就无法正常打开。只有当一扇门正常锁住时，另一扇门才能正常打开，这样就隔离一个安全的通道出来，使犯罪分子无法进入达到阻碍延缓犯罪行为的目的。

3. 胁迫码开门：是指当持卡者被人劫持时，为保证持卡者的生命安全，持卡者输入胁迫码后门能打开，但同时向控制中心报警，控制中心接到报警信号后就能采取相应的应急措施，胁迫码通常设为4位数。

（五）消防报警监控联动功能

在出现火警时门禁系统可以自动打开所有电子锁让里面的人逃生。监控联动通常是指监控系统自动将有人刷卡时（有效/无效）录下当时的情况，同时也将门禁系统出现警报时的情况录下来。

（六）网络设置管理监控功能

大多数门禁系统只能用一台微机管理，而技术先进的系统则可以在网络上任何一个授权的位置对整个系统进行设置监控查询管理，也可以通过互联网上进行异地设置管理监控查询。

（七）逻辑开门功能

所谓逻辑开门功能，简单地说就是同一个门需要几个人同时刷卡（或其他方式）才能打开电控门锁。

四、出入口控制系统常用设备

（一）密码键盘

密码键盘（图 10－30）分为普通键盘型和乱序键盘型。

普通键盘的优点是操作方便，无须携带卡片，成本低；缺点是只能同时容纳三组密码，容易泄露，安全性很差，无进出记录，只能单向控制。

乱序键盘的优点是操作方便，无须携带卡片，安全系数稍高；缺点是密码容易泄露，和普通键盘一样，乱序键盘也无进出记录，只能单向控制，成本高。

（二）读卡器

读卡器（图 10－31）是卡片识别式出入口控制系统读取卡片中数据并向控制器传送数据的设备。

读卡器的工作原理如下：读卡器发射出电磁波在一定范围内产生磁场，当有卡进入该区域范围时，识别卡中的射频电路被磁场激发，从而发出射频电波将该卡的识别码传回读卡器。读卡器将收到的信号送至解码器，经解码后送到主机核查此编码是否正确，完成感应识别功能。

图 10－30　密码键盘

图 10－31　普通读卡器

（三）卡片

开门的钥匙。可以在卡片上打印持卡人的个人照片，开门卡、胸卡合二为一。目前常用的卡片有：

1. 磁卡

是目前最常用的卡片系统，它利用磁感应对磁卡中磁性材料形成的密码进行辨识。其优点为成本较低；安全性较好；可连微机；有开门记录。缺点为卡片设备有磨损，寿命较短；卡片易被复制；不易双向控制；卡片信息容易因外界磁场丢失，使卡片失效。

2. IC 卡

IC 卡有接触式与非接触式两种。

（1）接触式 IC 卡：卡片内装有集成电路（IC），通过卡上触点与读卡设备交换信息。接触式 IC 卡优点是保密性好，难以伪造或非法改写等。它的缺点是仍然需要刷卡过程，因而降低了识别速度，且一旦 IC 卡的触点或读卡设备的触点被污物覆盖，就会影响正常的识别。

（2）非接触式 IC 卡：卡片采用电子回路及感应线圈，利用读卡机本身产生的特殊振荡频率，当卡片进入读卡机能量范围时产生共振，感应电流使电子回路发射信号到读卡机，经读卡机将接收的信号转换成卡片资料，送到控制器对比。其主要优点为卡片与设备无接触，使用寿命长，理论寿命至少十年；安全性高；可连微机，有开门记录；可以实现双向控制；卡片很难被复制。缺点为成本较高。

（四）出入口控制器

出入口控制系统的核心部分是出入口控制器，它负责整个系统输入、输出信息的处理和贮存、控制等。

按设计原理出入口控制器可分为一体式和普通式。

1. 一体式控制器（控制器自带读卡器）

一体式控制器（图 10－32）的设计的缺陷是控制器须安装在门外，因此部分控制线必须露在门外，内行人无须卡片或密码可以轻松开门。

2. 普通式控制器（控制器与读卡器分体）

普通式控制器（图 10－33）安装在室内，只有读卡器输入线露在室外，其他所有控制线均在室内，而读卡器传递的是数字信号。因此，若无有效卡片或密码任何人都无法进门。这类系统应是用户的首选。

（五）生物辨识设备

生物辨识设备包括指纹机读卡器（图10－34）、掌纹机、视网膜辨识机、声音辨识机等。是利用每个人独有的上述生物特征进行辨识的设备。生物辨识设备比较复杂且安全性很高，一般用于军政要害部门或者银行的金库等处。

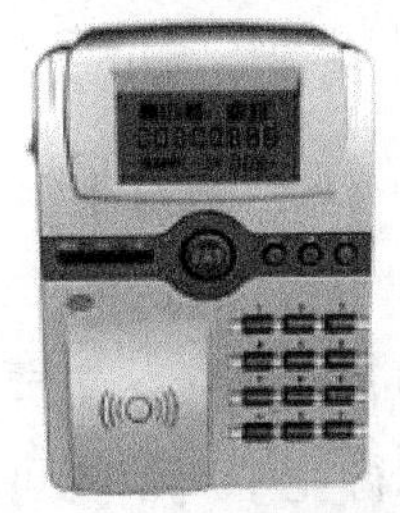

图10－32　一体式控制器

图10－33　普通式控制器

图10－34　指纹机

（六）电控锁

电控锁（图10－35）是出入口控制系统中锁门的执行部件，主要有以下几种类型：

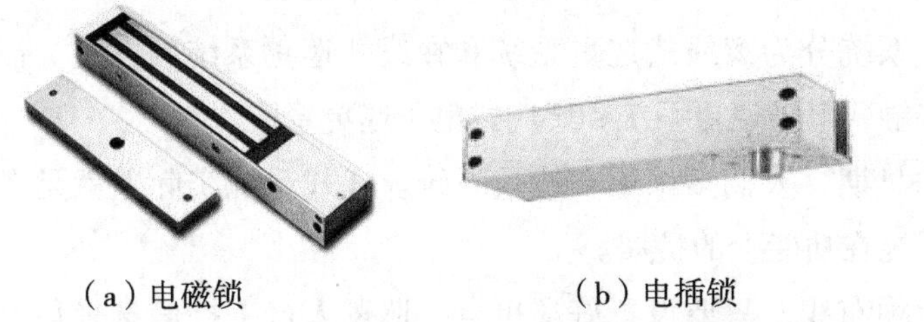

（a）电磁锁　（b）电插锁

（c）电机锁

图10－35　电控锁

1. 电磁锁：电磁锁断电后是开门的，符合消防要求。并配备多种安装架以供顾客使用。这种锁具适于单向的木门、玻璃门、防火门、对开的电动门。

2. 阳极锁：阳极锁是断电开门型，符合消防要求。它安装在门框的上部。与电磁锁不同的是阳极锁适用于双向的木门、玻璃门、防火门，而且它本身带有门磁检测器，可随时检测门的安全状态。

3. 阴极锁：一般的阴极锁为通电开门型，适用单向木门。安装阴极锁一定要配备UPS电源，因为停电时阴锁是锁门的。

（七）系统主机

装有出入口控制系统的管理软件计算机，它通过通信协议与各控制器相连，构成出入口控制系统。出入口控制系统的管理软件主要功能包括：实时对进/出人员进行监控，对各门区进行编辑，对系统进行编程，对各突发事件进行查询及人员进出资料实时查询。

（八）其他设备

1. 出门按钮：安装于出入口内部，按一下即可开门的设备，适用于对出门无限制的情况。
2. 门磁：用于检测门的安全/开关状态等。
3. 电源：整个系统的供电设备，分为普通和后备式（带蓄电池）两种。

第五节　电子巡更系统

电子巡更系统是一种对巡更工作进行计划、监督和考核的管理系统，主要应用于大厦、厂区、库房和野外设备、管线等有固定巡更作业要求的行业中。系统可以对巡更结果进行自动化的处理，包括检查核对、结果存贮、结果查询和打印报表等功能。

一、电子巡更系统的分类和组成

（一）电子巡更系统的分类

目前，常见的电子巡更系统分为离线式巡更系统和在线式巡更系统两大类。而离线式电子巡更系统又分为接触式电子巡更系统和感应式电子巡更系统。

在电子巡更系统发展的早期，人们多采用在线式系统。线式系统实际上就是考勤机联网使用，也就是门禁系统在功能上的扩展。

离线式电子巡更系统无须布线，只要设置好巡更点，巡逻人员手持信息采集设备到每一个巡更点采集信息后，将信息通过传输器传输给计算机，就可以显示整个巡逻巡检过程。这种方式与在线式相比，优点在于易于携带，无须布线，安装简单，不受温度、湿度的影响，又不易被破坏，因此解决了投资昂贵的问题，并且系统扩容和线路变更的实现更为容易，缺点是不能实时管理（如有对讲机，可避免这一缺点）。目前离线式巡更已成为当前国内市场的主流产品。

（二）电子巡更系统的组成

1. 在线式电子巡更系统的组成

在线式电子巡更系统（图 10 - 36）主要由巡更点、巡检卡、通信线路和系统管理软件四部分组成。

2. 离线式电子巡更系统的组成

离线式电子巡更系统（图 10 - 37）主要由巡更点、巡检器、通信接口和系统管理软件四部分组成。

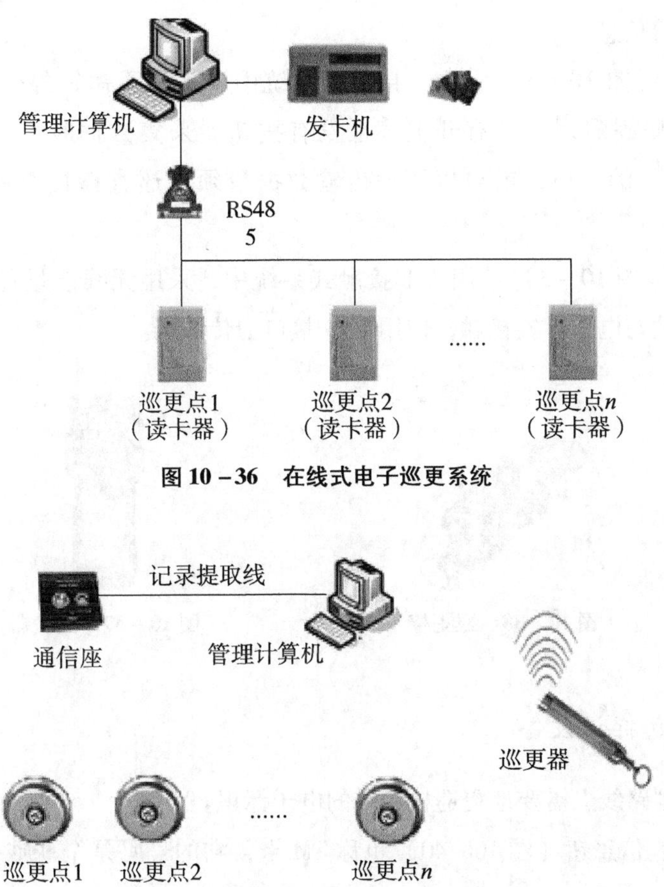

图 10－36　在线式电子巡更系统

图 10－37　离线式电子巡更系统

二、离线电子巡更系统的工作流程

巡逻人员手持巡检器，沿着规定的路线巡查。同时在规定的时间内到达巡检地点，用巡检器读取巡检点。巡检器会自动记录到达该地点的时间和巡检人员，然后通过数据通信线将巡检器连接计算机，把数据上传到管理软件的数据库中。管理软件对巡检数据进行自动分析并智能处理，由此实现对巡检工作的科学管理。

三、电子巡更系统的主要设备

由于在线式电子巡更系统的设备与门禁系统相同，这里就不进行具体介绍。下面重点介绍离线式电子巡更系统的主要设备。

（一）数据采集设备

有接触式和非接触式两种，用于采集、贮存和传输巡查记录、巡查点地理信息和巡查人员的身份信息。

1. 巡更棒（图 10 - 38）：用于接触式系统中，采用不锈钢外壳，防水、防振、防磁、防拆，坚固耐用，没有开关，也没有按钮。采集数据时，只须轻轻一碰信息钮听到“嘟”的一声，就可以了；传输数据只须将巡查棒插入通信座即可，使用非常方便。

2. 巡检器（图 10 - 39）：用于非接触式系统中，采用无线能量传送和通信技术，采集数据时无须与电子标签接触，使用 USB 接口上传数据。

图 10 - 38　巡更棒

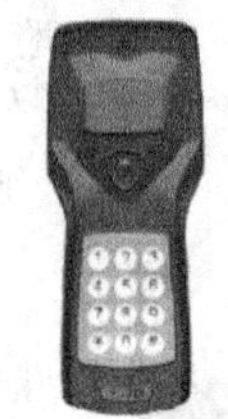

图 10 - 39　巡检器

（二）信息标识设备

安置在巡逻路线上需要巡更巡检地方的电子标识。

1. 信息钮：信息钮（图 10 - 40）也称 TM 卡，它的号码是全球唯一的。是一种接触式存贮器，用于接触式巡更系统中，一般采用不锈钢外壳封装，具有防水、防磁、防振功能。在使用时分为人员信息钮和地点信息钮，分别存有巡查人员或巡查点的身份码，用于标识巡查人员身份或巡查地点。人员信息钮由巡查人员自身携带使用，地点信息钮可安装在任何需要巡查的地方，无须供电、连线，可用强力胶或双面胶安装在墙壁、电线杆或树上。

2. 电子标签：电子标签（图 10 - 41）的作用与信息钮相同，但它是一种非接触式存贮器，用于非接触式巡更系统中。

（三）数据下载转换器

在系统中通过它来将数据采集设备中存贮的巡更数据下载到管理计算机上。在接触式系统中采用通信座（图 10 - 42），在接触式系统中采用 USB 接口。

（四）系统主机

装有巡更系统管理软件的计算机。主要用于设置人员、地点信息，制订巡检计划，查询、备份巡检记录，分析、打印巡检记录等。

图 10－40　信息钮

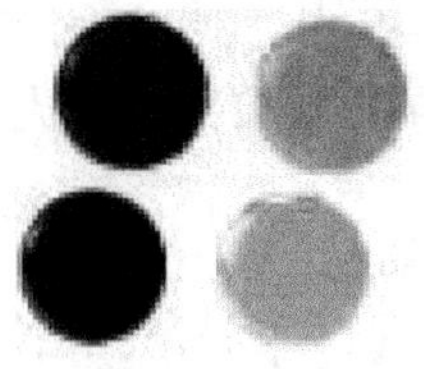

图 10－41　电子标签

图 10－42　通信座

第六节　停车场管理系统

停车场管理系统从实质上说也是一种门禁系统，是对进、出停车场的车辆进行自动登录、监控、管理及收费的电子系统或网络。

一、停车场管理系统的组成

如图 10－43 所示，停车场管理系统主要由车辆出入的检测和控制子系统、车位显示和管理子系统、计时收费管理子系统和中央控制系统四部分组成。

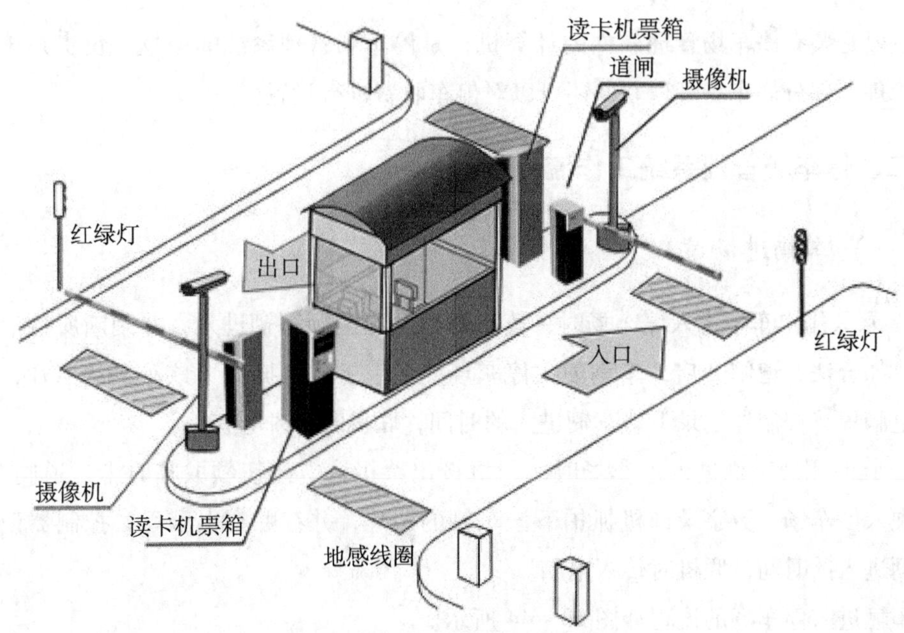

图 10－43　停车场管理系统的组成

（一）车辆出入的检测和控制子系统

车辆出入的检测和控制子系统主要用于对进出停车场的车辆进行识别、通行管理和图像记录等。一般由非接触感应式 ID 卡的读卡器、ID 卡出卡机、车辆探测器、自动道闸、车辆检测线圈、LED 显示屏、摄像头等组成。

（二）车位显示和管理子系统

主要是通过停车位上设置探测器来检测车位上是否有车停放，并通过管理系统将车位数显示出来。也有停车场是通过进出口检测器来加减进出车辆数，并与设定值比较，从而显示车位数。车位显示屏一般设在停车场入口处。

（三）计时收费管理子系统

停车场收费分为月（年）租费和临时停车收费两种。

月租费用户在缴纳月（年）租金后获得出入卡，系统对出入卡设置有效期，车辆出入检测和控制系统检测到有效卡后即可放行。

对于临时停车收费，从成本考虑，一般采用一次性磁卡、条码卡，通过“临时车票发放及检验装置”进行自动管理，设备包括自动磁卡（条码）吐票机和自动磁卡（条码）验票机。

（四）中央控制系统

主要是装有停车场管理软件的计算机，是停车场管理系统的中枢，负责系统的协调与管理，部分停车场管理软件还可以对停车收费进行设置。

二、停车场管理系统工作流程

（一）车辆进场过程

1. 永久用户车辆进入停车场时，读感器自动检测到车辆进入，并判断所持卡的合法性。如合法，道闸开启，车辆驶入停车场，数字录像机抓拍下该车辆的照片，并存贮在电脑里，控制器记录下该车辆进入的时间，联机时传入电脑。

2. 临时用户车辆进入停车场时，司机按出票机取卡按钮领取临时卡，道闸开启，车辆驶入停车场，数字录像机抓拍下该车辆的照片，并存贮在电脑里，控制器记录下该车辆进入的时间，联机时传入电脑。

车辆进入停车场的流程如图 10－44 所示。

（二）车辆进场过程

1. 永久用户车辆离开停车场时，读感器自动检测到车辆离开，并判断所持卡的合法性。如合法，道闸开启，车辆离开停车场，数字录像机录下该车辆的照片，并存贮在电脑里，控制器记录下该车辆离开的时间，联机时传入电脑。

2. 临时用户车辆离开停车场时，控制器能自动检测到临时卡，提示司机必须交费，临时车必须将临时卡交还保安，并需交一定的费用。经保安确认后方能离开。车辆驶出停车场时，数字录像机录下该车辆的照片，并存贮在数字录像机中，控制器记录下该车辆离开的时间，联机时传入数字录像机。

车辆驶出停车场的流程如图 10－45 所示。

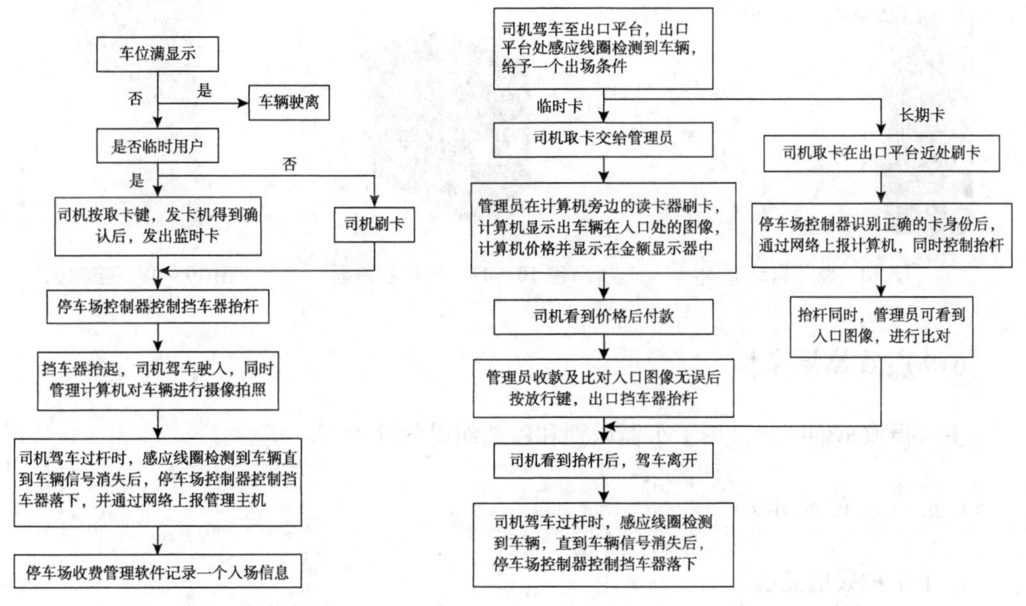

图 10－44　车辆入场流程　　　　**图 10－45　车辆出场流程**

三、停车场管理系统主要设备

（一）自动道闸

自动道闸（图 10－46）也称挡车器，由栏杆、壳体、液压驱动单元、平衡弹簧、防入侵阀、防紧急状态单元等部分组成。由系统控制它的动作，只对合法车辆放行。要求开闭速度快、噪声小、寿命长，可手动操作。

（二）车辆检测器

车辆检测器（图 10－47）分为微波车辆检测器、地感线圈车辆检测器等，一般由机架、底板、中央处理器、检测卡以及接线端子组成。停车场管理系统的车辆检测器多用地感线圈车辆检测器。车辆通过地感线圈时，引起线圈电感量的变化，车辆检测器通过感知这种变化而探测车辆，它还可以用作控制自动道闸、出卡机、摄像机和车位计数等。

（三）出、入口控制机

出、入口控制机（图10－48）采用计算机控制和数据处理技术，内置读卡器、发卡机等设备，是停车场管理系统的车辆识别和控制装置。负责对智能卡进行读写操作，控制发卡机发卡或收卡机收卡，与电脑、道闸、车位显示屏等设备通信、控制电子显示屏显示信息等。

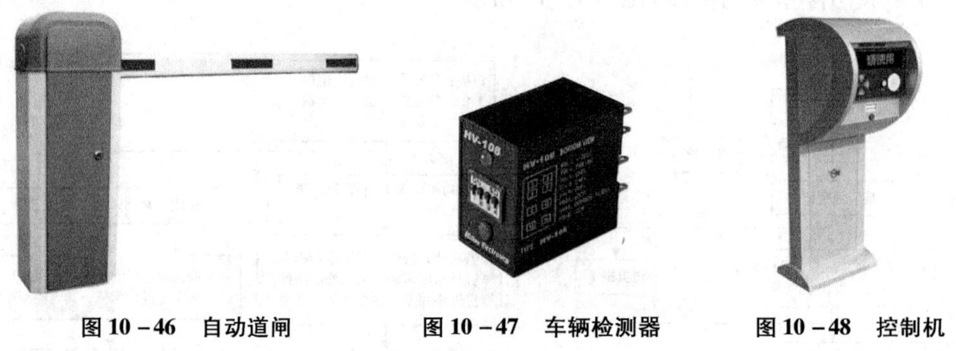

图10－46　自动道闸　　图10－47　车辆检测器　　图10－48　控制机

（四）监控摄像机

主要摄取车辆图像，用于车辆识别和停放纠纷的处理等。

（五）车位显示屏

用于车位数量显示。

（六）临时车收费设备

包括自动磁卡（条码）吐票机和自动磁卡（条码）验票机，用于临时车计时收费。

（七）中央控制计算机

装有停车场系统管理软件，具有软硬件参数控制、信息交流与分析、命令发布、车辆图像对比、自动存贮数据等功能。一般还配有打印机、发卡机等。

第七节　楼宇保安对讲系统

楼宇对讲系统是指在来访客人与住户之间提供双向通话或可视通话，并由住户遥控防盗门的开关及向保安中心进行紧急报警的一种安全防范系统。它是一种集单片机技术、双工对讲技术、CCD摄像及视频显像技术、防盗报警技术于一身的综合性的智能化系统。

一、楼宇保安对讲系统的结构、组成及功能

（一）楼宇保安对讲系统的结构和组成

楼宇保安对讲系统的结构如图 10－49 所示。它主要由总控中心的管理机、楼宇出入口的对讲主机、用户家中的对讲分机、楼层解码器、网络连接器、电控锁、闭门器、电源等通过专用网络组成。

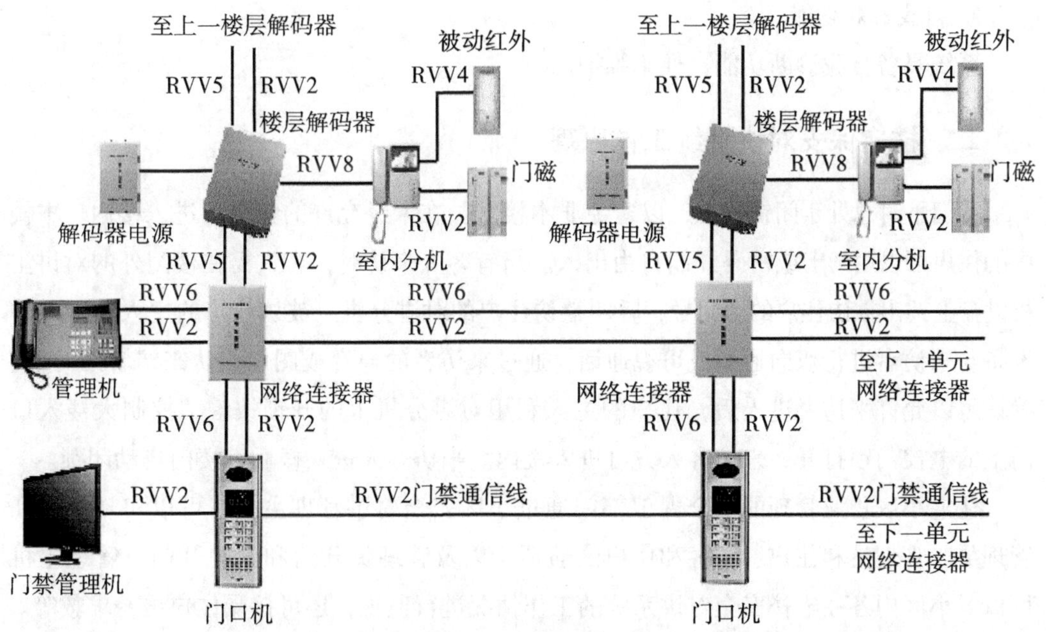

图 10－49　楼宇保安对讲系统结构

（二）楼宇保安对讲系统的主要功能

1. 访客呼叫功能

在每个单元入口处均设置门口机，访客进入小区后，来到相应的单元时，通过门口机与住户通话，并可看到来访者的影像，由住户确认后开启单元电控门，可对小区的访客进行严格有效的出入控制，进一步保障小区的住户安全。

2. 住户呼叫功能

住户通过话机的呼叫按键可呼叫管理中心，并实现双向通话，从而确保住户在需要时能够及时得到物业的帮助。

3. 多路报警功能

室内分机可接门磁、红外报警探测器、火灾报警探测器、玻璃破碎探测器等安防设备，住户布防后，一旦发生警情，就会自动报送到管理中心，以便及时采取措施，减少住户损失。

4. 信息发布功能

目前部分可视对讲系统具有信息发布功能，管理员可将管理信息、提示信息、收费信息等发布到用户。

5. 备电应急功能

在停电时，必须有备用电源，保证系统不断电。

6. 自我诊断功能

系统具备自我诊断功能，便于维护。

二、楼宇保安对讲系统工作原理

楼门平时总处于闭锁状态，以避免非本楼人员在未经允许的情况下进入楼内。本楼内的住户可以用门卡或密码开门自由出入。当有客人来访时，客人需在楼门外的对讲主机键盘上按出欲访住户的房间号，呼叫欲访住户的对讲分机。被访住户的主人通过对讲设备与来访者进行双向通话或可视通话，通过来访者的声音或图像确认来访者的身份。确认可以允许来访者进入后，住户的主人利用对讲分机上的开锁按键，控制大楼入口门上的电控门锁打开，来访客人方可进入楼内。来访客人进入楼后，楼门自动闭锁。

住宅小区物业管理的安全保卫部门通过小区安全对讲管理主机，可以实现访客和管理员、管理员和住户、访客和住户的通话，以及管理员开门和住户开门。管理主机可以对小区内各住宅楼安全对讲系统的工作情况进行监视，还可接受住户报警求救等。

三、楼宇保安对讲系统主要设备

（一）室内分机

室内分机（图 10－50）主要有可视对讲及非可视对讲两大类产品，可视对讲分机又分为彩色液晶及黑白 CRT 显示器两类。

室内分机的基本功能为对讲（可视对讲）、开锁等。随着产品的不断丰富，许多产品还具备了监控、安防报警及设撤防、户户通、信息接收、远程电话报警、留影留言提取、家电控制等功能。

室内机在原理设计上有两大类型，一类是带编码的室内分机，其分支器可以做得简单一些，但室内分机成本要高一些；另一类编码由门口主机或分支器完成，室内分机做得很简单。彩色室内分机的液晶屏目前还依赖进口，成本较高，这是制约彩色可视楼宇对讲系统应用的瓶颈。

（a）可视分机

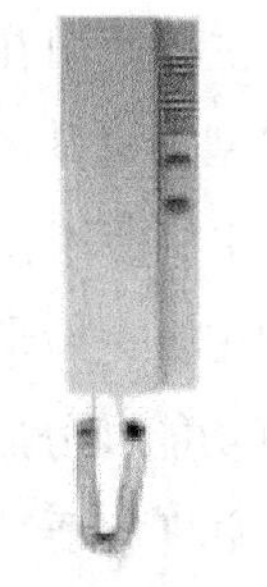

（b）非可视分机

图 10－50　室内分机

（二）门口机

门口机（图 10－51）也称对讲主机，安装在楼宇防盗门入口处，具有呼叫住户、对讲通话、监视、开锁等功能。如有人非法拆卸本机，有防拆报警按钮，并发出报警声。

（a）数字式可视主机

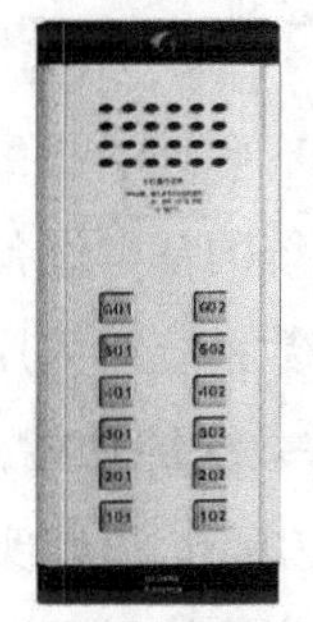

（b）直按式非可视主机

图 10－51　对讲主机

1. 门口机的分类

（1）按键盘类型：分成直按式主机、数字式主机。

直按式主机的面板上有很多与住户对应的按钮，每个按钮对应一个住户，按动按钮可以呼叫指定住户。直按式主机最大的优点是操作方便，每一按键代表一个住户，按键上有住户房间号码的标注，操作简单。缺点是功能性不强。

数字式主机的面板上有数字键盘，根据住户房间号码的不同可以进行不同数字按键组合来呼叫住户。数字式主机最大的优点是功能性强，客户可以在主机上执行比如密码开锁等功能。缺点是操作比较繁杂，初次接触者不易掌握。

（2）按使用用户数：分成单户型主机、多户型主机和大楼型主机。

单户型主机使用在只有一个住户的系统中，一般情况下多为别墅、仓库、厂房等地点，这种主机所对应的用户是唯一的，单户型主机大多数为直按式主机。

多户型主机：主机使用在30以内的住户的系统中，一般情况下为多层（10层以下）住宅中，多户型主机基本上是直按式主机。

大楼型主机：主机使用在30户以上的住户的系统中，一般情况下为高层（10层以上）住宅中，这种主机一般最大容量在100户以上，大楼型主机基本上是数字式主机。

（3）按门口机功能：分成非可视主机、可视主机。

非可视主机：主机主要功能为呼叫住户、与住户通话、住户遥控开锁。此类型的主机的通道主要是控制通道（呼叫住户功能及开锁功能）和音频通道。

可视主机：主机的主要功能组成为呼叫住户、与住户通话、住户遥控开锁及住户可看到主机的视频信号。此类型的主机的通道主要是控制通道（呼叫住户功能及开锁）、音频通道及视频通道。可视主机又分为黑白主机和彩色主机。

2. 门口机的组成

主机包括面板、底盒、操作部分、音频部分、视频部分、控制部分。

（三）管理中心机

管理中心机除具有呼叫、报警接收的基本功能外，还具有视频监视、锁具控制等功能，是小区联网系统的基本设备，一般由中央处理器与相关的芯片、模块、电子元件所组成。目前，多数系统均采用电脑作为管理中心机，使用电脑作为管理中心机极大地扩展了楼宇对讲系统的功能，它可以集成如三表、巡更等系统。配合系统硬件，用电脑来连接的管理中心，可以实现信息发布、小区信息查询、物业服务、呼叫及报警记录查询功能、设撤防记录查询功能等。

（四）楼层解码器

用于门口机与室内机之间的通信，可接收来自门口机总线上的呼叫信息，解码后呼叫相应的室内分机。一般具有解码中继、短路隔离、室内机显像管供电等功能。楼层解码器如图10－52所示。

（五）网络连接器

用于连接楼内系统（门口主机等）和管理机之间的路由器，还可以提供门口机电源和开锁。网络连接器如图10－53所示。

（六）闭门器

闭门器是可使对讲电控防盗门在开启后受到一定控制，能实现自动关闭的一种装置。它可调节关门速度，减少关门噪声。

图 10-52　楼层解码器

图 10-53　网络连接器

（七）电源

主要为主机、分机、电控锁等提供电能，一般配有不间断电源箱，市电停电后能维持系统供电 24 小时以上。

第八节　安全防范系统的维护与管理

一、安全防范系统维护与管理的内容

（一）安全防范系统管理的一般要求

1. 做好安全防范工程的验收工作。按有关规定，安防工程施工完毕，试运行一个月后，便可组织验收。验收应由当地公安部门技防办、建设方、施工方、监理公司、安防设备操作人员等组成验收小组进行验收。验收的内容包括各种验收材料是否齐全和是否符合要求、系统试运行情况、安防设备操作人员培训情况、设备安装质量、系统布线质量以及整个系统是否达到设计要求等。

2. 有条件的单位应设立安防中控室，便于集中管理和操作，节省人力物力，安防中控室严禁无关人员进入。安防中控室应安装静电地板，注意防潮，要定期做好房间及设备的清洁、除尘等工作，中控室应配置适合于电器设备的消防器材。

3. 建立 24 小时安防值班制度和交接班制度，值班人员不得擅自离岗，以便随时处理各种警情。

4. 建立健全培训制度，安防系统操作人员经培训考试合格后方可上岗。科学制定各系统操作规程，杜绝违规操作。

5. 自身没有维修保养条件的使用单位，应与施工单位签订售后服务合同，以便系统出现故障时得到及时的维修和处理。

（二）安全防范系统维护保养要求

1. 系统的维护保养每年至少应进行2～4次，并形成书面报告。

2. 每天巡查系统运行情况一次，发现异常立即处理，及时通报并记录在当值日志上。

3. 定期做好设备的清洁、调整、润滑等工作，保证电子系统运行环境的基本清洁，做到无烟雾、无灰尘。保持所有设备通风顺畅，以避免元器件发热而造成短路故障。

4. 系统主供电源及备用电源应保持清洁并切换灵活，各系统电源不得混用。

5. 系统参数未经主管工程师批准不得随意修改，如系统有关参数修改或重大维修都应记录在保养表格中并及时通知当值监控员。

6. 摄像机和报警探测器、矩阵开关、监视器等设备发生故障应立即修复或更换。系统线路故障必须以最快速度恢复，最长时间不能超过一个工作日。

二、安全防范系统常见故障及检修

（一）安全防范系统常用故障检修方法

1. 观察法

观察法是用看、听、闻、摸等最基本的手段发现、检查、排除故障的一种方法。观察法一是观察系统的有关提示信息，如有无低电源报警、视频丢失报警等的信号提示；二是观察系统的参数设置是否正确，按钮、开关等是否处于适当的位置，以及各连接点有无松脱、断线等；三是观察系统运行时有无异常图像（如图像抖动、杂波、色彩失真等）、异常声音（如交流声、摩擦声）、异常气味（如烧焦味）、异常现象（如过热、振动）等。

2. 静态测量法

（1）电阻测量法

电阻测量法一般是利用万用表电阻挡测量、判断线路两端有否短路和断路情况的方法。

（2）电压测量法

静态电压测量法利用万用表电压挡测量系统中有关设备的电源电压，以及设备内部的相关电压，通过测量出的电压判断系统不能正常工作是否是电源供电问题所致，或者设备内部相关部分的电压有无异常，以便查找故障部位和故障原因，从而排除故障。

（3）外加直流电压测量法

外加直流电压测量法是在被测电缆一端的芯线与外屏蔽层之间加上一个低的直流

低电压时，测量线缆另一端芯线与外屏蔽层之间的电压。当测量端测得的电压值为0V时，表示线缆中间断路或严重短路；当测得电压远低于所加端电压值时，表示线缆中间短路；当测得电压基本等于加电端电压值时，表示线缆正常。

3. 对比法

对比法又称比较法，就是将两个系统（故障系统和正常系统）进行比较，或者利用故障设备与同型号的正常设备进行比较，对可能出现故障的部位进行比较观察、对比和分析，从而找出故障原因的方法。

4. 替换法

替换法是用同型号的良好设备或元器件替换初步怀疑有故障的设备或元器件，从而判断设备或元器件有无问题的方法。替换法可以帮助维修人员比较迅速地确定故障点。

（二）防盗报警系统常见故障及检修

1. 中心系统故障

（1）中心机接收不到所有用户报警信息

可能原因：通信线干扰过大，电话线噪声大，电话线出现短路、断路，电话机上面的防盗开关被打开，电信局的通信故障，主机报警中心通信编程错误，中心软件串口关闭，串口线连接错误，串口损坏，电脑自身出现的故障等。

排除方法：检查电话线路上有没有短路和断路情况，关闭电话机上面的防盗开关，检查用户端主机的中心通信编程是否正确，包括（中心电话号码，中心通信等级，中心通信格式，用户编号，报告选项等）；在中心软件上面打开串口，正确接连串口线，检查串口接口是否损坏；检查电脑是否正常工作。检查中心软件是否为试用版，并从软件的系统日志中查询试用是否到期。

（2）中心机接收到报警信息后，警情不能上/下传

可能原因：中心通信线干扰过大，通信线出现短路、断路，电信局的通信故障，中心软件上面转发号码填写不正确等。

排除方法：检查通信线干扰是否过大，通信线有无短路、断路，正确填写中心软件上的转发号码。

2. 报警控制器故障

（1）报警控制器布防后触发探测器，不能报警

可能原因：探测器与控制器的连接线路错误，线路发生短路、断路，探测器供电电压不足，线尾电阻未接或接错，防区属性没有编写或编写错误等。

排除方法：正确检查探测器和控制器之间的连接线路，检查线尾电阻是否未接或接错，利用万用表测试线路有无短路、断路现象，探测器供电电压是否稳定（不能低

于9V）等情况，若编程错误应重新正确的对探测器进行属性的编写。

（2）控制器连接外接警号后，报警时外接警号没有声音

可能原因：警号与控制器的连接线的正、负极接反，连接线短路或断路，控制器输出电压不足，警号输出程序未编入或编程错误等。

排除方法：检查警号所连接的线路是否完全正常，当控制器报警时用万用表测试主机的外接警号接口是否达到额定的电压输出，若没有输出则表示控制器可能没有编入警号输出程序，此时请正确编入程序，若以上操作都正确后，控制器报警时警号仍无输出，则建议换一个警号或换一台控制器测试。

（3）控制器报警后无法拨通个人电话或中心电话

可能原因：电话线路干扰过大，电话线短路或断路，编程过程中个人或中心通信的电话号码、通信格式、通信等级等可能未编入或编程错误，连接控制器的通信线路上的座机可能开启了防盗功能等。

排除方法：检查电话线是否干扰过大，查看电话线是否有短路、断路现象，确认所连接主机的通信线是否需加拨代码后才能拨打外线电话，若需要请在输入报警拨号电话号码时正确输入代码，若还不行则考虑重新正确的编入个人或中心通信电话号码、通信等级、通信格式程序。

3. 报警探测器故障

（1）报警探测器连接上主机后，控制器布防但触发报警探测器不报警

可能原因：报警探测器与控制器的连接有错误，报警探测器的防拆开关未闭合，线路有短路或断路现象，供电电压不足，报警探测器的防区属性未进行编程定义，编程过程中编写的防区属性有错误等。

排除方法：正确连接报警探测器和控制器之间的线路和线尾电阻（电阻的连接和大小根据所使用的主机而定），检查线路有无短路、断路存在，测试报警探测器的供电电压是否额定电压，在防拆开关闭合的前提下检查报警探测器的报警指示灯是否熄灭，对报警探测器的防区属性重新进行正确的编程。

（2）报警探测器在主机撤防状态下不停地报警，而且报警时无法撤防

可能原因：报警探测器处于开路状态，防区属性被设置成了24小时防区。

排除方法：检查报警探测器开路原因以及对其原因正确排除。

（三）电视监控系统常见故障及检修

1. 操作控制故障

（1）云台运转不灵或根本不能转动

云台使用后不久就运转不灵或根本不能转动，排除产品质量的原因后，可能由以

下几种原因造成。

①只允许摄像机正装（即摄像机座在云台转台的上部）的云台，在使用时采用了吊装的方式（即将摄像机装在云台台体的下方），致使云台运转负荷加大，传动机构损坏，甚至烧毁电机。

②摄像机及防护罩等的总重量超过云台的承重极限值，使云台电机在各方向，特别是在垂直方向转不动。

③室外云台因环境温度过高、过低，防水、防冻措施不良而出现故障甚至损坏。

排除方法：检查摄像机安装是否正确；云台承重与摄像机重量是否匹配；云台参数与环境条件不相适应。

（2）云台镜头遥控失灵

故障原因：主要是因为距离过远，控制信号衰减太大，解码器接收到的控制信号太弱引起的。

排除方法：在一定的距离上加装中继设备以放大整形控制信号，或者采用光缆传输控制信号。

（3）矩阵操作键盘失灵

故障原因：接线存在问题；操作键盘“死机”；键盘本身损坏。

排除方法：

①检查接线是否正确。

②键盘的操作使用说明上，一般都有解决“死机”的方法，便如“整机复位”等方式，可用此方法解决。

③如上述检查无问题，则可能是键盘本身损坏了，用另一台键盘替换。

2. 图像显示故障

（1）监视器的图像对比度太小，图像淡

故障原因：控制主机及监视器本身质量问题；传输距离过远或视频传输线衰减太大。

排除方法：检查控制主机及监视器；加装线路放大和补偿的装置。

（2）图像清晰度不高，细节部分丢失，严重时会出现彩色信号丢失或色饱和度过小

故障原因：这是由于图像信号的高频分量衰减过大，3MHz 以上频率的信号基本丢失造成的。这种情况或因传输距离过远，而中间又无放大补偿装置；或因视频传输电缆分布电容过大；或因传输环节中在传输线的芯线与屏蔽线间出现了集中分布的等效电容造成的。

排除方法：加装线路放大和补偿的装置；更换质量更好的视频传输电缆。

(3) 图像色调失真

故障原因：传输线引起的信号高频段相移过大。

排除方法：加装相位补偿器。

(4) 监视器上出现木纹状的干扰

故障原因：

①视频传输线缆的质量不好，特别是屏蔽性能差；视频线的线阻过大，因而造成信号产生较大衰减。

②由于供电系统的电源不“洁净”而引起的。这里所指的电源不“洁净”，是指在正常的电源（50 周的正弦波）上叠加有干扰信号。而这种电源上的干扰信号，多来自本电网中使用可控硅的设备。特别是大电流、高电压的可控硅设备，对电网的污染非常严重，这就导致了同一电网中的电源不“洁净”。

③系统附近有很强的干扰源。

排除方法：

①更换成符合要求的电缆；

②对整个系统采用净化电源或使用 UPS 供电；

③加强摄像机的屏蔽，以及对视频电缆线的管道进行接地处理等。

(5) 监视器大面积网纹干扰

故障原因：视频电缆的芯线与屏蔽网短路或断路造成的故障。这种情况多出现在 BNC 接头或其他类型的视频接头上。当这种故障现象出现时，往往不会是整个系统的各路信号均出问题，而仅仅出现在那些接头不好的通道上。

排除方法：逐个检查视频接头。

(6) 监视器上若干条间距相等的竖条干扰

故障原因：由于视频传输线的特性阻抗不是 75Ω 而导致阻抗失配造成的。也可以说，产生这种干扰现象是由视频电缆的特性阻抗和分布参数都不符合要求综合引起的。

排除方法：采取“始端串接电阻”或“终端并接电阻”的方法解决。

(四) 出入口控制系统常见故障及检修

1. 门禁控制器与系统主机不能通信

故障原因：控制器与电脑串口之间的接线不正确；控制器上跳线开关跳线错误；控制器至系统主机的距离超过了有效长度；计算机的串口连接不正常或者被其他程序占用；在软件设置中，设备地址号与实际设置、连接不对应。

排除方法：检查控制器与电脑串口接线及控制器上跳线开关设置是否正确；调整

控制器至系统主机的通信距离；检查计算机的串口连接是否正常并关闭其他程序；检查软件设置中设备地址号与实际设置、连接是否对应。

2. 将有效卡靠近读卡器，蜂鸣器响一声，LED 指示灯变绿，门锁未打开

故障原因：控制器与电控锁之间的连线不正确；电锁电源产生故障；电控锁故障；锁舌与锁扣发生机械性卡死。

排除方法：检查控制器与电控锁之间的连线；检查电锁供电电源是否正常；检查拼排除电锁故障。

3. 将有效卡靠近读卡器，蜂鸣器响一声，LED 指示灯无变化，不能开门

故障原因：读卡器与门禁控制器之间的连线不正确；线路严重干扰，读卡器数据无法传至控制器。

排除方法：检查读卡器与门禁控制器之间的连线；排除线路干扰源。

4. 门禁控制器使用一直正常，某一天突然发现所有的有效卡均不能开门

故障原因：操作人员将门禁控制器设置了休息日；操作人员将门禁器进行了初始化操作或其他原因导致控制器执行了初始化命令。

排除方法：重新设置门禁控制器。

（五）停车场系统常见故障及检修

1. 在使用中控制计算机不能与下位机进行通信

故障原因：系统中某设备损坏，导致系统死机所致。

排除方法：在怀疑设备端，用手摸 485 通信芯片（主板：IC9，临时卡计费器：IC2），如发热，则说明其已损坏；也可通过测量判断通信芯片好坏，更换相应芯片。

2. 地感线圈上有车，但不能取卡

故障原因：地感处理器与主板间接线不正确；停车场已满位；取卡按钮接线错误或接线松动；卡机内无卡或有卡堵在出卡通道；地感出现死机现象。

排除方法：检查地感处理器与主板间接线；查看车场停车情况，同时要检查是否在管理中心设置了本车场总车位数；检查取卡按钮接线；按入口控制机面板线路板上的复位按钮，对卡机进行复位，清除卡机出卡通道上被卡的卡；对地感进行手动复位，如该故障经常发生，则应降低地感灵敏度。

3. 对合法卡，系统不开闸放行

故障原因：在管理软件中未将该类型的卡设置为确认开闸；主控制板与道闸间的控制线路连接错误。

排除方法：对管理软件重新设置；检查主控制板与道闸间的控制线路是否连接正确。

4. 道闸处于常开状态，不能关闸

故障原因：在软件中，对道闸进行了锁定操作；道闸下的地感出现死机现象；主控制板上开闸三极管被击穿。

排除方法：在软件中对其进行解锁操作；对地感进行手动复位；更换开闸三极管。

5. 道闸开闸后，车过不落杆

故障原因：地感线圈上可能有铁质物质；地感出现死机；地感控制器与道闸控制板间的接线有松动、断路等现象。

排除方法：清除地感线圈上可能的铁质物质；对地感进行手动复位；排除地感控制器与道闸控制板间的线路故障。

（六）楼宇对讲系统常见故障及检修

1. 门口机不能与住户分机呼叫和对讲

这种故障分为门口机与某一台住户分机不能呼叫对讲或门口机与所有的住户分机均不能呼叫对讲两种情况。如果是第一种情况，故障原因可能是住户分机故障或线路故障，应检查用户分机好坏以及分机线路是否有短路、断路或与接线端子接触不良的情况。对于第二种情况，故障的排查重点应放在单元门口机上，应首先检查各住户分机编码设置是否正确，其次检查电源供电是否正常，最后检查门口机本身是否有问题。

2. 可视住户分机或管理机上无图像信号

图像信号由视频线传输。如果所有的可视住户分机上均无图像信号，则故障可能是门口机的摄像机烧毁或电源供电不正常，也可能在公共的视频线上。

如果只是某一台可视住户分机上无图像信号，则故障可能是住户分机本身有问题（如显像管烧毁或与接线端子接触不良）或电源供电不正常，也可能是由视频分配器接入住户的那段视频线短路、断路或与接线端子接触不良。

管理机与单元门口机之间的视频传输是通过联网视频线进行的。如果管理机与所有的住户分机上均无图像信号，则故障点可能是单元门口机。如果只是管理机上无图像信号，则应重点检查由单元门口机接入管理机的那段联网视频线有无短路、断路或与接线端子接触不良现象。

3. 住户分机或管理机无法遥控开锁

住户分机或管理机遥控开锁信号由数据线传送至单元门口机，由单元门口机通过锁具控制线控制电锁相应动作。如果所有的可视住户分机均无法遥控开锁，则故障可能是电锁本身有问题（如继电器线圈烧毁或与接线端子接触不良），或是锁具控制线有短路、断路或与接线端子接触不良现象，还可能是公共的数据线，即由单元门口机接入层间解码器的那条数据线有短路、断路或与接线端子接触不良情况。

如果只是某一台住户分机无法遥控开锁，则故障可能是住户分机本身有问题（如开锁按钮接触不良等），也可能是由层间解码器接入住户的那段数据线有短路、断路或与接线端子接触不良情况。

管理机与单元门口机之间的数据传输是通过联网数据线进行的。如果管理机与所有的住户分机均无法遥控开锁，则故障点可能是单元门口机。如果只是管理机无法遥控开锁，则应重点检查由单元门口机接入管理机的那段联网数据线有无短路、断路或与接线端子接触不良现象。

【案例分析】

某安全班长在对广场车辆进行检查时，发现停放在出口处一辆车的后门车窗玻璃破碎。经过录像查看，发现在车窗被砸大约 7 个小时之前，有一穿灰色夹克的男子走近该车，打碎后门车窗玻璃，并取走放在车厢里面的手提包，此时广场无人值班。经过查看该时段控制中心工作录像得知，当值班长离开广场到控制中心处理一名住户搬运冰箱事宜，控制中心当值人员注意力分散而没有监控到砸窗盗包事件。

案例解析：

1. 当值班长处理其他事情时，没有交代其他岗位顶岗或关注，造成西广场车场处于无人管控的真空状态。

2. 互控制度落实不到位，岗位离开后，控制中心工作人员未对其区域进行重点监控，对关键镜头的关注力度不够，未能及时发现问题。

3. 在事件发生近七小时后现场岗位才发现车窗被砸，于一定程度上反映出现场岗位责任心不强。

【本章小结】

本章介绍了建筑安全防范系统的相关基础知识和安全防范系统基本构成，在此基础上，又分别阐述了防盗报警系统、电视监控系统、出入口控制系统、巡更系统、停车场管理系统、楼宇对讲系统等建筑安全防范子系统的组成、主要功能、工作原理或工作过程以及主要设备。本章还较详细地介绍了安全防范系统的维护与管理要求以及各分系统的常见故障和维修方法。

【复习思考题】

一、选择题

1. 在建筑智能化安全防范系统中，对楼内外通行门、出入门、通道、重要办公室门进行安全防范的监控子系统是（　　）。

A. 办公自动化子系统　　B. 出入口控制子系统

C. 防盗报警子系统　　D. 电子巡更子系统

2. 主动红外探测器是一种（　　）探测器。

A. 点型　　B. 线型　　C. 面型　　D. 空间型

3. 通常情况下 SYV－75－5 的同轴电缆传输视频信号的最远距离为（　　）米左右。

A. 300　　B. 500　　C. 700　　D. 900

4. 根据建筑智能化系统保安监视系统运行管理规定，未经（　　）的同意严禁修改系统参数。

A. 业主　　B. 主管工程师

C. 监控员　　D. 经理

二、简答题

1. 什么是安全防范系统？它由哪几个分系统组成？
2. 简述报警探测器的分类。
3. 电视监控系统前端部分由哪些设备组成？各自功能有哪些？
4. 硬盘录像机具有哪些功能？
5. 什么叫出入口控制系统？它有哪些功能？
6. 出入口控制系统有哪几种识别方式？
7. 什么是离线式巡更系统？和在线式巡更系统相比，它有哪些优点？
8. 简述临时车辆停车管理工作流程。
9. 简述楼宇保安对讲系统工作原理。
10. 电视监控系统有哪些图像质量问题？产生的原因是什么？如何解决？

【实践与训练】

一、实训内容

1. 认识电视监控系统的主要设备。

2. 了解系统接线方法。

二、实训步骤

（一）认识普通型摄像设备（图 10－54）

1. 拆开防护罩固定螺钉，打开防护罩，观察摄像机在防护罩中的安装位置（如图 10－55所示）及视频线、控制线的引出方式。

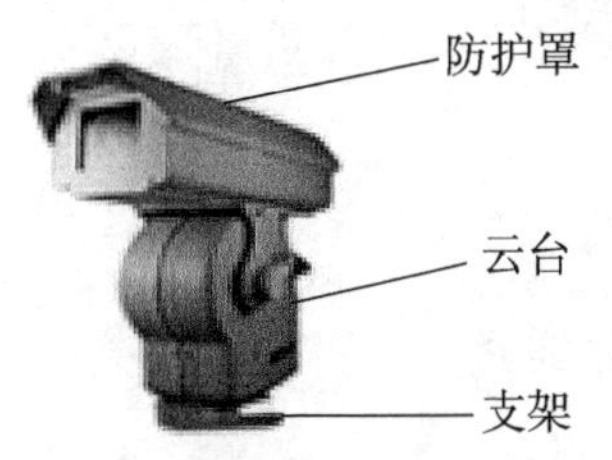

图 10－54　普通型摄像设备图

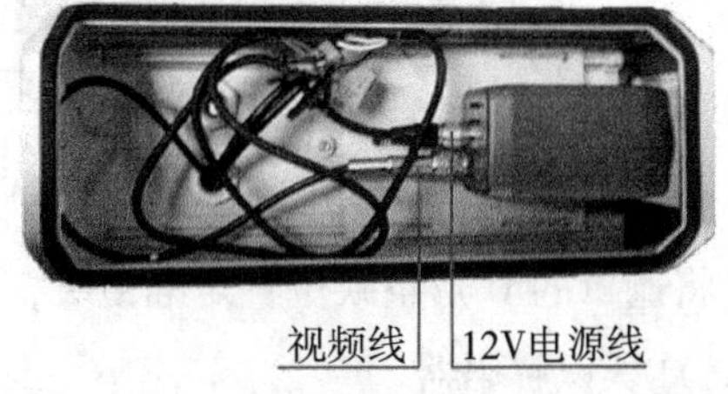

图 10－55　摄像机在防护罩中的安装位置

2. 轻轻旋出镜头，观察摄像机前端的 CCD 图像传感器靶面（如图 10－56 所示），然后将镜头装回原位，合上防护罩，装回固定螺钉。

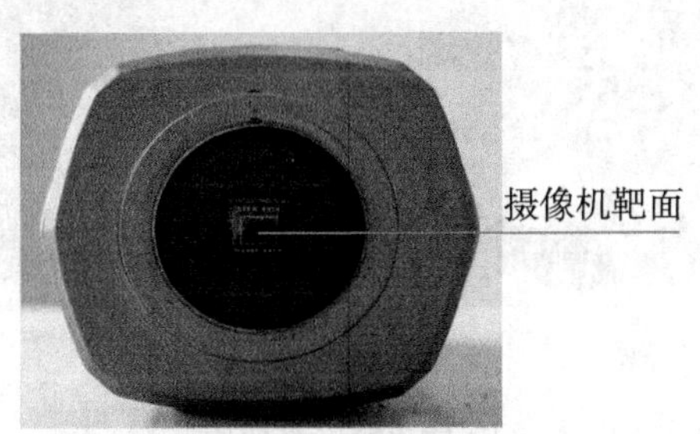

图 10－56　CCD 图像传感器靶面

3. 操作控制器上的镜头光圈、变焦和聚焦开关，观察监视器上监控图像的变化。

4. 操作控制器上的云台“上”、“下”、“左”、“右”移动等按钮，观察监视器上监控图像的变化。

（二）认识半球形摄像设备

半球形摄像机外形及结构如图 10－57 所示。

1. 戴上手套，旋开半球形防护罩，去掉遮罩，观察摄像机、镜头及云台在防护罩中的安装位置以及视频线的引出方式。

2. 用螺丝刀拧松手动云台水平槽上的固定螺钉，改变摄像机的拍摄方位后再拧紧，观察监视器上监控图像的变化。

3. 用螺丝刀拧松手动云台安装板与固定板之间的固定螺钉，改变摄像机的拍摄角度后再拧紧，观察监视器上监控图像的变化。

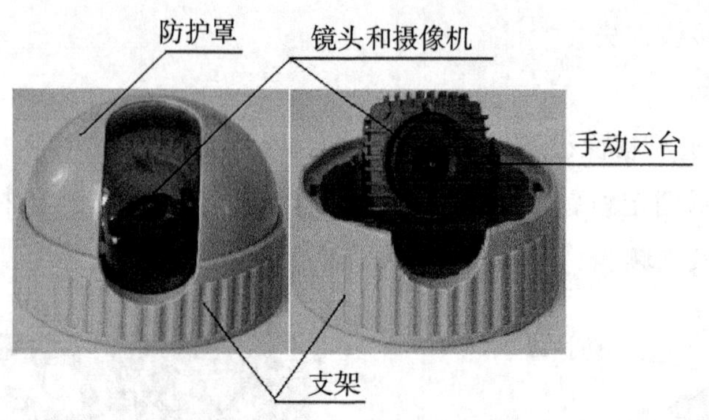

图 10－57　半球形摄像设备

4. 将遮罩的 U 形空缺位置对准镜头，装回防护罩并旋紧。

（三）认识解码器

解码器的外观及内部结构如图 10－58 所示。

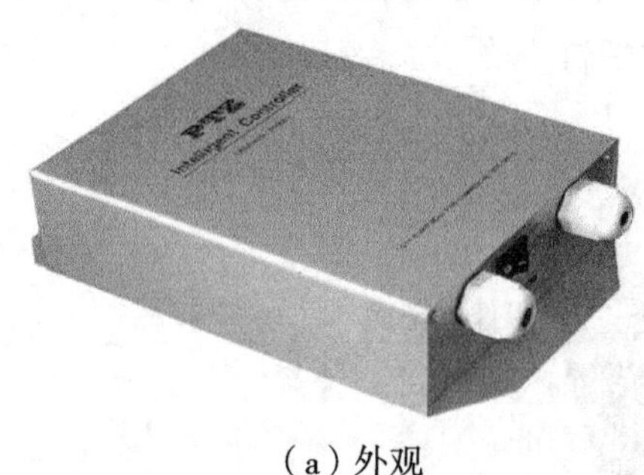

（a）外观

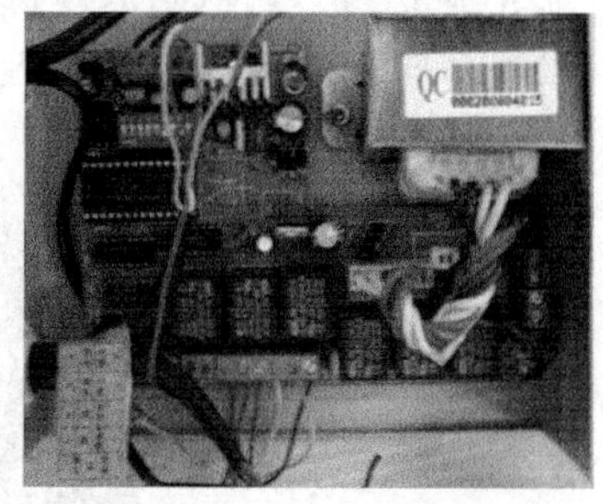

（b）内部结构

图 10－58　解码器

1. 观察解码器的安装位置与摄像设备安装位置的关系。
2. 打开解码器箱盖，观察解码器的内部接线及电源设置。
3. 读出解码器的地址码。
4. 将拨码开关设置为 1，按下控制器上的控制按钮，观察监视器上的图像有无变化。
5. 将拨码开关恢复为原来的地址码，按下控制器上的控制按钮，观察监视器上的图像有无变化。
6. 关上解码器箱盖。

（四）认识云台镜头控制器

1. 观察控制器后面板，了解控制器的接线。
2. 观察控制器面板，了解各按钮的含义。

（五）认识切换器（矩阵）

1. 观察切换器后面板，了解切换器的接线。

2. 观察切换器操作键盘，找出系统设置区、输入区、切换区、云台控制与辅助功能区、摇杆控制区。

3. 了解键盘按钮的功能。

（六）认识分配器

观察分配器后面板，了解分配器的接线。说出该分配器是几入几出。

（七）认识数字视频监控系统主机

1. 观察数字视频监控系统的主机箱，对照图 10－59 找出视、音频卡和通信卡。

2. 将接入视、音频卡的某路视频信号断开，用鼠标单击多媒体监控软件中各路信号的视频窗口，观察效果，明确视、音频卡的作用。

3. 将通信卡的转换接口松开，用鼠标单击多媒体监控软件中对云台的控制按钮，观察效果，明确通信卡的作用。

图 10－59　数字视频监控系统的主机箱

第十一章　广播、有线电视及通信系统

动脑筋

当今社会是信息时代，人们都能做到在家中就知天下大事，不出屋就可以做买卖赚大钱，远隔千里可以随时聊天见面。这是怎么实现的？靠的是什么？

学习目标

1. 了解广播音响系统的组成和类型，理解广播音响系统各部分的作用。
2. 了解有线电视系统、电话通信系统的组成及各部分作用。
3. 了解广播音响系统的管理与维护内容。
4. 了解有线电视系统电话通信系统的管理与维护内容。

第一节　广播音响系统

广播音响系统是指建筑物（群）自成体系的独立有线广播系统，是一种宣传和通信工具。广播音响系统也叫扩声系统，是对音频（音乐、语音）信号进行处理、放大、传输与扩音的电声设备的系统集成。通过广播音响系统可以播送报告、通知、背景音乐、文娱节目等。

一、广播音响系统组成

（一）广播音响系统的分类

建筑物的广播音响系统主要包括公共广播、厅堂扩声、专用会议、室外扩音、室内扩音、流动演出系统和同声传译系统等。

1. 公共广播系统

公共广播系统是对公共场所进行广播扩音的系统，简称为 PA 系统。广泛应用于生

活小区、学校、机关、团体、车站、机场、码头、商场宾馆等公共场所。这是一种有线广播系统，它包括背景音乐和紧急广播功能，通常结合在一起，平时播放背景音乐或其他节目，出现火灾等紧急事故时，转换为报警广播。这种系统中的广播用的话筒与向公众广播的扬声器一般不处同一房间内，故没有声反馈的问题，并以定压式传输方式为其典型系统。

2. 厅堂扩声系统

这种系统使用专业音响设备，并要求有大功率的扬声器系统和功放，由于传声器与扩声用的扬声器同处于一个厅堂内，故存在声反馈乃至啸叫的问题，且因其距离较短，所以系统一般采用低阻直接传输方式。

3. 专用会议系统

它是为了解决某些特殊问题而诞生的专用系统，也是近几年发展起来的全新的扩声系统，一般包括会议讨论系统、表决系统、同声传译系统，并广泛应用于会议中心、宾馆、大型集团等场所。

4. 室外扩音系统

它是专门用于室外广场、公园、运动场等地进行扩音广播的系统。以语言广播功能为主，兼有音乐和其他扩声功能。

5. 室内扩音系统

它是专门用于室内扩音的系统，如影剧院、歌舞厅、卡拉 OK 厅、休育馆等。它是一种对音质要求较高，专业性很强的系统，也是目前应用最为广泛的一种系统。

6. 流动演出系统

它是一种轻便的便于搬运、安装、调试和使用的扩声系统。主要用于大型场地的文艺演出。投资规模大，性能指标高。

（二）广播音响系统的组成

广播音响系统基本结构由节目源、信号处理、信号放大、传输线路和扬声器系统等部分组成，如图 11 -1 所示。

二、广播音响系统常用设备

（一）节目源设备

节目源设备是指提供或产生语音或音乐信号的设备。常见的节目源有无线电广播、传声器、普通唱片、CD 片、磁带、U 盘和移动硬盘等；常用的节目源设备有广播接收机、电唱机、CD 机、VCD 机、DVD 机、录音卡座、电子乐器等。

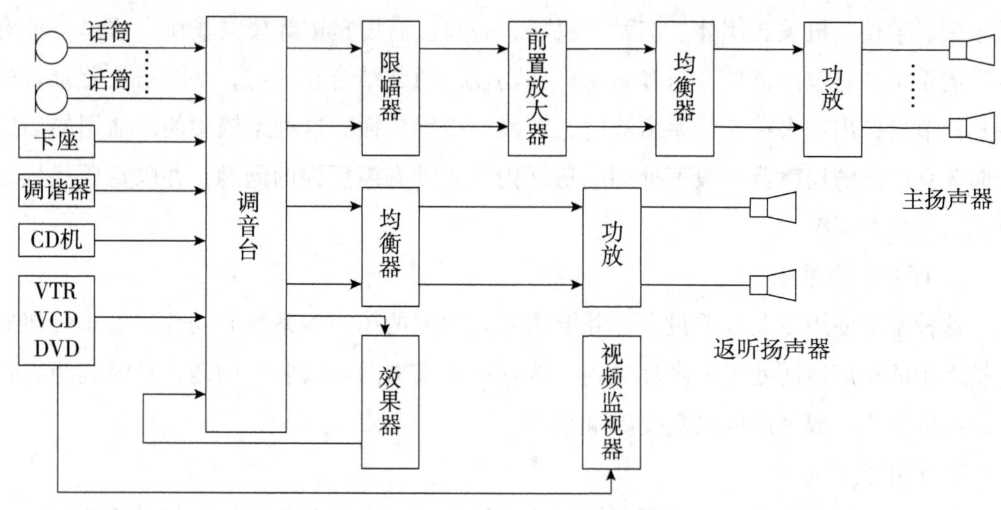

图 11－1　典型扩声系统组成

（二）信号放大设备

信号放大设备分为前置放大器和功率放大器等。这部分设备的首要任务是信号放大，其次是信号的选择。前置放大器的主要作用是进行电压放大和激励放大，通常与信号处理设备组合，完成对信号幅度、频率、时间等参数的调整与处理；功率放大器的主要作用是进行功率放大，以提供足够的输出功率。

（三）信号处理设备

信号处理设备是指对节目源信号进行加工、处理、混合、分配、调音和润色的设备。包括调音台、混合器、频率均衡器和音量控制器等。

（四）扬声器设备

扬声器设备也称为音响设备，其作用是将电信号转变为声音信号，它是决定扩声系统音质的关键部件之一，也是扩音系统重点考虑的问题之一。扬声器设备要求整个设备要匹配，同时其位置的选择也要切合实际。根据不同的使用场合，扬声器装置可分为纸盆式扬声器、号筒式扬声器和声柱等。办公室、走廊、公共活动场所一般采用纸盆式扬声器箱。在建筑装饰和室内净高允许的情况下，对于大空间的场所宜采用声柱（或组合音箱）。在噪声高、潮湿的场所，应首先考虑采用号筒式扬声器。

（五）传输线路

传输线路是扩音信号传输的媒介。通过电线、电缆将功率放大设备输出的信号馈

送到各扬声器终端。传输线路虽然简单，但随着系统和传输方式的不同而有不同的要求。对礼堂、剧场等，由于功率放大器与扬声器的距离不远，一般采用低阻大电流的直接馈送方式，传输线要求用专用喇叭线，而对公共广播系统，由于服务区域广，距离长，为了减少传输线路引起的损耗，往往采用高压传输方式，由于传输电流小，故对传输线要求不高。

第二节　有线电视系统

有线电视系统简称 CATV 系统，是指共用一组优质天线接收电视台的电视信号，并对信号进行放大处理，通过同轴电缆传输、分配给各电视机用户的系统。有线电视是在早期公用天线的基础上发展起来的，现在已经形成技术先进成熟的完整体系，在传递信息、丰富人们文化生活方面起着重要作用。

一、有线电视系统组成

CATV 系统基本结构由信号源、前端系统、干线系统、用户分配系统四个部分组成，如图 11－2 所示。

（一）信号源

信号源是有线电视系统电视节目的来源，包括电视接收天线、调频广播接收天线、卫星地面接收设备、微波接收设备、自办节目设备等。主要作用是对开路信号、闭路信号、自办节目信号进行接收和处理。所谓的开路信号是指无线传输的信号，包括电视台无线发射的电视信号、微波信号、卫星电视信号、调频广播信号等；闭路信号是指有线传输的电视信号；自办节目信号是指 CATV 系统自备的节目源，如 DVD、VCD、CD、摄录像机等。

（二）前端系统

前端系统是指处于信号源之后和干线系统之前的部分，包括滤波器、天线放大器、调制解调器、频道变换器、混合器等。主要作用是把从信号源送来的信号进行滤波、变频、放大、调制和混合等。由于 CATA 系统的规模不同，前端系统的组成也不尽相同。

（三）干线系统

干线系统是一个传输网络，是处于前端的混合器输出端到用户分配系统之间的部

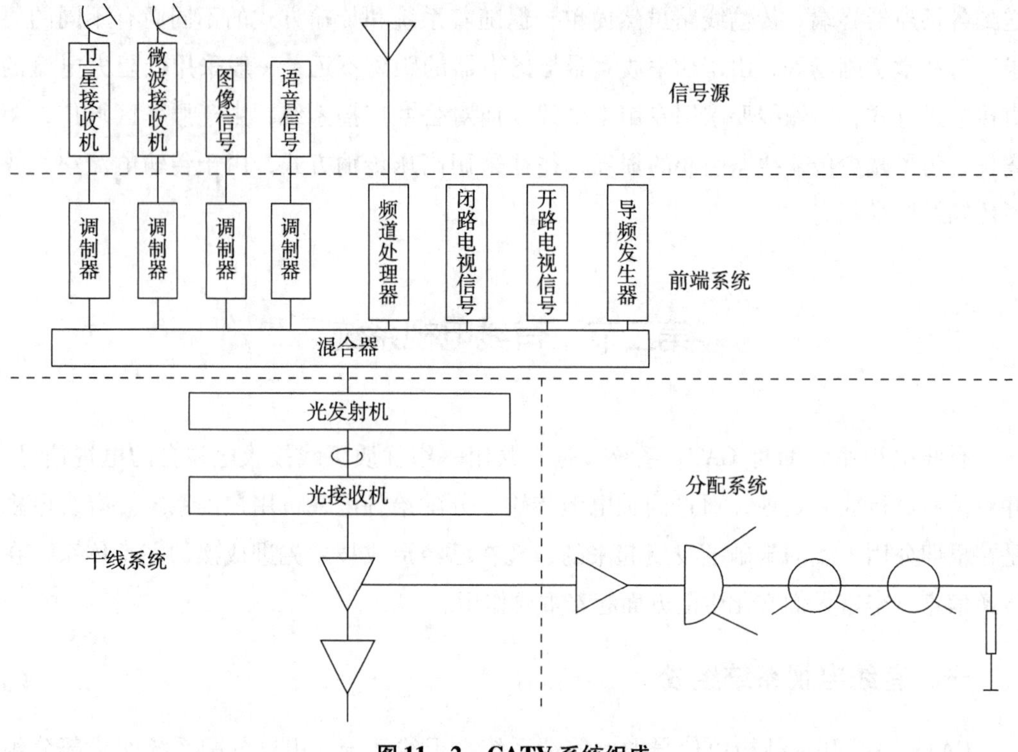

图 11－2　CATV 系统组成

分，主要包括各种类型的干线放大器、干线电缆或光缆、光发射机、光接收机、多路微波分配系统和调频微波中继等设备。主要作用是把前端输出的电视射频信号高质量地传输给分配系统。

（四）用户分配系统

用户分配系统主要包括支线放大器、分配器、分支器、分支线、用户线、用户终端等。对于双向传输系统还配有相应的调制器、解调器、机顶盒、数据终端等设备。

分配系统的主要作用是：对于单向传输系统是把干线输出的下行信号有效地分配给千家万户；对于双向传输系统既要进行信号分配，还要把用户发出的上行信号传输给干线传输部分。

二、有线电视系统主要设备

（一）接收天线

1. 接收天线的作用

接收天线主要作用有磁电转换、选择信号、放大信号、抑制干扰、改善接收的方向性等。

2. 接收天线的分类

天线的种类很多，随着无线电技术的不断发展，接收天线的种类也在不断更新。常见的分类有以下几种。

（1）按工作频段分类。主要有 VHF（甚高频）天线、UHF（特高频）天线、SHF（超高频）天线、EHF（极高频）天线。

（2）按工作频道分类。主要有单频道天线、多频道天线、全频道天线等。

（3）按结构分类。分为基本半波振子天线、折合振子天线、多单元天线、扇形天线、环形天线、对数周期天线等。

（4）按方向性分类。一般分为定向天线和可变方向天线。

（5）按增益大小分类。一般分为低增益天线和高增益天线。

（二）混合器

混合器是将两路或多路不同频道的电视射频信号混合成一路输出的部件。

1. 混合器的分类

按工作原理可分为有源混合器和无源混合器；按工作频率分为频道混合器、频段混合器和宽带混合器；按混合路数可以分为二混合、三混合、四混合、多混合器等。

2. 混合器的作用

混合器的作用主要有三个：一是把多路射频信号混合成一路，共用一根电缆传输，以便实现多路复用；二是对干扰信号进行滤波，提高系统的抗干扰能力；三是可以把无源滤波器的输入端与输出端互换，构成分波器。

（三）放大器

放大器是对 CATV 系统传输的信号进行放大，以保证用户端信号电平在一定范围的一种部件。

1. 放大器的作用

（1）放大信号，保证信号电平幅度。放大即是对天线接收的电视信号进行放大，并对 CATV 系统本身的损耗、传输电缆的损耗、分配分支损耗和各个部件的插入损耗进行补偿，以保证信号的有效传输。

（2）稳定信号输出电平。在 CATV 系统中，各个频道的信号强弱相差很大，一般都设置有自动增益控制电路（AGC）或自动电平控制电路（ALC），自动调节放大器的增益和输出电平，保证信号电平基本一致。由于信号在电缆里传输的损耗与频率的平方根成正比，频率越高损耗越大，所以还需要考虑自动斜率控制电路（ASC）以自动控制放大器的斜率。

2. 放大器的分类

放大器是 CATV 系统中各类放大器的总称，常见的放大器有以下几种：

（1）天线放大器。天线放大器又称为前置放大器。通常是安装在天线的附近，对天线输出的微弱信号进行放大。

（2）频道放大器。频道放大器即为单频道放大器。一般用在混合器的前面，对弱信号的频道进行放大，以提高前端信号的均匀性。

（3）干线放大器。干线放大器是用在干线中补偿干线电缆传输损耗的放大器。

（4）分配放大器。安装在干线的末端，用来对信号进行放大、分配的放大器。它的主要作用是提高干线末端信号电平，以满足分配、分支的需要。

（5）线路延长放大器。安装在支干线上，用来补偿支线电缆传输损耗和分支器的分支损耗与插入损耗的放大器。它的显著特点是只有一个输入端和一个输出端。

（四）频道变换器

频道变换器也称为频率变换器或频道转换器，它是把一个或多个频道的电视射频信号进行频道变换的装置。

1. 频道变换器的主要作用

（1）由于电视射频信号在电缆中传输的损耗与信号频率的平方根成正比，为了降低电缆对高频信号的损耗，通常把高频道变换成低频道进行传输。

（2）为了避免在离电视台较近和场强较强地区的开路电视信号直接进入电视机，并干扰 CATV 系统中相同频道的信号，故必须对开路信号进行频道变换。

2. 频道变换器的分类

频道变换器按电路结构分为一次变频和二次变频两种方式；按工作原理分为上变频与下变频方式；按频段变换方式有 U—V 变换、V—U 变换、V—V 变换等。

（五）调制器

调制器是一种把 AV（音频和视频）信号调制到高频信号上去的一种部件。

1. 调制器的作用

它的主要作用有两个，其一是将自办节目中的摄像机、录像机、VCD、DVD、卫星接收机、微波中继等设备输出的视频信号与音频信号加载到高频载波上面去，以便传输；其二是把 CATV 系统开路接收的甚高频与特高频信号经过解调和调制，使之符合邻频传输的要求。

2. 调制器的分类

调制器按工作原理分为中频调制式和射频调制式；按组成的器件分为分离元件调制器和集成电路调制器。

（六）解调器

解调器是一种从射频信号中取出图像和伴音信号的部件。主要是用在大、中型CATV的前端系统，从开路接收的射频信号中取出音、视频信号，然后与调制器配对，把音、视频信号重新调制到符合邻频传输要求的频道上，以便充分利用频道资源。

（七）分配器

分配器是把一路射频信号分配成多路信号输出的部件。主要用于前端系统末端对总信号进行分配，或干线分支和用户分配等。

1. 分配器的分类

按输出路数的多少可分为二分配器、三分配器、四分配器、六分配器和八分配器等，其电路符号如图 11－3 所示。

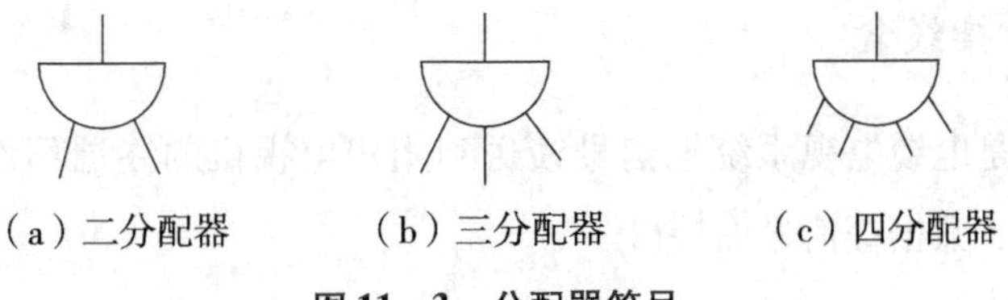

图 11－3 分配器符号

2. 分配器的作用

（1）分配作用。分配作用就是把一路输入信号均匀地分配成多路输出信号，并且插入损耗要尽可能的小。

（2）隔离作用。所谓的隔离就是指分配器各路输出端之间的隔离，以避免相互干扰和影响。主要是消除任意一个支路上，因电视接收机的本振辐射或发生故障产生的干扰对其他支路的影响。

（3）匹配作用。匹配作用主要是指分配器与线路输入端和线路输出端的阻抗匹配，即分配器的输入阻抗与输入线路的匹配。各路的输出阻抗必须与输出线路匹配，才能有效地传输信号。

（八）分支器

分支器是从干线或支干线上取出一部分信号馈送给用户电视机的部件。电路符号如图 11－4 所示。

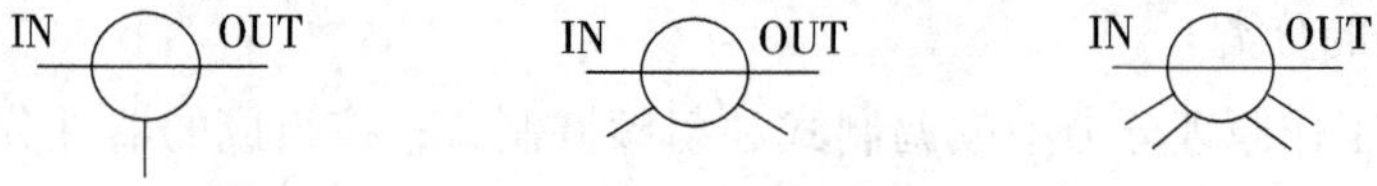

（a）一分支器　（b）二分支器　（c）四分支器

图11－4　分支器符号

1. 分支器的作用

（1）分支器主要作用是以较小的插入损耗从干线或支干线上取出一小部分信号传输给用户。

（2）从干线上取出部分信号形成分支。

（3）反向隔离与分支隔离。

2. 分支器的分类

（1）按分支路数分类。常见的种类有一分支、二分支、四分支。

（2）按组成材料分类。可分为变压器分支、阻容分支、阻抗插入型分支。

（3）其他分类。除了上述两种分类以外，有时候把一分支器的输出端与用户端结合在一起构成串接单元，以便安装和省去用户接线盒，并降低成本。

（九）用户接线盒

用户接线盒是电缆电视系统把信号馈送到用户电视机的终端部件，主要是为用户提供电视、语音、数据等信号的接口。

（十）串接单元

串接单元是指把一分支器的输出端与用户端结合在一起的部件，其电气特性与一分支器完全相同，串接单元的主要特点是可以省去用户接线盒，降低成本，便于安装。

（十一）传输线

CATV系统中的传输线也称为馈线，它是有线电视信号传输的媒介。常用的传输线有同轴电缆和光缆。

1. 同轴电缆

（1）同轴电缆的结构。同轴电缆由内导体、外导体、绝缘体和护套层四个部分组成。它与一般电力电缆的主缆的主要区别在于内、外导体的特殊结构，同轴电缆是用介质材料来使内、外导体之间绝缘，并且始终保持轴心重合的电缆。

（2）同轴电缆的种类。同轴电缆按内、外导体之间的绝缘方式划分有以下几种：

①实芯同轴电缆。在生产过程中，内、外导体之间用实心绝缘材料填充的电缆称

为实心同轴电缆，国产型号为 SYV 系列。由于介质是实心的，所以介质损耗大，属于早期产品，现在已基本淘汰。

②藕芯同轴电缆。这种电缆是将内、外导体之间的绝缘介质加工成藕芯状，使之成为半空气绝缘介质，结构如图 11－5（a）所示。因为绝缘是半空气状，所以大大降低了介质损耗，但是防潮、防水性能较差。国产型号为 SYKV、SDVC 系列。

③高发泡同轴电缆。所谓高发泡，就是将聚乙烯绝缘材料发泡并充入气体，通过适当的工艺使之成为相互封闭的小气孔，如图 11－5（b）所示。这种电缆的主要特点是不易受潮、不易老化，介质损耗比藕芯还小，是当前分配系统中普遍采用的传输线。常用的国产型号为 SDGFV、SYWFV 等系列；进口的常用 QR 系列。

④竹节电缆。竹节电缆是将聚乙烯绝缘介质加工成竹节状半空气绝缘结构，如图 11－5（c）所示。该种电缆具有高发泡电缆相同的优点，但生产工艺复杂，生产环境条件要求相对较高，产品规格受限，一般用于干线。国产系列为 SYDV 系列。

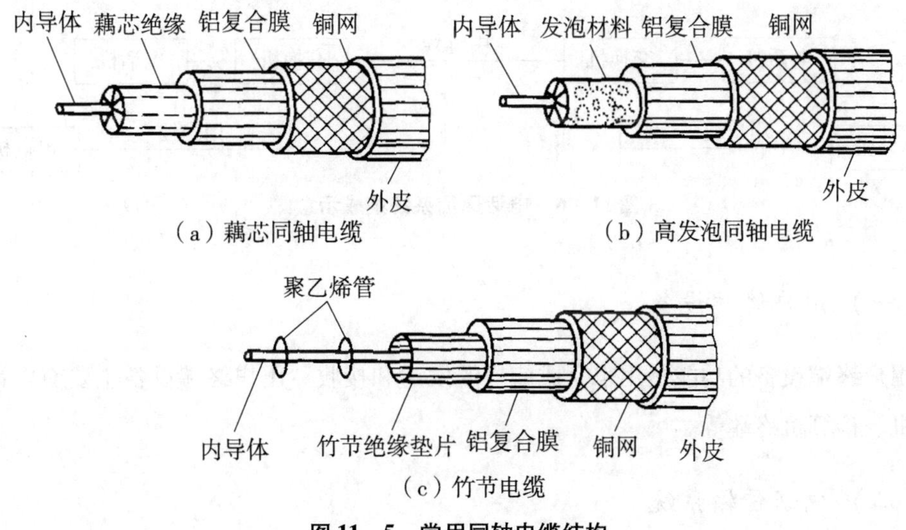

图 11－5　常用同轴电缆结构

（3）同轴电缆的选用。在 CATV 系统中，应选用频率特性好，传输损耗小，技术性能稳定和防水性能好等优点的产品。目前，在工程中常用的是 SYKV 系列藕芯同轴电缆；干线一般选用 SYKV－75－12 型；支干线一般选用 SYKV－75－12 型或 SYKV－75－9 型，也可以选用 SYKV－75－7 型；用户线一般选用 SYKV－75－5 型。

2. 光缆

随着人们生活水平的提高，人们对于信号传输质量和传输速度的要求也在不断提高。目前，有线电视网的光纤化，已经成为一种必然的趋势，光纤或光纤与同轴电缆混合（HFC）系统以其频带宽、容量大、双向性、成本低、抗干扰性强等优点，已经成为有线电视的主要模式。它正在推动我国的有线电视网从单一的传送广播电视节目向大容量、多功能方向发展，并已逐步地实现语音、数据、图文、图像、电视会议、因特网接入、视频点播等综合服务。

第三节 通信系统

一、电话通信系统

通信的目的是实现某一地区内任意两个终端用户间的信息交换。要达到这一目的，必须处理好三个问题：信号的发送和接收、信号的传输和信号的交换。

对于电话通信系统，它是由用户终端设备、传输系统和电话交换设备三大部分组成。图 11－6 所示是电话通信系统的示意图。

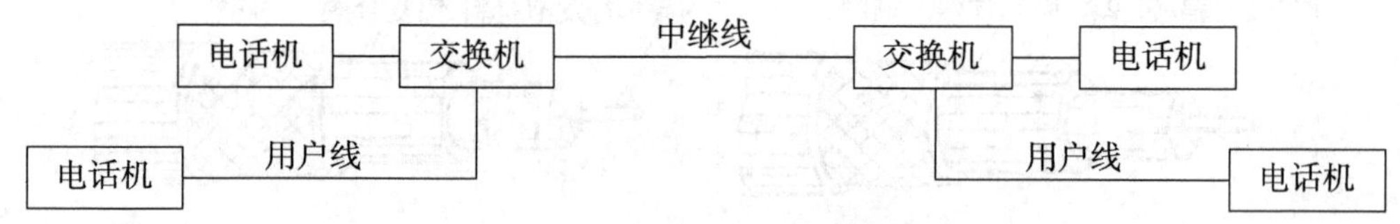

图 11－6 电话通信系统组成示意图

（一）用户终端设备

用户终端设备的功能是用来完成信号的发送和接收。用户终端设备主要有电话机、传真机、计算机终端等。

（二）电话传输系统

电话传输系统按传输媒介分为有线传输（明线、电缆、光纤等）和无线传输（短波、微波中继、卫星通信等）。从建筑弱电来讲，主要是有线传输。有线传输按传输信息工作方式又分为模拟传输和数字传输两种。模拟传输是将信息转换成与之相应大小的电流模拟量进行传输，普通电话就是采用模拟语音信息传输。数字传输则是将信息按数字编码方式转换成数字信号进行传输，数字传输具有抗干扰能力强、保密性高、电路集成化等优点，现在的程控电话交换就是采用数字传输各种信息。

在有线传输的电话通信系统中，传输线路有用户线和中继线之分。用户线是指用户与交换机之间的线路。两台交换机之间的线路称为中继线，如图 11－6 所示。

（三）电话交换设备

电话交换机的发展经历了四个阶段，即人工交换机、步进制交换机、纵横制交换机和程控交换机。现在广泛采用的是程控交换机。所谓程控是指控制方式，它是把计算机存贮程序控制技术应用到电话交换设备中。这种控制方式是预先把电话交换功能编制成相应的程序，并把这些程序和相关的数据都存入存贮器内。当用户呼叫时，由处理机根据程序所发出的指令来控制交换机的运行，以完成接续功能。

电话交换机按其使用场合可分为两大类：一类是用于公用电话网的大型交换机，如市话交换机和长途交换机。另一类是企事业单位内部进行电话交换的专用交换机，通常又称为小总机，或用户交换机。用户交换机一般容量不大；单位内部用户通话可不必绕经市话局，从而减轻市话局的话务负荷，缩短了用户线的距离；通过少量的出入中继线实现单位内部用户和外部用户之间的话务交换，起到话务集中的作用。

用户交换机有通用型的和专用型的。通用型用户交换机适用于以话音业务为主的单位，如机关、学校、工厂等。专用型交换机适用于各种不同特点的单位，如旅馆型变换机，有长途电话即时计费、留言、客房状态、请勿打扰、自动叫醒、综合话音等功能。医院型交换机除具有旅馆型的功能外，还具有呼叫寄存、呼叫转移、病房紧急呼叫等。此外，还有办公室自动化型、银行型、专网型用户变换机。

二、计算机网络系统

计算机网络是现代通信技术与计算机技术相结合的产物。计算机网络的定义是把分布在不同地理区域的计算机与专门的外部设备用通信线路互联成一个规模大、功能强的网络系统，从而使众多的计算机可以方便地互相传递信息，共享硬件、软件、数据信息等资源。通俗地说，网络就是通过电缆、电话线、或无线通信等互联的计算机的集合。

（一）计算机网络的功能

由计算机网络的定义可知，计算机网络是通信技术与计算机技术的结合，建立计算机网络的主要目的是实现在计算机通信基础上的“资源共享”。计算机网络具有如下几个方面的功能：

1. 实现资源共享

所谓资源共享，是指所有网内的用户均能享受网上计算机系统中的全部或部分资源，这些资源包括硬件、软件、数据等。

2. 进行数据信息的集中和综合处理

将地理上分散的生产单位或业务部门通过计算机网络实现联网，把分散在各地的计算机系统中的数据资料适时集中，综合处理。

3. 能够提高计算机的可靠性及可用性

在单机使用的情况下，计算机或某一部件一旦有故障便引起停机，当计算机连成网络之后，各计算机可以通过网络互为后备，还可以在网络的一些节点上设置一定的备用设备，作为全网的公用后备。另外，当网中某一计算机的负担过重时，可将新的作业转给网中另一较空闲的计算机去处理，从而减少了用户的等待时间，均衡了各计算机的负担。

4. 能够进行分布处理

在计算机网络中，用户可以根据问题性质和要求选择网内最合适的资源来处理，以便能迅速而经济地处理问题。对于综合性的大型问题可以采用合适的算法，将任务分散到不同的计算机上进行分布处理。利用网络技术还可以将许多小型机或微型机连成具有高性能的计算机系统，使它具有解决复杂问题的能力。

5. 节省软、硬设备的开销

因为每一个用户都可以共享网中任意位置上的资源，所以网络设计者可以全面统一地考虑各工作站上的具体配置，从而达到用最低的开销获得最佳的效果。如只为个别工作站配置某些昂贵的软、硬件资源，其他工作站可以通过网络调用，从而使整个建网费用和网络功能的选择控制在最佳状态。

（二）计算机网络系统的组成

计算机网络由硬件系统和软件系统组成。

1. 网络硬件系统

组成局域网的网络硬件系统可分为 5 类：服务器、工作站、网络交换互联设备、防火墙及外部设备。

（1）网络服务器

网络服务器是可被网络用户访问的计算机系统，它包括可为网络用户提供服务的各种资源，并负责对这些资源的管理，协调网络用户对这些资源的访问。服务器是局域网的核心，它既是网络服务的提供者，又是保存数据的基地。网络中可共享的资源大多集中在服务器中，如大容量磁盘或光盘存贮器、网络数据库等。局域网上的用户可以通过服务器共享文件、数据库和外部设备等。按照提供的服务不同，服务器可分为 WWW 服务器、域名解析服务器、邮件服务器、文件服务器、数据库服务器、视频服务器等。

服务器可以是个人计算机（PC），也可以是工作站或小型计算机。由于服务器是为网络上的所有用户服务的，在同一时刻可能有多个用户同时访问服务器，因此充当服务器的计算机应具有较高的性能，包括较快的速度、较大的内存、较大容量的硬盘等，

所以许多计算机生产厂家干脆就把可作网络服务器的计算机称为网络服务器。

（2）网络工作站

网络工作站是指能使用户在网络环境下进行工作的计算机，网络工作站现在经常被称为客户机。在局域网上一般都是采用微型机作为网络工作站，如IBM公司的PC系列微机，APPLE公司的系列微机等。终端也可以用作网络工作站，但微型机可能更好。因为微型机除了可在网络上工作外，还可以不依赖于网络单独工作，并且还可以对其功能、配置等进行扩展，而终端只能在网络上工作，而且不具备更大的扩展余地，另外，终端运行的操作系统一般是UNIX或LINUX等字符操作系统，与WINDOWS系列不兼容，所以终端一般用于金融、科研等专用部门。

网络工作站的作用就是让用户在网络环境下工作，并运行由网络上文件服务器提供的各种应用软件。在局域网上服务器一般只存放共享数据或文件，而对这些信息或文件的运行和处理则是由工作站来完成的。

（3）网络交换互联设备

当要把两台或多台计算机连成局域网时，就需要交换互联设备，它包括网络适配器、调制解调器、网络传输介质、中继器、集线器、网桥、路由器和网关等。

（4）防火墙

防火墙是在内联网和互联网之间构筑的一道屏障，它是在内外有别及在需要区分处设置有条件的隔离设备，用以保护内联网中的信息、资源等不受来自互联网中非法用户的侵犯。需要指出的是还有其他防火墙如病毒防火墙、邮件防火墙等与网络防火墙不是一回事。

（5）外部设备

外部设备是可被网络用户共享的、常用的硬件资源，通常情况下指一些大型的、昂贵的外部设备，如大型激光打印机、绘图设备、大容量存贮系统等。

2. 网络软件系统

计算机系统是在计算机软件的控制下进行工作的，网络软件是一种在网络环境下使用、运行或者控制和管理网络工作的计算机软件。一般来说，网络软件是一个软件包，它包括供服务器使用的网络软件和供工作站使用的网络软件两个部分，每一部分都包括多个程序。互相通信的计算机必须遵守共同的协议，因此网络软件必须实现网络协议，并在协议的基础上提供网络功能。

根据网络软件的作用和功能，可把网络软件分为网络系统软件和网络应用软件。网络系统软件是控制及管理网络运行和网络资源使用的网络软件，它为用户提供了访问网络和操作网络的人机接口。网络应用软件是指为某一个应用目的而开发的网络软件。

在网络系统软件中最重要的是网络操作系统，网络操作系统往往决定了网络的性能、功能、类型等。局域网上有很多种网络操作系统，目前使用最广泛的主要有Microsoft公司的Windows、Novell公司的Netware、Banyan公司的VINES以及UNIX、LINUX等。

网络应用软件是利用应用软件开发平台开发出来的一些软件，如JAVA、ASP、Perl/CGl、SQL以及其他专业应用软件。

（三）计算机网络的分类

计算机网络分类的标准很多，可以从计算机网络的地理区域、拓扑结构、信息交换技术、使用范围等不同的角度，对计算机网络进行分类。从计算机网络的地理区域分类，可把计算机网络分为：局域网（Local Area Network，LAN）、区域网（Metropolitan Area Network，MAN）、广域网（Wide Area Network，WAN）；按照网络的拓扑结构分类，可以分为星型、环型、树型、总线型和混和型；按照使用范围可以分为：公用网和专用网；按变换方式可以分为分组变换与报文交换；按通信方式可以分为点对点网络和广播式网络等。

按网络的地理区域可以分成以下几类。

1. 局域网

局域网作用范围小，分布在一个房间、一个建筑物或一个单位。地理范围在10m～1000m，传输速率在1Mbps以上。目前常见局域网的速率有10Mbps、100Mbps局域网技术成熟、发展快，是计算机网络中最活跃的领域之一。

2. 区域网

区域网作用范围为一个城市。地理范围为5km～10km，传输速率在1Mbps以上。

3. 广域网

广域网作用的范围很大，可以是一个地区、一个省、一个国家及跨国集团，地理范围一般在100km以上，传输速率较低（小于0.1Mbps）。

第四节　广播、有线电视及通信系统管理

一、广播及有线电视系统的管理

广播及有线电视系统的管理主要有以下几方面。

1. 保证系统选用器件的质量标准

电子器件的质量高低对系统优劣影响很大。例如放大器的噪声系数大小是限制其

灵敏度的主要因素，所以一般的天线放大器要求其噪声系数为5dB～8dB，线路放大器为8dB～12dB。

2. 系统组成和传输网络要合理

系统组成和传输网络要合理，线路和器件的敷设要牢靠，特别是挠点不能有松动和虚焊，输出端不能短路，输入端如需设置75Ω电阻的地方不能遗漏。

3. 调试用户端电平

要使用户能获得4级电视图像，一般应有60dB的信号电平才合理，否则图像质量变坏，并会产生雪花干扰。但信号太强也会使图像质量下降，一般彩电控制在（75±5）dB，黑白电视在（70±5）dB为宜。

4. 调控较高的载噪比

噪声是反映各种内外干扰电压的总称。如果噪声过大，电视图像会有网状白线、黑线；画面会出现翻滚扭曲和重影等问题，同时伴音质量也会大为降低。因此，在共用电视系统中，载噪比一般不应低于43dB。

5. “交调”与“互调”指数要符合规定

交调与互调都是反映信号对电视图像的干扰。交调的干扰反映在画面上是有一条白而光的条带水平移动，即出现“雨刷现象”。互调干扰则是出现网纹或斜纹的干扰图像。我国规定交调指数CM>49dB，互调指数IM>54dB。

6. 经常对线路巡检

经常对线路巡检，对天线分配器、放大器、分支器等重要器件定期进行调试，保证参数的正确合理。

二、电话通信系统的管理

（一）电信系统的维护

电信系统的维护主要有以下几方面。

1. 交换系统本身的维护

设置在总机室内的交换系统是连接外线和内线的核心设备。要减少系统故障，首先是保证这一核心设备的运转正常。现在的交换系统多为自动电话系统，要做到防尘、防振和防腐蚀性气体，并最好能使其维持在一定的温度和湿度范围内工作。

2. 供电电源保障

一个电话通信系统一般应有交流—整流和蓄电池—直流的两路独立电源。两路电源的切换要方便，这样才可保障当某一供电系统发生故障也不会对电话通信产生较大的影响。

（二）机房工作人员操作程序

用户程控交换机的操作一般可分成机务操作和话务操作两部分。为了确保程控交换机的正常运行，通信部门的机务员和话务员都必须严格按照操作程序进行规范操作。

1. 机务工作的操作程序

（1）每日主动检测交换机、各线路和其他硬件设备的工作情况，并认真翻阅交接记录。

（2）接到用户或话务员的故障报告，应带好所需的工具，及时前往抢修，力争在最短的时间内排除故障，并认真做好记录。

（3）如遇故障一时无法排除，应立即逐级汇报，并积极做好配合工作。

（4）如遇电话局电缆或交换机硬、软件发生重大故障，应立即通知有关单位前来抢修，同时在记录本上做好详细记录（如故障发生的时间、地点、原因、抢修时间、人员姓名等）。

（5）一切以集体利益为重，在工作中要做到相互配合，发挥各自特长，及时排除故障。

（6）定时完成业主或使用人的各项电信业务。

（7）每月一次对业主或使用人电话费进行打印结算，并随时接受电话费的查询工作。

2. 话务工作的应急操作程序

（1）如遇突发性停电，应转用自备蓄电池供电，以确保通信畅通，并及时向工程设备部门汇报，进行抢修。

（2）如发现可疑电话，应迅速报告安全保卫部门，并做监听记录。

（3）如发生火灾，应采取自救措施，并同时报告消防部门。

（4）如发生突发性机器故障，应及时抢修。

（5）如接到报警电话，应迅速按其性质转报各有关部门。

（三）程控交换机房的维护和管理

完好的设备是优质服务的基础，电话通信部门的管理人员和操作人员要非常重视设备管理工作，要按照有关的制度要求，认真做好用户程控交换机的维护、管理。

1. 用户程控交换机机房的工作制度

（1）机房内应有人 24 小时值班，值班人员应认真做好当班记录，并做好交接班工作。

（2）严格遵守岗位职责制和有关的各项规章制度。

（3）严禁与机房无关人员进入机房，非本专业人员严禁操作、使用机房内的有关设备。

（4）严格遵循程控交换机机房的各项操作规程，按时完成周期检测，做好日常维护工作，确保程控交换机的正常运行。

（5）未经同意，不得随意修改各类管理数据。

（6）注意安全，避免发生人为故障。不得随意拆卸机器、设备零件，如遇较大故障，应及时逐级上报。

2. 用户程控交换机机房的环境卫生制度

（1）机房环境应保持在最佳条件下，即温度在 20℃ ~25℃，相对湿度在 20% ~70% 范围内。

（2）严格控制机房内的极限条件，即温度在 10℃ ~40℃，相对湿度在 20% ~80% 范围内。

（3）机房的防尘要求为每年积尘应限制在小于 $10g/m^2$ 范围内。

（4）进入机房要在过滤门廊内换鞋以保证地面整洁。

（5）防静电地板要每天吸尘，绝对不能用扫帚清除。

【案例分析】

×年×月×日，某大厦发生火灾，由于物业管理工作混乱，消防系统没能发挥作用，既没有报警，也没有喷水，大厦广播音响系统也不能使用了，当火灾发生 5 分钟后才有人发现用手机报了警，消防战士赶到火灾现场时，火势已很大，很难控制。最后不仅造成了很大的财产损失，而且还造成了多人伤亡。

思考题：

1. 即使消防报警系统不能使用了，如果广播音响系统能使用，火灾造成的损失将是怎样的？

2. 物业管理人员应总结哪些经验教训？

【本章小结】

广播音响系统是指建筑物（群）自成体系的独立有线广播系统，是一种宣传和通信工具。也叫扩声系统，是对音频（音乐、语音）信号进行处理、放大、传输与扩音的电声设备的系统集成。

公共广播系统是对公共场所进行广播扩音的系统。

广播音响系统的基本结构由节目源设备、信号处理设备、信号放大设备、传输线路和扬声器系统等部分组成。

有线电视系统简称 CATV 系统，是指共用一组优质天线接收电视台的电视信号，并对信号进行放大处理，通过同轴电缆传输、分配给各电视机用户的系统。

有线电视系统的基本结构由信号源、前端系统、干线系统、用户分配系统四个部分组成。

电话通信系统由用户终端设备、传输系统和电话交换设备三大部分组成。

计算机网络是现代通信技术与计算机技术相结合的产物。

【复习思考题】

一、选择题

1. 广播音响系统的基本结构组成包括（　　）。

A. 节目源　　B. 信号处理　　C. 信号放大

D. 传输线路　　E. 传声　　F. 扬声器系统

2. CATV 系统组成包括（　　）。

A. 信号源　　B. 节目源　　C. 前端系统

D. 干线系统　　E. 传输系统　　F. 用户分配系统

3. 计算机网络的功能包括（　　）。

A. 实现资源共享　　B. 进行数据信息的集中和综合处理

C. 节省软、硬设备的开销　　D. 能够提高计算机的可靠性及可用性

E. 能够进行分布处理　　F. 能提高经济效益

4. 广播及有线电视系统的管理主要有（　　）。

A. 保证系统选用器件的质量标准

B. 系统组成和传输网络要合理

C. 调试用户端电平

D. 调控较高的载噪比

E. “交调”与“互调”指数要符合规定

F. 经常对线路巡检

5. 常见的放大器包括（　　）。

A. 天线放大器　　B. 频道放大器　　C. 干线放大器

D. 信号放大器　　E. 分配放大器　　F. 线路延长放大器

二、简答题

1. 广播音响系统的基本组成有哪些部分？

2. 广播音响系统有哪几种类型？

3. 广播音响系统常用设备及其作用是什么？

4. 什么是有线电视系统？

5. 有线电视系统的基本结构及其作用是什么？

6. 放大器和分配器各有什么作用？

7. 电话通信系统由哪几部分组成？各部分的作用是什么？

8. 电话交换设备的作用是什么？

9. 计算机网络的功能有哪些？

10. 计算机网络硬件系统和软件系统的组成是什么？

【实践与训练】

一、实训内容

1. 调查某大厦或某火车站的广播音响系统方面资料。

2. 调查某企业的网络系统资料。

二、实训步骤

1. 分小组进行资料的收集及整理。

2. 从网上查找与本章内容相关的设计方案，打印后各小组互相评议。

参考文献

［1］刘绪荒．物业设备设施维护与管理［M］．北京：化学工业出版社，2008.

［2］刘国生，王维言．物业设备设施管理［M］．北京：人民邮电出版社，2004.

［3］韩朝，董金宝，刘文华，等．物业设备设施管理［M］．北京：中国林业出版社，2009.

［4］聂英选，段忠清．物业设施设备管理［M］．武汉：武汉理工大学出版社，2010.

［5］于孝廷．物业设备设施与管理［M］．北京：北京大学出版社，2010.

［6］刘薇，张喜明，孙萍．物业设施设备管理与维修［M］．北京：清华大学出版社，2010.

［7］刘力．物业基础设施与自动化管理［M］．北京：中国建筑工业出版社，2004.

［8］王珏，刘忠和．物业设备维护与管理［M］．大连：东北财经大学出版社，2007.

［9］张野，邵小云．物业管理处设施设备保全［M］．广东：广东经济出版社，2009.

［10］朱光福．物业管理专业岗位实习指导教程［M］．重庆：重庆大学出版社，2005.

［11］何杰，张娟．物业设备设施管理（学习指导书）［M］．北京：人民邮电出版社，2005.

［12］武培．物业设备设施与管理［M］．重庆：重庆大学出版社，2005.

［13］黄河．安防与电视电话系统施工［M］．北京：中国建筑工业出版社，2005.

［14］沈瑞珠．楼宇智能化技术［M］．北京：中国建筑工业出版社，2004.

［15］崔莉．建筑设备［M］．北京：机械工业出版社，2002.

［16］魏晓安，张晓华．物业设备管理［M］．武汉：华中科技大学出版社，2006.